Auxiliando a humanidade a encontrar a Verdade

J. W. Rochester

# A Abadia dos Beneditinos

Obra psicografada por
Vera Ivanovna Kryzhanovskaia

© 2008 – Conhecimento Editorial Ltda.

Título do original:
*L'Abbaye des Bénédictins*

A ABADIA DOS BENEDITINOS
J. W. Rochester – Vera Ivanovna Kryzhanovskaia

Todos os direitos desta edição reservados à
CONHECIMENTO EDITORIAL LTDA.
Caixa Postal 404 – CEP 13480-970
Limeira – SP
Fone/Fax: 19 3451-0143
home page: www.edconhecimento.com.br
e-mail: conhecimento@edconhecimento.com.br

Nos termos da lei que resguarda os direitos autorais, é proibida a reprodução total ou parcial, de qualquer forma ou por qualquer meio – eletrônico ou mecânico, inclusive por processos xerográficos, de fotocópia e de gravação –, sem permissão por escrito do editor.

Tradução:
Maria Alice Farah Antonio
Projeto gráfico:
Sérgio F. Carvalho
Ilustrações:
Sven Rabe (*www.3dbasemesh.com*)
Banco de imagens
Colaborou nesta edição:
Antonio Rolando Lopes Jr.

Produzido no departamento gráfico de
CONHECIMENTO EDITORIAL LTDA
grafica@edconhecimento.com.br

Dados Internacionais de Catalogação na Publicação (CIP)
(Câmara Brasileira do Livro, SP, Brasil)

Rochester, John Wilmot, Conde de (Espírito)
A Abadia dos Beneditinos / Conde J. W. Rochester ; obra psicografada por Vera Ivanovna Kryzhanovskaia ; [tradução de Maria Alice Farah Antonio] – 1ª. edição –, Limeira, SP: Editora do Conhecimento, 2008.

Título original: *L'Abbaye des Bénédictins*
ISBN 978-85-7618-150-7

1. Espiritismo 2. Psicografia 2. Romance espírita I. Kryzhanovskaia, Vera Ivanovna 1861-1924. II Título.

08-07144                 CDD – 133.93

Índice para catálogo sistemático:
1. Romance espírita psicografado : Espiritismo 133.9

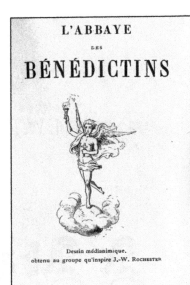

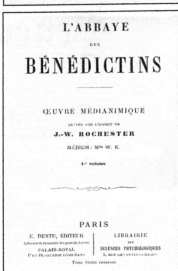

J. W. Rochester

# A Abadia dos Beneditinos

Obra psicografada por
Vera Ivanovna Kryzhanovskaia

1ª Edição – 2008

Editora do Conhecimento
Obras de J. W. Rochester, psicografadas por
Vera Ivanovna Kryzhanovskaia

- O Castelo Encantado – 2001

- Num Outro Mundo – 2001

- Dolores – 2001

- O Terrível Fantasma (Trilogia – Livro 1) – 2001

- No Castelo Escocês (Trilogia – Livro 2) – 2001

- Do Reino das Trevas (Trilogia – Livro 3) – 2002

- Os Luciferianos (Bilogia: Os Servidores do Mal – Livro 1) – 2002

- Os Templários (Bilogia: Os Servidores do Mal – Livro 2) – 2002

- Ksenia – 2003

- A Filha do Feiticeiro – 2003

- O Paraíso sem Adão – 2003

- A Teia – 2003

- O Chanceler de Ferro do Antigo Egito – 2004

- No Planeta Vizinho – 2004

- O Faraó Mernerphtah – 2005

- A Vingança do Judeu – 2005

- Episódio da Vida de Tibério – 2005

- Herculanum – 2007

- A Abadia dos Beneditinos – 2008

- Hatasu – História de uma rainha – 2008

Obs: A data após o título se refere à nossa primeira edição.

# Prefácio

Poucos são os autores que, mais de um século depois do lançamento, conseguem manter atualizado o conteúdo de seus livros, como o instigante caso do conde John Wilmot Rochester, cujas obras psicografadas pela médium russa Vera Kryzhanovskaia datam do final do século XIX e início do século XX, conquistando, a cada dia, mais e mais leitores.

Ler Rochester, para estes, é como degustar um velho e aprazível falerno. É adentrar um mundo místico particular, onde a fantasia se mescla à realidade – e vice versa – sem que se saiba onde começa uma e onde acaba a outra, o que reflete em um particular estilo de linguagem, deste que foi um dos pais da ficção científica moderna, mesclada com uma interessante moral de cunho filosófico e religioso.

Se hoje, no meio espírita, existem ainda aqueles que rejeitam rotular a obra de Rochester como tal, é justamente em razão do curioso estilo do autor que deixa a crivo do leitor o raciocínio e a absorção de fatos que circulam entre o imaginário e o concreto, apresentando um mundo extrafísico extremamente atuante sobre o material. Um mundo em que as descobertas se sucedem a cada momento, evoluindo século após século, de acordo com o avanço moral da humanidade como um todo.

E para quem acha ser isso uma forma recente de se analisar o desconhecido, recordemo-nos das grandes civilizações de pensadores, como os gregos: "Só o conhecimento que vem de dentro é capaz de revelar o verdadeiro discernimento", propugnou Sócrates (470-399 a.C.), a demonstrar que mais do que se sabe é o que está para se descobrir. Fato este corroborado pelo pensamento de seu contemporâneo, o sofista Protágoras (487-420 a.C.), a postular com absoluta similitude: "O homem é a medida de todas as coisas. Das coisas que são, enquanto são, e das coisas que não são, enquanto não são". Com isto, procurava validar ele, que o bem e o mal, o certo e o errado, o que um dia se opõe, tem sempre que ser avaliado em relação às necessidades do ser humano. Inquirido se acreditava nos deuses gregos, dizia: "Dos deuses nada posso dizer de concreto [...] pois nesse particular são muitas as coisas que ocultam o saber; a obscuridade do assunto e a brevidade da vida humana".

Assim, nesta obra *A Abadia dos Beneditinos*, o que testemunhamos nas narrativas dos diferentes protagonistas é bem isto: um universo de torpes ilusões na materialização de vinganças e perseguições que parecem ultrapassar o limite de muitas vidas, mas de pleno acordo com os anseios imediatistas de quem se esquece que a continuidade da essência pensante é a realidade palpável após o término da etapa carnal.

O espírito, pois, em sua pátria verdadeira, que é o plano imaterial, conclui diversamente do que lhe impunham os limites da carne, reavaliando toda uma programação que o retire do atraso a que ele mesmo se vinculou e imergiu por meio de seus atos.

E numa abadia beneditina, imaginada pelo vulgo como um santuário de púdicos poderes e de orações, expõe o autor uma outra realidade e um mundo bastante diverso daquele programado por Bento de Núrsia, o italiano inspirador da Ordem dos Beneditinos – OSB (em latim: Ordo Sancti Benedicti) – canonizado mais tarde como São Bento para o ambiente do claustro. Este prescrevia para os monges uma vida de pobreza, castidade e obediência, sob a orientação monástica de um abade, cuja palavra era lei.

Nos mosteiros benditinos de toda a Europa medieval, os monges eram arrancados ao minguado conforto dos seus colchões de palha e ásperos cobertores pelos sineiros, que os despertavam às duas horas da madrugada. Momentos depois, dirigiam-se apressadamente, ao longo dos frios corredores de pedra, para o primeiro dos seis serviços diários na enorme igreja (havia uma em cada mosteiro), cujo altar, esplendoroso na sua ornamentação de ouro e prata, resplandecia à luz de centenas de velas. Esperava-os um dia igual a todos os outros, com uma rotina invariável de quatro horas de serviços religiosos, outras quatro de meditação individual e seis de trabalhos braçais nos campos ou nas oficinas. As horas de oração e de trabalho eram entremeadas com períodos de meditação; os monges deitavam-se geralmente pelas 6:30 horas da tarde. Durante o verão, era-lhes servida apenas uma refeição diária, sem carne; no inverno, havia uma segunda refeição para ajudá-los a resistir ao frio.

Em *O Livro dos Médiuns*, de Allan Kardec, capítulo XXXI, item V, assinando-se São Benedicto, escreve ele:

> Vossa Doutrina é bela e santa; a primeira estaca está plantada, e solidamente plantada. Agora, só tendes que caminhar; a estrada que está aberta é grande e majestosa. Feliz daquele que atingir o porto; quanto mais seguidores fizer, mais lhe será contado. Mas para isso não deve abraçar a Doutrina friamente; é preciso fazê-lo com ardor, e esse ardor será dobrado, pois Deus está sempre convosco quando fazeis o bem. Todos aqueles que conduzirdes serão outras tantas ovelhas que voltaram ao redil; pobres ovelhas meio extraviadas! Acreditai que o mais cético, o mais ateu, enfim, o mais incrédulo sempre tem um pequeno canto no coração que gostaria de ocultar de si mesmo. Pois bem! É esse pequeno canto que é preciso procurar, que é preciso encontrar; é esse lado vulnerável que é preciso atacar; é uma pequena brecha deixada aberta de propósito por Deus para facilitar à sua criatura o meio de entrar em seu seio.

As macabras tramas originárias na *Abadia dos Beneditinos*, são passadas no século XIII, e foram ditadas à médium Vera Kryzhanovskaia no ano de 1884, demonstrando que a ascensão espiritual é fruto de muito esforço no exercício seqüente do burilamento de nossas imperfeições pelas as inúmeras existências, em que a tentação remetendo a quedas espetaculares se faz sempre presente.

Num ambiente de medo e superstição medievais, vemos, por conseguinte, surgir pujante a atividade do plano extrafísico e do exótico pelas aparições, obsessão e invocações, interpretadas à época por feitiçaria, e da eterna busca ao elixir da longa vida, da pedra filosofal e das tentativas em se fabricar ouro, por meio dos avanços da mãe da química moderna – a alquimia.

Por entre as sólidas paredes do rígido mosteiro e no vizinho Convento das Ursulinas dá-se o início à conspiração e às urdidas maquinações dos Irmãos Vingadores – organização secreta e criminosa que age nos subterrâneos da instituição –, revelando a brutal oposição entre a aparente mansuetude cristã disseminada pelos religiosos envolvidos, com a criminosa tendência de seus espíritos imperfeitos e belicosos, numa época de contrastes entre a obediência e a falsidade em relação aos preceitos da Boa Nova.

Transcorre no enredo patentes exemplos dos imperecíveis laços da reencarnação, por intermédio do resgate de ódios passados em discordância à fraternidade exemplificada pelo Messias diante dos desígnios de Deus, corroborando a necessidade do perdão como a profilaxia mais ativa a elevação do ser humano na escalada da perfeição.

A humildade vence assim o orgulho, o amor vence o ódio, e a paciência a ansiedade, lapidando seres brutais em anjos no decorrer dos milênios sem fim, com o exemplo prático de inúmeros personagens que se sucedem na literatura rochesteriana num crescendo evolutivo, mas sempre a demonstrar que a invigilância é a causa patente das quedas vertiginosas em todas as eras.

E fica assim, mais uma vez provado que ninguém jamais deteve – nem o poderá exercer – a exclusiva representação de todo o legado cristão.

A verdadeira e mais correta religião será sempre aquela que se mostrar aberta ao novo; a mais apta a atender os anseios do provisório patamar evolutivo em que cada qual estagia...

Ibn ben Jamil [1]

---

1 Ibn Ben Jamil: Pseudônimo de Antonio Michielin, autor da obra espiritualista *A Grande Marcha de Xin Nian Hao*.

# A narrativa de Pater Sanctus

Meu invólucro físico descansa calmamente, neste ano de 1884. E um observador comum não veria nele mais que um homem adormecido. No entanto, desatei em parte os fios que ligam minha alma ao corpo material, forçando-o a funcionar. Deixo-o repousar e aumentar sua energia vital, enquanto meu perispírito eleva-se na atmosfera transparente, a pátria do espírito, que o olho humano não consegue perceber. Esse espaço mais próximo da Terra destina-se aos trabalhos dos espíritos que estão em contato com os vivos; e, apenas com a ajuda de seus amigos invisíveis, pode o espírito do encarnado mergulhar no infinito nebuloso de inúmeros passados.

Foi assim que eu, atualmente S.M., encontrei-me certa noite face a face com Rochester, que me disse:

– Queres tu, Pater Sanctus da Abadia dos Beneditinos, confiar-me as páginas de um tempo longínquo, passadas em 1248, para que eu as transmita aos vivos?

Ao ouvir aquele nome, personificação de um passado criminoso, meu perispírito estremeceu e uma cortina pareceu tombar diante dos meus olhos. Tal como através de uma lanterna mágica, revi, em seu rochedo, a antiga abadia rodeada de muros providos de ameias, com suas estreitas janelas góticas, seus longos e escuros corredores e suas celas tão pequenas e tão vazias, mas que, no entanto, estavam povoadas de um invisível inferno de pensamentos criminosos. A seguir, como uma visão, desfilaram diante dos meus olhos o jardim, o refeitório e as demais dependências. Um arrepio percorreu meu corpo espiritual e também vi as masmorras e os calabouços que se abriram para tantos infelizes.

E aquele monge de hábito negro e traços marcados era eu,

Pater Sanctus, que passava humildemente de cabeça baixa, olhos semicerrados, lábios murmurando uma prece e o pensamento maquinando um crime. Mais adiante, no fundo de um corredor, a biblioteca do convento com seus tesouros... Revi as estantes repletas de pesados volumes encadernados em couro e de manuscritos empoeirados; a alta secretária em que eu trabalhava, noites inteiras, sob a fraca luz de uma lamparina. E então se apresentou também aos meus olhos aquele que muitas vezes compartilhava das horas do meu trabalho e de quem eu era amigo e braço direito em suas maquinações tenebrosas. Só de ouvir pronunciar o nome Pater Sanctus, cena após cena desenrolava-se diante de mim, parecendo-me que ainda tocava a mão daquele monge magro e pálido, de olhar impenetrável e profundo, que apenas se distinguia dos quinhentos irmãos reunidos ao seu redor pela cruz de ouro que lhe pendia do pescoço. Ele era o mais calado e o mais reservado de todos. Nunca se zangava abertamente; parecia apenas existir e, no entanto, era Pater Benedictus, o prior do convento, que, com mão firme, sustinha e dirigia todos os fios das intrigas e dos crimes que se agitavam fora do monastério. Rochester também se transfigurou aos meus olhos e o cavaleiro, conde de Rabenau, um dos principais atores daquele drama do passado, fez-se reconhecer.

Esmagado pelas minhas lembranças, curvei a cabeça e consenti em ditar minha confissão: *mea culpa.*

* * *

Quando comecei perceber minha existência, ou seja, em princípios do século XIII, época em que se inicia esta narrativa, eu era um menino de quatro ou cinco anos que ignorava completamente quem eram seus pais ou onde nascera. Eu vivia em uma torre contígua a um velho castelo em ruínas, sob a guarda de um antigo soldado e de sua mulher, bondosos velhos que me amavam sinceramente, mas que não eram os meus pais. A parte ainda conservada do solar mantinha-se cuidadosamente fechada; eu apenas sabia que um grande molho de chaves, trancado no cofre do meu pai adotivo, abria aqueles aposentos nos quais eu jamais entrara.

Minha vida transcorria tranqüila e relativamente feliz, e

nada me faltava; comia à vontade, brincava livremente, ora trepando nas árvores para tirar pássaros do ninho, ora correndo pelo pequeno jardim devastado e pelos quartos vazios da ala arruinada do castelo, cujo nome era Rabenest. Assim cheguei aos meus 12 anos.

Certa noite, estávamos reunidos para a ceia, perto da lareira onde um fogo claro crepitava. Lá fora, o tempo estava pavoroso, chovia torrencialmente, o vento soprava e uivava nas ruínas, e os pios dos mochos, que se aninhavam na nossa torre, aumentavam a impressão sinistra que sentíamos e tornavam mais nítido o agradável contraste entre nosso abrigo seguro e quente e a tempestade que lá fora caía. De repente, sons de cascos de cavalo fizeram-nos estremecer. A seguir, gritos de "alô" ressoaram: meu pai adotivo arrancou uma tocha presa à parede e lançou-se para fora, acompanhado por mim. O vento que soprava violentamente quase apagou nossa tocha, mas conseguimos distinguir a poucos passos de nós um grupo de homens a cavalo.

– Aproxima-te, velho – ordenou o mais próximo, com uma voz profunda e forte.

Mostrando-lhe um anel armoriado, acrescentou:

– Em nome do conde de Rabenau, abre-nos os quartos do castelo.

Meu pai inclinou-se várias vezes até o chão, repetindo:

– Estou inteiramente ao vosso dispor, senhor. Querei seguir-me.

Correu a buscar o molho de chaves e chamou nosso guardador de vacas para cuidar dos cavalos. Notei, então, que o grupo recém-chegado compunha-se de seis homens, dos quais dois eram cavaleiros e quatro eram homens de armas, todos de viseira baixa. O senhor que falara possuía uma estatura imponente e mantinha a cabeça altivamente erguida. O segundo cavaleiro permanecia cabisbaixo e trazia entre os braços alguma coisa escondida sob o manto. Os homens de armas seguiram-nos a uma distância respeitosa. Eu também pegara uma tocha e ajudei meu pai a iluminar a escada estreita e tortuosa que conduzia aos dois aposentos ainda habitáveis.

Finalmente, paramos diante de uma porta maciça que meu pai abriu. Entramos num cômodo como eu jamais vira. Era uma sala comprida e bastante ampla, de teto baixo formado de enor-

A Abadia dos Beneditinos
11

mes vigas e algumas janelas estreitas como seteiras, cravadas profundamente nas espessas muralhas, que deviam apenas deixar escoar a luz do dia. Ao centro, estavam dispostas uma imensa e escura mesa de carvalho e poltronas iguais, de alto espaldar brasonado. Diante das janelas, uma imensa lareira se erguia. Meus pais adotivos e o pastor arrumaram tudo rapidamente e logo a escura sala adquiriu um aspecto mais hospitaleiro. Acenderam velas de cera amarela sobre um candelabro de prata; trouxeram lenha e rapidamente um fogo aconchegante brilhou na lareira. Dos seis personagens, somente dois se haviam sentado; os outros permaneciam de pé. Eu observei curiosamente os dois cavaleiros que levantaram a viseira: o que parecia ser o chefe possuía um rosto impressionante, de uma palidez mate, mas não doentia, emoldurado por uma curta barba sedosa e cacheada. Seus grandes olhos negros, de expressão dominadora, brilhavam com um fulgor difícil de sustentar. De repente, ele me notou:

– Quem és?

– Eu... – balbuciei aterrorizado, pois o senhor inspirava-me pouca confiança – ...eu? – E fiz menção de fugir.

– Tu mesmo, pequeno sapo – respondeu o cavaleiro, detendo-me pelo braço.

– Eu sou... – respondi gaguejando, de tanto que o temor e a indignação por ser chamado de sapo tinham me alterado – ...sou Ângelo, filho adotivo do pai Hilberto.

Ao ouvir meu nome, o cavaleiro estremeceu. Largou meu braço e, agarrando bruscamente o candelabro, iluminou meu rosto, sobre o qual seu olhar profundo parecia querer se incrustar. Seus traços ensombreceram-se, e uma exclamação de surpresa escapou dos seus lábios.

– Olha este menino, Bruno, reconheces nele os traços de alguém?

O segundo cavaleiro ergueu a cabeça e fitou-me com olhar cansado. Ele também estremeceu:

– Lembram-me os traços de Rosa – respondeu emocionado.

– Cala-te! – exclamou o primeiro, lançando um olhar de desagrado aos quatro homens agrupados ali perto.

Em seguida, inclinou-se para o companheiro, e conversaram em voz baixa. Tive tempo para examiná-los e notei que aquele que falara comigo era um jovem de, no máximo, 20 ou 22 anos e, o segundo, muito mais velho, devia ter passado dos 40. Seu rosto era muito pálido e sua boca de lábios retraídos possuía uma expressão de tristeza e de amargura. Somente naquele momento reparei que segurava sobre os joelhos uma menininha de cinco ou seis anos, dormindo profundamente, com a cabeça apoiada no peito do seu guardião. Seus cabelos loiros, espessos e anelados, formavam uma espécie de auréola ao redor de sua cabeça, e realmente pensei estar vendo um anjo. Quando os dois cavaleiros terminaram a conversa, fui bruscamente mandado embora. Parecia que eu estava saindo de um sonho e só dei por mim na nossa torre, quando meus pais adotivos voltaram depois de um tempo. Enquanto terminávamos nossa modesta ceia tão repentinamente interrompida, mãe Brigitte contou que os dois cavaleiros ainda tinham discutido, gesticulando animadamente, e depois mandaram-na acomodar a pequena, que era encantadora e muito dócil.

Adormeci muito agitado e, na manhã seguinte, fui acordado por mãe Brigitte, que me sacudia gritando:

– Levanta-te, preguiçoso! Todo mundo já acordou e os viajantes já partiram.

– Como? Já partiram? – perguntei, muito desapontado.

– Não todos, acalma-te – disse mãe Brigitte, rindo. – Um dos cavaleiros e a menina ficaram, pois vão viver aqui. – E acrescentou, dando de ombros: – Estranha idéia para pessoas tão ricas, essa de se enterrar neste velho ninho em ruínas, cercado de florestas e afastado das cidades! Este velho Rabenest é bom para pessoas pobres como nós, que se consideram felizes em qualquer lugar, desde que tenham o que comer e um teto para se abrigar.

Levantei-me pensativo, lamentando amargamente não ter revisto o jovem senhor de traços marcantes.

Durante alguns dias, não revi o cavaleiro e a menina, e a vida retomou seu ritmo habitual. A única mudança foi que mãe Brigitte preparava cuidadosamente as refeições dos recémchegados e que eu trazia da adega garrafas de vinho envelhecido. Mãe Brigitte contava maravilhas sobre a beleza e a doçura da pequena Nelda, honrada em poder vesti-la e fazê-la dormir.

Certo dia, tendo eu me aventurado pelo jardim, percebi a

A Abadia dos Beneditinos

menina sentada na grama, brincando com as flores. Ao ver em minhas mãos um pássaro que eu acabara de pegar, chamou-me. Aproximei-me e sentei-me ao seu lado para lhe mostrar o pássaro. Ela acariciou-lhe a cabeça com seus róseos dedinhos e pediu-me que lho desse de presente. Concordei de bom grado e Nelda pareceu ficar encantada:

– Vem – disse, tomando-me a mão –, vamos ver papai, que nos dará alguns doces.

Puxou-me pelas escadas e corredores e só parou diante de uma porta de carvalho ligeiramente entreaberta. Lançando um olhar pelo seu interior, fez-me entrar em um aposento cujo aspecto me impressionou: era iluminado por uma única janela e uma montanha de livros e manuscritos atulhava o assoalho e os móveis. Junto da alta escrivaninha, sentado de costas para nós, com a cabeça apoiada nas mãos, o mais idoso dos cavaleiros lia um enorme livro aberto à sua frente.

– Pai! Pai! – gritou Nelda. – Olha esse bom menino que me deu um passarinho encantador! Ele se chama Ângelo. Dá-me um doce para agradá-lo.

Ao ouvir a voz da filha, o fidalgo voltou-se e, vendo-me, um intenso rubor cobriu-lhe o rosto. Levantou-se e, tocando meu ombro com sua mão esguia e branca, inclinou-se para mim. Vi que seu rosto estava muito alterado e que ele possuía grandes olhos acinzentados, extremamente ternos.

Um instante depois, afastou-se de mim, suspirando, e, aproximando-se de um baú, dele tirou um prato contendo frutas cristalizadas. Entregando-o a Nelda, disse:

– Toma, regala teu novo amigo.

Não foi necessário que dissesse duas vezes. Sentados sobre uma pilha de livros, absorvemo-nos completamente no prazer de comer. Depois que experimentamos todas aquelas delícias, Nelda mostrou-me seus brinquedos e tudo o que lhe pareceu interessante.

– O que tem ali dentro? – perguntei, curioso, mostrando os grossos volumes.

O cavaleiro, que andava de lá para cá, sem deixar de nos observar, ao ouvir minhas palavras, deteve-se:

– Coisas belas e úteis – disse-me, sorrindo. – Sabes ler, Ângelo?

– Não – respondi-lhe.

– Mas gostarias de aprender, conhecer as línguas de outros países, saber quantos lugares existem na Terra além deste onde te encontras; compreender o que fazem as estrelas no céu quando a noite chega; conhecer a utilidade das plantas, para com elas preparares medicamentos; gostarias de saber, enfim, o que os homens fizeram antes de nós ou a história dos povos?

Eu o escutava calado, com a respiração suspensa:

– Sim, eu quero! – exclamei, arrebatado. – Tenho certeza de que quero aprender algo mais que trepar nos muros e tirar aves do seu ninho, e também compreender o que as estrelas fazem no céu!

Diante do meu entusiasmo, um sorriso iluminou o rosto do cavaleiro.

– Se o desejas tão sinceramente, vem aqui diariamente e aprenderás, mas previno-te de que será um trabalho árduo.

A partir daquele dia, eu passava quase todo o meu tempo junto do senhor Teobaldo (assim gostava de ser chamado o cavaleiro, mas soube mais tarde que não era o seu verdadeiro nome). Tendo experimentado o prazer da leitura, passei a viver quase que exclusivamente para os livros, que eu estimava como se fossem os mais preciosos tesouros. Desde que comecei a estudar, o tempo passava como um raio e eu trabalhava sem descanso. O senhor Teobaldo era um mestre bom e paciente que se alegrava com meus progressos. Aprendi o latim sem dificuldade e, a seguir, dediquei-me ao estudo da medicina e da astronomia.

Minhas horas de liberdade eram dedicadas a brincar com Nelda e com uma pequena órfã que o destino levara até o castelo de Rabenest. Naquela época, o filho único dos meus pais adotivos tinha regressado ao lar gravemente doente, em conseqüência de um ferimento. Tinha sido soldado, casara-se longe de casa, mas como a esposa falecera, trouxera a filha Gerta, uma bela criança, mais ou menos da idade de Nelda. Após uma enfermidade que durara algumas semanas, o pobre homem veio a falecer, deixando a menina aos cuidados dos avós. O senhor Teobaldo colocou-a junto da filha para com ela brincar e servi-la, mas a boa Nelda considerava e tratava a órfã mais como uma amiga do que como criada. O caráter de Gerta contrastava totalmente com o de Nelda. Viva, caprichosa, arrebatada por impul-

A Abadia dos Beneditinos 15

sos ardentes, interessando-se apaixonadamente por tudo, Gerta estranhamente ligou-se a mim. Eu possuía um domínio absoluto sobre aquela natureza impetuosa e versátil, conseguindo acalmar, com um olhar severo, seus maiores acessos de raiva, que eram freqüentes.

Mais de sete anos transcorreram calmamente, sem que nada de extraordinário acontecesse. Eu já estava com 19 anos, e muito adquiria em termos de saber e de boas maneiras; convivendo com o senhor Teobaldo que, estranhamente para um homem da sua posição, nunca deixava o castelo nem recebia ninguém.

A essa época, a chegada inesperada de um hóspede causou uma grande alegria ao senhor Teobaldo. O recém-chegado, um jovem bem-apessoado, entre nós era chamado de senhor Edgar. No entanto, pelas suas maneiras elegantes e altivas, percebi que devia ser um homem de alta linhagem. Demonstrou muita afeição pelo cavaleiro Teobaldo, que era, creio eu, seu padrinho ou parente, e encantou-se com Nelda, que já estava com 13 anos. Propôs ao cavaleiro levá-la para a companhia de sua madrasta, a fim de lhe mostrar um pouco do mundo e habituá-la às boas maneiras indispensáveis a uma jovem de sua posição. Mantive-me afastado e mostrei-me muito reservado, mas certa vez o senhor Edgar começou a conversar comigo. Nossa conversa foi interessante para ambos e, a partir desse dia, tornamo-nos amigos.

Edgar permaneceu no castelo por mais de três meses e, durante esse tempo, nasceu entre nós uma amizade profunda e sincera que nada poderia abalar.

Certa manhã, o senhor Teobaldo chamou-me ao seu gabinete de trabalho e disse, apertando-me a mão:

– Caro Ângelo, a sorte te favorece. O amigo que ainda só conheces pelo nome de Edgar é o filho mais velho do conde de Rouven, um dos senhores mais poderosos da região. Ele quer levar-te consigo e conseguir-te uma posição. Quanto a mim, só posso te aconselhar que o acompanhes.

Compreendi que seria uma loucura recusar e, um belo dia, sufocando corajosamente minhas lágrimas, montei o cavalo e deixei, ao lado de Edgar, o velho castelo que abrigara os mais tranqüilos anos da minha vida.

Edgar chegara ao castelo de Rabenest escoltado apenas por

antigos soldados, mas num albergue à beira da estrada estava sendo esperado por uma grande comitiva formada por homens de armas e escudeiros. Foi com um cortejo digno do herdeiro dos Rouven que continuamos nosso caminho. As diversas impressões da minha primeira viagem logo apagaram meus tristes sentimentos e quando meu amigo anunciou que o fim da viagem estava se aproximando, eu sentia apenas uma impaciente curiosidade.

Deixamos nossa última pousada ao nascer do dia, e conversávamos, cavalgando um pouco à frente da escolta, quando, de uma curva da estrada, uma magnífica paisagem descortinou-se aos nossos olhos: era um vale bordado de colinas arborizadas. Sobre um rochedo que dominava os arredores, elevava-se um vasto e sombrio edifício.

– Estás vendo? – disse-me Edgar, levantando a mão. – Esta é a pérola de nossa região, a abadia de São Benedito. Este rico convento é um pequeno ducado. Quinhentos irmãos pertencem à ordem, e em que condições! Ali, afastada do mundo, planando acima de todas as fraquezas humanas, reside a santa comunidade. No entanto, o reverendo prior tem mão de ferro, cujo peso se faz sentir em todos os lugares.

Ergui a cabeça e examinei com interesse o edifício imponente cercado de muralhas, que se elevava altivamente sobre o rochedo. Mas, sem que eu soubesse a razão, a visão daquele convento causou-me uma sensação de tristeza e de angústia que eu jamais sentira. Meu coração batia penosamente e parecia-me que a simples visão da sombria abadia caíra como um véu sobre meus anos de juventude e de despreocupação. Edgar também abaixara a cabeça e parecia absorto em tristes pensamentos. Prosseguimos nossa viagem em silêncio.

Algumas horas mais tarde, paramos diante da ponte levadiça do castelo de Rouven, vasta fortaleza flanqueada por torres maciças e cercada de fossos. Quando Edgar se deu a conhecer, a ponte levadiça abaixou e penetrei no castelo atrás do jovem conde, que respondia displicentemente aos gestos de respeito que dispensavam à sua passagem. Apeamos no pátio de honra e um escudeiro anunciou a Edgar que seus ilustres pais estavam jantando. Subimos, pois, à sala de jantar, que me lembrou um pouco a do castelo de Rabenest, embora mais rica e mais bem conservada. Como estivéssemos no final do outono, grande lume ardia

A Abadia dos Beneditinos 17

na lareira, lançando reflexos avermelhados sobre os lambris escurecidos das paredes. Ao centro da sala, encontrava-se posta uma mesa de tamanho médio, coberta de louça preciosa, à qual três pessoas estavam sentadas em cadeiras abrasonadas, de espaldar alto: uma senhora muito bem vestida, um senhor de certa idade, de semblante belo e altivo, e um menino de, aproximadamente, 12 anos.

– Sê bem-vindo, meu filho – disse o castelão, levantando-se e abraçando efusivamente Edgar.

No mesmo instante, deparou comigo e olhou-me com altivez e surpresa. Enrubesci e, pela primeira vez na minha vida, senti vergonha de não ter nome nem berço, mas Edgar já me tomara a mão.

– Pai, este jovem é meu amigo Ângelo, que deseja manter-se ignorado, mas eu respondo pela sua nobreza.

– Isso já é o suficiente – disse o conde, estendendo-me cordialmente a mão. – Sentai-vos, senhor Ângelo, e continuemos nossa refeição.

Edgar beijou a mão da madrasta, abraçou seu irmãozinho e tomou lugar ao meu lado. Iniciou-se uma conversa animada, que logo derivou para a astrologia, que muito interessava ao conde Hildebrando de Rouven. Eu era muito versado no assunto e minha conversa encantou totalmente o velho senhor, granjeando-me sua amizade.

– Felicito-vos, meu jovem amigo – disse, quando, terminado o jantar, reunimo-nos ao redor da lareira. – Sois um sábio, o que é raro na vossa idade, sobretudo entre as pessoas da nossa classe. Mas conheceis os exercícios com lança e espada, a equitação etc.? Teremos aqui torneios e – ele sorriu – suponho que desejareis brilhar tanto perante as damas, por vossa destreza e coragem, quanto perante os homens valorosos, por vossa inteligência e vosso saber.

Enrubesci sem responder, pois a habilidade com as armas, indispensável a um nobre da época, faltava-me completamente.

– Meu pai – interveio Edgar, respondendo por mim –, podeis perceber que Ângelo vem levando uma vida de sábio e não de guerreiro e, por ser ainda tão jovem, teve que, forçosamente, negligenciar uma em favor da outra.

– Claro, claro – respondeu o conde sem parecer surpreso –,

mas essa omissão forçada é fácil de reparar. Coloco minhas armas e minhas cavalariças à vossa disposição, meu jovem amigo. Meu velho Bertrand, um mestre de armas como poucos, logo vos ensinará tudo o que um cavaleiro deve saber. Além disso, iremos freqüentemente à caça, o que é muito benéfico após os fatigantes exercícios do espírito, e dará agilidade ao vosso corpo. Eu me curvei, agradecendo-lhe as gentilezas e, após a ceia, Edgar conduziu-me ao meu quarto.

– Edgar – eu disse quando ficamos sozinhos –, o que pretendes? Fizeste-me passar por um senhor disfarçado e agora estou me sentindo culpado como um ladrão e um farsante.

– Não te preocupes com isso, eu respondo por tudo. Não sabes quem tu és, logo tu podes ser o rebento de uma família muito ilustre. Coragem, Ângelo, tudo dará certo, tu verás.

A partir daquele dia, minha vida tornou-se tão ativa e animada quanto fora estudiosa e monótona anteriormente: caçava, montava, esgrimia a lança e a espada e logo adquiri a destreza e o vigor necessários. O velho Bertrand estava radiante com meus progressos e se cumprimentava, assim como eu o fazia, todas as vezes que eu conseguia tocá-lo com as armas.

Às vezes, nas belas noites estreladas, subíamos com o conde Hildebrando à torre mais alta e eu entretinha o castelão, explicando-lhe as maravilhas do firmamento e as estranhas relações dos astros com o destino dos homens.

Edgar, que nunca esquecia um projeto concebido, soube levar a bom termo a negociação com sua madrasta, que concordou em receber Nelda. Um portador foi enviado ao castelo de Rabenest e, sete meses depois de nossa chegada, Nelda, acompanhada de Gerta, chegou ao solar de Rouven. A alegria do nosso reencontro foi imensa e nosso pequeno círculo recebeu novo fôlego com a presença da amável moça, que soube cativar todos os corações com sua doçura e sua inteligência.

Certo dia, estávamos reunidos para jantar quando o som da trombeta anunciou a chegada de um estrangeiro. Um escudeiro informou que era o conde Lotário de Rabenau e seu filho. Ao ouvir esse nome, estremeci. Era o nome do proprietário de Rabenest e, quando o conde entrou, reconheci imediatamente o rosto pálido e os perturbadores olhos negros do jovem cavaleiro

A Abadia dos Beneditinos                                                          19

que havia acompanhado o senhor Teobaldo durante a memorável noite da chegada deste último ao velho castelo.

O senhor de Rabenau pouco mudara ao longo dos oitos anos decorridos desde aquela noite. Avançou, ar altivo e displicente, conduzindo pela mão um menino de uns nove anos. Era uma linda criança loira de traços delicados, quase femininos, com grandes olhos azuis e uma pequena boca caprichosa. Todos, exceto a senhora Matilde, levantaram-se para receber o recém-chegado. O conde Lotário beijou galantemente a mão da castelã e apertou cordialmente a do senhor Hildebrando.

– Trago-vos meu filho – disse ele –, meu herdeiro, ou em outras palavras, o que eu tenho de mais precioso no mundo, pois não tive ainda a felicidade de apresentá-lo a vós e à nobre dama. Kurt é tão doentio e tão frágil que permanece a maior parte do tempo em casa.

Uma indefinível expressão de amor e orgulho paternos vibrava em sua voz e se estampava na maneira carinhosa com que passou a mão nos cabelos espessos e cacheados do menino.

– Ah, senhor Edgar – disse ele, estendendo a mão ao jovem conde –, há muito tempo que não nos vemos. Tornastes-vos um homem e só vos faltam as esporas de cavaleiro.

Sentia-me profundamente emocionado e apreensivo. E se o conde revelasse minha verdadeira posição? Apesar dos anos transcorridos, ele poderia me reconhecer. Meu coração parou de bater quando seu olhar me encontrou e pareceu fixar-se nas minhas feições. Como outrora, uma estranha inquietação estampou-se em seus olhos e foi quase com esforço que os desviou, quando Nelda disse, apresentando-me:

– É Ângelo, meu melhor amigo.

Mas o conde já se controlara.

– Sim, sim – disse, estendendo-me a mão –, recordo-me de já ter visto o senhor Ângelo. Encantado de vos rever.

Antes da ceia, o conde de Rabenau aproveitou um instante em que se encontrou sozinho ao meu lado para murmurar, mergulhando seu olhar flamejante nos meus olhos:

– Uma mão lava a outra, rapaz. Conheço o senhor Ângelo e confirmarei o seu nobre berço, mas Deus vos livre de lembrarvos de Rabenest, de seu habitante solitário e do conde de Rabenau, que lá foi passar uma noite. Portanto, eu vos repito:

silêncio, pois uma mão lava a outra.

Fiquei estupefato. Sem saber, eu caíra numa rede misteriosa e devia guardar segredo de coisas cujo sentido eu não compreendia. Com certeza eu me sentia na dependência do conde de Rabenau, mas, mesmo se assim não fosse, eu nunca trairia o senhor Teobaldo, de quem eu muito gostava. Aconselhado por Edgar, eu nem sequer mencionara o seu nome. Nelda e Gerta também guardavam, sobre o assunto, o mais profundo silêncio.

Durante a ceia, observei com curiosidade o conde de Rabenau e, embora ele não me inspirasse muita simpatia, admirei-o e, involuntariamente, senti-me subjugado pelo estranho fascínio que transmitia, fascínio esse que devia fazer curvar-se a seus pés todos os que fossem atingidos pelo seu olhar ardente. Naquele momento, ele parecia tomado pela mais franca alegria. Um sorriso espiritual entreabria sua boca fina e regular, e seu discurso elegante, colorido e entremeado de tiradas e de episódios imprevistos, não se esgotava.

No dia seguinte, o conde Lotário despediu-se e partiu, acompanhado do filho e numerosa escolta, mas muitas semanas após sua partida eu ainda não conseguia esquecer daquela noite e freqüentemente me pegava pensando naquele homem estranho e interessante.

Neste ponto, devo mencionar alguns pormenores e algumas impressões que se tornaram, posteriormente, a base de grandes acontecimentos e de graves mudanças na minha vida e na do meu amigo. Vivendo na intimidade da família de Rouven, eu percebera, há muito tempo, que um ódio surdo reinava entre Edgar e sua madrasta, disfarçado dos dois lados por uma amizade e uma deferência fingidas. Inúmeras vezes, quando a senhora Matilde julgava não estar sendo observada, eu via seus olhares de ódio implacável fulminarem o jovem conde, como também o brilho sinistro que surgia nos olhos de Edgar quando eu pronunciava o nome de sua madrasta. Para comigo, a condessa sempre demonstrava a maior benevolência. Possuidor de uma espessa cabeleira negra e de grandes olhos da cor do aço, alto e esbelto, eu podia, na época, considerar-me um belo rapaz. Tinha consciência dos meus atributos, mas, dotado de um temperamento frio, pouco me interessava pelas mulheres. No entanto, Nelda, por seu caráter agradável e sua rara beleza, subjugara meu coração e

A Abadia dos Beneditinos 21

inspirara-me uma paixão que, quanto mais eu a dissimulasse, mais intensa se tornava.

No início, tinha-lhe admirado, como artista, o rosto de linhas clássicas, os grandes olhos límpidos, o corpo alto e flexível, mas de proporções admiráveis. Apesar de seus 16 anos completos, Nelda continuava a tratar-me como amigo de infância, e freqüentemente passávamos horas conversando cordialmente. Mas, pouco a pouco, o amor insinuara-se na minha alma. Gerta, que continuava junto de Nelda cumprindo suas funções de amiga e criada, também se desenvolvera e tornara-se uma robusta moça, de olhos negros, tez bronzeada, cuja beleza sensual contrastava totalmente com a beleza alva e loira de Nelda. Ela também se considerava minha amiga de infância e seus olhares ardentes seguiam-me por toda a parte, embora a sua posição subalterna a forçasse a manter-se muito reservada.

Certo dia, encontrava-me a sós com Nelda, conversando sobre os preparativos de um grande torneio para o qual o duque reinante convidara toda a alta nobreza. A família Rouven também estaria presente, pois Edgar, que se armara cavaleiro havia um ano, queria tomar parte nas justas, e Nelda devia aparecer em público, pela primeira vez, no camarote da condessa Matilde. Ao simples pensamento de que tantos homens iam ter a oportunidade de ver aquela que eu amava, sombrio ciúme tomou conta de mim.

– Sim, Nelda – disse eu com amargura –, já estou prevendo o que vai acontecer. Verás, nesse torneio, muitos belos cavaleiros que te admirarão, um dia tornar-te-ás a esposa de um deles e, então, será chegada a hora de nossa separação.

– Só me casarei com o homem que eu amar – respondeu Nelda, baixando a cabeça.

– Certamente – respondi: –; mas conhecerás e amarás algum dos mais ricos e ilustres cavaleiros que estarão presentes na festa.

– Não, não! Eu já estou amando.

Parecia que meu coração ia explodir. Quem estaria amando? Talvez Edgar. Ele era belo, sedutor e um poderoso senhor. Meus pensamentos se confundiram e, tomando a mão de Nelda, perguntei-lhe com voz embargada pela emoção:

– Quem? Quem tu amas? Diz-me seu nome, Nelda, minha

amizade por ti merece esta confiança.

Um vivo rubor cobriu seu rosto; depois, erguendo seus grandes olhos límpidos e profundos, disse-me sorrindo:

– E se fosses tu, Ângelo, querer-me-ias por castelã?

Pensei estar sonhando; estreitei-a contra meu coração em um transporte de louca alegria e trocamos palavras de amor e paixão, jurando-nos fidelidade até a morte. Foi uma hora de inebriante prazer. Aqueles momentos, os mais felizes da minha vida, foram o despertar de minha alma que, pouco tempo depois, deveria aniquilar-se no desespero. Pobre coração cego, tu não previste que logo tuas esperanças seriam sufocadas entre as paredes de um convento, e que tua impotente raiva procuraria uma saída em todos os crimes.

A partir daquele dia, o universo pareceu não mais existir para mim. Vivia em um mundo de fantasia, repleto de sonhos futuros e de esperanças deliciosas. Estava demasiadamente ocupado comigo para prestar atenção ao ambiente em que vivia, mas finalmente pude notar que Gerta havia mudado estranhamente: pálida, apática, silenciosa, ela evitava meus olhares e minha presença. Supondo que se tratasse de algum sofrimento secreto, demonstrei-lhe mais amizade e ternura do que antes, pois, na felicidade do meu coração, queria ver todo mundo feliz.

Na mesma noite da minha conversa com Nelda, revelei o nosso amor a Edgar. Como sempre, ele me escutou com interesse, prometeu-me ajuda e apoio se necessário e, em troca, confiou-me as graves preocupações que começavam a perturbar sua vida. Também ele amava e era amado, mas as circunstâncias impediam-no de declarar abertamente a sua escolha. O barão de Falkenstein, pai de sua amada, homem duro e intratável, nutria uma antiga inimizade contra a família de Rouven, e Edgar previa um rival perigoso na pessoa de um cavaleiro que vinha amiúde à nossa casa. Esse rapaz, sobrinho da condessa Matilde, chamava-se Ulrich de Waldeck. Apesar de muito rico, era odiado em toda a região por sua cupidez, orgulho insolente e seus costumes licenciosos. Sua aparência física era tão repulsiva quanto sua alma: corpulento, desproporcional, rosto espinhento e cercado de cabelos ruivos, ele odiava mortalmente Edgar, certamente por inveja de sua bela aparência. Apenas mais tarde tomei conhecimento, em toda sua extensão, das intrigas de que aquele homem foi instrumento. Com o entusiasmo de um apaixonado, Edgar descrevia-me a rara beleza e a inteligência incomum de Maria, e mostrava-me várias peças muito bonitas que ela compusera em homenagem ao seu amor.

Além da inquietação que lhe causava a rivalidade de Waldeck, Edgar também se preocupava com o ódio de sua madrasta. Já havia algum tempo, várias pessoas vinham insinuando que deveria renunciar à sua herança em favor do irmão mais novo e entrar para o convento dos Beneditinos, almejando para o futuro a crossa abacial. Essa perspectiva pouco tentava o jovem cavaleiro, que desejava viver e amar; ele tampouco duvidava que esse belo plano fosse obra de sua madrasta, pois, na sua impaciência de vê-lo realizado, ela se traíra alguns dias antes. Durante uma longa conversa, ela tentou persuadir Edgar a se tornar monge. Este, impaciente e indignado com tamanha ousadia, rejeitou prontamente a idéia e declarou que, longe de querer renunciar ao mundo, ele pensava em casar-se, certo de que o conde só poderia apoiá-lo.

Vários dias se passaram após nossas confidências recíprocas, quando, certa manhã, um homem se fez anunciar, secretamente, na casa de Edgar. Era um enviado de Maria de Falkenstein, que lhe comunicava que seu pai lhe anunciara que deveria casar-se com Waldeck. Ela recusara, declarando-se noiva de Edgar, e o barão lhe respondera com uma risada grosseira, ordenando-lhe formalmente que se preparasse para o casamento que, por bem ou por mal, seria realizado dentro de poucos dias.

Diante de tais notícias inesperadas, Edgar, mal contendo sua raiva, mandou selar seu cavalo a fim de ir ao castelo do seu rival e exigir uma reparação pelas armas. Vendo-o tão alterado, não quis deixá-lo ir sozinho e o acompanhei.

O cavaleiro Ulrich recebeu-nos na sala de jantar, rodeado de animada companhia. Mal avistou Edgar, gritou insolentemente:

– Sei a razão de vossa visita, conde, mas vos incomodaste em vão. Tenho a palavra do pai da bela Maria e ela se tornará minha mulher.

– Nunca – respondeu Edgar, pálido de raiva e desembainhando a espada –; saberei impedí-lo.

– De que modo? – zombou Ulrich. – Desejais raptar minha noiva?

– Sim, se preciso for – respondeu Rouven fora de si. – Antes isso que a deixá-la em vosso poder. Mas eu matarei como a um cão o cavaleiro indigno que se impõe a uma mulher ao invés de protegê-la. Lançando um olhar de profundo desprezo aos presentes, ele saiu, seguido por mim. Retomamos o caminho de casa, pois teria sido uma loucura tentarmos entrar no solar do barão de Falkenstein. Edgar estava exasperado e sua única esperança seria o torneio: lá, diante do duque e de toda a nobreza, ele queria desafiar Ulrich para um combate de morte. Eu estava tão envolvido com os problemas do meu amigo que deixei um pouco de lado meu próprio caso amoroso.

Finalmente chegou o dia tão impacientemente aguardado, durante o qual milhares de pessoas esperavam muito divertimento, mas sobre o qual eu tinha os mais sinistros pressentimentos. Só me separei de Edgar quando ele montou a cavalo para ir à liça. No entanto, enquanto seus escudeiros o armavam, notei com inquietação que uma palidez estranha às vezes tomava conta do seu rosto.

– Estás doente? – perguntei-lhe.

– Não. Minha cabeça está um pouco pesada, mas a simples visão de Waldeck bastará para fazer passar este pequeno mal-estar.

Dizendo isso, montou o cavalo e eu encaminhei-me à tribuna da condessa Matilde. Não possuindo um nome nem uma posição confessável, não podia participar das justas. Sentei-me atrás de Nelda que, no seu vestido de brocado azul e com fios de pérolas entremeando-se aos seus cabelos loiros, estava linda como um anjo. Trocamos um olhar apaixonado e, depois, examinei o esplêndido quadro que me cercava: as tribunas cobertas de tapetes, encimadas por bandeiras flutuantes, regurgitavam de fidalgos e de nobres damas resplandecentes de pedrarias e, na liça e nas barreiras, comprimiam-se multidões de pajens e escudeiros vestidos com roupas multicoloridas, junto aos cavaleiros, cujos cavalos caparazonados relinchavam de impaciência. Edgar mantinha-se afastado, pois o cavaleiro

A Abadia dos Beneditinos

Waldeck ainda não chegara.

Quando o duque e sua família tomaram seus lugares no camarote encimado por um baldaquino armoriado, os jogos tiveram início. Vários combates menos importantes já haviam começado, quando, de repente, Waldeck, seguido de diversos cavaleiros, apareceu à barreira, coberto de poeira e montando um cavalo espumante. Precipitou-se em direção ao escudo de Edgar e, tocando-o rudemente com a lança, desafiou meu amigo, acusando-o abertamente de ter raptado sua esposa que desaparecera. Segundo ele, ela fora levada por alguns homens a mando de Rouven, o que poderia ser comprovado por uma echarpe, com as cores da casa, perdida no local. E acrescentou que o jovem conde o ameaçara com esse rapto em seu próprio castelo e diante de testemunhas.

Edgar negou energicamente ter cometido aquele ato indigno de um cavaleiro. No entanto, Waldeck colérico, reafirmava o que tinha dito e o duque mostrava-se indeciso. Então Ulrich bradou com voz tonitruante:

– Já que o cavaleiro de Rouven nega tão obstinadamente, apelo ao julgamento de Deus. Eu o desafio e creio que Deus fará triunfar a inocência sobre a mentira e o crime.

Uma agitação febril tomou conta da assistência: ouviam-se murmúrios em todas as fileiras. Podemos imaginar que, em nosso camarote, os mais tumultuosos sentimentos reinassem. O senhor Hildebrando deixou a tribuna para ir encontrar-se com o filho. Eu concentrava, instintivamente, a atenção na senhora Matilde. Um rubor ardente afogueava-lhe as faces; seus olhos brilhavam e sua boca contraía-se nervosamente. Pegara a mão do filho e apertava-a convulsivamente. Uma vaga suspeita contra aquela mulher apertou-me o coração e desci, suspirando, para também ficar ao lado do meu amigo. Ele estava calmo e me disse, estendendo-me a mão:

– Estou inocente e, por isso, devo triunfar. Mas o que eles terão feito de minha pobre Maria?

Nesse ínterim, os arautos fizeram evacuar a liça, cravaram duas bandeiras e apregoavam os nomes dos combatentes e as condições da luta. Eles deviam combater a pé, à espada e completamente armados.

Eu voltei à tribuna, mas meu coração batia descompassadamente, na expectativa do terrível combate que ia se travar. O duque, que muito estimava o senhor Hildebrando, enviou um dos seus pajens convidá-lo a ir assistir ao duelo no camarote ducal.

Ao sinal dado, os dois campeões se postaram frente a frente, formando um perfeito contraste: Ulrich, alto, maciço, com braços de gigante, e Edgar, esbelto, magro, mas suprindo essa desvantagem com agilidade e destreza pouco comuns. A um gesto do duque, os adversários lançaram-se um contra o outro. Com a respiração ofegante, incapaz até mesmo de proferir uma sincera prece por meu amigo, eu acompanhava, como que fascinado, o emocionante espetáculo. No início, o combate manteve-se em pé de igualdade, mas era evidente que Waldeck desejava cansar Edgar, pois prolongava a luta com todas as espécies de golpes falsos, que deveriam manter seu adversário na defensiva. Mas Rouven, de temperamento nervoso e inflamável, impacientava-se cada vez mais. Avançou e um terrível combate se travou. Um silêncio mortal reinava; só se ouvia o retinir das armas, enquanto o sangue dos dois adversários corria e avermelhava a areia. De repente, Waldeck adiantou-se e atingiu Edgar com um rude golpe em pleno peito, fazendo-o cambalear e cair sobre um joelho. Aproveitando-se do momento, Ulrich lhe fez saltar a espada das mãos. Estaria Edgar ferido ou apenas atordoado? O certo é que enfraquecia a olhos vistos. Waldeck jogou-se sobre ele, derrubando-o.

Um clamor de espanto escapou de todas as bocas. Ulrich apoiou um joelho sobre o peito do vencido, que parecia estar desmaiado, e, erguendo sua espada, voltou-se para o duque, a quem, por direito, cabia decidir sobre a vida ou a morte do infeliz rapaz. Edgar, de acordo com as leis da época, vencido em combate judiciário, acabava de perder o nome, a nobreza e os direitos de herança. Um silêncio mortal tombou sobre a assistência: todos os peitos estavam pesarosos. O conde de Rouven, mais pálido que um espectro, olhos apavorados, balbuciava palavras incoerentes; o duque, evidentemente emocionado, apertou a mão do infeliz pai e, em voz alta, pronunciou a palavra "graça".

Removeram Edgar ainda desmaiado, mas a festa, tão tristemente perturbada, parecia ter perdido seu atrativo. A família ducal deixou a tribuna, os campeões e os espectadores dispersaram-se em tumulto. A família de Rouven também retomou o caminho de sua residência, exceto o senhor Hildebrando que, deixando-a, juntou-se ao triste cortejo que transportava Edgar ao convento dos Beneditinos.

Eu estava desesperado com a terrível situação do meu amigo e esperava impacientemente notícias de seu estado, não sabendo, na angústia de minha alma, se devia desejar sua morte ou sua vida. A condessa fingia uma grande tristeza, mas não vi sequer uma lágrima em seus olhos.

Somente após alguns dias o conde voltou ao castelo, mudado, envelhecido. Respondendo às minhas perguntas, disse-me tristemente:

– Edgar está mortalmente enfermo, mas o bom monge que o atende espera salvá-lo. Certamente, para o mundo, ele está perdido, mas como monge ele poderá viver e meu coração paterno é bastante fraco e egoísta para desejar que isso aconteça. Farei tudo o que me for possível para provar sua inocência, pois *ele é inocente*, tenho certeza.

O tempo passou tristemente e não me foi permitido rever Edgar. Apenas o conde o visitava e me contou que sua vida estava fora de perigo, mas que seu estado de espírito era indescritível.

O herdeiro do nome, do título e das riquezas da casa de Rouven era agora Alberto, o irmão caçula do meu infeliz amigo. A condessa Matilde estava radiante, mal conseguindo fingir um pouco de melancolia diante do marido. A demonstração daquela alegria cerrava-me o coração e o pensamento de descobrir a verdade sobre o rapto da esposa de Waldeck perseguia-me noite e dia. Era algo difícil, exigindo tempo e habilidade, e todos os planos que eu imaginava eram inviáveis. Veio-me, então, a idéia de consultar o conde de Rabenau. Eu já o encontrara diversas vezes e a agudeza do seu espírito, a justeza de sua percepção sempre me impressionaram. Fui ao seu castelo e, como o caso Rouven estava em todas as bocas, não senti qualquer dificuldade em dirigir a conversa para esse assunto e expor minhas intenções.

– Eis o que eu vos aconselharia – disse o conde de Rabenau, após ter refletido. – Não tenteis entrar no castelo de Waldeck, pois lá tudo está protegido contra um cerco. O mesmo acontece na residência do velho Falkenstein. Mas ide a um albergue bem mal-afamado chamado "Estrela da Noite", situado nos limites das terras da abadia. A estalajadeira, que se denomina Bela Berta, é uma mulher astuciosa, tão cúpida que é capaz de vender sua alma em troca de ouro, ou seja, uma consciência pouco escrupulosa. É amante de um tal de Bertrand, alcoólatra e espadachim da pior espécie. Esse homem, que tem a pretensão de ser descendente de uma ilustre família, é amigo de Waldeck e tem entrada nos dois castelos. Se conseguirdes ganhá-lo para vossa causa, ele poderá vos dar todas as informações necessárias. Mas só é possível conquistar Bertrand por intermédio de Berta. Como ela não tem muito dinheiro, oferecei-o a ela, pois o senhor de Mauffen, que segundo dizem a freqüenta, é muito avaro.

Agradeci ao senhor de Rabenau o excelente conselho e, logo no dia seguinte, fui procurar Berta. O albergue "Estrela da Noite" era um escuro prédio, grande e arruinado, rodeado de cavalariças e situado no cruzamento de duas estradas, à beira de uma vasta floresta. Amarrei meu cavalo diante da porta e entrei na grande sala. Vários homens de ar suspeito lá estavam reunidos. Uma mulher ainda bonita, de traços marcados e cabeleira negra, servia os hóspedes, auxiliada por um rapagão.

Aproximei-me da dona do albergue, a própria Bela Berta, e, após trocarmos algumas palavras, pedi-lhe uma conversa em particular.

– Estou às vossas ordens, senhor – respondeu, e, dirigindo-se ao ajudante, disse: – Gaspar, não deixes faltar nada aos hóspedes.

Fez-me entrar em um pequeno gabinete.

– Em que vos posso ser útil? – disse, fitando-me com seus olhos negros e astutos, submetendo a minha pessoa e minhas roupas a um exame rigoroso.

– Desejo – respondi sem preâmbulos – que me apresenteis ao senhor Bertrand, amigo dos cavaleiros de Waldeck e de Falkenstein.

– Mas que desejais com ele? – respondeu Berta, desconfiada.

– Um serviço. Estou me dirigindo a vós porque dizem que vossa ascendência sobre ele é imensa. Teríeis poder para convencê-lo a trair seus dois amigos, se for necessário?

A Abadia dos Beneditinos                                                         29

A estalajadeira colocou as mãos nos quadris e, rindo bruscamente, disse:

– Creio que esse traste, louco de amor por mim, trairá, não apenas dois, mas dez amigos, se eu mandar. Somente – acrescentou piscando o olho – eu devo estar *convencida* de que *vale a pena* fazer isso.

Não me faltava dinheiro, pois sempre o recebia de Edgar que, antes do torneio, me presenteara com um cofre contendo uma grande quantia de ouro, dizendo, ao apertar-me a mão, que o fazia para o caso de sua morte.

Coloquei uma bolsa cheia sobre a mesa e, diante daquela visão, a mulher se transfigurou:

– Basta que deis vossas ordens, senhor – disse com humildade obsequiosa e fazendo-me profundas reverências. – Se for necessário matar ou pilhar alguém, estou à vossa disposição.

Naquele momento, uma voz áspera ressoou na sala:

– Ah! É o meu caro Bertrand. Esperai-me aqui enquanto falo com ele.

Passado algum tempo, ela voltou seguida de um homem alto e gordo, trajando roupas usadas e envolto em amplo manto. Seu rosto, emoldurado por uma barba ruiva, trazia sinais de embriaguez. O indivíduo saudou-me, depois despencou num escabelo, respirando ruidosamente.

– Meu caro Bertrand – disse a mulher – este senhor quer te pedir um serviço pelo qual te dará uma bolsa igual a esta que vês sobre a mesa, a mim oferecida apenas para que eu te apresentasse a ele.

Pensei: "Droga! Eis uma mulher esperta!", mas, para saber a verdade, consenti sem protestar em pagar uma segunda vez. O indivíduo lançou um olhar rápido à bolsa, com a qual brincavam os dedos gorduchos da estalajadeira, e seu rosto rechonchudo iluminou-se:

– Nobre senhor – disse, cumprimentando-me obsequiosamente –, permitis que me apresente: sou Bertrand de Eulenhof. Coloco à vossa disposição minha espada e minha cabeça, nada desprezíveis.

Berta desapareceu e conversamos francamente. Depois de acertamos a quantia que eu devia pagar, o senhor Euleuhof prometeu fornecer-me todas as informações que eu desejava, ficando eu de voltar à hospedaria para saber das notícias.

Muito satisfeito, voltei à casa, mas nada disse sobre as minhas esperanças ao velho conde, pois desejava, primeiramente, obter as provas.

Ao curso desses acontecimentos, vários meses tinham se passado. Já por duas vezes procurara, em vão, Bertrand, que somente me contou que Ulrich de Waldeck, muito envaidecido de sua vitória sobre Edgar, preparava-se para assistir, com grande pompa, ao torneio que o duque desejava oferecer para distrair a nobreza e seu bom povo, para compensar as justas tão tristemente interrompidas pelo duelo judiciário. Eu já ouvira falar dessa festa, à qual nenhum membro da família de Rouven queria comparecer.

Quando, pela terceira vez, fui ao albergue, Bertrand recebeu-me com ar triunfante, dizendo-me que descobrira tudo. Maria, que realmente fora forçada a casar-se com Waldeck, estava presa no castelo do pai; Ulrich a visitava diariamente, mas em segredo, pois procuravam esconder tanto quanto possível a presença da jovem.

Paguei essas notícias a preço de ouro, mas propus a Bertrand que encontrasse um meio de fazer Maria se evadir. Queria que ela comparecesse ao torneio e declarasse ao duque que nunca tinha sido raptada, mas que se casara à força e que se encontrava cativa no castelo do pai. Eu sabia que, para reabilitar Edgar, a moça faria qualquer coisa, mas ela deveria estar livre para falar e revelar toda a intriga, pois apenas a notícia de sua prisão no castelo do velho Falkenstein não bastaria.

Eu estava muito satisfeito e esperançoso quando, certa manhã, trouxeram-me uma carta de Edgar que me transtornou até o fundo de minha alma:

"Ângelo, tens o direito de me desprezar, pois estou vivo e pronunciei os votos, mas continuo vivo para vingar-me e uma voz interior me diz que conseguirei. Como uma toupeira, abrirei um caminho subterrâneo, atingirei o miserável e o farei perecer de uma morte cuja premeditação será invejada pelos demônios do inferno. E é esta a única esperança que alimenta minha miserável vida. Não me peças para ser recebido, pois só depois de me ter vingado com as torturas do meu inimigo mortal e que tiver em mãos seu coração sangrento é que desejarei te rever.

A Abadia dos Beneditinos      31

Edgar Benedictus".

Meu coração cerrou-se dolorosamente. A reabilitação chegava tarde demais. No entanto, era preciso, a qualquer preço, provar a inocência de Edgar e dar ao menos esse consolo ao coração dilacerado do meu pobre amigo.

Alguns dias mais tarde, Bertrand informou-me que a evasão de Maria já estava certa: ela deveria fugir disfarçada de serva. Foi apenas, então, que contei tudo ao conde de Rouven, que me abraçou reconhecido: – Meu pobre filho já não pode combater, mas ao menos eu poderei desafiar esse infame Waldeck.

Tendo previamente recebido uma mensagem de Bertrand fui ao albergue de Berta e lá encontrei Maria, que me declarou estar pronta, por Edgar, a enfrentar tudo, revelando diante de todos a indigna conduta de seu pai e de seu marido. Bertrand deveria conduzi-la ao local do torneio, onde apareceria no momento adequado.

A senhora Matilde ficou muito surpresa com a súbita decisão do marido de assistir ao torneio, mas como, apesar de suas objeções, ele insistiu em partir, decidiu acompanhá-lo. Na manhã do dia em que as justas teriam início, ou seja, o segundo após a fuga da jovem, Bertrand chegou com Maria. O conde de Rouven recebeu-a e conduziu-a, em primeiro lugar, ao duque, a quem ela revelou toda a verdade, e, a seguir, ao camarote de sua esposa, onde ela se sentou, de rosto coberto, para não ser reconhecida antes do tempo.

Era evidente que os dois cúmplices ainda ignoravam a fuga de Maria, pois Bertrand me contara que eles tinham deixado o castelo um dia antes. O barão de Falkenstein estava tranqüilamente sentado em seu camarote, preparando-se para admirar as proezas de seu genro que, portando uma magnífica armadura, caracolava na liça, desafiando os mais valentes cavaleiros.

Quando o duque tomou lugar em sua tribuna, o conde de Rouven apareceu na arena e desafiou Waldeck, acusando-o de traição, felonia e sacrilégio, uma vez que ousara fazer apelo ao julgamento de Deus para encobrir a mentira que fora o rapto de sua esposa – que, na realidade, era prisioneira do próprio pai.

Diante de tais acusações, o cavaleiro Ulrich estremeceu e quis falar, mas o duque disse, com desprezo:

– Já sei de tudo.

E com a mão, apontou para o camarote da condessa de Rouven, no qual Maria encontrava-se de pé, o véu levantado, confirmando com a cabeça todas as acusações feitas contra seu marido.

Os adversários encaminharam-se às tendas, para se prepararem para o combate, mas apenas o conde de Rouven voltou à liça. Em vão, o arauto chamou, por três vezes, o cavaleiro de Waldeck, mas ele não retornou. Enviaram um escudeiro para procurá-lo, mas este voltou assustado, anunciando que a tenda estava vazia e que o cavaleiro Ulrich desaparecera sem deixar rastos.

Então, o conde de Rouven avançou para o camarote do miserável barão de Falkenstein, que encobrira e apoiara todas aquelas mentiras, e, lançando-lhe ao rosto sua luva de ferro, desafiou-o. O barão levantou-se, colérico, declarando que aceitava o desafio.

Não descreverei os pormenores do combate, mas o barão, homem gordo e pletórico, consumido por uma vida devassa e desabituado ao exercício das armas, fatigou-se rapidamente. Perseguido pela espada de Rouven, deu um passo em falso e caiu. O vencedor lançou-se sobre ele, colocou um joelho sobre seu peito e cravou-lhe a adaga na garganta. Então, arrancando a arma ensangüentada, o conde gritou, com voz retumbante:

– O traidor está morto! Lavei a honra do meu filho!

Aclamações frenéticas acolheram essas palavras, lenços e flores voaram sobre o conde e uma alegria febril se propagou em todas as fileiras de espectadores. Ninguém lastimava o desprezível cavaleiro, apenas a pobre Maria desmaiara ao ver cair e morrer seu pai, mas, em meio à animação geral, aquele incidente mal foi notado.

O desejo de contar a Edgar a notícia de sua reabilitação não me dava trégua e, aproveitando o momento em que a atenção geral concentrava-se no arauto, que percorreu três vezes a arena proclamando que "o nobre e poderoso senhor Edgar de Rouven estava livre de qualquer suspeita e reintegrado em todos os seus direitos", desci do camarote e, lançando-me sobre o cavalo, devorei o espaço.

Algumas horas depois, parei meu cavalo coberto de espu-

A Abadia dos Beneditinos

ma diante do grande e sombrio portal do convento dos Beneditinos. Puxei o cordão da sineta, cujo som agudo mexeu com meus nervos. Ouvir constantemente aquele som estridente deveria ser uma tortura. Infelizmente, eu não sabia que devia me habituar a ele.

Um tilintar de chaves anunciou-me a aproximação do irmão porteiro e, a seguir, o rosto seco e duro de um velho monge apareceu no postigo. Respondi às suas perguntas sobre o motivo de minha visita, dizendo-lhe que queria falar com o irmão Benedictus, conhecido no mundo como cavaleiro de Rouven.

– Para isso é necessária uma autorização do prior – respondeu o monge – entrai e segui-me até a presença de Sua Reverência.

Abriu a porta maciça e atravessamos um pátio lajeado. Uma segunda porta se abriu, e subimos uma escada em caracol. Não estava me sentindo bem, pois aquelas abóbadas escuras e aqueles longos corredores debilmente iluminados por altas janelas góticas, estreitas como seteiras, me oprimiam. Cruzamo-nos com alguns monges de hábito escuro, cuja visão aumentou ainda mais a angústia que me apertava o coração.

Finalmente, meu guia deteve-se diante de uma porta de carvalho esculpida e bateu levemente. Logo um noviço entreabriu a porta, passou a cabeça pela abertura e, depois de saber do que se tratava, desapareceu. Depois de alguns minutos, a porta abriu-se novamente, o noviço fez-me sinal para segui-lo e me conduziu, após passarmos por vários aposentos, a uma pequena sala, no centro da qual estava posta uma mesa ricamente servida. Numa poltrona de espaldar alto, estava sentado um homem bem gordo, de cujo pescoço pendia uma cruz de ouro. Aquele homem que estava jantando era o prior. Concedeu-me a bênção, respeitosamente solicitada, informando-se, a seguir, do motivo de minha visita. Notei que seu rosto era bastante insignificante, mas refletia benevolência e bonomia. Dotado, por natureza, de muita perspicácia, reparei naquele rosto benévolo uma boca de lábios expressivos, cujos cantos caídos denotavam uma energia de ferro, e uns olhos semicerrados nos quais dormitavam a astúcia, a malícia e a crueldade. Enquanto eu explicava, com palavras adequadas, meu desejo de ver Edgar, o prior brincava com sua cruz de ouro, mas ao ouvir pronunciar esse nome exclamou, com veemência:

– Quereis dizer "irmão Benedictus", meu filho, hoje precioso membro de nossa comunidade, a quem dedico afeto especial pelo seu zelo e sua piedade, que abdicou de qualquer ligação com as coisas mundanas, bem como dos inúteis títulos terrenos? Quando contei sobre a reabilitação de Edgar, o abade juntou as mãos e, erguendo os olhos ao céu, disse piedosamente:

– Já pressentira isso. A inocência sempre triunfa.

A seguir, concedeu-me a entrevista e fui levado por um irmão a um dos cômodos pelos quais eu havia passado para encontrar-me com o prior.

– Aguardai aqui – disse o monge –, vou prevenir o irmão Benedictus.

Ficando sozinho, aproximei-me da janela e lancei um olhar para fora: uma admirável paisagem se oferecia aos meus olhos. Daquela altura, via-se, como num vôo de pássaro, toda a região; ao pé da montanha, o caminho serpenteava como uma fita e, ao longe, percebiam-se, como uma massa negra, as altas torres do castelo de Rouven. Suspirei diante da ironia do destino que, depois de ter despojado de tudo o infeliz herdeiro de Rouven, ali o instalara para sempre contemplar a morada de seus ancestrais e seus domínios perdidos.

O ruído da porta abrindo-se me fez voltar, e tive dificuldade em reconhecer Edgar naquele monge pálido que se encontrava na soleira. Ele estava muito mudado e, naquele longo hábito negro, parecia mais alto e mais magro do que nas suas vestes de cavaleiro. Jogamo-nos um nos braços do outro com um grito de alegria. Edgar estava muito emocionado, o que pude sentir pelas batidas descompassadas do seu coração.

– Amigo – disse eu, desprendendo-me e apertando-lhe as mãos –, sou portador de boas notícias; foste inocentado e todos os teus direitos e honras te foram devolvidos. Hoje, no torneio, tudo se esclareceu.

Ao ouvir minhas palavras, Edgar ficou lívido, vacilou e, apoiando-se na janela, disse:

– Inocentado! – repetiu. – É tarde demais!

De repente, agarrou violentamente meu braço:

– Edgar – murmurou com voz abafada –; inocentado e, no

A Abadia dos Beneditinos                                           35

entanto, perdido, preso: olha estas correntes irrevogáveis que me acompanham por todos os lugares!

Faltou-lhe a voz e, agarrando com as duas mãos o hábito negro, sacudiu-o como se quisesse arrancá-lo. Permaneci calado diante da tempestade que se desencadeava na alma de Edgar. Seu peito ofegava, seu rosto se contraía e nos seus olhos transparecia um inferno de tortura e de raiva. Por fim, deixou-se cair pesadamente no peitoril da janela e enterrou a cabeça nas mãos. Fez-se um silêncio que não ousei interromper, mas, subitamente, Edgar ergueu a cabeça. Sua expressão mudara: uma fria crueldade substituíra a raiva, e apenas seus olhos flamejavam com uma animação sobrenatural.

– Só me resta a vingança – disse, tocando-me o ombro. – Farei com que meus inimigos se lembrem de mim. Pobre e desgraçado, eu queria puni-los como eles mereciam; agora minha reabilitação servirá para destruí-los.

Nesse momento, o prior apareceu à porta. Seu olhar penetrante deteve-se no rosto de Benedictus, que se calou imediatamente e abaixou a cabeça.

– Meu filho – disse ele –, eu vim para felicitar-te e também para lembrar-te do que o Senhor disse: "A vingança me pertence". Não te esqueças disso, meu filho, e não recaias nas paixões mundanas.

Ao dizer isso, abriu os braços e Benedictus neles se lançou violentamente. Aquele monge mentia, eu tinha certeza; sua ternura me parecia suspeita. Edgar e ele haviam trocado um olhar estranho, o olhar de dois aliados. O que significaria tudo aquilo?

Como o abade nos honrava com sua presença, logo me despedi e voltei pensativo ao castelo. Eu estava convicto de que o prior era um comparsa astucioso, cuja influência na região era conhecida. Certamente ele tramava suas intrigas em toda parte, servindo-se de elementos jovens e dóceis. Edgar era muito esperto, mas estava infeliz e, talvez por isso, não desconfiasse de um homem hábil e astuto como o padre Antonio. Era preciso pensar em preveni-lo.

Anoitecia quando cheguei ao castelo. Entrando no meu quarto, respirei a plenos pulmões e senti-me aliviado de não mais estar vendo as sombrias abóbadas do convento. No dia seguinte, fui procurar Nelda. Conversamos sobre os acontecimentos da véspera e ela me contou que, após minha saída, o duque concordara com o pedido feito por Maria, para voltar ao castelo de Falkenstein, transportando o corpo do pai, para enterrá-lo honradamente. Nelda também me disse, com um orgulho infantil, que o soberano a cumprimentara por sua beleza e cumulara-a ostensivamente de gentilezas. A notícia daquela admiração do duque pela dama dos meus pensamentos me desagradou muito, tendo em vista que ele era casado e já um homem maduro, sendo, porém, famoso por seus amores e aventuras galantes.

Uma vaga inquietação invadiu-me e mais do que nunca lamentei não ter nome nem futuro. O pensamento de penetrar no mistério do meu nascimento não me abandonava. O velho guardião do castelo de Rabenest e sua mulher não eram meus pais, mas quem me confiara a eles? Lembrei-me, também, da impressão que causei aos dois cavaleiros na noite da chegada do senhor Teobaldo. Talvez ele, ao menos, soubesse a verdade. Finalmente, não agüentando mais, resolvi partir para Rabenest e obter a qualquer preço os esclarecimentos sobre meu nascimento.

Pretextei o cumprimento da promessa de realizar uma peregrinação e despedi-me de todos. Nelda, a única a saber da verdade, encarregou-me de transmitir mil beijos e suas saudades ao pai.

Após uma viagem rápida e fatigante, finalmente cheguei, uma noite, diante da velha torre que abrigara minha infância. Aos meus gritos de "olá, olá", a voz bem conhecida do meu pai adotivo respondeu, resmungando:

– Quem está aí?

– Sou eu! – respondi, rindo. – Chego em hora inoportuna?

O bom velho acorreu radiante, seguido do cavalariço.

– Ângelo! Malvado! Por que não disseste logo o teu nome? – disse, abraçando-me.

Depois, conduziu-me ao quarto, onde mãe Brigitte também me recebeu com lágrimas de alegria. Passado o primeiro instante de emoção, entreguei aos velhinhos os meus presentes e os de Nelda, e fui procurar o senhor Teobaldo. Eu estava tão impaciente que me parecia impossível adiar essa entrevista para a manhã seguinte.

A Abadia dos Beneditinos

O velho cavaleiro recebeu-me com a mesma bondade paternal que sempre me demonstrara. Elogiou-me a boa aparência e pediu notícias de todo mundo. Contei-lhe, sucintamente, os terríveis acontecimentos dos últimos meses e acrescentei que o objetivo de minha viagem a Rabenest era o de esclarecer, de uma vez por todas, minha origem e de saber o nome dos meus pais.

Ao ouvir isso, o senhor Teobaldo mudou de cor e cobriu os olhos com a mão. Vendo sua emoção, tomei-lhe a mão:

– Senhor, sabeis quem sou. Pelo amor de Deus, eu vos suplico que me digais a verdade.

Calei-me, pois meu coração parecia que ia estourar de tanto bater. Sentia-me como um curioso diante de uma cortina fechada: o que ela iria me revelar ao se abrir?

Apertei efusivamente a mão do cavaleiro que, parecendo perdido em seus pensamentos, nada me respondia. Depois de um silêncio que me pareceu uma eternidade, descobriu o rosto que se tornara muito pálido e disse tristemente:

– Sim, meu filho, conheço tua origem, mas não me perguntes nada, pois o que eu teria a revelar-te nada tem de feliz nem de consolador.

O desejo de saber, no entanto, dominava em mim qualquer outro sentimento:

– Dizei-me tudo: prefiro a mais dura verdade à incerteza que me devora, às mil suposições que me assaltam. Quando vim ao mundo, não quiseram perder-me de vista, já que trago no braço a marca de um brasão. Portanto, alguém se interessou pelo meu destino e marcou-me assim para que eu não me perdesse na multidão.

O senhor Teobaldo levantou-se, deu várias voltas pelo quarto, depois cruzou os braços e, parecendo indeciso, deteve-se diante da lareira, fitando as chamas. Suspirou profundamente. Eu o observava ansiosamente, quando, de repente, uma idéia insensata brotou no meu cérebro perturbado: não seria ele próprio o meu pai? Ele ficara emocionado ao falar da minha origem, sempre demonstrara para comigo uma ternura paternal. Involuntariamente, meu olhar se fixou na alta e imponente figura do cavaleiro, cujo nobre perfil e a barba grisalha estavam iluminados diretamente pelo fogo. Em pensamento, comparava seu rosto com o meu e, positivamente, havia entre nós traços familiares.

Meus pensamentos foram interrompidos pelo senhor Teobaldo, que veio se sentar ao meu lado e disse, passando a mão sobre a testa:

– Escuta, pois, já que assim o queres, mas não me interrompas e não faças suposições. Ao final de minha narrativa, tudo saberás.

Meditou um pouco e começou: – O nome pelo qual me conheces, Ângelo, não me pertence. Sou Bruno, conde de Rabenau, legítimo dono do título e dos domínios ligados a esse nome. No entanto, aos olhos de todos, estou morto e um rico túmulo de mármore assinala o local do meu repouso. Meu sobrinho Lotário herdou minha fortuna e ele me é sinceramente querido, além de um digno representante da minha família. Mas houve um tempo em que eu ostentava com orgulho o nome ilustre dos meus ancestrais, amando todos os privilégios que ele me dava. Quando, mais tarde, encontrei na casa do meu irmão, um ano mais jovem que eu, mas já casado, sua cunhada Rosa, apreciei ainda mais minha riqueza, pois a jovem era pobre e vivia com a irmã.

Apaixonei-me perdidamente por aquela adorável criatura que, infelizmente, só era bela exteriormente. Nosso casamento foi celebrado com pompa, mas minha felicidade durou pouco, pois logo percebi que Rosa não me amava como eu esperara e procurava todos os pretextos para se afastar de mim. Fazia tantas peregrinações a um convento das Ursulinas, cuja madre superiora era uma de suas amigas, que comecei a suspeitar daquelas viagens. Madre Bárbara, a abadessa, era uma moça dos seus 22 ou 23 anos, que fora eleita, como diziam, graças à proteção ducal, e me desagradava profundamente. No entanto, eu não tinha qualquer motivo para impedir o relacionamento de Rosa com ela, pois sua reputação de virtude ilibada estava solidamente estabelecida.

Os anos se passaram e eu estava cada vez mais apaixonado por minha mulher e esperávamos, justamente, o nascimento de Nelda, quando negócios importantes e imprevistos forçaram-me a deixar Rosa por várias semanas.

Nesse momento, o conde deteve-se. Eu o escutara como que

A Abadia dos Beneditinos

preso aos seus lábios e, ao ouvir o nome de Nelda, meu coração bateu violentamente.

– Eu tinha pressa de voltar – prosseguiu o cavaleiro – e retornei ao castelo uns dez dias antes do previsto. Para causar uma agradável surpresa a Rosa, deixei minha escolta para trás e, acompanhado apenas de Jean, meu velho e fiel escudeiro, entrei em casa por um subterrâneo secreto do qual uma das saídas desembocava no jardim, atrás de uma grande rocha que dominava um banco de musgo.

Aos primeiros passos que dei no jardim, detive-me petrificado: ouvi vozes e logo reconheci a da condessa, que trocava com um homem palavras de amor. Esgueirei-me por entre os arbustos e lancei um olhar para o banco. Qual não foi a minha estupefação ao reconhecer o próprio duque que, ausente por quase um ano, voltara e lá se encontrava com minha mulher. Naquele momento, eles iniciaram uma conversa que me provou que seu amor datava de muito tempo e que, há anos, eu estava louco ou cego. Falavam de uma criança criada em segredo; um filho do duque e de Rosa.

Àquela revelação, a raiva cegou-me. Tirei da adaga e saltei sobre o duque, mas antes que pudesse atingi-lo, ele assobiou e pôs-se de guarda. Seus homens, que se encontravam perto dali, jogaram-se sobre mim e deram-me várias punhaladas. Ferido gravemente, desmaiei.

Quando voltei a mim, encontrava-me na pobre choupana de um carvoeiro e meu fiel Jean velava ao meu lado. Soube por ele tudo o que acontecera durante meu desmaio. Como eu, ele ouvira a conversa entre Rosa e seu amante, mas, durante a luta, ele se mantivera afastado, compreendendo que, contra a quantidade de guardas e, sobretudo, contra o duque, ele nada podia. Quando caí, a condessa sentira-se mal e o duque a levara, acompanhado de seus homens. Vendo-os já distantes, Jean transportou-me para o subterrâneo, cuidou da melhor maneira que pôde dos meus ferimentos e, temendo que me matassem por meio de armas ou de veneno, caso eu continuasse no castelo, foi buscar seu irmão, o carvoeiro. À noite fechada, os dois fiéis servidores conduziram-me à floresta. Quando me encontrei em condições, conduziram-me ao castelo, onde novos desgostos me aguardavam. Rosa fugira alguns dias antes, abandonando uma criança recém-nascida, e uma de suas criadas me contou que o duque tinha vindo ao castelo e combinara com a amante matar-me logo que eu retornasse. Como o desaparecimento da condessa tivesse ficado em segredo entre os criados, fiz divulgar o boato de que ela morrera de parto e, estranha coincidência, uma lápide enganosa cobriu o túmulo vazio da mulher, tal como outra semelhante deveria, alguns anos mais tarde, cobrir a do marido.

A criança inspirou-me, a princípio, uma grande repulsa, mas pouco a pouco fui me ligando a ela, sem, no entanto, reconhecê-la como minha, pois quem poderia saber a verdade?

Nunca mais ouvi falar de Rosa. O duque também parecia ter me esquecido, mas eu pensava cada vez mais nele. Queria revê-lo, para me vingar. Somente era preciso esperar uma oportunidade, pois atacar o suserano era tão difícil quão perigoso. Finalmente, a ocasião, pacientemente esperada, apresentou-se-me, quatro anos depois, quando o duque passava pelas minhas terras, acompanhado, apenas, por alguns homens. Eu o esperei e o feri gravemente, mas não tive sorte, porque fui preso e encarcerado. A aventura podia ter acabado mal, porém meu sobrinho Lotário conseguiu fazer-me fugir e, atendendo ao meu pedido, fez espalhar a notícia de que eu morrera de uma queda, durante a fuga. Um desconhecido foi enterrado em meu lugar. Para o mundo, eu estava morto, mas eu pouco me importava, pois tudo me era odioso. Meu sobrinho acompanhou-me ao velho castelo de Rabenest e, de passagem, peguei Nelda, a quem amo como filha e que talvez o seja realmente. Lotário herdou pacificamente meus bens e o duque não lhe causou dificuldades, pois ele preferia não mais ouvir falar de nossa querela.

O resto de minha vida te é conhecido e tu, Ângelo, és filho do duque e de minha mulher. A mãe de Lotário revelou-me que, para ocultar tua existência dos olhos de todos, tinham te confiado aos cuidados dos velhos guardiões de Rabenest.

Mal escutei as últimas palavras do conde: um único pensamento me esmagava e me deixava quase louco: Nelda era minha irmã! Era o fim dos meus sonhos e do meu amor. Sucumbindo sob o peso de minhas emoções, joguei-me de joelhos aos pés do homem cuja felicidade minha existência destruíra, repetindo desesperado:

A Abadia dos Beneditinos 41

– Nelda é minha irmã e eu a amo!

Com um gesto carinhoso, o senhor Teobaldo atraiu-me para o seu peito. Um pai não poderia ter sido tão bondoso com seu filho quanto aquele homem generoso foi, naquele momento terrível, com o filho do seu rival. No entanto, nada me consolava, pois eu ainda chorava as lágrimas da infância com a primeira esperança destruída.

As exortações do senhor Teobaldo acabaram por me acalmar e resolvi fugir de Nelda sem lhe dizer a verdade. Contudo, eu estava muito doente, pois o choque fora muito duro para mim e uma inflamação cerebral se manifestou. O senhor Teobaldo cuidou de mim com a ternura de um pai e, aos poucos, fui me restabelecendo. Soube, então, pelo meu pai adotivo, que, durante minha enfermidade, um misterioso desconhecido a ele se apresentara, buscando informações pormenorizadas sobre mim e sobre meu paradeiro depois que deixara o castelo de Rabenest. O velho tudo lhe contara e o indivíduo desaparecera. A notícia daquele interesse tardio pouco me abalou, pois o que eu soubera sobre minha origem me era odioso.

Uma noite em que conversávamos ao lado da lareira, o senhor Teobaldo me disse:

– Recebi cartas de Nelda, pedindo notícias sobre tua saúde e o consentimento para casar-se contigo. Seu único desejo é de aqui juntar-se a nós, para conosco viver retirada, pois sabe que teus gostos são antes os de um sábio do que os de um homem de guerra. Mas o que mais a faz querer deixar o castelo de Rouven é o duque, que a persegue abertamente com suas propostas amorosas, tornando-se-lhe positivamente odioso. Precisamos achar um modo de protegê-la dessa perseguição. Quando te sentires mais forte, deverás partir e colocá-la sob a proteção de Lotário, que a receberá com prazer. Quanto ao teu próprio futuro, eis o que proponho: procura obter uma audiência com o duque. Darte-ei um anel que pertenceu a ele e que tua mãe esqueceu de levar. Ele é a marca que tens no braço provarão tua origem. Tu deverás te calar sobre mim, pois, para todos os efeitos, eu estou morto. Diz apenas que conheces toda a história.

Abriu um baú e dele retirou um anel e alguns pergaminhos.

– Eis – disse ele – os objetos deixados por Rosa. Mas ouve

ainda isto: antes de tudo, vai ao convento das Ursulinas e informa-te do nome da abadessa. Se madre Bárbara ainda for viva, mostra-lhe o anel e os pergaminhos. Essa mulher deve estar a par do teu nascimento e poderá dar-te preciosas informações.

Alguns dias mais tarde, despedi-me do cavaleiro, lamentando não ser seu filho e, seguindo seus conselhos, me dirigi para o convento das Ursulinas, o qual, por acaso, ficava muito próximo da abadia onde se encontrava Benedictus. A noite caía quando cheguei ao fim da viagem. Estava morto de cansaço e, deparando-me com um albergue à beira da floresta, lá me detive sem me precaver contra seu aspecto suspeito.

Ao entrar na sala, me dei conta de que estava no albergue da Bela Berta. Pedi um quarto para passar a noite e, jogando um escudo de ouro sobre a mesa, ordenei que me servissem a ceia e o vinho. Sentei-me a um canto e, debruçado sobre a mesa, absorvi-me em tristes pensamentos. Uma exclamação abafada me fez estremecer e levantar a cabeça. Era a estalajadeira que se aproximara com uma bilha e um copo e fitava insistentemente o anel do duque que eu trazia ao dedo. Escondi rapidamente a mão e ela me disse, lançando-me um profundo olhar:

– Perdão, senhor, mas é que me pareceu ter reconhecido o anel, que vi, outrora, no dedo de um poderoso personagem.

– É possível – respondi calmamente –, pois sou enviado de um senhor de alta posição.

Depois dessa rápida conversa, Berta desapareceu e não a vi mais.

Na manhã seguinte, dirigi-me ao convento e o anel ducal aplainou as dificuldades, abriu-me todas as portas, e logo me encontrei na presença da abadessa.

Madre Bárbara era uma mulher de aproximadamente 45 anos, magra e bem-conservada, mas que nunca fora bela. Seu rosto pálido e comum possuía uma expressão de grande bonomia, mas seus olhinhos, de um cinza-azulado, encimados por sobrancelhas loiras, eram impenetráveis.

Perguntou-me, com muita polidez, o que eu desejava. Contei-lhe o objetivo de minha visita e ela respondeu, sem hesitar, que efetivamente conhecera muito bem a condessa Rosa de Rabenau. A seguir, interrogou-me minuciosamente sobre tudo e eu, ingenuamente, acreditando ser apenas por interesse, respondia-lhe com a maior franqueza.

Percebendo minha emoção, disse-me:

– Sede franco comigo, rapaz. Que mágoa tortura vosso coração? Pergunto-vos porque acho impossível que a simples suposição de serdes filho do duque possa vos perturbar a tal ponto.

Iludido por sua aparente compaixão, confessei-lhe que amava Nelda e que gostaria de saber do duque se ela era realmente minha irmã.

– Conto convosco e com vossa ajuda, santa madre; com certeza vós sabeis mais do que qualquer outra pessoa sobre esse caso tenebroso.

Para minha grande surpresa, ela respondeu:

– Infelizmente, meu filho, nada sei. É verdade que vi muitas vezes a condessa de Rabenau, minha amiga de infância, mas compreendei que para uma mulher como eu, que renunciei ao mundo, ela nunca confiou seus casos amorosos. Mas Nelda é sua filha, apesar de tudo: pobre órfã, como eu gostaria de vê-la e de estreitá-la contra meu coração! Quanto a vós, meu filho, prometo-vos que procurarei obter todas as informações possíveis para conhecermos a verdade. Deixai comigo estes pergaminhos, eu vo-los devolverei mais tarde.

Retirei-me com o coração pesado. A abadessa não me desagradara, pois me parecera tão doce e tão boa, com sua voz de timbre tão agradável, mas e se ela tivesse algum motivo secreto para me esconder a verdade?...

Resolvi ir ao castelo do conde de Rabenau e pedir-lhe proteção para Nelda; mas, chegando lá, soube, com pesar, que Lotário estava ausente e que só encontraria na residência a mãe do conde e seu filho, já que o conde era viúvo. Mesmo assim, me fiz anunciar e introduziram-me em uma sala onde uma velha senhora, de ar imponente e ricamente vestida, bordava uma tapeçaria. Junto dela estava sentada uma encantadora menina, de aproximadamente 10 anos, brincando com um velho cão de caça que, à minha entrada, fitou-me curiosamente com seus grandes olhos negros.

A condessa recebeu-me com cortesia e disse-me que o neto tinha ido à caça com seu amigo, o barão Willibald de Launay.

– Esta é sua irmã, Rosalinda de Launay, pupila de Lotário – acrescentou, indicando-me a menina.

Então, em poucas palavras, expus-lhe meu desejo que eles acolhessem Nelda. Evidentemente, a velha senhora nada sabia do passado, pois me disse, admirada e com certa frieza:

– Não compreendo por que me pedis isso. Mal conheço essa jovem e por que motivo plausível nós ofenderíamos a condessa de Rouven, tomando-lhe uma pessoa a quem ela trata como se fosse sua própria filha?

– Nobre senhora – respondi, abaixando a voz –, Nelda tem alguns direitos à vossa proteção. Ela é filha da condessa Rosa de Rabenau, não reconhecida pelo falecido conde.

A velha senhora estremeceu e, chamando uma criada, ordenou-lhe que levasse Rosalinda.

– Quem vos contou tal segredo? – perguntou, quando ficamos a sós.

Como resposta, ergui a manga do meu gibão e mostrei-lhe o escudo nitidamente impresso no meu braço.

– Ângelo! – murmurou, empalidecendo e recuando, temerosa.

– Sim, senhora, Ângelo! – exclamei com amargura –, e agora compreendeis por que reclamo vossa proteção para Nelda, pois ela é minha irmã de sangue. Como o duque a está importunando com seu amor, é preciso defendê-la dos seus infames desejos.

Lágrimas brilharam nos olhos da condessa.

– Pobre criança! – exclamou, atraindo-me para seus braços e beijando-me a testa. – Que triste vida vossa mãe vos reservou! Mas tudo farei para vos dar uma posição social e garantir vosso futuro. Quando o terreno estiver preparado, devereis apresentar-vos ao duque e dizer quem sois. Ele vos amava muito quando éreis pequeno. Aqui podeis vos considerar em casa. Lotário é bom e generoso, mas para Nelda nosso castelo não é um refúgio conveniente, considerando que é preciso tirá-la totalmente das vistas do duque a fim de que ele se acalme e a esqueça. Aqui isso não seria viável, pois o duque gosta muito de Lotário e honra freqüentemente o castelo com sua presença. Mas tenho outro plano: conheço a abadessa das Ursulinas, mulher de costumes austeros e, em todos os aspectos, muito digna, e creio que

A Abadia dos Beneditinos 45

possamos confiar-lhe Nelda por um certo tempo.

Nossa conversa foi interrompida pela chegada de Kurt e de seu amigo Willibald, este último um belo rapaz de 18 anos, que se parecia muito com a irmã. Como ela, ele possuía cabelos negros cacheados e grandes olhos aveludados e ardentes. Estava carregando Rosalinda, que ria e lhe puxava os cabelos. Kurt crescera muito, desde que eu o vira no castelo de Rouven. Deveria ter, agora, uns 15 anos e era muito bonito, mas sua tez rosada, seus longos cachos loiros e seus olhos azuis davam-lhe um aspecto efeminado. Evidentemente, sua avó também o adorava, pois beijou-o várias vezes, perguntando-lhe se não estava muito cansado. Fui apresentado aos dois rapazes, mas pouco conversamos, pois meus pensamentos estavam distantes.

Enquanto eu trocava raras palavras com Willibald, Rosalinda corria pelo cômodo atrás de Kurt, que parecia ter-lhe muito afeto.

– Sabeis – perguntou-me a velha condessa – quem é o padrinho de Rosalinda? É Edgar. Seu pai, enfermo na ocasião, não pôde vir e enviou o jovem conde no seu lugar para assistir ao batismo. Infeliz rapaz, a última vez em que esteve aqui, admirou-a muito e mostrou-se muito orgulhoso por ter como afilhada uma menina tão bonita. Ela só tem nove anos, mas parece mais velha.

Ao ouvir o nome de Edgar, Rosalinda parou diante de mim:

– Logo que encontrardes meu padrinho, dizei-lhe que eu o amo, que penso muito nele e que logo irei vê-lo, com Willibald. Tenho certeza disso, porque Willibald concorda com todos os meus desejos.

Eu ri e prometi-lhe transmitir a ele fielmente o recado. Eu não desconfiava de que um dia aquela mesma Rosalinda tornar-se-ia, para mim e para Edgar, objeto do maior interesse, que teria necessidade de nossos cuidados e de nossa proteção e que sua salvação nos causaria grandes inquietações.

Quis despedir-me, mas retiveram-me, e durante a ceia ouvimos as trombetas anunciando a chegada do castelão. A alegria sincera que iluminou os semblantes dos senhores e dos criados provou-me que o conde era sinceramente estimado. Todos se levantaram e quando Rosalinda, que corria ao encontro do tutor, mal chegara à porta, esta se abriu e o senhor de Rabenau apareceu no limiar. Para decepção da menina, Kurt se antecipou e foi o primeiro a abraçar o conde. Este, divertido com a cena, ergueu Rosalinda nos braços e, depois de ter-lhe beijado as duas faces, colocou-a, rindo, no chão. A seguir, cumprimentou a mãe, apertou-me a mão e tomou lugar à mesa. Tudo se animou, pois, embora fatigado da viagem, o castelão logo imprimiu à conversa aquele tom vivo e original que lhe era próprio. Sua verve e seu bom humor pareciam inesgotáveis e nos seus belos olhos negros refletia-se a felicidade que ele sentia de encontrar-se entre os seus. Quando fitava o filho, dir-se-ia que o mesmo era uma bela jovem pela qual estivesse apaixonado – e a mesma afeição ardente era demonstrada por Kurt.

Após a ceia, o conde conduziu-me aos seus aposentos e conversamos de coração aberto. Quando terminei minhas confidências, apertou-me a mão com amizade:

– Considera-me teu amigo e teu parente mais próximo e, quando eu puder te ser útil, dispõe de mim.

Tocado com sua bondade, agradeci efusivamente. Ele concordou com meus projetos e prometeu-me que iria levar Nelda ao convento das Ursulinas.

No dia seguinte, a própria condessa foi buscar Nelda, que passou um dia no castelo de Rabenau. Quando lhe explicaram os motivos pelos quais estava sendo levada ao convento, ela concordou de bom grado e partiu com a castelã, que nos contou que a abadessa recebera a jovem de braços abertos. Eu não me mostrei, pois não tinha coragem de rever, como irmã, a mulher que eu amava.

Resolvido esse caso, despedi-me dos meus novos parentes, pois queria ver Edgar. No momento de minha partida, Rabenau disse-me com um olhar afetuoso:

– Toma cuidado, Ângelo, desconfia do convento e dos que lá habitam. Lá, poderás cair numa teia de aranha. Não há nada mais odioso do que aqueles monges, com o prior à frente. Prudência, pois, nas palavras e nas ações.

Chegando à abadia, o irmão porteiro informou-me ser muito tarde para falar com Benedictus naquele dia. Conduziu-me a uma das celas destinadas aos viajantes. Fiquei sozinho,

A Abadia dos Beneditinos     47

mas o sono não vinha e, naquele espaço reduzido, o ar parecia sufocante. Então, saí para o corredor cuja porta, que felizmente não estava trancada, levava ao jardim. O tempo estava magnífico, a lua cheia inundava de luz a espessa ramagem das árvores seculares e fazia cintilar a fina areia das aléias, tal como pó prateado.

Depois de alguns passos, percebi que me encontrava no cemitério contíguo à igreja do convento. Por toda parte, erguiam-se cruzes, monumentos de mármore e de bronze, cujas sombras longamente projetadas transformavam-se em formas fantásticas. Caminhava lentamente quando, na curva de uma alameda, detive-me fascinado diante da vista de uma admirável paisagem: o rochedo sobre o qual se erguia a abadia descia em declive daquele lado. Bem em frente, sobre uma rocha semelhante e separada da abadia apenas por uma profunda garganta, via-se o convento das Ursulinas. Muros altos e espessos cercavam como um cinturão os dois edifícios e mostravam que aqueles que os habitavam nada tinham a ver uns com os outros.

A fadiga e um estranho sentimento de tristeza apoderaram-se de mim naquele lugar de repouso. Sentei-me sobre um degrau de pedra de um velho monumento e desatei a chorar. Absorto em meus pensamentos, não notei que alguém se aproximara e, subitamente, senti que tocavam meu ombro. Tomado por um medo supersticioso, dei um grito, mas ao levantar a cabeça, vi um monge alto de pé ao meu lado. Uma longa barba negra emoldurava seu rosto pálido e macilento, mas cuja expressão era bondosa e piedosa. Apenas seus olhos, profundamente incrustados nas órbitas, brilhavam com uma chama sobrenatural.

– Não tenhas medo de mim – disse ele –, não sou um dos que aqui repousam, pois eles não mais se interessam por nós. Sou o padre Bernardo, um membro desta comunidade. A única diferença é que vejo muitas coisas que os outros não vêem.

Endireitou-se e apontou os monumentos fúnebres:

– Eu vejo todos os que estão enterrados sob estas pedras, e a impassibilidade deles me revolta. Sabes, uma grande sociedade está aqui reunida: todos viveram, amaram, odiaram, participaram das caçadas, dos festins, das guerras e, agora, todos esses corpos, outrora animados e cheios de vida, aqui jazem magnificamente enfeitados, inertes e alheios a tudo. Mesmo os que se amaram e que foram sepultados lado a lado se calam. Ah! (respirou com esforço), este silêncio e esta sociedade subterrânea com esses rostos imóveis podem me levar à loucura. Por mais bonita que seja a lua que os ilumina, por mais terrível que seja o vento que assobia e uiva durante a tempestade, eles continuam impassíveis. Às vezes, sua alma vem visitá-los, mas isso também não os comove.

Calou-se, como que mergulhado em seus pensamentos. Escutei sem compreender bem e tomado por um temor supersticioso. Estaria conversando com um louco? Observei-o com um misto de interesse e de terror. De repente, recompôs-se e seus olhos brilhantes fixaram-se em meu rosto.

– Ah, rapaz! – exclamou com voz surda –, em breve, tu também vestirás o hábito, não por tua livre vontade, mas por desespero. Toma cuidado – disse, erguendo a mão –, pois através do teu cérebro, como através destes túmulos, vejo teus pensamentos, e neste cérebro tudo será *negro*. Ele maquinará crime sobre crime e as chamas da vingança subirão ao céu como uma coluna de fogo. Misturarás teu sangue com o da tua irmã e, finalmente, serás enterrado aqui neste mesmo lugar; ficarás deitado, mudo e impassível, ao lado de teu inimigo mortal.

Estupefato e aterrorizado, eu escutava essas estranhas e terríveis palavras, mas quando voltei a mim e quis interrogar o monge, ele havia desaparecido. Tomado pelos mais tristes pensamentos, voltei para minha cela, mas foi somente pela manhã que um sono febril fechou meus olhos.

Acordei mais calmo e fui ter com Edgar, que encontrei tranqüilo e decidido. Contou-me que fora nomeado irmão secretário, com inúmeros encargos, e que o prior era, para ele, um verdadeiro amigo.

Com um lampejo nos olhos, disse-me:

– Estou tranqüilo, pois espero me vingar.

A seguir, perguntou-me sobre meu caso e deu-me bons conselhos, entre outros o de não me apresentar ao duque, mas infelizmente eu não o escutei. Cerca de quinze dias após meu regresso ao castelo de Rouven, entregaram-me, certa noite, uma carta de Nelda anunciando-me que faria os votos. Segundo ela, os motivos dessa decisão eram muito graves, mas que, apesar do seu amor por mim, ela não queria revelá-los, suplicando-me, apenas, que a amasse, que sempre pensasse nela, mas que renunciasse às esperanças irrealizáveis.

Fiquei confuso: Nelda, tão jovem, tão bonita, enterrada em um claustro! O que a teria levado a tomar semelhante decisão? Teria sabido, talvez, que eu era seu irmão? E isto, só a abadessa poderia ter-lhe revelado. Senti uma profunda desconfiança por aquela mulher de rosto impassível e de olhar tão doce. Era necessário prevenir Nelda, pois qualquer decisão seria preferível à de se tornar religiosa. Provavelmente, o egoísmo e o ciúme sopravam ao meu ouvido: "nem tua, nem de ninguém!". Mas não, tal futuro era horrível demais.

Fui ao convento, mas a entrada me foi barrada, sob pretexto de que Nelda não queria me ver e de que a abadessa estava indisposta, não querendo receber ninguém. Estava desesperado! O que fazer? Que partido tomar? Sentia-me preso a uma rede de intrigas e, na minha aflição, decidi recorrer ao duque, mas informaram-me que ele estava participando de uma caçada em local distante. Seria, então, necessário esperar, quando cada dia me parecia um século? Ainda uma vez, tentei entrar no convento, mas sem sucesso. Ao regressar após mais aquela vã tentativa, meu cavalo, assustado com um obstáculo, recuou, desequilibrou-me e desloquei o pé. Voltei enfermo ao castelo de Rouven e lá fiquei, por três semanas, pregado ao leito.

Tão logo me restabeleci, fui procurar o duque. Como não podia me fazer anunciar senão pelo nome de Ângelo, negaram-me o acesso. Então, mostrei o anel, que um pajem pegou e levou-o ao apartamento do duque. Um instante depois, fui chamado e fiquei a sós com aquele que era o árbitro do meu destino. Movido pelo temor e pela curiosidade, fitei o homem que devia ser meu pai e de quem dependia minha perda ou minha salvação. Ele estava de pé, o cenho cerrado, e examinava cuidadosamente o anel. Quando entrei, levantou a cabeça e olhou-me com ar desconfiado.

— Quem vos deu este anel? — disse com voz rude e breve.

Meu coração batia descompassado e minha voz tremia quando respondi respeitosamente:

— Senhor, sou o filho ilegítimo da condessa Rosa, esposa do

falecido conde Bruno de Rabenau e...

Não me deixou terminar e recuou, lívido:

– Mentira! Mentira! Rosa de Rabenau nunca teve filhos ilegítimos.

Diante de tal recepção, senti-me mortalmente ferido no meu orgulho:

– Senhor – disse eu com amargura –, não estou aqui para ser reconhecido por vós. Sei que minha vida ou minha morte sempre vos foram indiferentes, mas trata-se do destino de Nelda, uma segunda filha da condessa Rosa, que vós conheceis. Ela está no convento das Ursulinas e, por um motivo que ignoro, quer fazer os votos. Peço que a livreis de tão tenebroso futuro.

O duque caiu arrasado sobre uma poltrona, com as faces arroxeadas.

– Nelda é a filha da condessa? – exclamou com voz rouca e entrecortada. – Impossível! Estais mentindo, rapaz!

– Estou dizendo a pura verdade – respondi, surpreso. – Perguntai à abadessa das Ursulinas. Ela está ciente do fato e mo confirmou. Além do mais, ela possui pergaminhos que comprovam toda essa história.

Um rugido escapou da garganta do duque.

– Ah! Aquela intrigante miserável! Ela sabia, então, que eu era o pai de Nelda! O que fiz, meu Deus! Não era essa a minha intenção.

Enterrou a cabeça nas mãos. Instintivamente, senti que algo horrível se passara entre Nelda e ele.

– O que fizestes? – gritei, fora de mim. – Eu sinto, eu sei, vós a seduzistes!

– Vós o sabeis! – disse o duque, estupefato, como confirmando.

Por um momento, a respiração me faltou e minhas pernas fraquejaram, mas a raiva devolveu-me a palavra:

– Infame! Eu vos desmascararei perante todas as províncias, para que, finalmente, todos saibam quem é essa abadessa que comete tais infâmias e o duque que delas se aproveita!

Exasperado, ele arrancou do cinto um apito de ouro, dele tirando um som agudo. Uma multidão de pajens e de escudeiros se precipitou para dentro do quarto.

A Abadia dos Beneditinos

51

– Prendei este louco que se atreve a me insultar!

Antes que eu me desse conta, braços musculosos me agarraram e me arrastaram até um quarto, onde me trancaram. Percebi estar num amplo aposento, mobiliado com móveis valiosos, porém velhos, e iluminado por uma janela gradeada. Esgotado física e mentalmente, deixei-me cair sobre uma poltrona. O que eu ganhara com aquela tentativa? Que destino me aguardava?

Passaram-se horas, o sol se pôs e encontrei-me na escuridão. Finalmente, uma chave rangeu na fechadura, a porta se abriu e um homem entrou. Aproximando-se da mesa, acendeu uma lamparina e tirou de sob o manto uma cesta contendo uma bilha de vinho, pão e um pedaço de carne de caça. Eu sentia fome e a sede me torturava. Comi pouco e bebi vários copos de vinho; depois me sentei numa velha poltrona e comecei a divagar. Pouco a pouco, um torpor extremo invadiu todos meus membros e tive um sono de chumbo. Um horrível despertar me aguardava.

Quando abri os olhos, depois de um tempo que não posso precisar, encontrei-me numa cela estreita e vazia, vestido com o hábito de monge. Dei um salto, atirando-me à porta, mas ela estava fechada. Aniquilado, apoiei-me contra a parede e as palavras do monge do cemitério vieram-me à memória: "Logo serás monge; contra a tua vontade e desesperado, vestirás o hábito". Sua predição era a pura verdade. Sim, tinha sido arrastado pelo desespero e compreendi que estava perdido.

Forçando-me a acalmar-me, lancei um olhar sobre mim: vestia o hábito de noviço e, portanto, não havia ainda pronunciado os votos em algum estado de inconsciência. Assim, a salvação era ainda possível e resolvi me defender, fugir se fosse possível, escondendo-me no castelo do senhor Teobaldo, e ali passar o resto dos meus dias, devotando-me ao estudo e ao trabalho científico. Tudo, tudo seria preferível à perda da liberdade. Parecia-me que sufocava na estreita cela, pois o ar me faltava. Como merecera tão terrível destino? Onde estava a justiça divina? Onde estava aquele Deus protetor dos inocentes?

Uma sombria tempestade desencadeou-se em minha alma e rugiu surdamente contra Aquele que se arrogou o direito de dirigir os destinos, e era a Ele, a Seu serviço, que eu deveria sacrificar a minha vida! Mas então, tudo era mentira? Eu tinha certeza de que quase todos os homens ali reunidos, segregados da sociedade, abolidos do número dos vivos, condenados a não mais terem sentimentos humanos, eram vítimas habilmente descartadas, depois de terem o coração arrancado por mil torturas morais. E todas essas vítimas deveriam reunir-se ali para servir e cantar louvores a Deus, para dominarem todas as paixões do corpo e da alma em nome Daquele carrasco invisível, cujo cruel refinamento chegava a nos tirar o senso de sua compreensão. Um inferno fervia em minha alma. Eu fazia parte, realmente, do grupo dos anjos caídos que se revoltou contra o Criador.

O ruído da porta que se abria interrompeu meus pensamentos. No umbral, encontrava-se um monge alto, encapuzado, trazendo na mão uma lâmpada. Pela cruz de ouro que lhe brilhava ao peito, reconheci o prior. Colocou a lâmpada sobre a mesa e parou diante de mim, de braços cruzados. Seus olhos faiscantes sob o capuz mergulharam nos meus e um estranho sorriso aflorou-lhe nos lábios:

– Pobre insensato! – falou no mesmo tom que um chefe falaria a um subalterno. – Estou vendo pela tua expressão que interrompi uma declaração de guerra contra céus e terras. Criança duplamente louca! Nós somos impotentes contra as forças que reinam tanto nas alturas como aqui embaixo. E agora, meu filho, acalma-te e escuta. Vou te falar não como a um ser entregue à mercê da minha vontade, mas como a um homem racional. Não estás aqui por minha ordem nem por minha vontade, mas fui encarregado de fazer de ti um monge. Qualquer meio que eu empregue para atingir este objetivo está previamente santificado. Fora destes muros, serás apenas a lebre contra a qual lançarão a matilha, pois tiveste a imprudência de te revelares como fruto de um erro da juventude, e os senhores da terra querem ser infalíveis. Além disso, falaste mal do convento das Ursulinas, desvendando um crime odioso. Assim, estás perdido, pois, em seu próprio interesse, o duque e a abadessa não cansarão de atentar contra tua vida. Aqui, como membro da nossa comunidade, tu serás independente: o hábito te dará uma posição; a estima te abrirá todas as portas; o confessionário, todas as consciências, até as mais culposas. Sei que possuis inteligência, instrução e, por isso, tornar-te-ás o mestre

A Abadia dos Beneditinos 53

de três quartos dos monges aqui reunidos. Dependerás apenas de mim, teu abade, que sabe apreciar em cada um os direitos da inteligência e da posição. Com o jejum e a prece, costumo punir apenas os imbecis. Persuado os inteligentes e eles se dobram, voluntariamente, às leis monacais. Em troca, atribuo-lhes tarefas condizentes com suas necessidades espirituais, ocupações que os salvam do desespero. Meus *irmãos inteligentes* não são meus escravos; eles lutam, como eu, pelos direitos de nossa abadia. E agora pergunto: – queres submeter-te livremente ao inevitável, não *por mim*, mas para te poupares às torturas que tenho horror a infligir?

Eu escutava fascinado: estava estranhamente enganado a respeito daquele homem, que estava me provando, naquele momento, seu profundo e completo conhecimento do coração humano. Mas aquela voz metálica e aquele olhar faiscante seriam realmente do prior? Não, eu não estava enganado, era ele, com sua longa barba negra, seus olhos penetrantes sob espessas sobrancelhas. Apenas emagrecera um pouco, como podia constatar pela mão que ele apoiava na mesa, autêntica mão de prelado, branca e com dedos afilados.

– Aceito, meu pai – disse sem hesitar –, pois reconheço que tendes razão.

– Pois bem, meu filho. A biblioteca do convento estará sempre aberta para ti. Lá encontrarás quase tudo o que a ciência e a história nos ofereceram até hoje. Lá, teu espírito doente poderá esquecer. Voltaremos a conversar sobre tudo isso.

Deu-me a bênção e saiu. Meus olhos continuaram pregados na porta. Ao vê-lo pela primeira vez, eu nunca poderia ter imaginado que eu seria subjugado pelo fascínio daquele homem que não era nem bonito nem bom, e que me dominara apenas pelo timbre da voz e pelo espírito profundo. Ele se mostrava completamente diferente diante dos irmãos e dos noviços, mas tudo o que acabara de me dizer era verdade. Sentindo-me aliviado e tranqüilizado, deitei-me no estreito e duro catre e caí num sono profundo.

No dia seguinte, colocado entre os noviços, fui com eles assistir à missa na ampla e magnífica igreja. No entanto, naquele momento não lancei um só olhar ao majestoso e antigo monumento. Meus olhos buscavam apenas o prior, que se encontrava sentado em uma alta poltrona, cabisbaixo, parecendo rezar. Mentalmente, comparei-o com aquele que me visitara na véspera, concluindo que se tratava da mesma pessoa. Não consegui avistar Benedictus, e quando perguntei por ele informaram-me que estava doente, na enfermaria, e que não podia receber visitas.

Certo dia, algum tempo depois, fui à biblioteca e lá encontrei tesouros que me consolaram. Descobri também, em uma escrivaninha, um grande e venerável volume fechado a cadeado, sobre o qual havia um pequeno rolo de pergaminho, trazendo a seguinte inscrição: "Para ser lido pelo irmão Ângelo". No seu interior, encontrei a chave e, abrindo apressadamente o volume, vi, com alegria, que era uma das obras mais raras sobre alquimia e magia. Lá havia o suficiente para absorver todas as faculdades da alma, e embriaguei-me com aquela leitura. Só abandonava essa ocupação para realizar os deveres impostos pela vida monacal, mas meu espírito aplicava-se sem descanso às questões múltiplas que eu descobria todos os dias, lamentando apenas não dispor de um laboratório para tentar resolver alguns problemas daquela ciência fascinante.

Como recompensa pela minha conduta exemplar, meu noviciado foi consideravelmente abreviado e logo chegou o dia em que eu devia pronunciar os votos.

Não tive outra oportunidade de falar em particular com o prior, mas devo confessar que não senti qualquer emoção pungente durante aquela grave cerimônia que me despojava de todos os direitos sociais, deixando-me, em troca, apenas o hábito e o nome de Pater Sanctus. Depois de ter recebido a bênção do prior e os cumprimentos dos irmãos, fui com Benedictus à minha cela. Sozinhos, nós nos abraçamos e, involuntariamente, derramei lágrimas à lembrança da liberdade perdida. Minha primeira viagem com Edgar e a triste impressão que a vista da abadia me causara voltaram-me à memória.

– Pobre amigo – disse Benedictus, apertando-me a mão –, tu também foste aqui conduzido pela sorte impiedosa. Mas não ficaremos absolutamente abandonados, já que juntos poderemos nos entreter e matarmos o tempo.

– Diga-me – falei –, que pensas do prior?

– Silêncio! – respondeu Benedictus. – Aqui não expressamos nossas opiniões em voz tão alta. Ele é muito estranho – acrescentou, abaixando a voz – dir-se-ia que, por vezes, há nele dois homens vivendo no mesmo corpo. Às vezes ele parece outra pessoa: possui entonações de voz, olhares que parecem transfigurá-lo. É um gênio de astúcia e no entanto, no fundo, ele é bom e delicado, mas por interesse. Mudemos de assunto.

– Continuas, ainda, com teus planos de vingança?

– Obviamente que sim, mas só abordas assuntos perigosos. Conversaremos sobre tudo isso mais à vontade no laboratório.

– Como? Existe um laboratório aqui? – perguntei, radiante e surpreso.

– Existe – respondeu Benedictus –, mas eu insisto, silêncio! Mais tarde saberás de tudo.

E ele mudou o rumo da conversa.

No dia seguinte, durante o ofício noturno, Benedictus sussurrou-me ao ouvido:

– Quando todos tiverem saído, esconde-te atrás de uma dessas colunas e aguarda.

Tão logo o ofício divino terminou, deslizei pela densa sombra do confessionário e esperei que o último irmão deixasse a igreja e fechasse as portas maciças. Vi, então, à claridade da lâmpada que ardia diante do altar, várias sombras de monges, que deslizavam silenciosamente por entre as colunas. Um momento depois, Benedictus encontrava-se ao meu lado, trazendo na mão uma espécie de capuz.

– Rápido, veste isto – disse, ajudando-me a me cobrir.

Era uma espécie de capuz de lã preta, só tendo abertura para os olhos. Benedictus vestiu um parecido, e murmurou:

– Segue-me.

Encaminhou-se para o altar, apanhou ali alguma coisa que não pude distinguir e aproximou-se de uma das grossas colunas que sustentavam a nave. De repente, uma alta e estreita abertura apareceu na ranhura.

– Segura no meu hábito e conta até vinte e sete – disse Benedictus, embrenhando-se pelo vão.

A passagem fechou-se sem ruído e nós descemos vinte e sete degraus na mais completa escuridão. Meu guia deteve-se diante de uma parede, bateu, e um som metálico ressoou.

– Quem está aí? – uma voz perguntou.

56                                                             J. W. Rochester

– Irmãos da Vingança – respondeu Benedictus.

– Para onde ides?

– Ao purgatório.

Um painel estreito abriu-se e penetramos num pequeno subterrâneo circular. Aquela espécie de gruta estava fracamente iluminada por uma lamparina. Via-se um leito de palha e, sobre uma mesa, uma bilha de água e um naco de pão. Lançando ao meu redor um olhar curioso, percebi que o painel se fechara tão hermeticamente que dele não se percebia qualquer traço, e que a gruta parecia sem saída.

– Entrai, meus irmãos – disse um velho gorducho, de barbas brancas. Trazeis um noviço? – acrescentou, encarando-me.

– Sim – respondeu Benedictus.

O idoso guardião nos entregou duas tochas e, quando acabei de acender a minha, vi que, atrás de mim, uma porta se abrira. Saímos.

Depois de percorrermos escadas e corredores que me pareceram sem fim, fizeram-nos parar diante de uma porta, onde vários homens encapuzados nos pediram a senha. Essa porta abria-se para um longo corredor iluminado por tochas, que desembocava num aposento completamente vazio. Meu guia parou. Imediatamente, uma voz potente ressoou, não sei de onde, pronunciando estas palavras:

– Frei Ângelo, queres vingar-te dos teus inimigos?

– Sim, claro, mesmo que seja a preço de minha salvação eterna – respondi sem hesitar.

– Deves, então, nomeá-los, mas podes fazê-lo sem medo.

Após um momento de hesitação, respondi com firmeza:

– Quero me vingar do poderoso senhor que é meu pai, da minha mãe, se ainda estiver viva, e da abadessa das Ursulinas.

– Pois bem – disse a voz –, mas conseguirás fazê-lo sem ajuda?

– Não.

– Então, necessitas de aliados?

– Necessito.

– Desejas, então, prestar juramento de aliança aos Irmãos da Vingança? Eles te ajudarão a te vingares, mas, quando necessário, eles requisitarão os teus serviços, da mesma forma que tu requisitarás os serviços dos outros.

A Abadia dos Beneditinos

– Sim, eu desejo – respondi –; nada mais justo: serviço por serviço.

– Irmão – disse a voz –, leva-o ao purgatório.

Benedictus aproximou-se de uma porta, sobre a qual se via esculpida uma caveira cercada de sinais cabalísticos. Quando ele a abriu, parei, admirado. Encontrava-me em uma sala bastante ampla, intensamente iluminada por tochas e velas de cera. Ao centro, elevava-se uma espécie de altar forrado de veludo escarlate, sobre o qual havia um crucifixo de ouro encimando um grande coração crivado de flechas e um livro aberto. Na sala estavam reunidas aproximadamente cem pessoas encapuchadas, como nós, e, sobre um tamborete atrás do altar, estava sentado um personagem igualmente mascarado, no qual pensei ter reconhecido o prior.

– Ouve as condições do juramento – disse aquele que parecia ser o chefe. – Tu vais jurar, não por Deus, mas pela tua honra. No entanto, se traíres o juramento, tu morrerás pelas mãos de um dos irmãos aqui presentes, que estão testemunhando teu juramento. Se entre eles encontrares um inimigo mortal, tens o direito de desafiá-lo a um duelo e de lutar *perante nós*, até que ocorra a morte de um dos campeões. Mas *nunca* terás o direito de empregar contra ele os meios de vingança mundana que nossa comunidade colocará nas tuas mãos. Agora, põe-te de joelhos e ouve o juramento.

Ajoelhei-me, sem replicar, e o chefe disse:

– Todos os que aqui juram sobre este coração trespassado devem, olhando-o, pensar no seu próprio coração desesperado e torturado por mil flechas morais. Todos, lembrando-se dos próprios sofrimentos até o momento em que foram forçados a tomar o hábito, compreenderão o sofrimento dos outros.

Agora, ergue a mão e repete o seguinte: "Juro, por meu coração torturado e por minhas angústias passadas, que desejo me vingar e infligir os mesmos sofrimentos àqueles que me maltrataram: o duque, minha mãe e a abadessa das Ursulinas. Juro que, a partir deste momento, pertenço de corpo e alma à vingança, mas como sozinho sou impotente, peço a ajuda dos meus irmãos aqui reunidos: que cada um de vós vos coloque à minha disposição, de corpo e de espírito, para que eu possa contar convosco para atingir meus objetivos. Em troca, coloco à disposição dos meus irmãos a minha pessoa e a minha inteligência. Pelas normas de nossa confraria, considero-me desligado do juramento de castidade imposto ao padre e ao monge e, para atender o *objetivo*, tenho a permissão de reatar relações com as mulheres do mundo. De meia-noite ao primeiro canto do galo, estou autorizado a deixar a abadia e vestir trajes seculares, mas juro conformar-me todo o restante do tempo às leis da vida monacal, considerando o *chefe* como mestre e soberano e executando qualquer ordem por ele dada, ainda que com risco de minha vida". Repeti cada palavra em voz alta e pausadamente.

– Bem – disse o prior – recebe agora as marcas da nossa confraria.

Quase no mesmo instante, senti no ombro uma dor aguda e soltei um grito abafado. É que dois monges haviam se aproximado de mim por trás, desabotoado meu hábito e cravado em mim um ferro em brasa. Eu não podia parecer covarde e, então, mordi os lábios, deixei que colocassem sobre minha queimadura um ungüento trazido por um terceiro monge e permaneci de pé. Os irmãos rodearam-me, apertando-me a mão e repetindo: "Serviço por serviço".

Também o prior aproximou-se de mim e, oferecendo-me uma pequena chave suspensa a uma fina corrente de ouro, acrescentou:

– Devo dizer-te ainda uma coisa: o cofre do convento estará sempre aberto para ti, e podes dele te servir quando necessário. Os subterrâneos estão à disposição dos irmãos para seus trabalhos e divertimentos. Agora, vamos cear.

Benedictus puxou-me e entramos, atrás dos outros, em um longo subterrâneo contíguo ao primeiro e debilmente iluminado por tochas presas à parede. No centro havia uma mesa coberta por baixelas de prata, que era servida por oito monges.

– Como?! Há domésticos aqui? –, perguntei, surpreso.

– Sim – respondeu rindo Benedictus – mas não devemos temer qualquer traição de sua parte, pois são imbecis pertencentes ao populacho, que foram condenados à masmorra por crimes comuns. Em lugar de lá apodrecerem, vivem aqui sem nunca subir ao ar livre nem à luz do dia, mas comem e bebem à vontade e estão satisfeitos com seu destino.

A Abadia dos Beneditinos

Tomei lugar ao lado de Benedictus e todo mundo bebeu e comeu fartamente, mas sem tirar o capuz. Evidentemente, as mesmas regras que regiam a castidade também eram aplicadas ao jejum, pois a melhor carne de caça, o melhor vinho e doces variados eram profusamente servidos.

Terminada a ceia, os monges se dispersaram rapidamente. O prior aproximou-se de Edgar e disse:

– Mostra os subterrâneos ao novo irmão, para que ele conheça a importância da sua nova investidura.

Fez com a mão um gesto amigável e desapareceu.

Edgar pegou uma tocha e disse alegremente:

–Vem, Ângelo, tu vais ver que não estamos entre os menos ricos senhores do mundo, mas que estamos entre os muito mais poderosos.

Conduziu-me por um corredor abobadado, permeado, em um de seus lados, de inúmeras portinholas. Edgar abriu uma delas, dizendo-me:

– Olha.

Vi uma horrível masmorra, calçada de pedras, na qual se respirava um ar sufocante e que era iluminada por uma luz esbranquiçada que se escoava por uma pequena janela gradeada. Ouviam-se estranhos ruídos de choques contra a parede externa.

– O que significa isso? – perguntei.

–Vem e verás.

Seguido por mim, Edgar entrou na masmorra, abriu uma segunda porta e subiu vários degraus. Abriu, então, uma última porta mais maciça ainda do que as demais e recuei com um grito de espanto: diante de mim, estendia-se uma vasta extensão de água, cuja superfície calma e azulada estava prateada pelo luar. As ondas marulhavam junto ao umbral. Compreendi que me encontrava à beira do lago que banhava, de um lado, o rochedo sobre o qual se elevava a abadia. Edgar cruzara os braços e parecia absorto em seus pensamentos.

– Para cá – disse com um sorriso de cruel satisfação – arrastarei um dia o cadáver de Ulrich e o confiarei às águas silenciosas, cujas ondas lavarão os vestígios de sangue. Podemos, também, abrir uma grade que, abaixada, deixa entrar água no calabouço. Cada qual faz de acordo com seu gosto, mas é para este lugar que expedimos as vítimas e é por isso que esta parte do subterrâneo é chamada de cemitério. Temos quatro celas iguais àquela que acabo de te mostrar e todas têm uma saída para o lago. Originalmente, eram grutas ou fendas no rochedo, que foram fechadas por um muro tão perfeito que se confunde com a própria rocha. Em geral, essas construções subterrâneas são extremamente interessantes devido à habilidade com que aproveitaram cada cavidade natural para construírem este labirinto de salas e corredores.

Saímos. Após fechar a porta, ele me conduziu por um subterrâneo iluminado por várias tochas. Prateleiras repletas de maços de pergaminhos estavam presas aos muros. Dispostas ao redor do subterrâneo, viam-se escrivaninhas, todas elas numeradas. Diante de várias dessas mesas, monges encapuzados trabalhavam ou escreviam.

– Esta é a sala de trabalho da confraria – disse Edgar. – Nela, fazemos pesquisas, escrevemos nossa correspondência, falsificamos documentos, enfim, fazemos tudo o que é necessário, pois as celas lá de cima não devem conter qualquer traço da atividade proibida. Naquele canto, à direita, fica minha escrivaninha e a tua, ao lado, bem debaixo da tocha. Consegues distinguir teu número?

Se um dos frades precisar de ti, ele colocará sobre a mesa uma espécie de carta aberta, à qual tu és obrigado a responder com tua opinião ou conselho. Eu recorro muito ao número 62, que é um personagem com muito espírito, que me tem dado excelentes conselhos e que, também, me escolheu para ajudá-lo. Finalmente, neste baú são colocados resumos biográficos de todos os irmãos, contendo os nomes de seus inimigos e a lista de pessoas que eles conheceram no mundo. Tua história também será guardada aqui. Se encontrares alguém que, por suas relações anteriores, te possa ajudar, escrever-lhe-ás e receberás, como resposta, todas as informações necessárias, pois nós devemos ajudar-nos uns aos outros da melhor maneira possível. O velho que tu viste na primeira gruta, assim como aqueles irmãos que nos pediram a senha, são membros que já saciaram sua vingança e que agora servem nossa sociedade com devotamento e discrição absoluta. Aqui, pois, trabalharemos pela nossa vingança, mas não hoje. Agora, vem, pois vou conduzir-te

A Abadia dos Beneditinos

ao paraíso dos teus desejos, que é o laboratório, e apresentar-te ao padre Bernardo, um personagem maravilhoso que está em busca dos meios para a fabricação do ouro e acredita nas almas do outro mundo, que diz saber evocá-las.

Nós entramos em uma gruta circular, tomada pela fumaça e que exalava um odor acre. Lá se encontravam um grande forno, alambiques, frascos de formas estranhas, enfim, todo o arsenal de um laboratório. De pé, em frente à secretária, dando-nos as costas, um monge parecia absorto na leitura de um livro enorme.

– Bom dia, padre Bernardo – disse Edgar –, perdoai-me por incomodar-vos, mas gostaria de vos apresentar o amigo do qual vos falei.

O monge voltou-se para nós e, erguendo a lamparina, iluminou meu rosto.

Soltei uma exclamação de surpresa, pois era o mesmo monge que havia predito o meu destino!

– Ah! – exclamou o monge, sorrindo. – Então és tu? Minhas predições realizaram-se bem rápido. Sê bem-vindo, irmão, e diz em que posso te servir. Apenas não interroguemos o destino, pois é melhor desconhecermos o futuro.

Dizendo isso, indicou-nos duas poltronas.

Observei-o com interesse. Eu gostava das coisas misteriosas e a alquimia já vinha me tentando havia muito tempo.

– Meu pai – disse eu –, sou um iniciante na ciência. Gostaria de me tornar vosso discípulo e ajudar-vos em vosso trabalho. Desde criança, interesso-me por tudo o que é misterioso.

O monge cruzou os braços e suspirou profundamente:

– Meu filho, para se aprofundar nessas coisas, a existência humana é demasiadamente curta. Trata-se de uma ciência fascinante e fatal, pois continuamente a inteligência se depara com obstáculos insuperáveis; pressentimos a existência das maravilhas escondidas atrás da cortina, mas a pequena ponta que erguemos já nos deslumbra. Nosso cérebro é limitado, nossos sentidos, muito pouco desenvolvidos. A única coisa que podemos saber é que um fio ininterrupto leva à verdade e que uma descoberta é a base de outra descoberta. Se quiseres, meu filho, trabalharemos juntos. Vou te contar uma coisa: meu inimigo morreu antes que eu pudesse dele me vingar; agora, sacrifico minha vida para descobrir o meio de atrair do espaço a alma do miserável, a fim de que eu o possa ver tocar, torturar com minhas recriminações. Vejo muitos seres errantes, mas são desconhecidos, não é o que minha vingança busca. E, no entanto, devo atingir meu objetivo, pois está escrito nas Escrituras e nos livros de astrologia que os muitos mortos voltaram e foram tocados. É preciso, apenas, encontrar o meio de fazê-los aparecer.

Ele se calou, pensativo, com o olhar fixo no vazio. Edgar me fez um sinal, que queria dizer: "Não dês importância a isso. Sobre esse assunto ele é um pouco desequilibrado". Mas eu estava por demais intrigado para não continuar.

– Meu pai – eu disse –, exceto vosso inimigo, já conseguistes chamar alguma pessoa do espaço?

– Meu filho, consegui apenas evocar a sombra dos animais.

– Poderíeis mostrar-me isso algum dia? – perguntei interessadíssimo.

– Com muito prazer e até imediatamente – respondeu o monge, com os olhos brilhantes.

Edgar quis deter-me, mas eu o puxei e entramos em uma pequena gruta contígua, cuja entrada estava fechada por um reposteiro de couro. Como o primeiro aposento, ela estava abarrotada de pequenos utensílios de alquimia; dentro de um grande fogareiro ardiam carvões em brasa.

– Vede – disse Bernardo –, eis aqui três galinhas pretas, vivas, como podeis constatar. Diante de vossos olhos, vou colocá-las sobre esta mesa.

Pegando algumas brasas, colocou-as diante das aves, cujos pés e asas estavam amarrados, lançando sobre elas uma pitada de pó branco que se inflamou, projetando uma luz tão ofuscante que cansava a vista. A seguir, ergueu ambas as mãos sobre as galinhas, dizendo:

– Criaturas inferiores, colocadas a nosso serviço pelo Criador, ordeno-vos que chameis a sombra de um ser de vossa espécie.

Extinguindo-se a brilhante claridade, Bernardo aproximou a lamparina e vimos que as três galinhas encontravam-se completamente imóveis, como se estivessem adormecidas, enquanto

A Abadia dos Beneditinos

o experimentador recuava e as observava, de cenho cerrado. Nós não tirávamos os olhos das três galinhas e, de repente, para nossa surpresa, uma quarta apareceu sobre a mesa: era totalmente branca e parecia estar viva.

– Vede – disse o padre Bernardo – é a sombra da galinha que matei hoje de manhã – e apontou um tamborete sobre o qual se encontrava uma galinha morta, idêntica às três que víramos sobre a mesa.

A ave branca, que estava sobre a mesa, bateu as asas e depois, sem se erguer no ar, transformou-se em vapor e desapareceu. Eu recuei e Edgar persignou-se.

– Vós sois um grande mágico – murmurou.

– Pobre de mim! Isso é apenas o "abc" da grande totalidade – respondeu o monge, suspirando. – Dedico-me a isso minhas noites e meus dias e, no entanto, não pude, ainda, atingir meu objetivo. Já consegui com gatos, mas de nada me adiantou, pois é a alma do meu inimigo que eu quero. Quanto a ti, meu filho, se assim o desejares, poderás vir todas as vezes que estiveres livre para desenvolver um trabalho sério. Aqui tu encontrarás todos os livros necessários. Conheces o latim?

– Certamente – respondi.

– Tanto melhor, pois isso facilitará teus estudos. Agora, meus irmãos, boa noite, porque tenho que trabalhar até o primeiro canto do galo. É a hora mais favorável para evocar os habitantes do mundo invisível.

Depois de lhe termos apertado a mão, saímos.

– Estranho personagem – comentou Edgar –, e mágico poderoso. Sabes o que ele me predisse?

– O quê? Que conseguirias vingar-te? – perguntei com interesse.

– Sim, eu me vingarei – disse Edgar, e uma expressão de maldosa satisfação contraiu-lhe os lábios. – Todos os que me sacrificaram serão aniquilados: Waldeck perecerá pelas minhas próprias mãos; os bens da condessa de Rouven reverterão ao convento e... um dia a cruz de ouro do prior brilhará no meu peito – disse, empertigando-se com orgulho e com os olhos flamejantes. – Ângelo, podes compreender o alcance dessas palavras? É como portar uma coroa e segurar um cetro invisível. Ter em mãos um poder quase ilimitado; ser prior e chefe de nossa irmandade secreta, tudo dirigir, ajudar os outros a se vingarem e ao mesmo tempo ter, desde que se queira, uma total liberdade, mesmo que seja só à noite, e ouro à mancheia. É a isso que chamo viver. Não, já não sinto falta do mundo: como cavaleiro de Rouven, apesar da sua riqueza e do poder, não seria muita coisa entre os outros senhores, tão ricos e tão poderosos quanto eu. Assim, só tive a ganhar com essa mudança. Contudo, há uma coisa que não compreendi quando Bernardo me disse que eu "combateria o gigante e o venceria pela traição do meu predecessor". Quem poderia ser esse gigante?

Subimos pelo mesmo caminho que havíamos tomado para descer e quando, um quarto de hora mais tarde, deitado em meu leito, pensava em tudo o que eu vira, pareceu-me que estava tendo um sonho mágico que temi ver desvanecer ao despertar.

No dia seguinte, não me encontrei com Edgar, mas fui procurar Bernardo e lá trabalhei por várias horas. Uma sineta, tocada lá em cima, sempre me advertia de que era a hora de eu reaparecer entre os frades. Devo confessar que minhas novas ocupações científicas absorviam-me tanto que, por um tempo, cheguei a esquecer meus planos de vingança. Aliás, eu não sabia como e por onde começar para atingir o duque. Folheava atentamente as biografias dos monges, mas apenas um dos confrades pareceu poder me ser útil. Era um antigo homem de confiança do duque que, evidentemente, guardava muitos segredos e que, em conseqüência de uma infame traição, tinha sido encerrado no convento. Eu escrevi a ele, mas em vez de responder ele se apresentou, certa noite, diante da minha escrivaninha, dizendo:

– Eu te conheço, ou melhor, eu te vi nascer. Na época, eu era pajem do duque e, por isso, sei de muitas coisas. Tua mãe, quando do seu desaparecimento, era uma mulher de 25 anos e, muito jovem, tornou-se condessa de Rabenau. Quando o segundo escândalo foi descoberto, estavas com sete anos. Se hoje tens 22, ela deve estar perto dos quarenta, se ainda estiver viva. Além de sua aventura com o duque, a condessa ainda tinha, naquela época, uma ligação amorosa com o barão de Euleuhof que, por felonia, fora destituído da ordem dos cavaleiros e fugiu. Só Deus sabe o que aconteceu com ele enquanto esteve fora! Certo dia, ele reapareceu, ligou-se à tua mãe, fugiram juntos e nunca mais foram vistos. No entanto, deves ser prudente e calar-te sobre esse assunto, pois nosso prior, segundo dizem, é irmão gêmeo desse Euleuhof. Posso ainda dizer que não é tão difícil atingir o duque como crês. Podes encontrá-lo em todos os lugares de má fama que ele freqüenta todas as noites. Aconselho-te a, por enquanto, deixar a abadessa das Ursulinas de lado, pois não vejo como atacá-la sem levantar suspeitas. Procura, apenas, te informar se ela sabe algo sobre sua amiga, a condessa Rosa.

Depois de agradecer-lhe, fui procurar Edgar e contei-lhe tudo, já que tínhamos prometido nunca guardar segredo entre nós.

– Escuta – disse Edgar, depois de ter refletido um instante –, quando tu me contaste os pormenores da evasão de Maria, mencionaste, ao que me parece, o nome de um certo Euleuhof.

Bati na testa:

– É verdade! Como pude esquecer? Amanhã à noite, irei ao albergue.

Naquele momento, veio-me à memória um incidente, que permanecera esquecido: a dona da estalagem, que me servira, soltara uma exclamação de surpresa ao perceber o anel ducal no meu dedo. Calculara que sua idade devia estar entre 33 e 35 anos, mas ela podia estar bem-conservada e ter 40. Lembrei-me da ascendência que possuía sobre o aventureiro. Será que eu estaria com a chave do mistério? Minha cabeça rodava e meus pensamentos embaralhavam-se.

Aquele dia pareceu-me interminável, mas, no dia seguinte à tarde, fui ter com o prior e informei-lhe que, pela primeira vez, eu gostaria de fazer uso do meu direito e realizar uma saída à noite.

– Com que finalidade? – perguntou.

Como o prior devia saber de tudo e, além do mais, estava ligado ao juramento de sigilo absoluto, em poucas palavras, contei-lhe minhas suposições, dizendo que gostaria de procurar a dona do albergue e omiti, por delicadeza, o nome de Euleuhof. Ao ouvir minha explicação, fez um gesto brusco e abaixou a cabeça. Após um momento de meditação, disse:

– Tudo bem, meu filho, podes sair após o ofício noturno. Pede ao número 13 a chave do guarda-roupa e não te esqueças,

66          J. W. Rochester

apenas, de voltar no horário estabelecido.

Quando a noite chegou, vesti-me de burguês, coloquei uma falsa barba e, envolto em um amplo manto, embrenhei-me por um subterrâneo que desembocava perto da estrada que conduzia ao albergue. Caminhei rapidamente e logo surgiu, no entroncamento da estrada, o edifício deteriorado, destino de minha viagem. Uma luz fraca em uma das janelas indicava que o albergue abria uma porta hospitaleira aos viajantes retardatários.

Bati à porta. Uma velha mulher abriu-a e me fez entrar na sala que, naquele momento, estava deserta. Um vulto feminino, trajando um vestido vermelho de lã, que, à primeira impressão, pareceu-me ser a estalajadeira, veio ao meu encontro, perguntando o que eu desejava. Logo vi que me enganara, pois minha interlocutora era uma bela jovem de uns 16 anos, quando muito, de formas opulentas, e que se parecia, traço por traço, com a Bela Berta. Diante do meu olhar perscrutador, ela abaixou os grandes olhos negros e, quando pedi para ver a dona do albergue, respondeu tristemente:

– Estais falando, com certeza, da minha mãe que, infelizmente, faleceu há um mês e estou sozinha, aqui. – Enxugou algumas lágrimas e continuou. – Meu tio se foi, levando o que tínhamos de melhor. Com o que restou do vinho e das provisões, comecei meu negócio. Minha ama-de-leite está me ajudando e vivemos razoavelmente tranqüilas.

– Desde quando essa tua ama-de-leite conhece tua mãe? E onde está essa mulher?

– Gilda! Gilda! Vem aqui! – chamou a moça.

Quase em seguida, apareceu uma velha mulher suja, vesga e de aparência desagradável. Era a mesma que me havia aberto a porta.

– Em que posso servir-vos? – disse, fitando-me desconfiadamente.

Joguei-lhe um escudo de ouro que ela agarrou avidamente.

– Conheceste a mãe desta jovem antes do seu nascimento? O que sabes do seu passado, de modo geral?

– Certamente que conheço sua história, pois tenho 50 anos e Berta, na época, tinha apenas 31. Conheci o pai dela, que era estalajadeiro. Muito jovem, ela fugiu com um trovador e, quando voltou, contratou-me para tomar conta da pequena Godeliva,

A Abadia dos Beneditinos       67

pois, correndo atrás de aventuras como vivia, não tinha tempo para a filha.

– Mas se antes ela já havia adquirido este albergue, por que não vivia aqui?

– Esse é exatamente o seu segredo. Agora a pobre alma pereceu, só Deus sabe como. Que descanse em paz!

– Conta-me ainda quem era esse tal de Euleuhof, seu auxiliar, seu braço direito.

Ao ouvir esse nome, o rosto da velha contraiu-se, enfurecido:

– Esse miserável, patife, ladrão e espadachim? – urrou. – Penso conhecê-lo bem, pois ele nos roubou e nos pilhou bastante para isso. E ele ainda ousa intitular-se barão de Euleuhof? O nome é roubado, como todo o resto. Ele foi palafreneiro de um tal de Euleuhof, que perdemos de vista após uma série de desgraças imerecidas, mas esse malandro bêbado nunca foi um fidalgo. Perdoai-me o arrebatamento, senhor, mas o sangue sobe-me à cabeça apenas ao ouvir esse nome.

A velha falara sem se interromper, com um ar tão sincero e com tanta convicção que eu não podia desconfiar de uma impostura. Certamente eu me enganara, e seria loucura procurar, numa vulgar dona de albergue, minha mãe, mulher elegante e de alta estirpe.

Durante essa conversa, os olhos de Godeliva não se despregaram do meu rosto.

– Senhor – disse ela, enrubescendo –, permiti que eu vos ofereça uma pequena ceia, pois deveis estar cansado da viagem.

Eu estava indeciso, mas os belos olhos fitos em mim pregaram-me no chão. Não era por acaso que eu tinha 22 anos. Acabei ficando e Godeliva, sorridente, serviu-me e cuidou para que meu copo não ficasse vazio.

Embora disfarçado, eu tinha uma ótima aparência, o que me confirmavam os olhares encantados da jovem. Debruçada sobre a mesa, seus olhos flamejantes mergulhavam nos meus. Naquele cômodo mal iluminado, o rosto pálido de Godeliva e toda a sua beleza voluptuosa agiam sobre mim de um modo embriagador. Quando encheu pela terceira vez o copo, pressionei sua mãozinha e ela, retribuindo-me o aperto, murmurou, com voz velada:

– Voltareis aqui, belo desconhecido? Por que continuar a

vos olhar e a vos servir, se partireis, não deixando ao meu coração senão saudades?

Fitei-a, um pouco surpreso. Ela era um pouco precipitada em termos de sentimentos, mas minha vaidade, lisonjeada por uma conquista tão rápida, dizia-me que talvez aquela bela criatura solitária aspirasse algo melhor que a rude freguesia que freqüentava o albergue. Era evidente que algo em mim a agradava e, quanto a isso, nenhum homem é jamais insensível. Além disso, meu juramento me desobrigava da castidade até o cantar do galo. Levantei-me e tomei sua mão.

– Bela Godeliva – disse, inclinando-me em sua direção –, falas uma linguagem enigmática. Tu me perguntas se voltarei, mas se eu voltar, encontrarei a bela estalajadeira para me receber e me amar? Se disseres que sim, nós nos reveremos.

Ela ergueu para mim seus belos olhos úmidos.

– Voltai, então, para me amar tanto quanto eu vos amo. Quem quer que sejas, sereis sempre bem-vindo.

Enlacei sua cintura esbelta e dei um primeiro beijo sobre seus lábios ardentes. Nelda, o convento, tudo fora esquecido. Eu cometia, naquele momento, uma daquelas inebriantes loucuras da juventude.

Deixei o albergue prometendo voltar e não faltei à palavra. Nossa ligação durou bastante tempo, mas depois, a saciedade fez com que eu a rompesse. Parei de freqüentar o albergue e perdi Godeliva de vista.

\* \* \*

Minha vingança não avançava: minha mãe continuava desaparecida e eu não podia atingir a abadessa das Ursulinas, cuja astúcia a tornava invulnerável. Edgar e eu nos consolávamos dessas decepções com a convicção de que, em assuntos dessa importância, a paciência é indispensável, pois quem espera sempre alcança. Eu passava minhas horas mais felizes no laboratório do pai Bernardo, trabalhando com ardor e esquecendo o mundo inteiro.

Mais de três anos assim se passaram, sem que nada de importante acontecesse, até que um dia recebi a notícia de que o velho conde de Rouven acabava de falecer, deixando toda a

A Abadia dos Beneditinos
69

sua herança ao filho caçula. Edgar ficou profundamente abalado com a morte do pai, mas eu estranhei que o conde nada tivesse legado ao convento, da parte de Edgar.

Vários meses após o falecimento do conde, Edgar entrou, certa noite, na minha cela, parecendo muito animado:

– Ângelo – disse ele – finalmente chegou a hora da minha vingança e tu me servirás de instrumento.

Contou-me, então, que o capelão do castelo de Rouven falecera e que a condessa donatária havia enviado um mensageiro ao prior, pedindo-lhe que lhe designasse um novo confessor.

Edgar já conversara com o prior, que aceitara a minha designação, a fim de que eu tudo visse, controlasse e, talvez, encontrasse a pista da terrível traição que ele atribuía à madrasta. Como hábil confessor, eu deveria paulatinamente extrair todos os seus segredos e descobrir onde se encontrava o seu sobrinho, Ulrich de Waldeck.

Fazia quatro anos que a senhora Matilde me vira pela última vez. Eu tinha mudado muito e já não era um adolescente alegre e cheio de esperança, vestido à maneira dos fidalgos. Minhas feições, agora sérias, traziam as marcas de uma grande revolução interior. Eu deixara crescer minha barba negra e, em geral, Pater Sanctus, o monge de traços marcados, de boca séria e maneiras graves, era um personagem bem diferente e devia, como tal, tornar-se o confidente íntimo da condessa.

Encerrando nossa conversa, Edgar disse, apertando-me a mão:

– Ângelo, sê firme no teu posto. Em troca, aqui trabalharei por ti. Não descuidarei de nada e quanto a ti, trata de cuidar de tudo, pois, sobre esse caso, o prior também tem seus planos.

Na véspera da minha partida para o castelo de Rouven, fui chamado à presença do prior. Uma semi-obscuridade reinava no apartamento, apenas iluminado pela chama incandescente da enorme lareira. Ao fundo, na poltrona de alto espaldar, delineava-se a imponente figura do chefe da comunidade.

– Irmão Sanctus – disse ele, com sua voz profunda –, uma importante tarefa te foi confiada: os bens da família de Rouven são bastante consideráveis e seria desejável que ninguém pudesse herdá-los. Eu sei, de boa fonte, que estão cogitando em casar a filha caçula do duque com o senhor de Rouven. O conde

Alberto é fraco e está sempre doente, podendo morrer sem descendência, e o duque deseja, ardentemente, fazer entrar essa grande fortuna para sua família. Assim, pois, tua função é fazer gorar esse plano.

Compreendendo perfeitamente suas intenções, respondi:

– Estai certo, meu pai, de que o duque nada obterá.

– Muito bem, meu filho, atrapalha seus projetos, mas sê prudente, não age de forma a violar o juramento monacal, a não ser quando desejares ser senhor absoluto da situação e não tiveres quase mais nada a desejar. Lembra-te de que é teu dever controlar com mão de ferro a alma mundana da condessa, não deixando de sondar um recôndito sequer da sua alma, impedindo-a, também, de expedir qualquer ordem que seja alheia à tua vontade. Para conseguir isso, não te esqueças de que és *cavaleiro* da meia-noite ao primeiro canto do galo.

Deu-me sua bênção e despediu-se de mim. No dia seguinte, compareci ao castelo e fui recebido, no oratório, pela minha nova filha espiritual. Como havíamos previsto, ela não me reconheceu e beijou-me piedosamente a mão. Tendo em vista o papel que deveria desempenhar, estudei atentamente a nobre dama. Ela pouco mudara e continuava bela, mas uma expressão dura e altiva tornava seu rosto pouco simpático. Às vezes, acendia-se em seus olhos um fogo apaixonado, provando que ela podia ser dominada pelos sentimentos. Portanto, o terreno me era favorável.

Conversamos, mas cada um de nós guardou a mais absoluta reserva, abordando apenas assuntos sobre a santidade e a humildade que uma grande perda moral deve despertar no coração de um homem. À lembrança da morte do marido, a condessa escondeu os olhos com a mão, mas ao deixá-la cair, não notei nenhum vestígio de lágrimas. Logo me despedi e retirei-me aos meus aposentos: perto da capela, dois elegantes quartos suntuosamente mobiliados estavam reservados ao capelão. Uma escada escondida e um pequeno corredor ligavam esses aposentos ao oratório.

Logo, sentindo-me à vontade no castelo, comecei a trabalhar lenta mas seguramente para atingir o fim visado. Dessa forma, para me orientar em todas as direções, observava minuciosamente a condessa, o filho e todos os hóspedes que eles recebiam. O

A Abadia dos Beneditinos

conde Alberto de Rouven era, agora, um belo moço de 18 anos, mas de compleição delicada; seu caráter era um misto de fraqueza e de maldade dissimulada. Parecia ter grande amizade com o barão Willibald de Launay, cuja irmã, Rosalinda, admiravelmente bela nos seus 14 anos, ele cortejava. Muitas vezes, o irmão e a irmã, acompanhados de Kurt de Rabenau, vinham nos visitar e passavam semanas no castelo de Rouven. Durante essas longas permanências, tornei-me amigo de Rosalinda que, piedosa e ingênua, me dispensava muita atenção e uma confiança ilimitada. Rosalinda amava o irmão intensamente, mesmo porque, órfãos, ele era o único parente que lhe restava no mundo.

Um dia, o jovem Kurt, que também me honrava com sua confiança, procurou-me em meu quarto, parecendo inquieto e embaraçado. Após alguns preâmbulos, acabou por declarar que vinha pedir um grande favor, pelo qual me ficaria eternamente grato. Tratava-se de um casamento secreto com uma mulher adorável, pela qual morria de amores.

– Temo – acrescentou – que meu pai me negue seu consentimento, porque tenho apenas 20 anos. Mas essa recusa será minha morte.

– Ouvi, meu caro conde – respondi –, não vos arrisqueis em tais aventuras, pois vosso pai vos casará, certamente, de acordo com os seus desígnios. Já que temeis lhe revelar o nome da mulher que elegestes, é porque ela deve ser de classe inferior à vossa. Semelhante estigma no vosso brasão seria, para o vosso pai, uma ofensa que ele jamais perdoaria. Quanto a mim, não posso nem quero envolver-me em assuntos tão sérios.

Kurt pareceu exasperado com minha recusa: chorou, contorceu as mãos e finalmente partiu, muito exaltado. Depois, não o ouvi falar mais no assunto, e supus que tivesse abandonado seus projetos.

No entanto, várias semanas tinham transcorrido quando uma tarde o conde de Rabenau, que viera nos visitar, disse-me:

– Gostaria de casar Kurt com Rosalinda, que é bela e espirituosa, e seria um bom meio para acalmá-lo, pois ele anda tão exaltado!... É certo que Rosalinda é ainda muito jovem, mas para afastar quaisquer outros pretendentes, eu festejarei o noivado e Kurt ficará comprometido. Ele deu para desaparecer com muita freqüência e isso me desagrada.

J. W. Rochester

Na manhã seguinte, Kurt apresentou-se, pálido e desfigurado:

– Aconselhai-me, salvai-me, Pater Sanctus, pois não sei como confessar ao meu pai que estou casado.

– Casado? – exclamei, aturdido.

– Mas sim, eu bem vos avisei que estava loucamente apaixonado e queria me casar. É uma história tão complicada!... Minha mulher é filha do barão de Euleuhof que, em conseqüência de uma vil intriga, perdeu sua posição e sua fortuna. Sua esposa, uma rara e excelente pessoa, ajudou-me o quanto pôde nesse caso. Ambos continuam sendo perseguidos, mas eu os ajudarei a reconquistar a posição que lhes é devida.

Eu escutava, abismado, quando estremeci: o conde de Rabenau havia entrado sem que eu percebesse e estava parado à porta. Seu rosto estava lívido e seus olhos faiscantes pareciam estar lançando chamas.

– Euleuhof casou-te com a filha! Ah! Agora entendo tudo, mas tu – atirou-se sobre Kurt e, agarrando-o pelo gibão, sacudiu-o violentamente –, como ousaste manchar, secretamente, meu nome? Responde, indigno enganador, filho covarde e estúpido!

Eu estava estupefato: em sua cólera, o conde parecia querer destruir com as próprias mãos aquele filho tão amado. Mas, onde eu já teria ouvido o timbre profundo e impressionante daquela voz metálica?

– Onde está essa mulher, essa condessa de Rabenau – prosseguiu o conde – e que nome Euleuhof deu a essa criatura?

– Godeliva – respondeu Kurt apavorado.

– Godeliva! – repeti, com voz abafada.

– Vós a conheceis? – perguntou o conde.

– Sim, mas ela, evidentemente, me enganou, negando a identidade do barão de Euleuhof.

Uma lividez cobria o rosto de Kurt e, vendo-o assim, a mão de ferro do pai descerrou-se, o sentimento paterno revelava-se para o filho adorado. Enxugando a espuma que escorria de sua boca, disse, com voz mais calma:

– Vais comigo, como prisioneiro, até o castelo de Rabenau, de onde não sairás tão cedo, compreendeste?

– Oh, pai! – exclamou Kurt, juntando as mãos – permite ao

A Abadia dos Beneditinos 73

menos que eu veja minha mulher, que está sozinha.

O conde se empertigou, com uma expressão terrível, e sua voz saiu como um surdo assobio entre os dentes cerrados:

– Cala-te, se tens amor à vida. Que nunca mais esse nome saia dos teus lábios. Não contes com o meu amor nesse caso e nem tentes me desobedecer.

Kurt despencou, desmaiado, sobre uma poltrona.

– Filho insensato, abusaram de ti! – disse o conde, olhando-o com carinho e piedade. – Até mais, Pater Sanctus, também preciso falar convosco, mas neste momento vou mandar alguém levar Kurt. – Cumprimentou-me com um gesto e saiu com passos firmes.

Naquele mesmo dia, pedi à condessa dois dias de licença e fui à abadia, ansioso para conversar com Edgar. Antes de qualquer outra coisa, ele quis saber como estavam indo seus negócios relacionados à madrasta. Pude, honestamente, responder-lhe que nossas piedosas conversas não eram totalmente improdutivas. A senhora Matilde ficara subjugada aos meus olhares e eu esperava, em breve, levá-la a uma confissão completa. Edgar, por sua vez, segredou-me que acabara de receber uma ordem do chefe, ordenando-lhe que ficasse à sua disposição nas noites seguintes. Além disso, ele surpreendera uma estranha conversa, ao passar pela escada secreta perto dos seus aposentos. Uma voz, que não pudera reconhecer, dissera: "Miserável, treme diante da minha cólera e lembra-te de que tudo o que és deves a mim. Eduquei-te, dei-te um poder imenso com minha total confiança e tu, traidor, o que fizeste?". O resto Edgar não pôde ouvir, pois, temendo ser surpreendido, ele descera.

No dia seguinte, despedi-me de Edgar e voltei ao castelo de Rouven. Pouco depois de minha chegada, uma das criadas da condessa veio dizer-me que ela estava me esperando no oratório. Olhei-me rapidamente no pequeno espelho de metal, alisei minha barba negra e sedosa; depois, certo de agradar, fui ter com minha filha espiritual.

Abri a porta do pequeno aposento tão conhecido e parei um momento à entrada. Lá fora, o crepúsculo mal começara, mas naquela sala a claridade penetrava com tanta dificuldade pela estreita janela encravada na espessa parede, que a noite já era completa. Duas velas de cera amarela acesas sobre o genu-

74          J. W. Rochester

flexório iluminavam, com uma luz avermelhada e vacilante, a condessa ajoelhada, com a cabeça apoiada sobre as mãos juntas, e completamente absorta em sua prece.

Trajava um amplo vestido de lã branca, preso à cintura por um cordão de seda, cujas mangas flutuantes, abertas até os ombros, descobriam seus belos braços. Sua espessa cabeleira estava solta e espalhava-se em ondas sobre a roupa. Observei-a com íntima ironia, percebendo que eu compreendera corretamente seus olhares expressivos dos últimos tempos. Minha severa e respeitosa reserva a irritara e, por isso, ela havia deixado de lado os seus pesados vestidos fechados, como a moda prescrevia, que realçavam sua cintura esbelta, mas que escondiam seus alvos braços, como também tirara o toucado que lhe cobria os cabelos. Pela primeira vez, ela me recebia naqueles trajes sedutores, cujo poder a bela Matilde, de apenas 38 anos, bem conhecia.

Eu continuava imóvel, calculando mentalmente o preço do serviço que prestaria a Edgar, ao obter confissões tão preciosas para ele, e também o preço do prazer que me daria uma ligação com aquela mulher ainda bela e desejável, e não pude deixar de reconhecer que me tornara um instrumento digno da sociedade da qual me tornara membro. Nenhum escrúpulo pairava em minha alma, nenhum impulso do coração me impedia de prosseguir: ia mentir sem qualquer vergonha, representar o amante apaixonado, mas ajustando a expressão dos meus sentimentos à gravidade dos segredos que eu desejava extorquir. Infelizmente, eu devia admitir que não mais possuía a inocência da juventude e eu deslizava para esse rebaixamento da alma que leva ao crime.

Essas reflexões, longas quando descritas por escrito, não duraram mais do que alguns segundos. Empurrei a porta ruidosamente e entrei. Matilde estremeceu e ergueu a cabeça:

– Ah! Meu pai, sois vós! – disse ela, e abaixou a cabeça, como que perturbada.

– Sim, minha filha – respondi, aproximando-me e dando-lhe a bênção. Aproximei do genuflexório o tamborete que eu sempre ocupava durante as confissões e as piedosas meditações e sentei-me. Vendo que ela não levantava a cabeça, inclinei-me:

– Minha filha – disse com voz contida –, noto inquietação em vossos olhos e tristeza em vosso semblante. Tende plena con-

A Abadia dos Beneditinos 75

fiança em vosso confessor, e seja o que for que ofende vosso coração, derramai-o no meu, pois ele é um túmulo vivo. Quem, dentre os mortais, não é pecador? Todos sentem tentações às quais se deixam arrastar, mas lembrai-vos, minha filha, de que a confissão foi instituída para aliviar a consciência e reparar, pelo arrependimento, as faltas do passado. Somos os distribuidores das generosidades legadas pelo Salvador à posteridade; renunciamos ao mundo, às suas paixões e às suas fraquezas. Nós fazemos votos de humildade e de abnegação completa para sermos os pastores do Senhor e para conduzirmos seu rebanho às moradas eternas. Pensai nos direitos que Jesus nos deu por meio destas palavras divinas: "O que desatardes na Terra será desatado no céu". Falai sem medo, minha filha, pois há muito tempo venho suspeitando que me ocultais alguma coisa, pobre ovelha, talvez desgarrada do caminho certo da salvação.

Tendo terminado esse belo discurso, olhei-a bondosamente, deixando habilmente insinuar sob o rígido invólucro do confessor um pouco da admiração do homem.

– Ah, meu pai! – ela murmurou, escondendo o rosto nas mãos –, quão culpada eu sou! Dizei-me se grandes crimes podem ser perdoados mediante uma sincera confissão, e também, meu pai, se não vais me repelir, horrorizado e indignado, pois cometi terríveis pecados que me atormentam e tiram o meu repouso. Mas estou pronta a me submeter ao vosso julgamento e a vos desvelar o fundo de minha alma, pois minha veneração e minha confiança em vós não têm limites.

Ergueu seu rosto congestionado, com algumas lágrimas a escorrer-lhe sobre as faces, e percebi que dos seus grandes olhos azuis jorravam uma paixão não disfarçada. Juntou suas belas mãos alvas de dedos afilados e colocou-as sobre meus joelhos:

– Falai, meu pai – repetiu –, pois de vós depende a perda ou a salvação da minha alma.

Eu acompanhava com um olhar interessado seus movimentos elegantes e graciosos, notando, com satisfação, como aquela mulher era superior às amantes vulgares que eu tivera até então. Apertei-lhe as mãos e, mergulhando em seus olhos um olhar flamejante, murmurei:

– Filha querida, para curar uma ferida, o médico deve examiná-la; falai, pois, confessai vossos erros, por maiores e mais horríveis que eles sejam, e se vos sentirdes sucumbir sob o peso de vossa confissão, não desanimai, estou aqui para amparar-vos em meus braços e consolar-vos no meu coração paternal que vos pertence inteiramente. Falai, portanto, sem mais tardar, para que minhas palavras consoladoras, bem como o perdão que vos oferecerei em nome do nosso Divino Mestre, sequem rapidamente vossas lágrimas e apaguem as rugas da vossa bela fronte.

– Meu pai, cometi um crime odioso e contra a natureza, mas fui levada a isso pelo medo de ver Alberto perder uma grande parte de sua herança. Meu marido queria legar imensos bens ao vosso convento, em nome da herança de seu filho mais velho que tomou o hábito, e então...

Ela calou-se e abaixou completamente a cabeça. Eu a escutava, com a respiração suspensa, pois naquele momento deveria vir a confissão.

– Pois bem! Que fizestes? Falai!

– Para impedir tal decisão, eu o envenenei – murmurou com voz apagada.

Eu bem que desconfiava, mas eu precisava representar o meu papel para conseguir o restante. Repelindo-a, dei um salto e recuei até a porta.

– Ah! Infeliz, cometestes um crime tão horrível para privar o convento da posse de um bem que lhe cabia por direito. Oh! Minha filha, eu vos presumi menos culpada. Não deixastes que um bem terrestre fosse dado à Igreja, ao único lugar santo que pode vos conceder a paz e a salvação. Se ainda tivésseis cometido esse crime por um sentimento pessoal, paixão ou amor ilegítimo, isso seria perdoável, *mas roubar a Igreja*!

Eu pressionava a testa com a mão:

– Não posso continuar aqui, minha filha, vossa confissão acabou comigo.

Fiz menção de sair. Ela me escutara, aterrorizada, e jogou-se aos meus pés.

– Meu pai, não me abandoneis: quero vos revelar toda minha alma, todas as razões que me levaram a agir assim. Apenas, por misericórdia, ficai, perdoai-me.

– Minha filha – disse, fingindo estar mais calmo –, somente uma confissão completa pode levar-me a decidir devolver-vos

A Abadia dos Beneditinos

minha afeição, e mais do que isso, a conservar o amor totalmente mundano que vós me inspirastes, a mim, pobre exilado, privado dos prazeres da vida. Eu sou muito monge, muito ligado pelo meu juramento para ousar perdoar intervenções tão prejudiciais nos interesses da comunidade. Apenas redimida perante a Igreja, poderei tornar-me vosso amigo, vosso confidente, e ajudar-vos a reconquistar o perdão do céu.

À medida que eu falava, com entusiasmo crescente, o desespero que contraía os traços da condessa cedia lugar a uma expressão de infinita felicidade. Levantou-se e segurou minha mão:

– Que palavras eu acabo de ouvir! Vós transformais meu inferno em paraíso! Eu vos amo apaixonadamente como jamais eu havia amado e quero justificar-me aos vossos olhos com meu amor maternal.

Puxou-me em direção ao genuflexório:

– Escutai-me, pois, meu pai, meu amigo e confidente.

Ajoelhou-se, e retomei meu lugar no tamborete.

Falou-me, então, do seu ódio por Edgar, de quem sempre sonhara se desembaraçar. Disse-me que Ulrich de Waldeck, extremamente cúpido, consentira, por ouro, em urdir a intriga que fora muito bem-sucedida. Fora ela quem indicara Maria de Falkenstein como pomo da discórdia.

Enfim, temendo a destreza e a habilidade de Edgar durante o duelo, fizera com que Gerta comprasse, de uma feiticeira boêmia, uma bebida que deveria embriagá-lo lentamente e tirar-lhe a força e a agilidade. Na manhã do torneio, ele bebera tal porção misturada ao vinho.

Perguntei-lhe por que escolhera Gerta como cúmplice. Ela me confessou que conquistara e comprara a moça com a promessa de casá-la com um jovem aventureiro chamado Ângelo, que então vivia no castelo e a quem Gerta amava com uma paixão louca.

– Eu detestava esse personagem – acrescentou – que Edgar encontrara não sei onde, porque ele exercia grande influência sobre meu enteado e porque ambos se apoiavam mutuamente. Waldeck abandonou a região e por muito tempo não mais recebi notícias dele. Eu atingi meus objetivos: meu marido faleceu, não deixando testamento. Mas não penseis que foi do convento que usurpei esses bens. Não, foi de Edgar, a quem odeio, mas... – seu olhar ardente penetrou no meu – se eu puder obter o perdão de um monge beneditino com a doação dessas terras, estou pronta a fazê-lo. Respondei, meu pai, podeis perdoar-me?

Como resposta, estreitei-a nos braços e murmurei ao seu ouvido:

– Sim, minha filha, preciosa ovelha do meu rebanho que espero reconduzir ao aprisco.

Quase sem perceber, sob a influência do desejo de dominar aquela mulher, pressionei meus lábios contra os dela e falei-lhe a linguagem de um amor apaixonado.

Quando deixei a condessa e voltei aos meus aposentos, os primeiros raios do sol nascente já iluminavam o horizonte. Ajeitei os cabelos e a barba e, debruçando-me à janela aberta, apresentei meu rosto afogueado à brisa fresca e aromática da manhã. Pensamentos contraditórios conturbavam minha mente: um desprezo esmagador pela condessa, a segurança de ser o senhor absoluto da sua vontade... Mas como tirar proveito disso tudo? Como agir? O que ordenar?... Por um instante, tive o pensamento ambicioso de obter para a comunidade toda a fortuna dos Rouven, e cálculos complicados passaram pela minha mente; mas, de repente, voltei à realidade: se eu conseguisse enriquecer tão consideravelmente o convento, que proveito pessoal eu tiraria dessa vitória? Sempre vestido com esse hábito negro, mentira viva diante dos homens, eu só obteria, depois de ter feito dois ou três cadáveres, o vazio de um futuro sem objetivo. Apoiei a cabeça nas mãos: eu queria viver, gozar da liberdade, não ser sempre forçado a mentir, fingir, trair, arrancar segredos para, a seguir, perder aqueles que mos tinham confiado. Aquela vida era odiosa e a religião, tal como me havia ensinado o senhor Teobaldo, era algo bem diferente. Todos aqueles malefícios, eu os praticava em nome de Jesus, que perecera orando por seus algozes. Éramos uma comunidade de loucos, acobertados com o nome de filhos da Igreja. O que restava de bom em meu coração revoltava-se naquele momento, e um vago instinto me dizia: "Falhaste na prova; retorna à virtude, resiste!". Mas a corrente que me unia ao meu círculo já era muito forte, ela me arrastava apesar do protesto do meu coração. Minha consciência ensombreceu-se e fez-se noite completa em minha alma.

A Abadia dos Beneditinos

Então, ergui minha cabeça revoltada e disse a mim mesmo: "Minha vida está destruída, meu futuro, perdido, e eu... eu estou louco, atormento-me com escrúpulos imaginários. Vamos! Quero me vingar e ajudar os outros a fazê-lo. Até Deus também disse: 'olho por olho, dente por dente'. Seguirei essas sábias palavras até as mais inexoráveis conseqüências". Completamente calmo, fechei a janela e, deitando-me no leito, adormeci num sono profundo.

Na tarde do dia seguinte, montei minha mula e me dirigi ao convento. Pretextei à senhora Matilde a necessidade de visitar um irmão doente. Fiz o percurso encapuzado, não por humildade, como poderiam imaginar os estúpidos camponeses que eu encontrava, mas para me absorver mais à vontade nos meus pensamentos de vingança e gozar da certeza inebriante de ter feito da condessa de Rouven uma escrava submissa.

Logo estava batendo à porta do convento, mas dessa vez o som agudo da sineta não me atingiu desagradavelmente, pois nos acostumamos a tudo. Uma vez lá dentro, logo encontrei a ocasião de me perder em um dos sombrios corredores e desci aos subterrâneos. Na biblioteca, encontrei vários monges trabalhando e perguntei pelo número 85, que era Edgar, mas como ninguém sabia onde ele se encontrava, fui procurar pai Bernardo.

Ele se ocupava em fundir metais que exalavam um odor acre e desagradável. À minha entrada, ergueu a cabeça:

– Abandonaste-me, Sanctus – disse ele –, e tenho que trabalhar sozinho. Se eu fizer a grande descoberta, só eu terei a glória diante da posteridade.

Sentei-me e cruzei os braços.

– Boa noite, irmãos – disse, naquele momento, atrás de nós, a voz do prior.

Levantei-me e vi, apoiado na porta, com a cabeça coberta pelo capuz, a alta e imponente figura do chefe.

– Ficai, ficai, meus irmãos. Como vão os trabalhos? Irmão Bernardo, logo teremos ouro?

– Assim o espero – respondeu gravemente o alquimista. – Estou perto da solução do problema e creio que conseguirei fabricar o ouro.

Um riso breve se fez ouvir sob o capuz do prior e pareceu-me que eu reconhecia esse riso.

– Sabeis o que penso, pai Bernardo? Se realmente existem forças inteligentes que dirigem nossas vidas e atos, não encontrareis jamais o meio de fabricar o ouro, pois a nossa existência perderia seu objetivo. O ouro, meu pai, é o estimulante de cada ação e para obtê-lo, as pessoas se vendem. Uma vez encontrada a riqueza inesgotável, tudo desmoronaria. Nem o diabo nem os anjos encontrariam mais motivos para nos perder ou para nos salvar. A esse metal ligam-se todas as satisfações e todos os prazeres da vida, e para consegui-lo, para arrancá-lo do seu próximo, o espírito humano entrega-se às mais profundas maquinações, movimentando todas as funções cerebrais. As inteligências entram em atrito entre si nesse trabalho, talvez indigno, mas indispensável ao progresso intelectual da humanidade. Se, pois, meu pai, encontrardes o segredo para criar sem dificuldades esse fascinante metal, tornando-o comum, ele perderia o seu valor e os homens só se preocupariam em juntá-lo e gastá-lo. Seríeis, pai Bernardo, o fundador da inatividade, da preguiça e do desenvolvimento sistemático do embrutecimento do pensamento. O homem tornar-se-ia um animal, que devoraria seu alimento sem tentar imaginar de onde ele vem. O cérebro se atrofiaria, pois não trabalharia mais, e não posso acreditar, meu pai, que vós teríeis o azar de impedir o progresso dos povos. É a *necessidade,* e nunca a *abundância,* que gera as descobertas, provoca a celebridade e cria os heróis.

Eu escutava com infinito interesse esse discurso tocante pela sua veracidade. Que profundidade de pensamento possuía aquele homem! Como tinha razão! E tive que reconhecer que apenas ele era capaz de sustentar a organização de nossa sociedade secreta.

Pai Bernardo deixara cair pesadamente a cabeça sobre o peito.

– Não vos deixais desanimar pelo que estou dizendo, irmão – continuou o prior –; procurai sempre, pois procurando talvez encontreis algo mais útil à humanidade do que livrá-la do trabalho. Mas não vim para perturbar-vos. Estava passando, por acaso, e tive a idéia de entrar. Irmão Sanctus, se desejares ver teu amigo, o encontrarás na gruta número 4 do subterrâneo contíguo ao lago; pode ser que ele esteja precisando de tua ajuda.

A Abadia dos Beneditinos

Compreendendo que o prior queria ficar a sós com o pai Bernardo, logo me levantei e, depois de me ter despedido, encaminhei-me para o local indicado. Era a parte do subterrâneo denominada por Edgar de cemitério. Bati a uma porta que me pareceu estar marcada com o número 4.

– Quem é? – perguntou a voz de Edgar.

– Sou eu, Sanctus.

O ferrolho interno foi retirado e, à luz de uma tocha que iluminava o primeiro compartimento da gruta, vi Edgar de pé, mais pálido do que habitualmente, segurando um manuscrito.

– Que estás fazendo aqui? – foi minha primeira pergunta.

– Estou esperando – respondeu –, mas o que te trouxe até aqui e como me encontraste?

– Foi o prior quem me mandou, mas, quanto ao resto, como estás sozinho, posso te contar fatos gravíssimos: a condessa confessou... um *mea culpa* completo.

Edgar estremeceu.

– Pois bem, o quê? – perguntou, com olhos brilhantes.

– Tudo está indo às mil maravilhas: nós a temos de pés e mãos atados.

– Nossa! És um verdadeiro mágico.

Atraiu-me para perto de si, sobre o banco de pedra úmido, e tive de lhe contar tudo. À notícia do envenenamento, deu um pulo e exclamou:

– Meu pobre pai, também serás vingado! Só nos falta, agora, traçar um plano. Obrigado, Ângelo, obrigado por tudo o que fizeste por mim, mas acho que já é hora... – e interrompeu-se.

– Hora de quê? – perguntei surpreso.

– Já vais ver.

Destrancou uma porta e, pegando uma espécie de trave de madeira, parecida com a manivela de um poço, começou a girá-la.

– Ajuda-me – disse, parando e enxugando a testa.

Obedeci em silêncio. Ouvia-se o barulho da água que escoava, borbulhando.

– Já te disse que é possível inundar este lado das grutas – explicou Edgar. Ali, atrás desta porta, há uma cavidade que, no momento, está submersa. Precisamos bombear a água.

Depois de trabalharmos de quinze a vinte minutos, o rumor da água cessou. Edgar pegou a tocha e abriu a porta que me mostrara. Subimos vários degraus ainda úmidos e cobertos de poças... De repente, recuei arrepiado: sobre uma pequena plataforma estava estendido o corpo de uma mulher, encharcado de água.

– Que é isto? O que isto significa? – perguntei.

– Ordens do prior – respondeu Edgar, dando de ombros.

– Acalma-te, Ângelo, não devemos nos sobressaltar diante de nossos inimigos aniquilados. Não demonstremos, pois, nossa tristeza pela infelicidade de outrem.

Abaixou a tocha e iluminou um rosto pálido, contraído e cercado por uma massa de cabelos negros.

– Godeliva! – exclamei horrorizado.

– Tu a conheces? – Edgar perguntou, surpreso. – Bem, conversaremos sobre isso depois. Agora, ajuda-me a fazê-la desaparecer.

Erguemos o cadáver e subimos com dificuldade os degraus de pedra até a porta que dava para o lago. A seguir, amarramos um peso aos pés da morta e a empurramos para dentro da água. O corpo desapareceu rapidamente, caindo como uma pedra. Para o olho humano, qualquer vestígio do crime desaparecera. A superfície prateada do lago estendia-se calma e polida como um espelho.

Apoiei-me na parede e comprimi com as mãos meu peito que sufocava. Pensava em Godeliva e no nosso primeiro encontro no albergue. De repente, estremeci: Rabenau queria se livrar daquela mulher, e o ser que o atrapalhava acabava de perecer aqui. Isso queria dizer que ele sabia da existência da nossa sociedade. Essa suspeita me petrificava... mas não, era impossível. Absorto em meus pensamentos, eu deixara Edgar fechar e colocar tudo no lugar. Só voltei a mim quando ele me disse:

– Vem, tudo acabou.

Saímos dali em silêncio. Edgar estava preocupado com seus planos de vingança e, no meu cérebro, debatiam-se os mais contraditórios pensamentos. Rabenau conhecia os mistérios do subterrâneo e livrara-se da esposa legítima do filho: seria ele, então, membro da sociedade? Mas apenas os frades tinham esse direito. Eu me perdia em conjecturas. Finalmente, voltei-me para Edgar:

– Que plano de vingança concebeste contra tua madrasta?

– perguntei. – Preciso saber como agir.

Edgar deteve-se; um ódio mortal brilhava em seus olhos:

– Tudo conseguir para o convento – disse ele. – *Limpar* a condessa, da mesma forma engenhosa como ela o fez em relação a mim. Seu querido filho deve se tornar meu irmão em São Benedito e quando estiverem todos destruídos ou deserdados, *eu*, o irmão que terá enriquecido tanto a comunidade, serei o primeiro a ter o direito à cruz de ouro do prior quando ela estiver vaga. Em traços gerais, esse é o meu plano, mas antes de te dizer tudo o que pretendo, preciso refletir. Ângelo, espero que compreendas que, neste momento, estou ainda muito abalado por tuas revelações. Já ia me esquecendo de dizer-te que também trago notícias que te interessam. Soube, há pouco tempo, que a estalajadeira Berta está viva e próspera. Ela é amiga íntima da abadessa das Ursulinas e os que te disseram que ela estava morta mentiram; precisamos, apenas, descobrir onde ela está. O barão de Euleuhof também está vivo, mas escondido.

Naquele momento, um monge muito magro, frágil e coberto com o capuz destacou-se da parece e fez um sinal para Edgar, que se aproximou imediatamente e, acenando-me em sinal de despedida, disse:

– Até logo, meu amigo, até mais tarde. Preciso falar com este irmão.

Parti muito intrigado. Quem poderia ser aquele monge? Eu tinha certeza de nunca, até o presente, ter notado sua presença. Mas logo minhas próprias preocupações absorveram-me. As palavras de Edgar, revelando que a estalajadeira Berta estava viva, fizeram com que eu pensasse que tal mulher poderia ser minha mãe. Mas então meu coração quase parou de bater: Godeliva era minha irmã e eu tivera, com ela, uma ligação amorosa – e nesse mesmo dia eu ajudara a jogar seu cadáver no lago. Era horrível! E a própria Berta colocara-me em contato com Godeliva para afastar minhas suspeitas. Fui acometido por tamanho acesso de fúria que, se eu tivesse sob as mãos aquela criatura, eu a teria matado.

No dia seguinte deixei o convento e, com certeza, ninguém suspeitaria, vendo o reverendo padre, que ele saía de um local onde se cometiam, sem pestanejar, os crimes mais hediondos. Voltei a passo ao castelo de Rouven, pois nada me apressava e eu podia repousar a alma e o corpo. Se o futuro não se apresentava radiante, também não me ameaçava com qualquer preocupação maior.

Alguns dias após esses incidentes, um cavaleiro chamado conde Léo de Lœvenberg chegou ao castelo. Era um belo jovem de maneiras aristocráticas, que pretendia, com essa visita pessoal, resolver amigavelmente um litígio a respeito de terras confinantes com as de Rouven. Eu assistia à conversa de Alberto e da condessa com o jovem senhor, quando Rosalinda entrou, trazendo um falcão pousado no pulso. Voltava de um passeio a cavalo e, excitada pela corrida, estava radiante. Os olhos do cavaleiro nela se fixaram com uma admiração não disfarçada. A condessa de Rouven apresentou-os e teve início uma conversa generalizada sobre a caça, o passeio e o bom tempo. Rosalinda tinha 15 anos e tinha consciência de sua beleza, mas pela primeira vez notei que desejava agradar e que o sedutor conde Léo a atraía irresistivelmente.

Após essa primeira entrevista, o senhor de Lœvenberg veio várias vezes nos visitar, mas um dia o conde de Rabenau levou Rosalinda, e vários meses se passaram sem que eu a revisse.

Dia após dia, crescia minha autoridade na casa de Rouven. A condessa me obedecia cegamente e o conde Alberto, de quem eu também guiava a consciência, tratava-me com a maior deferência. Aquele medíocre dissimulado era muito fanático, confessava-se regularmente e passava horas rezando. Por esse lado, tudo corria bem, mas meus próprios negócios não avançavam. Eu não conseguia encontrar Berta para dela arrancar as confissões necessárias para atingir o duque, a quem eu odiava mais do que nunca. Da mesma forma, todos os meus esforços para descobrir as relações do conde de Rabenau com o convento tinham fracassado e passou-se um ano sem qualquer progresso em todas essas intrigas e maquinações.

Certo dia, eu estava lendo à janela quando ouvi, no pátio, o tropel de cavalos. A condessa viajara para cuidar de uma velha parenta enferma e Alberto e eu devíamos ir encontrá-la dentro de alguns dias. Pensando que fosse algum vizinho que tivesse vindo visitar o jovem conde, quase já tinha esquecido o incidente quando minha porta se abriu e Alberto entrou, muito animado:

A Abadia dos Beneditinos                                                                 85

– Meu pai – disse ele –, eu preciso vos consultar. A pequena Rosalinda está aqui, fugida do tutor que a obrigou a ficar noiva de Kurt. Acontece que ela ama o conde de Lœvenberg e quer desposá-lo secretamente e, por isso, ela veio suplicar que abençoeis seu casamento. No entanto, não quero dar minha permissão: primeiramente – ele franziu a testa – porque ela também me agrada; depois, porque detesto as uniões secretas e acho que ela agiu indignamente, violando uma palavra anteriormente dada. Pedir-vos-ia, portanto, meu pai, que não vos metais nesse caso.

– Mas caro conde – respondi –, se Rosalinda ama o senhor de Lœvenberg, que por sinal é um homem muito simpático, por que impedir esse casamento?

Involuntariamente, eu estava pensando que seria uma pena impedir que aqueles seres tão jovens e belos fossem felizes, pois a sorte tão raramente concede a felicidade de amarmos e sermos amados! Por um instante, temi prejudicá-los por excesso de zelo e pensei em Edgar, que era padrinho de Rosalinda, mas adverti-lo levaria muito tempo e Rabenau poderia pôr tudo a perder.

Prontamente, tomei uma resolução e empertiguei-me com autoridade:

– Meu filho – disse –, não compete a vós permitir ou proibir o exercício de meu santo ministério. Vós e a senhora vossa mãe sois os senhores deste castelo, mas na capela é o padre quem manda. Abençoarei o amor de Rosalinda e – erguendo altivamente a cabeça – responderei pelos meus atos diante de todos. Quanto a vós, meu filho, só vos resta curvar-vos à decisão do vosso confessor.

Alberto não possuía uma natureza ousada e conhecia meu poder sobre sua mãe, e por isso não ofereceu maior resistência. A meu pedido, conduziu-me ao apartamento da condessa, onde se encontrava Rosalinda, desfeita em lágrimas. Quando me viu, correu para mim e tomou-me as mãos:

– Pater Sanctus, sede bom, casai-me com Léo que virá aqui me encontrar – disse-me com voz suplicante. – Uma vez sua esposa, estarei em segurança no seu castelo. Não podeis imaginar como temo que aquele infame Mauffen me moleste, pois me persegue com suas propostas amorosas com uma persistência incrível, embora o meu tutor já o tenha repelido três vezes. De

86                      J. W. Rochester

Kurt, nada tenho a temer, pois, apesar de me amar, ele não tem pressa.

– Acalma-te, minha filha – eu disse amigavelmente –, quando o cavaleiro de Lœvenberg chegar, eu realizarei o casamento.

Uma hora mais tarde, dois cavaleiros acompanhados de alguns homens de armas e escudeiros pararam no pátio de honra: eram Léo e Willibald. Avistando o irmão, Rosalinda deu um grito de alegria e foi juntar-se aos rapazes.

O encontro foi comovente. O conde de Lœvenberg, profundamente emocionado, apertou-me a mão.

– Não tenho palavras, meu pai, para expressar-vos minha gratidão. Prestastes-me um imenso favor e se algum dia eu puder vos ser útil em qualquer coisa, podeis contar comigo.

Apressaram-se os últimos preparativos, a capela foi iluminada e, atendendo a um pedido meu, Alberto assinou como testemunha o termo de casamento que o escriba do castelo redigiu rapidamente. A seguir, vesti as vestes sacerdotais e subi os degraus do altar. Logo depois, apareceram os noivos. Rosalinda, que trouxera um vestido de noiva (mulher é sempre mulher), estava encantadora. O belo casal ajoelhou-se piedosamente e eu, estranhamente emocionado ao pensar que, mesmo estando privado de toda a felicidade pessoal, ainda poderia concedê-la a outrem, pronunciei as palavras sacramentais que os ligavam mutuamente.

Terminada a cerimônia, cumprimentei a jovem condessa de Lœvenberg e seu marido e subimos à sala para tomar uma taça de vinho à saúde dos noivos. Naquele momento, o galope de vários cavalos ressoou no pátio. Alberto, que se aproximara da janela com ar melancólico, exclamou:

– É o conde de Rabenau!

Rosalinda empalideceu e aconchegou-se ao marido. Willibald empertigou-se altivamente, colocando-se ao lado da irmã.

Alberto, sempre covarde e dissimulado, disse, com um sorriso maldoso:

– Estou inocente e lavo as mãos. Apenas obedeci às ordens do confessor de minha mãe que se gaba, em alta voz, do poder que exerce sobre ela. Em tais casos, minha influência é completamente nula.

Dizendo estas palavras, lançou-me um olhar cheio de ódio. Será que ele desconfiava das minhas relações com a mãe? Suspeitava que eu desejava arrancar-lhe uma parte da fortuna em benefício do convento? Fui impedido de responder-lhe como ele merecia pela entrada do conde de Rabenau. Estava excitado pela corrida: com a cabeça altivamente erguida e os olhos flamejantes, deteve-se diante de nós e, de repente, senti uma espécie de medo por ter agido contra a vontade desse homem, cuja forte personalidade exercia sobre mim um fascínio estranho. Em lugar da legítima cólera que todos nós esperávamos, um sorriso desdenhoso crispou os lábios do conde, que me disse, encarando-me com ironia:

– Pater Sanctus, talvez imaginastes que, pela vossa precipitação de casar esses jovens e de tirar minha pupila do meu poder, estivesses me ofendendo: é bom sabê-lo, mas, Pater Sanctus, sois um tolo. Essa pressa dá ao meu filho a oportunidade de uma aliança bem mais brilhante do que obteria com Rosalinda, pois sei que o duque deseja casar sua sobrinha, a princesa Úrsula, com Kurt e garantir, caso ele morra sem descendência, a fortuna dos Rabenau para sua família. Assim, acabais de prestar um serviço ao nosso amado suserano e a mim, e por isso, vos agradeço. Serviço por serviço – acrescentou em voz baixa.

Recuei petrificado: eram as palavras do juramento secreto. Eu não me enganara, Rabenau era um membro da confraria e tudo sabia.

– Eu conhecia teu plano de evasão – disse então o conde a Rosalinda – e deixei-te fugir, pois nunca te obrigaria a um casamento que desagradava ao teu coração. Mas devido às tuas dissimulações para comigo, às decisões que tomaste sem me consultar, zanguei-me e não quero mais saber de ti. Agora tens um marido e protetor, que ele te proteja, pois meus cuidados contigo acabaram.

Rosalinda correu para ele, estendendo-lhe as mãozinhas:

– Perdoa-me! Eu poderia adivinhar teus pensamentos?

– Vai-te, não quero mais falar contigo – respondeu ele, afastando-se dela e envolvendo-se no manto. Parou um momento na frente do noivo, mordeu o bigode e disse: – Felicito-vos, cavaleiro de Lœvenberg, e não vos guardo nenhum rancor. Desde a criação, as mulheres são a nossa perdição. O exemplo de Adão é uma prova disso. Quis partir precipitadamente, mas Alberto alcançou-o e o reteve:

– Senhor, *eu* sou inocente. Recusei meu consentimento, mas *tive* de obedecer ao confessor de minha mãe.

O conde deteve-se e mediu o jovem com um desprezo não disfarçado:

– *Tínheis* de obedecer – repetiu com um sorriso malicioso –; é estranho. Ainda posso compreender que vossa mãe deva obedecer, mas vós, o dono da casa! Se ainda tivésseis por confessor uma religiosa do convento das Ursulinas seria compreensível, isso poderia ser explicado, mas nessas condições é bizarro. Além do mais, conde Alberto, permiti que vos diga, eu que sou um cavaleiro experiente em integridade, que é covardia confessar que tivestes que obedecer, pois devíeis, ao invés de trair vossos hóspedes, protegê-los e tentardes impedir-me a entrada, de espada na mão caso eu tentasse forçá-la, compreendeis? É pena que o descendente dos Rouven conheça tão pouco os deveres de um cavaleiro.

Ele saiu, deixando Alberto petrificado e lívido de raiva.

O jovem casal e Willibald me agradeceram mais uma vez e, após uma fria saudação ao dono do castelo, partiram. Voltei ao meu quarto, muito perturbado. Como eu fora inábil! O pensamento de que talvez eu tivesse ajudado o duque a se tornar o dono da imensa fortuna dos Rabenau me torturava. Fui ao convento, pois queria consultar Edgar.

Aproveitei um momento em que nos encontramos a sós para tudo contar ao meu amigo. Ele me escutou atentamente e meneou a cabeça.

– É muito estranho – disse –, pois nunca vi por aqui o conde de Rabenau. Como pode ele conhecer todos esses segredos? Uma pessoa que vejo por aqui, mantendo longas conversas com o prior é o senhor de Mauffen. Gostaria muito de saber o que esse homem desagradável tem a tratar com nosso abade.

– Mauffen? – interrompi, muito surpreso. – Já ouvi esse nome. Ele se relaciona com Berta e Euleuhof e é amante dela.

A Abadia dos Beneditinos

Por favor, Edgar, vigia essa pessoa. Talvez te seja possível surpreender uma de suas conversas com o prior, e desejo saber o que eles confabulam. Pode ser que eu consiga uma pista dessa infame condessa que não reconheço como minha mãe, embora eu não consiga me impedir de pensar que ela e a estalajadeira Berta sejam uma e a mesma pessoa.

Edgar prometeu tudo fazer para espionar Mauffen e o prior, e passamos a tratar do que lhe dizia respeito. Ele me expôs o plano que concebera para acabar com a madrasta.

– Sabes – disse ele –, desejo fazer a condessa experimentar as delícias da vida monástica que ela tão generosamente me proporcionou, mas apenas seu filho poderá obrigá-la a vestir o hábito. Ele está cansado de sua autoridade e quer ser o único senhor. Esse sentimento nos será útil: tu continuarás neutro e *ele* a forçará a expiar no claustro o assassinato do marido. Para levar Alberto a fazer o que queremos, deves mostrar indignação contra sua impertinente saída e forçá-lo, de algum modo, a vir até aqui se confessar e rezar. Encarrego-me do resto e o devolverei a ti pronto para o papel que deverá representar. A senhora Matilde, tornando-se ursulina, transformar-se-á no *teu* instrumento de vingança contra a infame abadessa que até o momento não pudeste atingir.

A condessa continuará fiel a ti; uma vez no convento podereis vos encontrar e ela te entregará tua inimiga, sobretudo se a fizermos acreditar que será a substituta da madre Bárbara. Trata, pois, Ângelo, de enviar-me Alberto o mais rápido possível e tomarei as rédeas da continuidade desse caso. Espero poder te proporcionar muito em breve uma alegria tão grande quanto inesperada. Apenas não me perguntes nada, pois devo manter o silêncio.

Eu conhecia o espírito sagaz de Edgar e seus cálculos profundos. Assim, confiei totalmente em suas palavras e, lembrando-lhe novamente de que não perdesse Mauffen de vista, despedi-me. Tinha pressa de voltar ao castelo e de começar a agir contra Alberto. A esperança de, finalmente, me vingar da abadessa das Ursulinas contribuía grandemente para minha satisfação.

Comecei por tratar Alberto com uma reserva glacial e recusei-me secamente a acompanhá-lo quando foi buscar a mãe. Quando a castelã chegou, esperei que estivesse a sós com o filho para cumprimentá-la. Sem parecer notar os olhares apaixonados da condessa, disse-lhe em termos duros e severos que o jovem conde me havia gravemente desgostado. Contei-lhe em poucas palavras os pormenores do casamento que eu havia celebrado na sua ausência, acrescentando:

– Diante daquelas pessoas estranhas, o senhor Alberto atreveu-se a falar de vós e de mim de uma maneira ofensiva e capaz de despertar as mais indignas suspeitas. Como, senhora? Será que merecemos isso? Eu vos declaro que, a partir de hoje, não sou mais o confessor dele e não mais quero ter nada com um homem que promete se tornar ímpio, já que ousa, tão jovem, ofender tão grosseiramente seu pai espiritual.

A condessa, fora de si e em prantos, cobriu o filho de censuras e ordenou-lhe que me pedisse desculpas, pois por mais que sentisse afeto por Alberto, eu lhe era ainda mais caro. A princípio, o jovem conde recusou, mas, intimidado pela cólera da mãe, consentiu em me pedir perdão. Por minha vez, não quis nada ouvir e, apenas depois de longas negociações, e cedendo às súplicas e lágrimas da condessa, aceitei suas desculpas, mas lhe impus a penitência de passar 14 dias no convento, para jejuar, orar e se confessar três vezes. Eu sabia que seria obedecido, pois a condessa exigiria que seu filho assim o fizesse, para acalmar meu ressentimento.

No dia seguinte, Aberto partiu para o convento, e eu não soube o que teve de fazer por lá, mas o fato é que retornou magro, mudado e extremamente agitado. O olhar estranho e assustado que ele lançou à mãe provou-me que Edgar atingira seu objetivo. Quanto a mim, abstive-me de ir à abadia durante esses catorze dias, para afastar de mim qualquer suspeita.

Após os primeiros cumprimentos, o jovem conde declarou-se muito cansado, mas pediu que a mãe lhe concedesse, à noite, uma entrevista na minha presença, pois precisava com ela tratar de negócios da mais alta importância.

Na hora combinada, compareci ao oratório da condessa e, logo depois, Alberto juntou-se a nós, pálido e trazendo no rosto as marcas de uma grande fadiga moral. Sentou-se de cenhos cerrados e disse, depois de meditar um momento:

– Permiti, minha mãe, que vos conte acontecimentos muito

graves e que estão me preocupando a ponto de me tirar todo o repouso. Durante meu período de penitência no convento, pensei ser meu dever ir visitar o túmulo do meu pai, para realizar uma ardente prece para o repouso de sua alma. Após a hora do Ângelus,[1] fui sozinho à capela onde repousam nossos avós e, ajoelhando-me perto da tumba, absorvi-me na prece. A noite caía e o lugar santo estava iluminado apenas pela lâmpada que queima noite e dia para o repouso dos mortos. De repente, uma voz ressoou distintamente sob a pedra sepulcral e disse: "Alberto, meu filho!". O que meu pai (pois era sua voz) me confiou eu vos direi ao fim da minha narrativa que, como percebo, também vos preocupa, pois empalidecestes e tremeis, minha mãe. – Lançou sobre ela um olhar escrutador, e continuou: – Como podeis imaginar, estava muito perturbado. Fiquei apavorado com o que me contou aquela voz saída do túmulo. Eu estava sozinho, meus cabelos arrepiaram e eu fugi.

A condessa, pálida como uma morta, passou várias vezes a mão sobre a testa, coberta de suor. Eu continuei firme, fingindo um enorme interesse.

– No dia seguinte – prosseguiu Alberto –, confiei ao meu confessor, um monge respeitável e sábio, que coisas estranhas tinham acontecido no túmulo do meu pai, não lhe contando maiores detalhes. Depois de ter refletido, o santo homem disse: "Meu filho, voltai ao túmulo ainda duas vezes. Se os mesmos fatos ocorrerem, devemos crer que é um sinal das alturas, e então vos conduzirei até um piedoso ermitão a quem, por sua vida exemplar, Deus concedeu o dom da clarividência e que poderá explicar-vos tudo". Convicto da pertinência desse conselho, fui, com o coração palpitando, duas vezes ao túmulo e, por duas vezes, a voz do meu falecido pai e senhor repetiu as mesmas indicações. Supliquei ao meu confessor que cumprisse sua promessa e ele me encaminhou ao ermitão, venerável ancião de barba branca e de penetrantes olhos negros.

A essa altura da narrativa de Alberto, logo deduzi que se tratava do pai Bernardo.

O jovem conde prosseguiu:

– Pedi a Deus que me convencesse de que as palavras que

---

1 Oração em latim de saudação e prece à Virgem Maria, que se reza ao amanhecer, ao meio-dia e ao anoitecer.

eu ouvira não tinham sido realmente pronunciadas, mas infelizmente minha prece não foi ouvida. O bom eremita me perguntou o que eu queria, mas logo me interrompeu, dizendo:

"Vosso falecido pai falou convosco e, assim, ele mesmo vos dirá o que ele deseja, pois a mim não interessa nada saber". A seguir, colocou carvões em brasa em um grande fogareiro e começou a orar. Chamas estranhas, multicoloridas, acompanhadas de espessa fumaça, elevaram-se do fogareiro e, de repente (eu vos juro, minha mãe, que meus sentidos não se enganaram), vi o espectro do meu pai, estendendo-me uma folha em branco de pergaminho. Diante daquela terrível aparição, desmaiei. Quando voltei a mim, o santo ermitão deu-me o pergaminho, dizendo: "Eis a folha trazida pelo espectro do vosso pai; aproximai-a do fogareiro e ele vos escreverá o que ele deseja comunicar a vós". Levantei-me assustado e examinei o pergaminho de todos os lados e constatei que ele não continha absolutamente nada, nem sinal, nem assinatura, nem escrita. Sem o perder de vista, aproximei-o do fogareiro e vi letras, depois palavras inteiras surgirem do fundo branco do pergaminho, e aquelas palavras eram as mesmas que a voz do sepulcro havia pronunciado.

A condessa, mais morta do que viva, mal conseguia se sustentar. Alberto agarrou-lhe violentamente o braço:

– Negarás, ainda, que envenenaste meu pai? Há tempos que estou vendo a culpa em teu rosto.

A senhora Matilde caiu de joelhos.

– A justiça de Deus me atingiu, os mortos se levantam para me acusar. Sim, sou culpada, mas não me julgues, meu filho. Foi por ti, por amor maternal que pequei.

Ergueu para ele as mãos em súplica, mas o conde repeliu-a, horrorizado.

– Por mim! Queres tornar-me teu cúmplice? Eu não desejaria obter nenhum bem da terra mediante tal crime.

A condessa soltou um grito abafado e caiu sem sentidos. Alberto voltou-se para mim e disse, em tom de censura:

– Sabíeis de tudo isso, meu pai, e no entanto, não me contastes. Percebi, pelos olhares que ela vos dirigia, que vos havia tudo confessado.

– Deduzistes corretamente, meu filho – respondi, com tristeza. – Soube de tudo, mas ignorais que a confissão entra nos ouvidos do sacerdote, como entraria num túmulo vivo? Estais vendo, se meu juramento me condenava ao silêncio, a Providência encontrou outros meios para vos revelar a verdade. Credes ainda que houve relações condenáveis entre mim, servidor de Deus, e esta infeliz criminosa, a quem somente posso lastimar – suspirei –, e cuja humildade e obediência eram devidas, apenas, à certeza de que eu conhecia seu ato odioso?

– Perdoai-me, meu pai, e não me recuseis vossa bênção – disse o jovem conde e, tendo humildemente beijado minha mão, retirou-se precipitadamente.

Permaneci ao lado da condessa desmaiada, mas, sem lhe dar a mínima atenção, mergulhei em meditações. Eu atingira meu objetivo e me livrara de uma situação que começava a me incomodar. Precisava apenas ver Edgar e saber quais eram suas últimas intenções, pois da primeira entrevista que eu tivesse com a castelã ia depender seu destino definitivo, ou seja, eu iria prescrever-lhe o que me fosse conveniente. Chamei, pois, uma de suas aias, recomendando-lhe que cuidasse de sua ama e, sem perda de tempo, mandei selar minha mula e fui ao convento. Edgar me recebeu de braços abertos, agradecendo-me efusivamente. Depois, contou-me, rindo, como haviam enganado o estúpido Alberto.

– Finalmente, estou realizando uma parte da minha vingança – disse ele, e uma satisfação cruel brilhou nos seus olhos. – Quando ela estiver no convento, quando tiver perdido o nome, a posição, a liberdade e a vontade, então irei vê-la e lhe direi face a face: "Paguei-te olho por olho, dente por dente".

Eu suspirei e comprimi as mãos no peito. Eu invejava a Edgar os prazeres da vingança satisfeita que ele saboreava antecipadamente.

– Quando, pois, chegará minha hora? – murmurei surdamente. – Falas claramente de uma entrevista com tua madrasta, mas como a obterás?

Edgar fitou-me com um olhar tranqüilo e profundo:

– Não falo senão daquilo de que eu tenho certeza. Tem paciência, Ângelo, prometo-te uma vingança completa. Agora devo calar-me, mas no dia em que eu for conversar com minha madrasta, tudo te revelarei.

Reconfortado com novas esperanças, retornei ao castelo. A

condessa manteve-se invisível por três dias. Na manhã do quarto dia, um pajem veio pedir-me para ir ter com ela. Fiquei surpreso com a alteração de suas feições e com sua palidez. Ao me ver, cobriu o rosto e disse, com voz cansada:

– Oh, meu pai! Como sou infeliz! Aconselhai-me, salvai-me!

Inclinando-me em sua direção, disse-lhe melifluamente:

– Minha querida filha, encontrareis em mim o conselheiro e o apoio prometido. Falai, descarregai vosso coração. Eu sou o médico da alma e encontrarei o bálsamo que acalmará vossa consciência.

Tomando-me a mão, apertou-a contra seus lábios.

– Meu pai, sois minha esperança, minha salvação na terra. Sois misericordioso como Aquele a quem servis.

Involuntariamente, senti um aperto no coração: aquela mulher era uma grande criminosa, mas, naquele momento, ela falava com convicção e eu, o servidor de Deus e de Jesus, traíra o segredo da confissão e fingira amá-la para destruí-la. Abaixei a cabeça. Uma vez, ainda, algo que se assemelhava à voz da consciência agitou-se em mim, dizendo-me: "És covarde, traidor e perjuro. Como, padre indigno, apresentar-te-ás ao tribunal do Senhor?"... A condessa não podia adivinhar meus pensamentos e eu mesmo repeli aquele momento de arrependimento, como uma fraqueza indigna. Comecei, pois, a interrogá-la para saber o que ela pretendia fazer, antes de dar minha opinião.

– Não sei o que fazer – disse a senhora Matilde –; meu filho está fora de si e exige que eu faça os votos. Eu mesma estou arrasada por essa prova tão evidente do julgamento de Deus e quero fazer o que for necessário para expiar meu crime. Tenho horror ao convento, mas, meu pai, eu decidi: poderei eu reparar o mal que causei, continuando a viver no mundo e sacrificando meu tempo, meu descanso e minha fortuna para aliviar os doentes e enfermos, ou deverei passar o resto dos meus dias orando e tornar-me religiosa?

Sem sequer pensar, eu respondi:

– Minha filha, com certeza vosso filho doará à Igreja vossa parte da fortuna que, a seguir, servirá para socorrer os pobres. E quem melhor para conhecer suas necessidades do que os servos de Deus? Minha filha, se vós me encarregardes, dessa tarefa sagrada, eu a executarei com alegria para a salvação de vossa alma culpada. Deveis renunciar ao mundo, tomar o hábito e, como humilde serva do Senhor, apagar o horrível crime que cometestes. É somente atrás das paredes do convento que podemos reencontrar a paz da alma.

Eu mentia vergonhosamente, pois é justamente ali que perdemos todo o descanso e criamos um inferno no coração. No entanto, eu prometera lá encerrá-la e estava seguindo meu objetivo, sem vergonha. A condessa abaixou a cabeça e disse, com voz apagada:

– Submeto-me à vossa decisão, meu pai, e tomarei o véu.

Levantei-me como que eletrizado e, colocando as mãos sobre sua cabeça, disse em voz alta:

– Abençoada sejas, minha filha, e que Deus e os anjos vos apóiem em vossa salutar resolução. Minhas preces infinitas vos acompanharão. No entanto, não esqueceis de resolver seus negócios mundanos, pois sois como uma viajante que parte para um país longínquo. Vossa fortuna exige vossas últimas providências para evitar discórdias e mal-entendidos após vossa saída da sociedade.

– Sim, meu pai – respondeu ela –, regularizarei meus últimos negócios mundanos com a vossa ajuda, prometer-me-eis isso?

– Sem dúvida, minha filha – respondi.

Nos dias seguintes, ocupamo-nos dessa grave questão. Tudo o que ela possuía pessoalmente em dinheiro e em jóias foi-me confiado para dar de esmola aos pobres. Um grande terreno foi doado ao convento das Ursulinas para o qual ela iria entrar e, finalmente, nossa abadia recebeu uma grande quantia em ouro e, também, áreas vinhateiras, como parte da herança de Edgar. Era, mais ou menos, o que o falecido conde desejava legar à instituição e a condessa, querendo na medida do possível reparar o mal que causara, exigiu que a vontade do conde fosse atendida. Dessa forma, o jovem conde, como conseqüência da descoberta do crime materno, viu sua fortuna consideravelmente reduzida. Quando li a Alberto as resoluções de sua mãe, ele quis discuti-las e opor seu veto, mas eu lhe disse:

– Meu filho, exigistes que vossa mãe tomasse o hábito. Foi para impedir essas doações que ela atentou contra a vida do vosso pai e, portanto, nada mais justo que, para expiar seu crime, ela queira executar as vontades do falecido. Quanto à sua fortuna pessoal, está no seu direito doá-la aos pobres que rezarão tanto pelo seu repouso quanto pelo do seu marido. A Igreja, como sabeis, tem direito sobre a fortuna dos seus irmãos e irmãs, não crieis dificuldades. Resta ainda bastante ouro, terras e castelos ao senhor de Rouven. Resta-vos, ainda, a liberdade, o poder, a riqueza, enfim, todos os bens terrenos. Tal como uma águia de asas abertas, vós planareis entre os dois rochedos, num dos quais viverá solitário Edgar de Rouven e, no outro, a condessa de Rouven. Contentai-vos com isso, meu filho, e não sejais muito ambicioso.

Cerca de catorze dias após esses acontecimentos, numa escura e brumosa manhã, preparamo-nos para a partida. Eu renunciara ao cargo de capelão e declarara ao jovem conde que, depois de ter levado sua mãe ao convento, eu me retiraria definitivamente para a abadia. A condessa saiu completamente vestida de preto e, após um último adeus ao seu filho e aos seus criados, aos quais, na véspera, distribuíra presentes, desceu, apoiada em mim, a grande escada de honra, aquela mesma escada que na minha primeira visita ao castelo de Rouven eu subira com Edgar, estando ambos felizes e cheios de esperanças no futuro.

Partimos acompanhados apenas por alguns pajens e homens de armas. Naquele dia, havia uma bruma tão espessa que logo perdemos de vista o castelo.

Abatida, de cabeça baixa, minha companheira de viagem não pronunciou uma palavra. Após cerca de três horas de estrada, avistamos o convento das Ursulinas. Para mostrar sua humildade, a condessa desceu do cavalo e continuamos nosso percurso a pé. Tocando a sineta da porta de entrada, lembrei-me da minha primeira visita. Entramos no convento e tive que amparar a condessa, que parecia prestes a desfalecer. A abadessa recebeu-a de braços abertos e estreitou-a de encontro ao coração, chamando-a de irmã. Era a mesma mulher de fisionomia suave e beata, de olhar límpido. Fitou-me mas não me reconheceu, e cumprimentou-me afavelmente. Disse-lhe, então, que eu era o confessor da condessa e pedi-lhe permissão para continuar sendo seu guia espiritual, mesmo porque sendo o executor de suas últimas vontades mundanas eu teria de lhe prestar contas.

A Abadia dos Beneditinos

Quando mencionei a considerável doação que a condessa estava fazendo à comunidade da qual se tornava membro, a boa pastora da Igreja apertou-me efusivamente a mão e disse, em tom melífluo:

– Vinde, vinde, meu pai, consolar nossa pobre irmã. Sereis bem-vindo.

Eu me despedi e, nada mais tendo a fazer no castelo de Rouven, dirigi-me à abadia e relatei tudo a Edgar, que me escutou radiante. No entanto, passada a euforia, contou-me que havia surpreendido um diálogo entre o prior e o senhor de Mauffen, mas que tinha sido uma conversa tão estranha que ele não sabia o que pensar. O abade usara uma linguagem digna de um aventureiro e não de um homem de sua classe e posição. Também falaram de um chefe, mas sem o nomear. Além disso, adquirira a certeza de que Berta e a condessa Rosa eram a mesma pessoa e que o senhor de Mauffen planejava uma vingança contra Léo de Lœvenberg, a quem ameaçara. Já era alguma coisa e, com paciência, eu também atingiria meu objetivo e faria com que a abadessa e minha mãe pagassem regiamente por minha vida destruída.

Dias mais tarde, fui ao convento das Ursulinas e encontrei a condessa já vestida com o hábito de noviça. Estava resignada, mas reafirmou que seu amor por mim era a sua única alegria e apoio.

Para me distrair e matar o tempo da espera, retomei minhas ocupações com o pai Bernardo, o sábio infatigável, sempre em busca de descobertas, tão absorto nas coisas extraterrenas que tudo esquecia, até mesmo seus próprios planos de vingança. Ele queria, sobretudo, arrancar dois segredos dos mistérios da natureza: o meio de produzir ouro e o de chamar do espaço as almas que outrora habitaram a terra. Com esse intuito, ele estudava sem descanso e nós passávamos muitas noites juntos, curvados sobre os antigos manuscritos que relatavam as estranhas experiências e narrativas de feiticeiros egípcios e caldeus. Bernardo levava uma vida de asceta, alimentando-se apenas do estritamente necessário e parecendo não sentir qualquer necessidade. Vivia tão voltado para a vida da alma que parecia esquecer o corpo. Às vezes, o prior também ia ao laboratório. Falava pouco e, quase sempre, ficava lendo e tomando notas sobre um pergaminho; mas se tivesse que fazer algum comentário, ele era magnífico de verdade e de profundeza.

Um dia, Bernardo e eu estávamos ocupados em pesar diversos ingredientes que queríamos fundir, sempre em busca da mistura que produzisse o ouro. O prior estava presente, sentado a uma pequena mesa, lendo um antigo livro que parecia absorvê-lo inteiramente.

– Meus irmãos – disse subitamente, com sua voz metálica e grave –, como ainda somos cegos e atrasados! Escutai, vou ler o magnífico relato de um visionário caldeu, que acabo de traduzir, em parte, deste velho livro: "Tendo, quanto possível, desabituado meu corpo de toda necessidade material e, sobretudo, do alimento que enfraquece o espírito (por diversas vezes eu já notara que após uma refeição substancial, o corpo tornava-se preguiçoso e a alma inativa), obtive, após um jejum regular e concentração do pensamento sobre questões abstratas, o resultado de fazer minha alma afastar-se do corpo e voltar à minha chamada. Para chegar a isso, eu devia ficar num local totalmente iluminado pelo sol e fitar o astro brilhante. Minhas primeiras tentativas foram infrutíferas, mas não desisti, pois os raios do sol, astro em torno do qual gravita nosso globo terrestre, deveriam depurar-me. Quando consegui fitar sem descanso o centro de luz, não mais pude dele desviar o olhar e, paulatinamente, comecei a ver uma luz resplandecente e dourada entrar no meu corpo e enchê-lo de massas nebulosas, de modo que minha alma, não encontrando mais espaço, pouco a pouco dele saía, também em massas, mas prateadas e semelhantes à água de uma fonte que jorra do alto de um rochedo, iluminada pelo sol. Eu tinha certeza de que era minha alma que se desprendia, pois essa massa nebulosa era o reflexo do meu corpo, porém mais transparente, mais belo, como convém a uma alma que tem a permissão de deixar seu invólucro terreno. Apenas um fio luminoso, muito espesso e muito sólido, religava o espírito ao corpo e, ao mesmo tempo em que permitia à alma movimentar-se à vontade, impedia-a de libertar-se totalmente. Pude, então, distinguir perfeitamente todos os objetos que me cercavam; vi um grande rochedo ao meu lado e, ao mesmo tempo, vi seu interior – o mesmo raio de sol o penetrava e, ao entrar, decompunha-se em milhares de gotas multicores. A

A Abadia dos Beneditinos

seguir, minha alma visitou as entranhas da terra, aonde também penetravam os raios do sol vivificante. Notei que, sempre depois das chamas de todas as cores, via-se alguma coisa que lembrava a fumaça. Em alguns lugares, tudo fervia como a água no fogo, desintegrando-se, pouco a pouco, em fagulhas. Em seguida, vinha a fumaça negra que, depois de dissipada, deixava ver linhas como de cristais: uns eram de ouro ou de outros metais; outros, de pedras preciosas. Tinha sido à sua formação que eu havia assistido".

O prior interrompeu-se:

– Só traduzi até aqui o discurso do caldeu – disse ele. – O manuscrito está quase ilegível e muitas palavras que ele contém me são desconhecidas. Entretanto, o sentido geral é esse que acabo de vos ler e, na minha opinião, a conclusão de tudo isso, meus irmãos, é a de que deveríamos conhecer as manipulações do trabalho invisível que produz o ouro e não misturar, como fazemos, corpos secos e já totalmente formados. Mas, para chegar a essa descoberta, é preciso observar e poder produzir substâncias gasosas tal como observou o caldeu, e isso, talvez, não consigamos jamais fazê-lo, pois é, evidentemente, uma matéria tão pouco tangível como a que forma nossa alma.

Não é difícil de compreender o interesse com que escutamos a leitura do prior, assim como a explicação que a acompanhara. Suas palavras continham um fundo de verdade que dava muito que pensar e suscitava mil questões. Se ao menos houvesse alguém para resolvê-las! Sim, eram gigantes que nós combatíamos, sem jamais atingi-los, esses mistérios da natureza que formigavam a cada passo, a cada olhar lançado ao presente, ao passado e ao futuro.

O próprio homem era um enigma insondável. Como se unia e se separava do corpo esse espírito invisível que pensava, sofria, estudava e ainda podia sentir afeto, ódio e raiva, quando, aparentemente, nada mais restava dele, do que uma massa inerte, como o corpo de Godeliva, que também sentira, amara e falara? Mistério! Tudo isso se ocultava nesse espaço transparente que chamamos de ar e que nós respiramos. Involuntariamente, eu mesmo, meus interesses e meus planos de vingança, tudo me pareceu miserável e insignificante. Atrás de nós, quantos séculos engoliram gerações inteiras! Quantos grandes homens, grandes pensadores, com seu nome e seus feitos, tinham desaparecido, engolfados nesse invisível onde, evidentemente, nunca falta lugar. Afundei a cabeça nas mãos, acabrunhado e esmagado por inúmeras dúvidas que me obsedavam sem que eu pudesse dirimi-las. Meu cérebro pareceu-me muito limitado, senti uma espécie de mal físico no funcionamento do meu pensamento que parecia se chocar contra um muro intransponível.

– Oh, meu Deus! – pensei –, se algum dia eu pudesse compreender, erguer um dos véus do invisível, eu sacrificaria toda a minha vida por tal intento.

– Frei Sanctus – disse, então, a voz do prior –, não te atormentes assim. Nossos pobres miolos foram feitos de tal forma que não podem funcionar como desejamos, mas... – ele se aproximou, colocou a mão sobre meu ombro e acrescentou, com voz vibrante e convicta – nós fomos criados para trabalhar e não para sonhar. Toma cuidado para não te entregares a tão belas ilusões que te parecem tão férteis em descobertas, mas que não passam de pântanos traiçoeiros, pesadelos que só terminam quando *aqui* (mostrou a testa) tudo acaba, tudo pára. A vida nos foi dada para viver, então *vivamos!*

Dizendo isso, cumprimentou-nos com um gesto e desapareceu.

– É verdade – murmurou pai Bernardo –; ele poderá fazer isso com a sua alma gigante, com a sua inteligência infatigável, mas nós não passamos de pigmeus, eu, pelo menos...

Também me levantei... Em mim e ao meu redor, tudo parecia apagado, o futuro se me apresentava sem objetivo, e meus projetos de vingança, mesquinhos e ridículos. Meu pensamento viajou para o tempo em que tudo seria passado, realizado, em que meu corpo teria envelhecido, minha alma estaria cansada e eu me encontraria diante de um resultado desolador: minha entrada em um nada desconhecido, pátria da minha alma. Incapaz de continuar meu trabalho, despedi-me do pai Bernardo e fui para a minha cela.

Durante vários dias, permaneci abatido e sem vontade de fazer nada, mas, pouco a pouco, o vigor da juventude venceu o desânimo e diluiu a impressão que eu sentira e o tédio da vida monacal me reconduziu ao laboratório do pai Bernardo.

A Abadia dos Beneditinos

\* \* \*

Tudo retomou seu curso habitual. Semanas e meses se passaram sem nenhum acontecimento importante, até que uma manhã Edgar entrou na minha cela dizendo, com um estranho sorriso:

– Ângelo, é hoje que a condessa Matilde deve pronunciar os votos. À tarde, irei visitá-la e tu, terminado o ofício noturno, irá me esperar no velho jazigo subterrâneo. Depois de falar com minha madrasta, dar-te-ei aquela grande alegria que venho prometendo há muito tempo.

Quis interrogá-lo, mas, pretextando ocupações, ele saiu. Um sentimento desagradável me perseguiu o dia inteiro. Nunca amara Matilde e, com toda certeza, aquela mulher altiva e criminosa merecera o seu destino. Mas, contra a minha vontade, eu não podia me livrar da idéia de que, para ela, Deus era um juiz superior a Edgar e que tanto o cruel momento por que ela passava quanto a terrível conversa que deveria destruí-la eram obra minha.

Esperei impacientemente a hora combinada e, quando ela chegou, peguei uma tocha e me dirigi ao local do encontro. O velho jazigo era, na realidade, uma vasta cripta subterrânea já totalmente tomada por sepulturas. Ninguém nunca ia lá e eu tinha certeza de que não seria incomodado naquele lugar abandonado. Prendi a tocha em um gancho de ferro e sentei-me sobre a borda de um velho túmulo. De todas as partes e tão longe quanto a vista podia alcançar, elevavam-se monumentos funerários e as próprias paredes estavam disfarçadas por placas de pedra ou de bronze esculpidas. A luz vacilante da tocha fazia surgir da escuridão ora o vulto de um cavaleiro piedosamente ajoelhado, ora a cabeça de uma mulher de mãos juntas, ou ainda algum escudo – último símbolo da pueril vaidade humana. Mergulhei em tristes pensamentos: todos aqueles, cujas imagens eram conservadas pelas pedras estavam mortos há séculos, tinham se engolfado no desconhecido nada, para ali sondarem seu mistério. A questão da morte, que tão vivamente me interessava, novamente apoderou-se do meu pensamento. Não sei por quanto tempo lá fiquei meditando, mas quando o sino badalou meia-noite, eu estremeci. Edgar estava demorando. Teria ele se detido na sala de trabalho da confraria? Naquele momento, passos soaram, vindos do fundo escuro da cripta, e Edgar apareceu na minha frente, saído de não sei onde. Seu rosto estava animado e expressava o ódio saciado.

– Obrigado, Ângelo – disse, apertando-me efusivamente a mão. – Os momentos de vingança que hoje vivi, acalmaram-me e reconfortaram-me.

– Viste-a? – perguntei, sentindo involuntariamente a mesma sensação desagradável que me acompanhara durante todo o dia.

– Sim – respondeu Edgar com voz vibrante –, vi aquela que não é mais do que a sombra da arrogante condessa de Rouven. Ela estremeceu ao reconhecer-me e enquanto ouvia as palavras irônicas que empreguei para descrever-lhe minha vingança, teu verdadeiro nome e tua traição. Agora, tenho certeza de que ela está experimentando os mesmos sofrimentos que padeci quando me senti privado de tudo: nome, honra, liberdade, sacrificado numa vil intriga. Que ela amargue, também, os terríveis momentos em que o hábito me pesava como chumbo, e em que eu desejava arrebentar a cabeça de encontro a essas muralhas que se tornaram meu túmulo vivo. Agora, ela compreenderá o que sofri, ela que não será mais do que um joguete nas mãos de uma mulher como a madre Bárbara; escrava de uma superiora, depois de ter sido senhora da sua própria vida. Trago também notícias de tua amiga abadessa, mas deixemos isso para mais tarde. Agora, Ângelo, olha a prova visível do meu reconhecimento e goza os resquícios do que continuou vivo no teu coração.

Naquele momento, duas sombras que antes eu não havia notado destacaram-se do muro e dois monges, muito magros e envoltos em hábitos negros, apareceram no círculo luminoso projetado pela tocha. Um deles aproximou-se de mim e abaixou o capuz: meu coração quase parou de bater. Uma imensa felicidade, uma torrente de amor e de reconhecimento inundou minha alma e estreitei em meus braços Nelda, minha irmã e, contudo, a mulher apaixonadamente amada. Uma nuvem passou pelos meus olhos:

– Tu! Tu aqui! Mas que milagre foi este?

Dei um passo para trás, sem soltar suas mãos, e a examinei: era Nelda sim. Seu belo rosto estava pálido e sua expressão mudara, mas continuava bela. Demorei algum tempo para vol-

A Abadia dos Beneditinos                                                                                          103

tar à realidade e lançar um olhar ao meu redor. Vi Edgar encostado na parede e, perto dele, com o capuz abaixado, o segundo monge: reconheci Maria de Falkenstein, cujos traços mostravam marcas de sofrimentos morais; os lábios ganharam um ricto duro e amargo e um brilho sombrio, apenas suavizado pela presença do homem amado, iluminava seus olhos.

– Sentemos-nos e conversemos sobre negócios – disse Edgar, dando o exemplo.

Como num sonho, sentei-me com Nelda na beirada de um túmulo e murmurei:

– Explica-me todos esses mistérios!

– Teremos bastante tempo amanhã para nossas explicações – respondeu Edgar. – Por agora, ouve as importantes notícias que tenho para te dar. Não tenho estado inativo, e tu tampouco, Ângelo. Serás vingado e já temos em mãos todos os fios da intriga. Como tu podes ver, Nelda e Maria são religiosas do convento das Ursulinas e nada lá se passa que lhes escape à vigilância. Todo mundo está cansado da Madre Bárbara e de sua maldade traiçoeira. Maria almeja substituí-la e há possibilidade de isso ocorrer. Então, será ela que dirigirá tudo. Um subterrâneo secreto permite que nos reunamos. Não somos os únicos que lá têm afeições, mas um número limitado de membros da confraria comunica-se com as religiosas. A condessa Rosa se refugiou junto de sua amiga e, portanto, será fácil agarrá-la. Mas, antes de tudo, precisamos garantir a captura da abadessa e assim terás, então, duas vítimas nas quais poderás saciar tua vingança. Duas vítimas também me restam: Waldeck e meu irmão. Com eles eliminados, pensarei em mim e, quem sabe? Talvez consiga realizar meu intento! Faz-se tarde – acrescentou, levantando-se –; as irmãs devem voltar ao convento. Até logo! Até breve! Agora, Ângelo, tu poderás ver Nelda quando quiseres.

Despedimo-nos e os dois falsos monges desapareceram.

Ficando sozinhos, Edgar empertigou-se, com os olhos brilhantes:

– Sabes, Ângelo, a que aspiro? O que tira o meu descanso e o meu sono?

– Não – respondi surpreso –; pensei que estavas contente, pois tua vingança está bem adiantada.

– Isso é uma coisa secundária. Estou na pista de uma intriga inaudita... – curvou-se e me segredou ao ouvido – o prior não passa de um fantoche dirigido por mão hábil, e todos nós somos os instrumentos dessa vontade. Estou convencido de que o prior tem duas vozes, duas personalidades, e que aquela que comanda mantém a segunda sob uma dependência absoluta. Todo o admirável sistema de nossa confraria, seu sucesso e sua riqueza parecem ser devidos ao mérito do desconhecido, à sua inteligência e à sua vontade, mas, no fundo, ele nada seria se não encontrasse auxiliares como nós, ou seja, executores para a desagradável tarefa dos crimes secretos, ordens a cumprir etc., na qual ele não suja as mãos. Isso me revolta e confesso-te que estou habituado a mandar e não a ser mandado. Estou certo de que ocuparei seu lugar e se eu tiver seu poder, tirarei melhor proveito de tudo. Bernardo prometeu-me a cruz de ouro do prior antes que eu tivesse pensado nela e, agora, essa idéia me consome e não me dá descanso: substituir o prior, da mesma forma que iremos substituir a Madre Bárbara. Então, seremos os senhores absolutos, já que agora somos escravos, talvez, de algum aventureiro.

– Quem poderia ser? – perguntei interessado, pois há muito tempo já imaginava que existiam dois priores.

Edgar meneou a cabeça:

– Que sei eu? Precisamos descobri-lo. Observei minuciosamente todos os irmãos, examinando-lhes o rosto, o andar, o timbre da voz, mas cheguei à conclusão de que ele não está no meio deles. Parece que surge sempre da cela do abade, mas ainda não descobri um meio de chegar a esse falso prior.

Eu estava intrigadíssimo com todas essas suposições, mas não pude evitar dizer:

– Edgar, entraste num jogo perigoso. A inteligência do personagem que nos dirige é bem superior à nossa e, embora eu faça justiça à tua energia e ao teu espírito profundo, temo que não possas enfrentá-lo.

Um rubor ardente cobriu o rosto de Edgar e percebi seu olhar cheio de ódio e ironia.

– Pensas que me faltam a inteligência e a energia necessárias para descobrir essa intriga e atingir meu objetivo. Pois bem, vou te pedir que faças um juramento.

– Que juramento? – perguntei.

A Abadia dos Beneditinos

Edgar respondeu gravemente:

– O de não tentares obter a posição de prior, caso eu obtenha, graças aos meus esforços, a sua vacância. Jura pela tua honra.

– Juro-te – respondi, colocando a mão sobre a dele.

– Obrigado. Agora, mais algumas explicações para que possas dormir tranqüilo: apresentei-me à minha madrasta, simplesmente entrando pela porta principal, fazendo-me passar por teu mensageiro, já que seria perigoso – ele sorriu ironicamente – deixar que ela suspeitasse que existe um caminho mais curto e mais discreto para encontrar Pater Sanctus. Descobri, há muito tempo, esse caminho, quando espionava o prior que também dele se serve para seus encontros. Mas eu só consegui rever Maria por intermédio dele e, também, foi dele que obtive uma autorização para que tu revisses Nelda. Em geral, os membros da confraria que, como nós, possuem antigas afeições no convento das Ursulinas são os únicos que podem se aproveitar desse privilégio, pois as novas relações não são permitidas. Agora que sabes de tudo, boa noite.

Passou-se algum tempo sem quaisquer mudanças, até que um dia recebi, inopinadamente, a visita do barão Willibald de Launay. Ele estava pálido, mudado, visivelmente fatigado de corpo e alma.

– Não podia passar pela abadia sem aproveitar a ocasião para rever-vos, Pater Sanctus – disse ele, contando-me a seguir, em poucas palavras, que ele se casara, mas não estava feliz, e que a infelicidade de sua irmã o abalara muito.

– O que lhe aconteceu? – perguntei ansiosamente, pois eu me interessava sinceramente pela encantadora Rosalinda, cujo casamento eu abençoara.

– Meu Deus! – respondeu Willibald. – Nada sabeis sobre a terrível história comentada por todo mundo?

– Não sei absolutamente nada.

Então, ele me contou que o conde de Mauffen, sempre apaixonado por Rosalinda, cometera todos os tipos de infâmia contra ela. Por último, em uma reunião, ele acusara Lœvenberg de ter traiçoeiramente assassinado um primo seu, o jovem cavaleiro Siegfried de Mauffen, quando este se dirigira ao castelo de Lœvenberg para resolver um negócio, acrescentando que, o corpo do cavaleiro fora posteriormente encontrado nas terras de Léo. Este, indignado, protestou, mas Mauffen mantivera a acusação, insinuando maldosamente que Léo herdaria uma parte dos bens do falecido, cuja mãe, tia de Lœvenberg, detestava Hugo de Mauffen e legara seus bens ao seu sobrinho, caso o filho morresse sem deixar descendentes. A discussão transformou-se em escândalo e acabou num desafio recíproco, resolvendo os desafiantes apelar para o julgamento de Deus, para decidir se Léo havia ou não assassinado o cavaleiro Siegfried. Sabendo da notícia, o desespero de Rosalinda foi sem limites e ela fez questão de assistir ao combate, que foi desfavorável a Lœvenberg. Vendo tombar o marido, Rosalinda deu um grito de desespero, tão angustiante, que todos ficaram sensibilizados. Além disso, todas as simpatias voltavam-se para Léo, pois o conde de Mauffen era, de modo geral, odiado. O duque, visivelmente nervoso, não conseguia dar a ordem de matar o vencido, diante dos olhos de sua jovem esposa, pois o amor que os unia era bem conhecido. Então, voltando-se para ela, perguntou-lhe se queria que a vida dele fosse poupada. No primeiro momento – continuou Willibald – Rosalinda estendera as mãos para o duque, mas, ao ouvir suas palavras, ela estremecera e se empertigara:

– Não, senhor – respondera a moça com voz entrecortada –; eu seria uma inimiga pior do que esse assassino traidor se eu mendigasse para poupar-lhe uma vida desonrada – e, dizendo isso, enterrou a cabeça nas mãos.

– Eu perdi totalmente a cabeça – continuou o barão – pois era terrível demais ver ser morto daquela maneira nosso bom e simpático Léo, sem poder defendê-lo. No entanto, nosso tutor Rabenau, que fora assistir ao combate, tomou Rosalinda em seus braços e poupou-a da visão do horrível espetáculo.

Esse relato afetou-me como se eu tivesse sido atingido por um infortúnio pessoal, pois eu sempre sentira uma grande simpatia pelo belo e leal Léo.

– Onde se encontra Rosalinda agora? – perguntei.

– Ela está no castelo de Rabenau – respondeu Willibald. – Ele a cerca de mil cuidados, uma vez que sua conduta heróica fez com que o senhor Lotário esquecesse da falta de confiança por ela demonstrada no caso do casamento. Imaginai, porém, Pater Sanctus, que esse miserável do Mauffen, não contente de

A Abadia dos Beneditinos
107

ter matado Lœvenberg, ainda roubou seu corpo. O cadáver tinha sido levado para uma tenda e, quando foram buscá-lo, tinha desaparecido e não pôde ser encontrado. Não contamos tal fato a Rosalinda, que ardia em febre e que, felizmente, nada podia resolver por si mesma. Contudo, espero que há de chegar o dia em que poderei ajustar as contas com esse Hugo de Mauffen, a quem odeio como à morte.

Pouco depois dessa conversa, ele despediu-se e partiu.

À noite, desci ao subterrâneo, onde encontrei Edgar e Maria. Logo depois, Nelda juntou-se a nós e conversamos sobre nossos assuntos. As duas mulheres contaram, com satisfação, que tinham conseguido fomentar uma surda revolta contra a abadessa, cuja refinada maldade se tornara, havia muito tempo, insuportável a todas as irmãs. Tudo estava preparado e só estavam esperando uma ocasião favorável para agir. Além disso, Nelda surpreendera uma conversa entre o prior com a condessa Rosa que, sem sombra de dúvida, era a estalajadeira Berta. Para a grande surpresa de Nelda, eles haviam falado de um chefe e o prior confessara que a vida na abadia lhe era um fardo e que, se ao menos ele pudesse apoderar-se do cofre, recuaria e abandonaria todo caso a cargo do diabo.

Ao ouvir esse relato, Edgar deu um pulo de surpresa e começou a andar nervosamente. A seguir, pretextando a hora tardia, despediu-se das duas jovens, recomendando-lhes vigiar cuidadosamente Rosa e suas relações com o prior.

Quando ficamos sozinhos, Edgar empertigou-se e disse, com olhos brilhantes:

– Estás vendo? O prior é falso e nada possui, mas quando precisa, o dinheiro nunca lhe falta. Ângelo, sabes o que tenho a intenção de fazer? Possuo uma quantia considerável e como deves me entregar uma parte do ouro que recebeste de minha madrasta, eu tentarei então corromper esse personagem, que deve ser um homem de pouco valor. Uma vez ele afastado, o cargo de prior ficará vago e eu serei o senhor. Oh! Se ao menos eu soubesse quem é o chefe!

Naquele momento, era difícil satisfazer aquele desejo, mas o acaso favoreceu os projetos de Edgar. Certa noite em que fomos aos subterrâneos, ao passarmos pelos apartamentos do prior, no mesmo local onde, certa vez, meu amigo já surpreendera uma conversa suspeita, o murmúrio de duas vozes chegou-nos distintamente aos ouvidos, e quedamos imóveis. Então, uma voz vibrante elevou-se e ouvimos claramente estas palavras:

– Cão ingrato, desobedeceste-me novamente e tua negligência acabará por nos perder. Abusas da posição independente que te concedi. Presta-me contas das quantias que te confiei e que gastaste!... Toma cuidado para não abusar da minha paciência. Não penses, tampouco, que possas me desafiar: esmagarte-ei como a um verme, conheces-me!

– É o chefe – murmurou Edgar.

Naquele momento, a voz do prior respondeu em tom submisso:

– Mas estou inocente, conde. Que posso fazer? Há muitos anos eu venho vos servindo, trato de não ter outra vontade que não seja a vossa e estais sempre descontente. Deus é testemunha de que sou grato a vós, mas me maltratais demais.

– Bem, bem, conheço tua suscetibilidade – retomou o chefe –, mas agora escuta: ordeno-te manter sob vigilância o irmão Benedictus, que me observa demais, pois já surpreendi seus olhares suspeitos. Esse homem não me agrada: já lhe proporcionei os meios de se vingar, mas gostaria de saber do que ele ainda suspeita, o que ele ainda procura e espiona.

Edgar me puxou.

– Foi bom saber que ele desconfia de mim – murmurou, descendo as escadas –, pois assim, redobrarei meus cuidados, vigiando-o. No entanto, saberei quem és, homem espiritual que ouves a grama crescer, pois foi uma proeza fantástica teres descoberto minha espionagem!

– Sim, mas eu repito, Benedictus, que estás entrando num jogo perigoso, tentando enfrentar esse homem perspicaz.

– Veremos, pois quem nada arrisca, nada tem. Além do mais – um sorriso orgulhoso surgiu nos lábios de Benedictus – não gosto de combater inimigos fracos. Tu ouviste, ele é conde, e para mim isso é um indício muito significativo.

Separamo-nos e fui me encontrar com Bernardo, mas devo confessar que eu negligenciara tanto meus trabalhos no laboratório quanto meus planos de vingança em favor dos meus encontros secretos com Nelda. Minha paixão por ela se reacendera mais ardente que nunca, e ela correspondia aos meus

A Abadia dos Beneditinos       109

sentimentos. A paixão impetuosa e desenfreada apagara qualquer escrúpulo e qualquer remorso, e nosso amor ilícito desabrochava maravilhosamente por trás dos muros dos dois austeros conventos.

Várias semanas se passaram quando, uma noite, Benedictus me informou que finalmente chegara a ocasião tão ansiosamente esperada de nos vingarmos da abadessa das Ursulinas. Uma epidemia de varíola atingira o convento, várias irmãs haviam falecido e outras, já contaminadas, encontravam-se em estado grave. Graças a um medicamento preparado por Bernardo, a madre Bárbara também estava muito indisposta e Maria e Nelda, que cuidavam dela, declararam que ela também contraíra varíola, de modo que, para evitar o contágio, ninguém seria admitido ao seu lado. Na noite seguinte, tudo foi preparado e as coisas se passaram a contento. Benedictus e eu transportamos Madre Bárbara, profundamente adormecida por um narcótico, para os subterrâneos e colocada em uma das prisões secretas que possuíamos. Agora, eu podia me vingar à vontade, forçando-a a contar-me todos os pormenores relativos ao meu nascimento e à minha mãe.

Enquanto nós a instalávamos, Maria e Nelda, ajudadas por algumas religiosas das quais, por sua maldade, a abadessa também se tornara inimiga irreconciliável, substituíram seu corpo pelo de uma religiosa morta, cujo rosto fora totalmente desfigurado pela doença. Na manhã seguinte, os conjurados declararam-na morta. O temor do contágio impediu um exame mais apurado e a madre Bárbara, morta para o mundo e para sua comunidade, foi enterrada às pressas e sem pompas. Sendo Maria de Falkenstein muito estimada tanto por sua doçura e bondade quanto pela doação de toda a sua fortuna ao convento, ela foi eleita abadessa.

Edgar muito lucrara com isso, tornando-se o senhor absoluto dos cofres do convento, pois Maria estava sempre disposta a tudo dar e sacrificar ao homem amado. E como Nelda assumira a função de tesoureira, tudo caminhava muitíssimo bem. Edgar necessitava de muito ouro para os seus projetos, mas, felizmente para ele, naqueles tempos longínquos não havia fiscalizações tão indiscretas como as de nossa época.

Fiz menção a esses acontecimentos para maior clareza da

narrativa, e agora volto à Madre Bárbara, que estava muito bem encarcerada e a quem eu concedera quinze dias de solidão para que pudesse refletir e convencer-se de sua impotência. Certa noite, finalmente, munido de uma tocha, de uma sólida disciplina[2] e de material para escrever, desci até ela, pois queria anotar suas confissões e, antes de tudo, sua biografia, que provavelmente era muito interessante. Entrei, pois, na sua prisão, uma pequena cela arredondada, cercada de paredes intransponíveis e iluminada por uma lamparina que ardia dia e noite. Um monte de palha, um banco e uma mesa de pedra compunham o mobiliário.

Quando entrei, madre Bárbara, pálida e desfigurada, encolhida sobre a palha, cobriu o rosto com as mãos, rompendo em soluços. Aproximei-me e, com palavras secas e duras, ordenei-lhe que fizesse uma confissão completa e sem restrições, mostrando-lhe significativamente a disciplina. Ela recuou apavorada, gritando:

– Direi tudo!

Não disse meu nome para não influenciar sua confissão e para, além do mais, controlar suas palavras. Maria tinha-me entregado toda a sua correspondência e foi assim que descobri que, outrora, a boa abadessa amara apaixonadamente o senhor Teobaldo e, de tristeza, fizera os votos. Depois, ela protegera os amores da condessa Rosa com o duque e, num bilhete, este último a agradecia por ter-lhe contado sobre os planos de Teobaldo, ou seja, do conde Bruno de Rabenau. Em geral, os pergaminhos mencionavam muitos fatos cujo sentido me escapava, pois trechos das cartas foram, evidentemente, destruídos.

Sentei-me, portanto, preparei minha prancheta e, tendo colocado minha tocha de modo a bem iluminar-lhe o rosto, pois queria observar suas expressões durante o relato, intimei-a a começar, acrescentando que fora designado para fazer um inquérito sobre os antigos amores do duque com Rosa, bem como sobre o destino que tivera o filho nascido daquela ligação. Em voz baixa e entrecortada de suspiros, a abadessa contou-me o que segue:

– Muito jovem ainda, fiquei órfã e fui criada por uma tia

---

2 N. da T. – Cordas, correias ou correntes com que religiosos, devotos e penitentes se flagelam.

que era amiga da condessa de Rabenau, mãe do senhor Bruno, a quem eu freqüentemente via durante sua adolescência e mais tarde, quando já era adulto. Como eu era muito rica e bemnascida, cogitaram realizar nosso casamento. Eu aspirava a essa união com toda força de minha alma. Bruno era belo e eu o amava com uma paixão que nunca mais na vida fui capaz de sentir, mas ele só me demonstrava indiferença. Quando soube do projeto de sua mãe, opôs-se peremptoriamente. Para evitar os rogos e as tentativas de persuasão das duas senhoras que muito me amavam e que desejavam ardentemente aquele casamento, o conde empreendeu uma longa viagem sem a ninguém avisar. Essa partida me enfureceu tanto que entrei para o convento, doando-lhe toda a minha fortuna, mas meu amor por Bruno misturou-se a um ódio inominável e o pensamento de me vingar perseguia-me noite e dia. A oportunidade se apresentou mais depressa do que eu previra. O conde Bruno tinha um irmão mais novo, já casado, em cuja casa morava sua cunhada. Rosa era bonita e, embora dois ou três anos mais nova do que eu, era minha grande amiga. Quando entrei para o convento, ela veio muitas vezes me visitar, mas de repente desapareceu por muitos meses e eu soube que havia se tornado condessa de Rabenau, a mulher do homem que eu loucamente amava. O que se passou então em minha alma só Deus e eu o sabemos. Quando Rosa reatou suas visitas, resolvi envenená-la, não apenas para afastá-la do marido que a adorava, mas para ferir-lhe o coração. No entanto, um incidente me fez mudar de idéia. A condessa de Rabenau, frívola e sensual, não correspondia absolutamente ao amor daquele homem tão bom quanto belo e, em nossas conversas, falava apenas das atenções que lhe dispensava o senhor duque, então jovem e muito bonito. Tive então uma idéia diabólica. Induzi-a a conversar sobre esse assunto e depois perguntei-lhe, sorrindo, se gostaria de ser amada por aquele belo duque. Sem hesitar, ela me respondeu afirmativamente. Sua resposta tranqüilizou-me, pois eu sabia como deveria agir. Eu mantinha, ainda, por intermédio de um amigo, algumas relações na corte, e assim obtive uma entrevista com o duque. Sem me comprometer, dei-lhe a entender as boas disposições da condessa. Logo ele se entusiasmou e as coisas se arranjaram de acordo com os meus desejos. Facilitei-lhes os encontros e Rosa, que se apaixonava muito facilmente, principalmente em se tratando de um duque, logo se deixou levar por essa ligação. Também o duque estava no auge do seu amor, quando Rosa queixou-se amargamente de não saber o que fazer para escapar da vigilância do marido. Propus-lhe, então, que trocássemos os papéis: ela aqui representaria a abadessa, podendo receber o duque (eu lhe mostraria onde e como) e, durante esse tempo, eu representaria o papel de esposa do conde Bruno. Para explicar a possibilidade de tal projeto, devo dizer que o conde sofria, naquela época, de uma enfermidade da vista, que o fazia enxergar mal durante o dia e perder totalmente a visão, do cair da noite até a aurora. Como tratamento, haviam-lhe receitado banhos no lago e, para tanto, fora residir, por alguns meses, no seu castelo em Lotharsee, situado, como sabeis, perto do convento. Seria muito demorado contar-vos por que acaso eu descobrira um caminho subterrâneo que ligava o convento ao castelo. Para onde ele conduzia? Nunca ousei saber.

Rosa soltou uma gargalhada, mas concordou entusiasticamente com minha proposta. Pessoalmente visitou o subterrâneo e viu que sua saída dava para o oratório, ao lado do quarto de dormir. Tudo foi feito como planejado. Omito os pormenores, mas, no fim do ano, Rosa deu à luz um menino e, quase ao mesmo tempo, eu também tive um filho. O filho de Rosa, que se encontrava escondido no convento, morreu. Desejando manter o duque e sua amante presos por tal segredo, ocultei-lhes a morte do filho e o substitui pelo meu, em cujo braço fiz uma marca. Posteriormente, Rosa abriu-se à irmã, a condessa de Rabenau, que enviou a criança para ser criada secretamente em um velho castelo. Desde então, só uma vez pude rever esse filho, já um rapaz, mas sem poder confessar-lhe quais laços nos uniam, e...

Ao ouvir essas palavras, tudo pareceu girar ao meu redor e o ar me faltou:

– Mentis! – gritei. – Não sou vosso filho!

Ela recuou, assustada:

– Vós! Mas quem sois vós?

Ergui a manga do hábito e mostrei-lhe o escudo, perfeitamente visível.

– Ângelo! – ela murmurou.

A Abadia dos Beneditinos 113

– Provas! Provas! – sibilei, sacudindo-a.

Ergueu-se e tirou de sob as vestes um relicário bem grande preso a uma fina corrente de ouro. Desatarraxou o fundo, que se abriu como uma caixa, e de lá retirou duas finas tiras de pergaminho, que me entregou. Desdobrei-as febrilmente e li à meia-voz: "A criança está enterrada em local seguro. A mulher que desejais encontrar estará aí na hora marcada. Consegui, sem maiores obstáculos, o anel para marcar a criança; irei buscá-lo quando desejares. Euleuhof".

Na segunda tira, estavam escritas, em grandes caracteres, essas palavras quase ilegíveis: "Recebi a quantia prometida. A abadessa deu à luz um filho. Gilda".

– Esse último bilhete, eu o obtive a preço de ouro – disse madre Bárbara.

No entanto, eu nada respondi. Esmagado, aniquilado, comprimia a cabeça nas mãos. Eu não podia duvidar: era filho daquela mulher e do homem generoso que se encarregara da minha educação com uma bondade paternal. E ela, minha mãe, a quem eu havia ajudado a destruir e que não era tão culpada!... O que fazer, então? Matá-la? Era impossível! Esse pensamento me horrorizava.

– Quem é Euleuhof? Onde está ele? – gritei de repente. – Em toda parte esbarro com esse nome. Mauffen e Godeliva o mencionaram. Agora, sois vós! Quero tudo saber.

Madre Bárbara abaixou a cabeça, arrasada.

– Ele é... – disse – ...mas deveis guardar segredo..., ele é o prior de vossa abadia. Somente ele...

Interrompeu-se, um leve ruído se fazia ouvir na parede oposta. Voltei-me e, no mesmo instante, uma porta cuja existência eu ignorava abriu-se, e a alta silhueta do próprio prior surgiu no umbral.

– Será que ouvi bem, madre Bárbara? – disse ironicamente e, fechando a porta, continuou: – Parece-me que falais de um certo barão de Euleuhof, pretensamente prior do convento. Vós contais coisas surpreendentes e acho que a solidão perturbou vosso cérebro. De onde tirastes a idéia de que o barão de Euleuhof seja o prior? Lembro-me de que o abade deste convento é *seu irmão*, um homem honrado, e não um aventureiro como ele. Pois bem, irmão Sanctus, acabas de reencontrar uma

J. W. Rochester

mãe. É uma felicidade que o coração ardente da madre Bárbara tenha lhe inspirado na sua juventude idéias tão engenhosas! Eu o ouvia, mudo de surpresa. Teria, aquele homem, o dom da segunda visão para aparecer sempre nos lugares que lhe convinham?

– Vamos, madre Bárbara! – continuou o prior –, levantai-vos e segui-me, pois este lugar é indigno de vós.

Reabriu a porta pela qual tinha entrado:

– Subi, continuai a subir, senhora – disse à abadessa que hesitava, mostrando-lhe uma estreita escada em caracol. – Nós vos seguiremos. Vem, Sanctus!

Subimos silenciosamente a interminável escada. Finalmente, o prior parou, pressionou um botão, uma pequena porta se abriu e seguimos por um corredor, no fim do qual brilhava uma luz fraca. Reconheci um dos corredores da abadia. A escada desembocava em um nicho ornado com uma estátua da Virgem.

– Ide, senhora, estais livre.

A madre Bárbara lançou-se para frente, sem sequer agradecê-lo.

– Que fizestes? – perguntei, estupefato. – Devolvestes-lhe a liberdade, ela conseguirá sair, mas o que dirão os irmãos?

O prior, que fechava a porta secreta, virou-se para mim. Seus olhos brilhavam sob o capuz, como os olhos de um gato.

– Meu caro, és um idiota. Essa mulher tem uma língua muito perigosa, mas é uma abadessa, uma ungida do Senhor, eu não poderia deixar que a matassem – disse em tom de desprezo. – Ali – designou os corredores, com um ligeiro sorriso – ela será bem-recebida. Hoje é a noite de São Francisco e a mulher que cai nessa noite, ou mesmo em qualquer outra, no meio de várias centenas de frades, nunca sai viva de suas mãos, compreendeste?

Recuei, estremecendo, e cobri os olhos com a mão. Sim, eu compreendera, esse homem era um demônio. Quando descobri os olhos, o prior havia desaparecido.

Apoiei-me na parede, procurando coordenar os vários pensamentos que se embaralhavam no meu cérebro. *Ela*, a madre Bárbara, era minha mãe, mas essa descoberta me fazia ver que eu não mais tinha inimigos. Não tinha nenhum direito de vingança contra o duque e a estalajadeira Berta, e meu pai era o

A Abadia dos Beneditinos                                                                 115

senhor Teobaldo. Um fugidio sentimento de alegria e de amor filial invadiu meu coração diante desse pensamento, mas ela, minha mãe, que terríveis segredos ela guardaria para que o prior, esse homem-esfinge, a tivesse condenado a uma morte tão abominável? Eu sabia o que era a noite de São Francisco, durante a qual os frades se entregavam a orgias inqualificáveis, sem terem que prestar contas a ninguém, pois naquele tempo eles tinham total liberdade de ação.

Meu coração batia violentamente. Sem perceber e como embriagado, voltei ao subterrâneo e corri até a prisão vazia, ainda iluminada por minha tocha. Como se eu mesmo fosse um condenado, atirei-me sobre o banco de pedra e, apoiando minha cabeça em fogo na fria pedra da mesa, entrei num estado de torpor, semelhante a um desmaio.

Não sei quanto tempo assim fiquei, mas uma violenta pancada na porta da cela fez com que eu voltasse a mim. Levantei-me maquinalmente e abri a porta. Edgar lançou-se ao interior e olhou-me com inquietação e espanto.

– Ângelo! – exclamou, sacudindo-me pelo braço –, em nome de Deus, o que está acontecendo e onde está a abadessa? – perguntou, olhando ao redor da prisão vazia.

– Paciência, amigo – respondi, sentando-me –, eu vou te contar tudo. Deixa-me, apenas, recobrar-me um pouco.

Benedictus sentou-se ao meu lado e, após um momento de meditação, tudo lhe contei.

– Ah! – ele exclamou –, mas é terrível! Quem é, pois, esse personagem misterioso que parece ser onipresente, onisciente e tudo dirigir?

Muito arrasado para conversar, nada respondi. Benedictus compreendeu e acompanhou-me até minha cela, onde me forçou a tomar uma taça de vinho e a comer um pedaço de carne. Após essa refeição, deitei-me e tive um sono reconfortante.

No dia seguinte, Benedictus contou-me que a abadessa estava morta, mas não quis entrar em detalhes. Triste e nervoso, desci ao laboratório, pois queria por meio do trabalho devolver o equilíbrio à minha alma.

Várias semanas depois desses tristes acontecimentos que aqui relatei, Benedictus informou-me que conseguira ter uma conversa muito importante com o prior. Com muita prudência e pacientemente, ele o havia sondado. Não encontrando nenhuma resistência, Edgar arriscara e o tentara abertamente com a promessa de uma grande quantia. O prior, embora visivelmente seduzido, ainda hesitava, mas Benedictus já dava como certo que atingiria seu objetivo. Nessa ocasião, eu encontrava muito amiúde, na abadia, um monge horroroso, de olhar cruel. Ele conversava bastante com Benedictus e parecia muito ligado ao prior, que lhe havia recomendado ao meu amigo. Eu tinha a impressão de já ter visto em algum lugar aquele rosto medonho, mas não conseguia me lembrar de onde.

Certa noite, Benedictus me disse:

– Vem comigo aos aposentos do prior, pois espero que a nossa conversa seja decisiva.

Escondeu sob o hábito um pesado cofre abarrotado de ouro e, a seguir, dirigimo-nos ao gabinete onde acontecera minha primeira entrevista com o prior, ocasião em que eu lhe havia comunicado a reabilitação de Edgar. Desta vez, nosso digno prior estava sentado diante de uma mesa repleta de pergaminhos que examinava à luz de uma lâmpada. Sobre um escabelo, estava encarrapitado o anão, segurando com ambas as mãos o queixo pontudo. Colocando o cofre sobre a mesa, Edgar abriu-o.

– Isso será vosso se falardes, e dar-vos-ei outro igual, no dia em que fugirdes, mas, agora, decidi-vos: o nome do chefe, seu nome! Seu nome! – repetia, nervoso.

O prior fixava olhares ávidos sobre o ouro, de onde a luz da lâmpada fazia jorrar reflexos acobreados.

– Seu nome... – deteve-se, enquanto esperávamos, mal podendo respirar –... seu nome é conde Lotário de Rabenau – disse o prior, em voz baixa.

– Ah! – exclamei, batendo na testa. Eu sabia, agora, onde eu vira aquele olhar de fogo e ouvira aquela voz vibrante e fascinadora.

– Ele, ele – repetia Benedictus, de olhos flamejantes –, um homem mundano, sem nenhum direito monástico, veremos se continuará sendo prior.

Naquele momento, elevou-se a voz do anão, aguda e desagradável, como a de um papagaio:

– Eu quero destruí-lo – sibilou –, eu o odeio. Bateu-me

porque eu quis beijar a mão da condessa Rosalinda, que tem medo de mim. A ela, eu perdôo, porque a amo, mas a ele, nunca! Ele também está apaixonado por Rosalinda e quero que ele morra.

Sentamo-nos e Benedictus acertou com Euleuhof (assim o denominarei daqui por diante) as condições e o preço do trato. A seguir, conversamos como bons aliados. O anão contou que, espionando o conde, descobrira que ele trabalhava às noites e escondia, cuidadosamente, seus pergaminhos num cofre. Esse cofre era guardado em um armário secreto, disfarçado pelos lambris esculpidos, em seu quarto. Euleuhof estava mais bem-informado:

– Sei – disse ele – que o conde só dá as ordens após ter consultado esses pergaminhos, que devem conter anotações referentes a todos os seus planos futuros e a tudo o que está relacionado à confraria.

Ouvindo essas palavras, Benedictus murmurou:

– Quero obter esses pergaminhos – e prometeu ao anão que, se ele conseguisse roubar o cofre, ele lhe pagaria seu peso em ouro.

Quando saímos, a vitória estava em nossas mãos. Sabíamos quem era o temível chefe, o prior inteligente. O rosto de Benedictus se iluminara, pois acabara de lembrar que vários dentre os irmãos vingadores tinham sérias queixas contra o conde de Rabenau e desejavam vingar-se dele, mas que, justamente, não conseguiam atingi-lo.

A partir daquele dia, Benedictus desenvolveu uma atividade febril, mas sem me inteirar dos pormenores dos seus planos. Até que uma noite ele disse, segurando-me a mão:

– Presta-me um grande favor, Sanctus. Dentro de alguns dias, será comemorado, com grande pompa, o aniversário de nascimento do conde Lotário. Tu irás, em trajes comuns, ao castelo de Rabenau, onde ninguém te reconhecerá no meio da multidão de convidados. Observa tudo atentamente e talvez o anão te entregue o cofre.

Eu não podia recusar tal favor a um amigo como Benedictus e, no dia combinado, de coração ansioso, vesti-me com trajes simples, mas ricos, de um fidalgo em viagem, disfarcei-me com uma barba grisalha e me dirigi ao castelo de Rabenau. Na primeira aldeia, consegui um cavalo, alegando que o meu quebrara uma pata e que tivera de abandoná-lo na estrada. Chegada a noite, aproximei-me do castelo. A ponte levadiça estava abaixada e uma multidão de aldeões se comprimia à beira do caminho. Pedi hospedagem por uma noite.

– Entrai, senhor – respondeu um velho mercenário que guardava a ponte. – Hoje nosso nobre e poderoso senhor festeja o aniversário do seu nascimento e todo aquele que Deus envia sob seu teto é bem-vindo.

Entrei. Um escudeiro pegou meu cavalo e conduziu-me à escada de honra. O castelo estava em festa e formigava de gente. Toda a nobreza dos arredores parecia lá estar reunida. Todas as portas estavam abertas e eu percorria os cômodos sem ser notado. Na sala de jantar, estavam terminando os preparativos para a ceia, e mesas vergavam sob o peso das preciosas baixelas e das travessas de prata, sobre as quais se viam pavões assados, faisões e um javali inteiro. Em uma das salas, todas as damas e cavalheiros agrupavam-se ao redor de um trovador que dizia ser proveniente de Provença, e cantava novas canções e fazia conhecer os últimos ditames das cortes amorosas.[3]

A alegria e a animação reinavam em toda a parte, mas achei estranho não ter encontrado, em lugar nenhum, o dono da casa. Finalmente, desci ao jardim e caminhei sob a copa espessa das árvores. Era uma magnífica noite de verão, agradável e perfumada, com a lua cheia iluminando todos os objetos com seu brilho prateado.

Um murmúrio de vozes chamou minha atenção. Sem fazer barulho, escondi-me num pequeno bosque e de lá percebi uma pequena clareira. Ao redor da mesma, cresciam roseiras carregadas de flores. Esse bosque ficava ao pé de uma das torres e uma porta que dava para a clareira estava aberta, mostrando uma escada iluminada por tochas. O conde Lotário, dando o braço a Rosalinda, descia essa escada conversando, e foram suas vozes que eu ouvira. Meti-me em um dos arbustos e concentrei meu olhar no belo casal que acabava de entrar na clareira. Rosalinda, com um vestido de brocado branco, parecia

---

3 N.da T. – Reuniões realizadas na Provença, durante a Idade Média, nas quais homens e mulheres cultivavam a conversação e os torneios literários e ditavam as regras da galanteria cavalheiresca.

A Abadia dos Beneditinos       119

pensativa e caminhava de olhos baixos. O conde vestia um gibão de veludo cinza todo bordado, e sobre o peito cintilavam as armas da sua casa, bordadas com pedrarias. A roupa, que era justa, de acordo com a moda da época, desenhava-lhe admiravelmente o corpo esbelto e a perfeição de suas formas que conservavam toda a elegância e a agilidade da juventude. Devo admitir que aquele homem era admiravelmente bonito, apesar dos seus 45 anos, e podia facilmente rivalizar com qualquer outro de 25.

– Rosalinda – disse ele, com voz terna e velada, mas na qual, no entanto, pude reconhecer o timbre do prior –, foges da sociedade e te refugias aqui. Teu luto será, pois, eterno? Nenhuma afeição terá o poder de te consolar?

Como a jovem continuava calada, ele se inclinou em sua direção, com um olhar apaixonado, e o rubor da impaciência cobriu seu rosto pálido.

– Nada tens a responder às palavras de um amigo?

Suspirando, Rosalinda ergueu a cabeça e respondeu:

– Se eu traísse a memória de Léo, receberia em troca o que meu coração reclama? Devo fixar os olhos em uma águia que, no seu vôo audacioso, apenas nota o que se passa na terra; que, de passagem, admira as flores porque elas são bonitas, mas logo as rejeita como supérfluas? Não, conde, deixemos isso de lado. Tratarei de me manter fiel à memória de meu marido que só vivia para amar, e não pensarei nas águias para as quais os amores terrenos são apenas prazeres passageiros.

E desprendendo-se do braço do conde, sentou-se no banco.

Lotário a escutara com evidente satisfação. Lançando ao chão seu toque[4] ornado de plumas e, cruzando os braços, fixou seu olhar de fogo na senhora de Lœvenberg, cujo rosto traía a emoção.

– E se eu te respondesse que a águia se detém no vôo, cansada, talvez, da altura solitária na qual plana, desejosa de descer à terra e colher uma flor, não para em seguida descartá-la, mas para amá-la com fidelidade? E se a águia dissesse à mulher corajosa – que pôde pronunciar estas palavras: "antes morrer do que viver desonrado" –: "vem para o meu coração e subamos juntos às alturas"?

4 N. da T. – Adereço de cabeça masculino, usado na Idade Média.

120              J. W. Rochester

Sua voz abaixara gradativamente e não era mais do que um murmúrio. Proferindo as últimas palavras, estendeu-lhe os braços e Rosalinda neles se atirou com ardor. Nosso reverendíssimo prior estreitou-a apaixonadamente contra seu peito. Naquele momento, surgiu na escada um belo jovem loiro. Avistando o casal que não via nem ouvia senão a si mesmo, estacou como que fulminado. Uma das tochas iluminava em cheio seu rosto fino, de traços graciosos, mas efeminados. Ele empalideceu mortalmente, cobriu o rosto com as mãos e, soltando um "ah!" abafado, fugiu como um raio. Eu o reconhecera: era Kurt de Rabenau.

Eu estava estupefato com tudo o que acabara de ver e continuei agachado sem me mexer, temendo fazer estalar, involuntariamente, algum ramo seco. Estremecia ao simples pensamento de ser descoberto pelo prior, pois pelo poder de sua vontade, aquele homem era e continuava a ser o *chefe*. Querendo ou não, continuei a escutar. O temível *chefe* da sociedade dos Irmãos da Vingança falava uma linguagem inteiramente nova para mim e que parecia não combinar com ele. Sua voz sonora soava terna e carinhosa, por vezes velada e apaixonada. Ele falava de amor, de felicidade, de um futuro radioso, e, se eu não tivesse conhecimento dos gigantescos projetos que abrigavam aquela fronte branca e polida como o marfim, nunca procuraria nela o instigador de tantas intrigas.

Ao fim de certo tempo, o conde levantou-se do banco no qual estivera sentado ao lado de sua bela noiva. Evidentemente, aquele espírito ativo e turbulento já falara muito de amor e pensava em outras coisas.

– Minha bela amada – disse, beijando a mão de Rosalinda –, vai juntar-te aos convidados. Ficarei mais um pouco por aqui, pois estou esperando alguém para tratar de negócios, mas logo irei encontrar-te.

Rosalinda deixou-se abraçar e depois, subindo rapidamente a escada, desapareceu. O conde, encontrando-se sozinho, suspirou, passou a mão pela testa e pôs-se a andar impacientemente de um lado para outro, evidentemente esperando alguém.

Finalmente, apareceu um pajem, que lhe disse algo que não consegui ouvir. O conde fez um gesto de surpresa:

A Abadia dos Beneditinos

– Que venha! – disse ele.

– O pajem desapareceu como um raio e, alguns minutos mais tarde, vi um peregrino descer precipitadamente a escada, dirigir-se ao conde e jogar-se aos seus pés. Este recuou, perguntando:

— Quem sois? O que significa isto?

O peregrino abaixou o capuz e percebi ser uma mulher, na qual reconheci Gerta, minha companheira de infância, antiga acompanhante de Nelda. Embora muito mudada e pálida, continuava adoravelmente bonita.

– Gerta! Tu aqui? – perguntou Lotário, ajudando a jovem a levantar-se. – Por que deixaste o convento? O que está acontecendo?

– Oh, meu Deus! – soluçou Gerta –, pelo amor de todos os santos, não volteis mais à abadia, meu caro senhor, pois tudo foi descoberto. Euleuhof fugiu, os frades estão revoltados e, se aparecerdes por lá, eles vos matarão, tenho certeza disso.

Abraçou os joelhos do conde com desespero. Ao ouvir as palavras "tudo foi descoberto", o conde estremeceu e uma palidez mortal cobriu seu rosto. De repente, segurou o braço de Gerta e sacudiu-o violentamente.

– Fala, em vez de gritar – disse com voz rouca –, preciso tudo saber.

E forçou-a a sentar-se no banco. Com voz fraca e entrecortada, mas sem nada omitir, a moça contou-lhe toda a nossa intriga e o complô contra Rabenau. Durante esse relato, o rosto do conde se transfigurava: a ira o contraía, os lábios cobriam-se de espuma, mas quando soube do projeto de roubo do seu cofre, quase perdeu o equilíbrio e segurou a cabeça com ambas as mãos.

– Ah! Maldito convento, infernal ninho de víboras! – exclamou.

Eu não me sentia à vontade. Meus membros estavam entorpecidos e, no entanto, eu não ousava me mexer. Se ele me encontrasse ali eu estaria perdido. De repente, não sei como, um ramo estalou ruidosamente, o conde voltou seu rosto desfigurado para os arbustos e pareceu-me que seu olhar ardente me havia descoberto no meio das plantas. Arrancou da cintura um apito e dele extraiu um som agudo: vários escudeiros surgiram.

122     J. W. Rochester

– Vigiai esta porta e o bosque – ordenou. – Se alguma coisa se mexer nos arbustos e se verdes que se trata de um ser vivo, matai-o como a um cão.

Puxou Gerta, que recolocara o capuz, e desapareceram pela escada.

Fiquei sozinho, mas como que preso numa ratoeira. Ouvia os passos cadenciados das sentinelas que vigiavam o bosque e, agora todas as saídas estavam guardadas, provavelmente para impedir o roubo do cofre.

Como sair e avisar Benedictus? O chão me queimava os pés, mas eu precisava permanecer imóvel. Mil pensamentos martelavam na minha cabeça: como Gerta soubera do nosso complô? Por que acaso se encontrava ela no convento das Ursulinas e por que tinha tanto interesse no conde de Rabenau? Havia muito tempo que eu perdera de vista a jovem e essas questões pareciam-me insolúveis. Apenas semanas mais tarde tudo se elucidou.

Mais de uma hora se escoara naquela espera intolerável, quando vi o conde reaparecer na escada e entrar lentamente na clareira. Despediu as sentinelas e permaneceu um instante de pé, de braços cruzados. Só então percebi como estava alterado: uma expressão de tristeza e um amargo desespero tinham transformado seus traços. Parecia envelhecido, mas nada poderia enfear aquele rosto admirável.

– Perdido – murmurou. – Oh fragilidade humana! Esperar um futuro de amor à beira do precipício. Bastou uma hora para arruinar o trabalho de uma vida inteira! E Kurt a ama! Foi ele quem soltou aquele "ah!" doloroso. Que ao menos ele seja feliz!

Deixou-se cair sobre o banco e cobriu os olhos com a mão. O ruge-ruge de um vestido de seda o fez levantar a cabeça. Era Rosalinda que acorria, pálida e emocionada.

– O que houve? Kurt me disse que tu me chamavas e ele estava com um ar tão estranho!...

O conde atraiu-a apaixonadamente ao seu encontro:

– Rosalinda, tens ainda aquela coragem que me fez te amar, que me inspirou por ti um sentimento tão profundo e apaixonado? Terias a firmeza de repetir "antes morrer do que viver desonrado"?

Rosalinda soltou um grito:

– Lotário, não me peças isso. Não poderia sobreviver uma

A Abadia dos Beneditinos

123

segunda vez a semelhante momento.

O conde sorriu, tristemente:

– Pobre criança, nós sobrevivemos sempre aos ferimentos mortais e morremos de uma picada de alfinete. Ouve-me, vou falar contigo não como a uma mulher, mas como a uma amiga. Estou desonrado; todos os meus documentos foram roubados e, dentro de algumas horas, talvez eu seja desmascarado como traidor do duque e falso prior da abadia dos Beneditinos. Essa desonra é inevitável. Preferirias ver-me vivo, coberto de vergonha, condenado e rebaixado da cavalaria por traição, a orar por um morto honrado e lastimado por todos?

Rosalinda escondeu o rosto no peito do conde, sufocada pelos soluços.

– Sim, eu sei que dirás por mim o que disseste por Léo, pois tu não me amas menos que a ele e minha honra é para ti tão cara quanto a dele. Pois bem, minha menina, minha noiva bem-amada, eu te lego tudo o que restar de mim sobre a terra: meu amor, minha fortuna e meu filho Kurt. Aceita esta herança, torna-te condessa de Rabenau, ama Kurt e faze-o feliz *por amor a mim*. Jura como se tua mão estivesse sobre meu corpo já inanimado.

Rosalinda levantou-se, fora de si:

– Lotário! Que fazes? Com que direito foges do meu amor depois de ter me dito que me amas? Fica, não vou jurar nada, eu te amo e não quero amar mais ninguém.

O conde também levantou-se.

– É a tua última palavra?

– Sim – respondeu ela, decidida.

– Ai de mim! – disse Rabenau tristemente. – Esperava mais de ti. Adeus! Parto, então, sem tua promessa, mas tu tornas minha morte duplamente penosa.

Quis subir a escada, mas Rosalinda soltou um grito e estendeu-lhe as mãos:

– Fica, Lotário, prometo tudo o que quiseres.

O conde voltou-se precipitadamente, estreitou-a contra o peito, mas a jovem caiu, em seus braços, desmaiada. Então, estendeu-a sobre o banco, ajoelhou-se e pareceu absorver-se, por momentos, em seus pensamentos. Depois, abandonando aquela cena, lançou-se para a escada e desapareceu.

124                                                                    J. W. Rochester

Sem perda de tempo, deixei meu esconderijo e dirigi-me para o pátio. Tinha pressa de voltar ao convento e falar com Benedictus antes da chegada do conde que, sem dúvida, lá iria para se deixar matar. Esse homem, para cuja perda eu havia contribuído, tornara-se, para mim, subitamente simpático. O estranho encanto que ele exercia sobre todos os que dele se aproximavam me subjugara e eu desejava salvá-lo, mesmo contra sua vontade.

Atingi sem dificuldade as estrebarias, peguei o primeiro cavalo que me caiu às mãos e saí. Uma vez fora do castelo, disparei a toda velocidade. Chegando ao convento, desci pelo esconderijo habitual e, despindo minha roupa mundana, coloquei o hábito e corri para o local do subterrâneo onde os irmãos se reuniam. Eu soubera, por Benedictus, que naquele dia haveria uma reunião. Aproximando-me da sala na qual eu prestara juramento, um burburinho confuso de vozes irritadas, de gritos e de vociferações chegou aos meus ouvidos. Por vezes, a voz forte e profunda de Benedictus dominava o tumulto. Ofegando de emoção, penetrei na sala, onde todos os irmãos estavam reunidos numa agitação indescritível. Eu não sei o que acontecera anteriormente, mas ao entrar, vi o prior, nosso chefe, de pé nos degraus. Ele vestira o hábito, mas tão negligentemente que estava entreaberto, descobrindo o traje de cavaleiro e as armas de Rabenau, que brilhavam no seu peito. Sua bela cabeça estava descoberta e orgulhosamente erguida. Fitava a tumultuosa assembléia com um olhar altivo e audacioso. Um pouco à frente dos monges encontrava-se Benedictus, pálido de emoção e com os olhos flamejantes, acusando-o de usurpação, de se ter infiltrado entre os irmãos sem qualquer voto monástico. Gritos de aprovação e exclamações de ódio interrompiam, freqüentemente, o orador. Muitos, de capuzes rebaixados, mostravam os rostos furiosos e, em suas mãos levantadas, brilhavam os punhais.

O conde escutara calmamente, de braços cruzados. Ao final, com sua voz vibrante e metálica, declarou:

– Imbecis, que sois! Antes de aqui chegar, fui prevenido de tudo e, se estou no meio de vós, foi porque assim o quis. Tu, tu e outros (apontando para alguns irmãos), vós sois meus inimigos mortais. Sim, eu vos prejudiquei e vós desejais minha vida. Que seja! Sereis vingados, mas não suponhais que me massacrareis como desejais.

A Abadia dos Beneditinos

Arrancando do pescoço a cruz de ouro e jogou-a ao chão e, empertigando-se orgulhosamente, disse:

– Tentai portá-la mais dignamente do que eu o fiz. Não desejo mais viver por muitos motivos, mas um chefe só deve morrer por suas próprias mãos. Morro voluntariamente, vingando meus próprios inimigos.

Antes que alguém o pudesse impedir, sacou do altar a espada simbólica e afundou-a no peito, até o punho. Um terrível tumulto sobreveio a esse gesto inesperado. Gritos de surpresa e de desespero ressoaram, os punhais levantados rolaram por terra, vinte braços ergueram o chefe que caíra sobre os degraus, banhado de sangue. Sustentaram-no e colocaram sua cabeça sobre a almofada escarlate sobre a qual prestávamos juramento. Alguns gritaram:"Ajudai!"; outros:"Um médico!".Vi, surpreendido, o verdadeiro e profundo desespero que tomara conta de todos os irmãos diante da agonia daquele que, durante tanto tempo, os havia guiado, pensado e agido por eles. Todos pareciam compreender que estavam perdendo um protetor devotado, seu verdadeiro chefe. Benedictus estava atordoado: apoiando-se pesadamente no altar, parecia que seus olhos estavam pregados no rosto do moribundo. Quanto a mim, eu sentia uma profunda dor. Poucas horas antes, eu tudo conhecera sobre esse homem, observara sua vida íntima, compreendera seu coração bom e sensível. Ele não era o chefe intrigante e inflexível. Altivo e cavalheiresco até o fim, ele nos poupara de um assassinato e se matara sob nossos olhos, sem acusar ninguém.

Naquele momento, o conde fez um movimento e tentou erguer a cabeça. Logo o ajudaram e ele disse com voz fraca, que tentava manter firme.

– Não acuso ninguém e vos perdôo. Fui atingido pela fatalidade e isso já me havia sido predito.

Benedictus pegou a corrente com a cruz do prior e, aproximando-se do ferido, colocou-a sobre seu peito ensangüentado.

– Enquanto viveres, tu és o chefe, e ao chefe pertence esta cruz.

Os grandes olhos do prior, já vidrados pela morte, reabriram-se e fitaram Benedictus com surpresa. A seguir, um débil sorriso desenhou-se-lhe nos lábios:

– Tu sabes muito bem – disse ele – que não a guardarei.

Minha única vingança está em deixá-la para ti, para que sintas o seu peso. Ostentei esta cruz soberba, com sua responsabilidade e seus crimes, e ela me esmagou.

Ele ergueu a mão:

– Irmãos! – disse com um último olhar pleno de autoridade –, o chefe nomeia um sucessor. Eis aquele que vós escolhereis como prior: é a minha última vontade!

– Ela nos será sagrada! – responderam os monges.

A voz do conde apagou-se bruscamente, uma espuma sangrenta cobriu-lhe a boca, seus olhos imobilizaram-se, enrijeceu-se numa última convulsão e tombou pesadamente: tudo se acabara!

Por uns instantes, fez-se um silêncio mortal. Eu estava como que fulminado. Benedictus, pálido como um espectro, cobriu os olhos com a mão; alguns irmãos aproximaram-se e beijaram silenciosamente a mão do falecido, estendida nos degraus: ele morrera como chefe. Subitamente, vozes roucas na assembléia elevaram-se e gritos de "Viva o chefe! Viva Pater Benedictus!" ressoaram sob a abóbada. Benedictus estremeceu e levantou a cabeça. Um vivo rubor coloriu suas faces pálidas; aprumando-se altivamente, estendeu os braços e clamou:

– Viva a confraria!

A seguir, passaram a discutir as medidas mais urgentes. Decidiram que o corpo do defunto fosse transportado para fora dos subterrâneos e colocado próximo à estrada, o mais longe possível da abadia. Seu cavalo, que foi encontrado preso a uma árvore, foi desamarrado e deixado livre. Tudo deveria parecer obra do acaso e a morte do conde, atribuída a infiéis.

Após termos executado todas as ordens do novo chefe eleito por nós, subimos. Entrei na minha cela acabado. Minha alma estava transtornada, o rosto e a voz do falecido perseguiam-me sem descanso e minha consciência gritava: "Tu ajudaste a destruí-lo!". No entanto, não tinha tempo de me entregar ao repouso, restava ainda cumprir uma tarefa indispensável: eu precisava avisar Euleuhof, que se mantinha escondido, para voltar ao seu posto. De acordo com o trato feito com Benedictus, ele deveria, oficialmente, continuar prior até o momento em que tivesse organizado seus negócios para ir viver longe dali. Para o momento, ele devia passar por morto, deixando o lugar livre

A Abadia dos Beneditinos 127

para seu sucessor. Fui, pois, até seu esconderijo e contei-lhe sobre a morte de Rabenau. Ficou exultante com a notícia e, involuntariamente, comparei-o a um cachorro ao ver o chicote destruído. Confiou-me que agora estava inteiramente feliz, pois, enquanto o diabólico conde vivesse, ele não poderia desfrutar da liberdade. Sabendo do desejo de Benedictus de se tornar prior, disse que se apressaria em acertar seus negócios e deixaria um cargo que lhe pesava. Voltamos juntos à abadia e pude, finalmente, estender-me, por uma hora, em meu leito.

Na manhã seguinte, um dos irmãos não-iniciados abordou-me muito aflito e contou-me uma grande novidade: um monge, que saíra de madrugada para visitar um enfermo, encontrara na orla da floresta o corpo de um senhor assassinado. Tentara logo prestar-lhe auxílio mas, vendo que seus esforços eram infrutíferos, voltara correndo, chamara vários irmãos e constataram que o fidalgo estava morto, já rígido, e que o assassinado era o conde Lotário de Rabenau, tão amado e conhecido na região por sua generosidade, seu jovial bom humor e suas aventuras amorosas.

– Vinde depressa – acrescentou o irmão Bavon –, pois estão transportando o corpo à abadia.

Desci ao pátio. Os monges lá estavam reunidos, cercando com curiosidade o cadáver que, provisoriamente, ia ser transportado à igreja. Euleuhof, novamente transformado em piedoso e imponente prior, ordenou que alguém fosse ao castelo de Rabenau anunciar a morte do conde. Curioso para ver o efeito que produziria essa notícia, eu me ofereci como mensageiro e parti sem demora. Chegando à mansão, soube que todos os convidados continuavam lá reunidos, mas em toda parte percebia-se uma vaga agitação, e o temor e a inquietação refletiam-se nos rostos dos criados. Um pajem conduziu-me ao salão cheio de gente. Um trovador cantava, acompanhado de seu alaúde, mas percebi ao primeiro olhar que pouca atenção lhe prestavam. Vários grupos se haviam formado e as pessoas cochichavam animadamente. Ao lado de uma janela, estava sentada a velha condessa de Rabenau, nervosa e inquieta e, perto dela, Rosalinda, muito pálida. A cada ruído, esta estremecia e seus olhos se fixavam avidamente em uma das portas, procurando provavelmente avistar aquele que nunca mais deveria voltar.

Kurt estava de pé entre as damas, e seu rosto não expressava qualquer vestígio de emoção. O pajem que me havia acompanhado aproximou-se do jovem conde e disse-lhe algumas palavras em voz baixa, mas o ouvido apurado de Rosalinda captou, com certeza, suas palavras, pois ela se voltou bruscamente e perguntou em voz alta:

– Onde está o reverendo padre?

Caminhei em direção aos senhores agrupados perto da porta e, à vista de meu hábito, todos se afastaram respeitosamente para me dar passagem. Todos os olhares estavam fixos em mim que vinha, como uma ave de mau agouro, anunciar a desgraça e espalhar o luto entre os que ali se reuniam para se divertir. Aproximei-me rapidamente da castelã, cumprimentei-a e disse:

– Nobre senhora, sou um mensageiro do infortúnio, mas curvai-vos às mãos do Senhor e lembrai-vos de Jó, que também foi atingido durante uma esplêndida festa. Vosso filho, o ilustre e poderoso conde Lotário de Rabenau, morreu, vítima de algum pérfido atentado. Essa manhã, um de nossos irmãos encontrou-o morto na estrada e seus restos mortais foram transportados à abadia.

Às minhas primeiras palavras, a velha dama se levantara, sustentando-se com a mão convulsiva no braço da poltrona. Em seguida, uma torrente de lágrimas jorrou dos seus olhos e ela tombou novamente. Rosalinda deu um grito e caiu desmaiada. Kurt, pálido e parecendo um espectro, correu para amparála. Não pude ver o que aconteceu depois, pois a multidão me arrastou para fora da sala.

Então, as pessoas me cercaram, ensurdecendo-me com perguntas e gritos:

– O conde está morto?

– Quem sabe esteja apenas ferido!

– Traiçoeiramente assassinado!

– Onde?

– Como?

– Por quem?

– Eu desconfiava de alguma coisa, pois estranhei seu desaparecimento!

Por fim, todos se acalmaram o suficiente para ouvir meu

relato e pensar sobre as causas do atentado. A opinião geral era de que o conde, sempre metido em aventuras galantes, por vezes arriscadas, caíra vítima de algum pai ou marido ofendido. Despedi-me e retornei ao convento. Logo que foi possível, fui ter com Benedictus, que folheava os pergaminhos encontrados no famoso cofre roubado.

– Pois bem – perguntei –, encontraste algo interessante?

– Encontrei – respondeu Benedictus, com um sorriso. – Em primeiro lugar, descobri por que acaso Rabenau ocupava o cargo que lhe tomamos. Aqui há indícios provando que o verdadeiro frei Antonio, irmão do miserável Euleuhof, foi o fundador da nossa confraria secreta. Ele também era amigo do pai de Lotário e serviu-se dessa amizade para fazer do filho um chefe, descobrindo, provavelmente, naquele espírito ativo e turbulento, todas as qualidades necessárias para que fosse seu sucessor. E, realmente, esse Rabenau era um gênio para a intriga. Que planos! Quanta profundidade de visão! Este cofre contém verdadeiros tesouros e nosso caro senhor duque muito ganharia se pudesse dar uma olhada no seu conteúdo.

Sem esclarecer mais nada, fechou o cofre e pendurou a chave no pescoço, o que me ofendeu. Desconfiaria ele de mim? Deixei-o com essa impressão desagradável, e dirigi-me ao laboratório de Bernardo. Encontrei-o sentado diante de sua mesa, com um grande livro aberto à sua frente. No entanto, ele não estava lendo, pois mantinha os olhos fixos na chama da vela, parecendo perdido em seus pensamentos. Seu rosto refletia uma beatitude quase sobre-humana.

– Pai Bernardo – disse, tocando-lhe o braço –, em que pensais?

Ele ergueu a cabeça:

– És tu, Sanctus? Fizeste bem em vir! – disse gravemente, mas em tom triunfante. – Quero tudo te contar, pois meu coração transborda. Sabes que consegui a prova de que a alma sobrevive à morte?

Olhei-o estupefato. Como podia falar de futilidades, quando todos só comentavam a morte do conde, e quando, a mim mesmo, aquele laboratório fazia lembrar aquela interessante personalidade e suas impressionantes palavras: "O ouro é o pivô por e para o qual fazemos tudo"?

– Caro irmão – respondi –, não vim até aqui para falar de nossas pesquisas, mas para conversarmos sobre a morte do chefe.

– Por Deus! – exclamou pai Bernardo, com olhos brilhantes – de quem, pois, estou falando, senão desse homem incomparável que, durante a vida, auxiliou-me nos meus trabalhos e que, com seu espírito profundo, adivinhava os mistérios da natureza? Com sua morte, perdi a metade do meu cérebro. E agora é a ele que devo o meu triunfo, pois foi ele quem me provou a indestrutibilidade da alma. Pensas que eu sonhei, mas não, eu não estava dormindo, estava trabalhando aqui com o irmão Rochus quando, de repente, eu o vi ao meu lado como se estivesse vivo, e ele me disse, com sua voz vibrante: "É tudo verdade, pai Bernardo, a alma sobrevive a tudo, anima toda a matéria e é indestrutível; incansavelmente, sem repouso, o espírito erra na Terra ou no espaço, sem a total compreensão do fim que deve atingir".

Quando caí de joelhos, esfregando os olhos e pensando estar sendo tentado por Satã – prosseguiu Bernardo –, ele riu com sua risada cristalina e, pegando minha pena sobre a mesa, disse: "Não existe outro diabo além de nós mesmos". A seguir, escreveu aqui, neste pergaminho, as palavras que me dissera anteriormente e desapareceu da minha vista, dissipando-se no ar. Eu me prosternei, o rosto no chão, adorando Deus e o Seu poder, Sua grandeza inaudita para nós.

Findo o relato do pai Bernardo, inclinei-me trêmulo e estupefato para o pergaminho e li, traçadas com aquela letra tão conhecida, as palavras que o irmão acabara de me repetir. Apesar de tudo, insinuava-se na minha alma a suspeita de que aquele homem exaltado sonhara com a visão, imaginando, depois, que tudo era real!

– E o irmão Rochus – murmurei – também o viu?

– Não, ele estava cansado e dormia ali no canto, o que só notei quando quis falar com ele.

Naquele momento, senti sobre meu ombro uma pressão, e vi Bernardo cair de joelhos, gritando:

– Misericórdia divina! Ele vai dar a prova também a Sanctus!

Maquinalmente, virei a cabeça e permaneci imóvel, aterrorizado, incapaz de desviar a vista do rosto pálido e dos olhos faiscantes do conde de Rabenau. Ali, roçando em mim de modo palpável, encontrava-se nosso falecido chefe. Sua fina mão pesava no meu ombro, um sorriso irônico desenhava-se em seus lábios e o entendi pronunciar distintamente estas palavras:

– É tudo verdade, Sanctus, nós voltamos constantemente à Terra para combater nossas paixões. O que é morte aqui na Terra, nas alturas é um novo nascimento.

Não pude ouvir mais nada. Os terríveis olhos do espectro fascinavam-me e pareciam estar me queimando; meus ouvidos zumbiram, tudo girou ao meu redor e rolei pelo chão.

\* \* \*

Quando reabri os olhos, perfeitamente consciente, já devia ter se passado muito tempo. Estava deitado numa cela contígua à enfermaria e reservada aos doentes em estado grave. Reinava uma semi-obscuridade no quarto e à minha cabeceira estava sentado um velho monge que eu conhecia. Era o bom frade Teófilo, o enfermeiro da abadia.

Eu sentia uma fraqueza e um cansaço indescritíveis, não conseguindo me mexer. Com uma voz fraca e indistinta, perguntei ao meu guardião semi-adormecido, que desfiava entre os dedos as contas de seu rosário:

– Irmão Teófilo, o que está acontecendo? Por que estou aqui e sentindo-me tão fraco?

Ao som da minha voz, o velho monge teve um sobressalto e um sorriso benévolo iluminou seu rosto gordo. Apertando-me a mão, exclamou alegremente:

– Graças a Deus, irmão Sanctus! Finalmente recobrastes os sentidos, mas quanto trabalho nos destes! Misericórdia! Cinco semanas entre a vida e a morte, em delírio ininterrupto... Mas agora, silêncio. Calai-vos, dormi e comei, pois isso irá restaurar vossas forças. Antes de qualquer coisa, porém, bebei este medicamento preparado pelo pai Bernardo.

Ele ergueu minha cabeça e, pegando de sobre a mesa uma taça contendo um líquido marrom, forçou-me a engoli-lo. Senti uma agradável sensação de bem-estar tomar conta do meu corpo e adormeci.

A partir desse momento, passava os dias e as noites dormindo, só acordando para me alimentar. Meu corpo jovem, esgotado pelas terríveis emoções dos últimos tempos, parecia querer recuperar o tempo perdido e se abastecer de forças. Pouco a pouco, esse período de sonolência também passou e senti que recobrava minhas faculdades mentais e minha energia. Durante os últimos dias de minha convalescença, meu guardião deixava-me por longas horas, mas quando lá estava, ele se recusava a conversar comigo sobre o convento e sobre o mundo, pretextando que era proibido.

Certa manhã, eu me senti tão recuperado e tão disposto que resolvi me levantar. Estava prestes a fazê-lo, quando a porta se abriu e vi aparecer Benedictus, acompanhado do meu fiel enfermeiro. Pendendo do seu pescoço, brilhava a cruz de ouro que custara a vida a Rabenau. À visão dessa cruz, todo o passado e a terrível aparição voltaram à minha mente, mas Benedictus não me deu tempo para me entregar às minhas recordações. Aproximou-se rapidamente e apertou-me a mão:

– Deus seja louvado, caro amigo, estás restabelecido, pelo que me disse o irmão Teófilo. Finalmente, pude vir te visitar, pois até o presente nosso bom Bernardo te condenara à solidão.

– É isso mesmo: o perigo já passou e nosso reverendo frade pode ficar completamente tranqüilo – respondeu Teófilo, jovialmente, e cumprimentando com muito respeito o prior.

– Bem, caro irmão Teófilo, todos nós somos reconhecidos pelos vossos cuidados e por vossa caridade cristã, que Deus há de levar em conta. Mas agora, descansai. Mais tarde, eu mandarei vos chamar, pois preciso conversar com o irmão Sanctus.

Frei Teófilo compreendeu que sua presença era indesejada e, depois de ter beijado a barra do hábito do prior e recebido sua bênção, retirou-se com um amável sorriso no seu rosto gordo.

Quando ficamos sozinhos, Benedictus sentou-se ao lado de minha cama e disse alegremente;

– Conversemos. Deves estar ansioso para saber de muitas coisas.

– Antes de tudo – respondi, apertando-lhe a mão – felicito-te, amigo, pelo novo cargo que obtiveste. Como posso ver, Euleuhof resolveu rapidamente seus negócios.

A Abadia dos Beneditinos

Benedictus sorriu:

– Por sua própria vontade, ele não os teria resolvido tão depressa. O finório desejava atribuir-me o papel que ele próprio desempenhava em relação a Rabenau, ou seja, fazer de mim um instrumento dócil. Antes de partir, ele teria esvaziado os cofres do convento se, infelizmente para ele, não tivesse adoecido alguns dias depois da morte do chefe. Tal enfermidade nos permitiu raptá-lo e realizar seu enterro com todas as honras. Por prudência, eu deveria tê-lo deixado dentro do caixão, mas essa crueldade me repugnou. Portanto, quando ele acordou, expliquei-lhe a situação, dei-lhe uma bela quantia em dinheiro e aconselhei-o a fugir, que foi o que ele fez. Ele desapareceu e fiquei sendo o único senhor. Minha nomeação foi realizada tranqüilamente e sou agora um duque no meu domínio eclesiástico.

– Sim – assenti –, teu poder é grande. Mas caro amigo, dá-me notícias de Nelda.

– Ela ficou desesperada com tua enfermidade, mas deves compreender que era impossível deixá-la vir até aqui. Todos os dias eu lhe dava notícias tuas e prometi-lhe que, no momento em que tuas forças permitissem, tu a reverias no subterrâneo.

– Ainda mais uma última pergunta, Benedictus, por que acaso Gerta soube do nosso complô e que interesse tinha ela em contá-lo a Rabenau?

– Isso é muito simples – respondeu –: Gerta é muito bonita e o conde que, apesar de seu espírito profundo e de sua seriedade, era um homem dissoluto, libertino, insaciável em relação às mulheres, fez dela sua amante. No entanto, cansando-se de Gerta, aproveitou-se do fascínio que exercia sobre as pessoas para persuadi-la a entrar para o convento, onde serviria de espiã. Assim, ela surpreendeu uma conversa entre Maria e Nelda, tomando conhecimento não apenas do complô, como também de que Rabenau era chefe e falso prior. O resto tu já sabes.

– Sim – eu disse –, Rabenau era um ser extraordinário – e contei ao meu amigo sobre a terrível visão que fora a causadora da minha doença.

Ouvindo meu relato, Benedictus empalideceu e tentou persuadir-me de que eu já estava doente e, por isso, tomara por realidade uma imagem criada pelo delírio. Eu bem sabia que quando vira o falecido conde eu não estava delirando, mas, não

134                                                                                    J. W. Rochester

querendo discutir, calei-me. Sabia também que não existe nada pior do que tentar convencer um incrédulo. Talvez a idéia de que o antigo chefe estivesse assombrando os lugares que se encontravam sob o seu poder fosse desagradável ao seu substituto. Restabeleci-me depressa, sentindo-me rejuvenescido e, quando minhas forças permitiram, fui visitar Bernardo para agradecer-lhe os seus cuidados, mas evitei tocar no assunto da aparição e um arrepio percorreu minhas veias quando revi o local em que o falecido chefe se mostrara. Pai Bernardo também não disse nada. Vendo minha palidez, provavelmente quis evitar-me uma conversa tão emocionante. Deixando-o, fui encontrar-me com Nelda e a imensa alegria que demonstrou ao me rever provou-me, uma vez mais, quão sincera e profunda era sua afeição por mim.

Tendo recuperado totalmente a saúde, fui nomeado para o importante cargo de irmão-tesoureiro e também retomei minhas funções de confidente e secretário de Benedictus. As horas de lazer, quando os negócios nos permitiam, eram ocupadas com leituras ou traduções interessantes, pois Benedictus era ávido pelo saber. Também as artes o interessavam e, muitas vezes, ele próprio cantava, com sua voz grave, os ofícios divinos, ou então, debruçado sobre as páginas de um missal, ele as cobria pacientemente com aquelas elegantes e finas miniaturas que ainda hoje causam a admiração dos antiquários. Mas apesar dessas ocupações, ele nada negligenciava. Mantinha com mão de ferro o poder que finalmente conquistara. Altivo e reservado, ele reinava entre os seus monges, cuidando, com olhar vigilante, das propriedades do convento, das quais não cedia uma ínfima parte a ninguém. Todos os senhores da região, inclusive o duque, o saudavam de bem baixo, pois ele era príncipe da Igreja e, naqueles tempos remotos, só isso já era um prestígio.

Nessa época, houve um incidente que poderia ter acabado mal para o meu amigo. Uma noite, enquanto Benedictus trabalhava sozinho numa pequena cela ao lado de seu quarto de dormir, onde eu me ocupava com uma tradução, ruídos estranhos chegaram aos meus ouvidos. Tomado por um estranho pressentimento, corri até lá e vi, para minha grande surpresa, que Benedictus lutava corpo a corpo com um indivíduo armado de um punhal que tentava matá-lo. De um salto, lancei-me

A Abadia dos Beneditinos 135

sobre o desconhecido e, agarrando-o pelas costas, dei-lhe um soco furioso na cabeça. Ele cambaleou e caiu no chão. Amarramo-lo fortemente e só então vi, com grande espanto, que era o senhor de Mauffen.

– O que significa isso? – perguntei a Benedictus, que enxugava a testa.

– Nós já vamos sabê-lo. O miserável quis assassinar-me. Surgiu de não sei onde e teria obtido sucesso em seu intento se o chão não tivesse rangido quando nele pisou, a tempo de eu me voltar para segurar seu braço.

Quando Mauffen voltou a si, Benedictus interrogou-o. No início, calou-se, mas acabou declarando arrogantemente que ele conhecia todos os segredos da abadia, a ele vendidos por Euleuhof, e que se nós não o soltássemos imediatamente, seu velho amigo denunciaria ao duque os segredos dos subterrâneos. No entanto, se Benedictus quisesse compartilhar com ele o poder e deixá-lo gozar dos privilégios de vice-chefe da Sociedade Secreta, ambos se calariam. Diante dessa insolente proposta, os olhos do prior faiscaram:

– Senhor de Mauffen – disse com ironia –, os dias se sucedem, mas não são parecidos. Não sou um Euleuhof e a vós falta capacidade para representar Rabenau. No entanto, não me nego a deixar-vos usufruir em parte os privilégios de um irmão vingador, mas apenas se vos *tornardes monge*. Louco insolente, pensais, pois, que deixarei livre um ser que me pode ser perigoso? Todavia, como não gosto de assassinatos, procurando evitá-los sempre que possível, vos ofereço a opção de pronunciardes os votos voluntariamente ou de morrerdes e levardes nossos segredos para o fundo do lago. Ninguém sabe onde estais e ninguém vos procurará. Não temo as vãs ameaças de Euleuhof, pois ele sabe por experiência própria que a confraria tem o braço longo e o ouvido apurado e, antes que ele possa abrir a boca diante do duque, ficará eternamente mudo. E agora, assassino, dou-vos dois minutos para pensar.

Pegou de sobre a mesa o punhal de Mauffen e apoiou-o sobre seu peito. O rosto do conde, desarmado e impotente, mudou de cor como um camaleão. A terrível resolução estampada no rosto do prior dizia-lhe claramente que sua vida estava por um fio.

– Sim ou não? – perguntou Benedictus empurrando a arma, cuja ponta afundou-se-lhe nas carnes.

– Sim – respondeu Mauffen com voz rouca, ao mesmo tempo em que sua raiva contida enchia seus lábios de espuma.

– Muito bem. Sanctus, vai procurar Conradin e Sebastião – ordenou Benedictus.

Corri em busca dos dois frades que, na confraria, ocupavam o cargo de carcereiros e nos quais poderíamos confiar totalmente. Dotados de força hercúlea, sombrios e silenciosos, eles obedeciam sempre sem discutir.

Logo acorreram e humildemente beijaram o hábito do prior, implorando-lhe a bênção.

– Estais vendo este novo irmão? – disse Benedictus, mostrando Mauffen. – Levai-o e vigiai-o como vossos próprios olhos. Dentro de um quarto de hora, ele vestirá o hábito de noviço e vós o seguireis como sombras. Caso ele vos desobedeça, conheceis os métodos que acalmam os revoltados e podeis aplicar-lhos sem misericórdia. Compreendestes-me?

Os dois monges inclinaram-se com as mãos cruzadas sobre o peito e, depois, desamarraram Mauffen, que não ousou resistir aos dois gigantes de hábito. Os três desapareceram em seguida.

Quando ficamos sozinhos, perguntei:

– O que pretendes, deixando viver um infiel tão perigoso?

Benedictus, que andava de lá para cá, parou na minha frente, de braços cruzados:

– Precisamente, porque ele não sairá mais daqui e não oferecerá perigo. Não gosto de crimes inúteis, precisamos evitar assassinatos. Além disso, agora sua vida é preciosa, já que possui domínios que deverá voluntariamente ceder à comunidade para a qual entrou. Que ele seja apenas monge e penso que, graças aos seus dois guardas, logo ele ficará feliz de sê-lo. Sentirá a disciplina imposta pelo prior deste convento... Mal sabe ele que ainda tenho outras armas contra ele, pois fez inimigos entre os irmãos vingadores, pelos quais soube que, no seu castelo, ele cometeu crimes inacreditáveis contra a natureza, que, uma vez descobertos, lhe custarão a cabeça. Tranqüiliza-te, pois Sanctus. Certamente deveremos ficar atentos, pois esse homem é uma serpente que rastejará para morder-nos. Ele se curva diante do inevitável, mas, pelo olhar que me lançou ao sair, vi que sempre

A Abadia dos Beneditinos

pensará em se vingar. Mas – um sorriso sarcástico desenhou-se nos lábios de Benedictus – uma vez feita a doação e quando a víbora mostrar suas presas venenosas, eu lhas arrancarei e isso poderá custar-lhe a vida.

Senti-me mais tranqüilizado e o tempo passou calmamente. Por vezes eu pensava em meu pai, o nobre e bom Bruno de Rabenau, e desejava ardentemente revê-lo, mas as circunstâncias sempre o impediam e a crosta da indiferença, que endurecia meu coração aberto à intriga e ao crime, logo me fazia esquecer essa boa aspiração. Então, histórias de aparições começaram a circular no convento. Era freqüente ver-se um monge em disparada, gritando e benzendo-se ao longo dos corredores, contando, apavorado, que vira o falecido conde Lotário de Rabenau, assassinado não longe da abadia, assombrando as celas, apagando as lamparinas, puxando o hábito dos monges e derrubando objetos. Quando esses relatos chegaram aos ouvidos de Benedictus, ele proibiu terminantemente que se propagassem tais sandices, inventadas por alguns idiotas para assustar os outros. Como o prior era muito temido, ninguém mais ousou dar o alarme, comentando o assunto apenas discretamente, mas vários monges idosos me juraram por sua salvação que tinham visto o espectro tão distintamente como estavam me vendo. Eu não tinha motivos para não acreditar neles, pois me lembrava da palpável aparição no laboratório e me persignava, pedindo a Deus para nunca mais revê-la. Pai Bernardo, que não compartilhava dos meus temores, contou-me com satisfação que às vezes "o grande homem" o visitava e que, certa feita, indo rezar sobre seu túmulo, vira chamas jorrar do monumento.

Depois de um noviciado tão breve quanto possível, Mauffen pronunciara os votos sem resistência. Essa conversão dera muito que falar na região, mas, como a reputação do conde não era das melhores, acreditaram que a graça divina o tocara e que ele procurava resgatar seus erros da juventude, doando a Deus sua fortuna e o resto de sua vida. Aliás, tais casos não eram raros.

O prior e eu tínhamos uma opinião menos favorável a respeito do novo monge e supúnhamos que essa docilidade escondesse um plano de vingança exemplar. Também Benedictus não esperava mais do que uma ocasião propícia para se desembaraçar do conde e o vigiava ativamente, mas era impossível surpreendê-lo, pois continuava sombrio e calado, nada fazendo de suspeito. Um fato inesperado veio ajudar o prior, colocando o miserável em suas mãos. Inúmeras famílias ilustres da região possuíam suas tumbas funerárias em nossa abadia, entre elas os barões de Launay. Certa manhã, chegou-nos a fulminante notícia que o belo e sedutor Willibald, aquele jovem na força de idade, morrera subitamente e de modo estranho. Seu velho escudeiro, que viera acompanhado de outros serviçais dar a notícia e fazer os preparativos necessários para o recebimento do corpo, confiou ao prior que uma cena terrível ocorrera entre Willibald, sua esposa e um jovem alquimista italiano, cujo corpo fora encontrado no lago, ao pé da torre. Na mesma noite, Willibald morrera subitamente, deixando sobre seu cadáver vestígios de envenenamento.

Dois dias mais tarde, à noite fechada, Benedictus à frente de uma parte da comunidade encaminhou-se até a porta da abadia para receber o cortejo fúnebre, lugubremente iluminado por tochas. Não pude evitar um sentimento de penosa tristeza ao ver passar o esquife no qual jazia precocemente aquele rapaz que eu conhecera tão alegre e tão cheio de esperança. Ele também se engolfara naquele nada desconhecido e misterioso, refúgio de nossa alma. Acompanhando o cortejo, encontrava-se a jovem condessa Rosalinda de Rabenau, em companhia de uma velha criada. Estava muito triste e disse-nos que seu marido ainda ignorava a desgraça que se abatera sobre ela, pois participava de uma caçada ao javali numa propriedade afastada. Fora-lhe enviado um mensageiro e ele deveria vir encontrá-la no convento para assistir aos funerais. Sobre a mulher do falecido, que, segundo me contaram, desaparecera, não disse uma palavra, mas pediu a Benedictus a permissão para passar a noite na igreja, com sua acompanhante, velando e orando junto do corpo de seu irmão, e o prior consentiu. Revendo-me, a jovem chorou e conversamos sobre o conde Lotário e Léo de Lœvenberg, que parecia haver retomado a preferência em seu coração.

Quando o corpo foi encomendado e o ofício dos mortos terminou, todos se retiraram e eu fui encontrar-me com Benedictus em seu gabinete. Estava ocupado em examinar um belo cofre italiano cheio de ouro, que Rosalinda doara à igreja.

Como entendidos, examinamos e elogiamos o primor e a beleza do trabalho, contamos o ouro e depois, quando estávamos conversando sobre a morte de Willibald, um grito fraco e abafado, evidentemente de mulher, chegou aos nossos ouvidos. Devo acrescentar que naquele gabinete particular do prior a acústica fora concebida de maneira que os sons distantes lá chegassem distintamente.

– O que significa isto? – exclamou Benedictus de olhos flamejantes. – Este grito vem do nosso corredor e não dos subterrâneos. Quem teria ousado aqui trazer à força uma mulher? Vem!

Arrastou-me e percorremos discretamente o corredor, escutando atrás de cada porta, mas só ouvíamos, aqui e ali, a respiração calma e ruidosa de um frade adormecido. De repente, um segundo grito, mais distinto, se fez ouvir.

– Ah! – exclamou Benedictus, lançando-se em direção a uma das portas –, é aqui.

Ouvimos claramente uma voz de mulher, emocionada, dizendo:

– Monstro, infame, não te aproximes ou me mato.

– É Rosalinda – disse Benedictus estupefato –; Mauffen, o miserável, teve a ousadia de arrancá-la da igreja. Foi ela quem soltou o grito abafado.

Tentou abrir a porta, que resistiu.

– Embarricou-se por dentro – murmurou e, dando um murro na porta, gritou: – Abre, irmão Bruno, sou eu, o prior, quem está ordenando.

Ao ouvir a voz de Benedictus, Rosalinda soltou um grito de alegria:

– Meu padrinho, salvai-me!

Mas quase no mesmo instante, um tumulto se produziu no interior, parecendo que lá se travava uma luta. Tentamos abrir a porta, mas o barulho nos trouxe reforços. As portas das celas se abriram e monges, inquietos e assustados, acorriam de toda a parte. Um dos primeiros a aparecer foi o irmão Sebastião, que logo compreendeu que seu discípulo tentava cometer algum delito. Um só golpe do ombro do gigante forçou a porta, que se abriu com um estrondo, derrubando o pesado cofre de carvalho

140                                                         J. W. Rochester

e o genuflexório, que obstruíam a entrada. A seguinte cena apresentou-se aos nossos olhos:

Rosalinda, pálida como um fantasma, apoiava-se na parede, defendendo-se, com um pequeno punhal, de Mauffen que, lívido de raiva, tentava agarrá-la. Ao perceber o prior, ela, evidentemente esgotada, largou o punhal e lhe estendeu as mãos. No mesmo instante, sem que ninguém pudesse prever seu movimento, Mauffen pegou a arma e disse com voz rouca:

– Morre e não pertenças nem a mim nem a ninguém.

E enterrou o punhal no peito da jovem que, soltando um grito surdo, tombou coberta de sangue. Benedictus, com mão de ferro, agarrou Mauffen pela nuca, mas já era tarde demais: o crime fora cometido. Por um momento, ficamos imóveis, petrificados. À porta, comprimiam-se os monges pálidos e assustados, erguendo tochas e lamparinas que iluminavam Rosalinda estendida inerte, com a morte estampada no rosto, e Mauffen, desfigurado pela raiva, segurando a arma sangrenta e preso por Benedictus. Subitamente, ele se voltou e quis atacar o prior, mas apenas furou-lhe o hábito, pois o irmão Sebastião agarrou-o por trás e o derrubou.

– Cordas! E amarrem-no de tal forma que ele não possa mais se mexer – gritou Benedictus com voz irreconhecível e com uma raiva tamanha que contrastava com sua reserva e frieza habituais.

Num piscar de olhos, amarraram o malfeitor que ousara levantar a mão contra o próprio prior e violar a lei monacal, arrastando à sua cela, com intenções infames, uma mulher, e uma mulher da alta nobreza, esposa de um dos mais ricos senhores da região. Enquanto amarravam Mauffen, Bernardo, nosso sábio médico, já havia acorrido. Ajudado por mim, ele ergueu Rosalinda, colocou-a em uma estreita maca e, sem perder tempo, arrancou seu corpete ensangüentado para sondar e examinar o ferimento. Nunca antes, no nosso severo convento, um caso semelhante acontecera e, erguendo a cabeça, vi mais de um olhar ardente fixado na moça, estendida imóvel como uma bela estátua e emoldurada por cascatas de cabelo negro, cujo touсado de brocado não mais sustinha. Benedictus também notara a agitação dos irmãos e, com um gesto, ordenou que evacuassem a cela, mas a porta e o corredor continuavam congestionados, as cabeças neles se comprimindo.

– Água e bandagens! – gritou pai Bernardo. – O ferimento é grave, mas não mortal.

– Mas o que faremos com a jovem? – perguntou Benedictus, de cenho cerrado. – É impossível mantê-la aqui. Para onde transportá-la nesse estado, quando o menor acidente pode provocar conseqüências mortais?

Antes que alguém pudesse responder, fez-se um tumulto no corredor e ouvimos o nome do conde de Rabenau. As fileiras cerradas de monges entreabriram-se e Kurt apareceu na soleira. Reconheci-o imediatamente, apesar de sua aparência ter melhorado muito. Uma barba loira e sedosa emoldurava-lhe o rosto e dava aos seus traços efeminados uma expressão mais viril. Com certeza soubera da morte do cunhado e tinha vindo juntar-se à esposa. Um dos irmãos assustados, o conduzira, certamente, ao local em que nos encontrávamos. Ao ver Rosalinda deitada, imóvel e coberta de sangue, tornou-se lívido.

– Morta! – exclamou, lançando ao seu redor um olhar terrível, como querendo encontrar o responsável.

– Não vos desesperais, senhor – disse Bernardo, solenemente –, a mão do Senhor desviou a arma e a nobre dama poderá ser salva.

Kurt precipitou-se para Rosalinda e, vendo de suas roupas descompostas, ficou furioso. Arrancou seu manto e cobriu-a e, depois, dirigindo-se a Benedictus, disse-lhe com voz sinistra:

– Mais tarde, reverendo prior, vós me prestareis contas do que aconteceu, explicando-me como, contrariamente a todas as leis sociais e humanas, semelhante atentado pôde ser cometido em vosso convento. Agora, o lugar da minha mulher não é aqui; ela deve ser tratada por mulheres e não por monges.

Sem dar tempo a Bernardo fazer o primeiro curativo, ergueu cuidadosamente o corpo de Rosalinda, envolveu-o em seu manto e depois pediu, voltando para nós seu rosto desfigurado pela raiva e desespero:

– Indicai-me o caminho mais próximo para o convento das Ursulinas!

Um irmão ofereceu-se como guia; os outros monges afastaram-se para lhe dar passagem e Kurt desapareceu com o seu fardo sangrento.

– Voltai às vossas celas – disse Benedictus, fazendo sinal aos monges para que se dispersassem.

Voltamos ao seu apartamento e lavamos nossas mãos ensangüentadas.

– O que farás com o infame? – perguntei.

– Ele apodrecerá no calabouço o resto dos seus dias e ficaremos livres dele. Mas lamento sinceramente a pobre Rosalinda e seu marido, ambos completamente inocentes que se tornaram vítimas desse infernal assassino que bem merece o seu castigo. Lembras-te, Sanctus, dos rumores que circularam outrora sobre o amor desvairado de Mauffen pela senhora de Rabenau? Foi ele quem assassinou o coitado do Léo de Lœvenberg – e Benedictus sorriu –, e muitas pessoas até atribuíram sua *piedosa conversão* ao despeito, em face do segundo casamento da jovem com Kurt de Rabenau.

Na manhã seguinte, o jovem conde apresentou-se no convento e teve uma longa conversa com o prior sobre o terrível incidente. Contou-nos que o estado de Rosalinda, apesar de muito grave, não era desesperador e que pai Bernardo, tendo visitado a enferma, tinha grandes esperanças de salvá-la.

Mauffen nem sequer foi julgado. Seu crime tinha sido tão flagrante que a masmorra era a punição que lhe cabia e foi levado a uma das prisões subterrâneas destinadas a tal fim.

Nossa vida retomou, após tal incidente, seu ritmo habitual, mas alguns meses mais tarde ela foi novamente perturbada por toda uma série de graves acontecimentos. Em primeiro lugar, Mauffen desapareceu, um belo dia, de sua prisão. Essa fuga, totalmente incompreensível, nos inquietou seriamente a princípio, mas como o bandido não foi encontrado em lugar algum e não deu mais nenhum sinal de vida, nós nos tranqüilizamos; além do mais, um um encontro inesperado nos fez esquecê-lo por completo.

Certa noite, estávamos, Benedictus e eu, conferindo algumas contas do convento, quando bateram à porta e um irmão anunciou que dois monges que retornavam ao convento haviam encontrado, na estrada, um homem semimorto de fome e coberto de farrapos, mas cuja linguagem e maneiras denotavam que não pertencia ao povo. Movidos pela caridade, os dois irmãos haviam levado o infeliz à abadia e aguardavam as ordens do prior.

A Abadia dos Beneditinos

Benedictus mandou que cuidassem do desconhecido, dando-lhe o que fosse preciso e acrescentando que, dentro de alguns dias, quando o mesmo estivesse descansado e refeito, ele próprio iria ter com ele para decidir o que poderia fazer. Passados alguns dias, nós atravessávamos o refeitório antes da ceia quando vi sentado perto da porta um indivíduo que pensei reconhecer. Era um homem de meia-idade e de ombros largos, cujos traços envelhecidos pela vida desregrada e pela miséria tinham uma expressão vulgar e cruel. A barba e a cabeleira de um ruivo vivo emolduravam aquele rosto pouco simpático que me parecia familiar. Voltei-me para Benedictus, querendo chamar-lhe a atenção sobre o que observara, quando o vi, com surpresa, passar a mão no rosto subitamente pálido. Controlando a emoção, ele passou, abençoando o desconhecido que se inclinara até o chão à sua passagem. Foi somente quando chegamos ao corredor, que ele parou e, apertando-me fortemente o braço, disse com voz surda:

– Reconheceste-o? Veio de livre e espontânea vontade entregar-se a mim e não mais escapará à minha vingança.

– Será que é...?

– Waldeck – completou Benedictus, e um lampejo de ódio satisfeito brilhou-lhe nos olhos.

A partir de então, meu amigo absorveu-se completamente na vingança que queria saborear à vontade.

Em primeiro lugar, Waldeck desapareceu e eu soube que se encontrava em uma daquelas masmorras onde a vida era pior do que a morte. Freqüentemente o próprio Benedictus descia àquele lugar horroroso e, quando voltava, um sentimento de ferocidade satisfeita iluminava seu rosto.

– Diz-me – perguntei-lhe um dia –, por que acaso Waldeck voltou para cá em tal estado de miséria?

– É muito simples. Ele mesmo confessou, esperando, provavelmente, comover-me com a narrativa dos seus infortúnios. Sendo-lhe impossível aqui viver, perambulou por outras regiões, recebendo generosos auxílios da boa senhora Matilde, a quem servira com tanto devotamento. Mas quando minha cara madrasta retirou-se para o convento, sua fonte de ouro esgotou-se sem que ele soubesse a causa. Jogador e devasso, perdeu tudo o que tinha e, juntando seus últimos recursos, aqui voltou para reclamar da condessa o prêmio por sua traição, mas encontrou tudo mudado. Ninguém mais podia ajudá-lo e ele não ousou dirigir-se a Alberto. Desesperado, errava sem saber o que fazer, quando nossos irmãos o encontraram e o trouxeram a quem ele havia destruído a vida.

Várias semanas se passaram e certa noite, quando eu estava trabalhando no subterrâneo, Benedictus entrou e fez-me um sinal para acompanhá-lo até o corredor. Foi lá, somente, que vi como parecia cansado e que seu hábito estava rasgado em vários lugares.

– O que tens? O que te aconteceu? – perguntei, inquieto.

– Nada de grave. Vim apenas pedir-te um favor: já estou farto da minha vingança e meu inimigo está me incomodando. Não quero mais encontrá-lo e peço que me ajudes a acabar com ele. Destino-lhe uma morte digna de seu nobre berço, mas não posso, sozinho, executar meu projeto. Quanto tentei amarrá-lo, ele rasgou meu hábito, como vês, e tentou estrangular-me.

– Podes contar comigo, estou pronto a ajudar-te. Será hoje?

– Não, qualquer destas noites. Avisar-te-ei quando chegar o momento.

E uma noite, quando, à exceção de alguns irmãos vingadores debruçados sobre suas escrivaninhas, todo o convento estava mergulhando num sono profundo, Benedictus e eu fomos até a prisão subterrânea de Waldeck. Era um lugar pavoroso, nem bastante alto para que alguém lá permanecesse em pé, nem bastante comprido para que lá se deitasse, e cujo chão úmido e paredes viscosas formigavam de sapos, ratos e insetos. À luz da tocha, eu vi, acocorado naquele buraco asqueroso, um ser humano amarrado, coberto de feridas, horrível de ser visto, e que gemia lugubremente.

– Ajuda-me a arrastá-lo para fora – disse Benedictus.

Com esforço, levantamos a massa humana e a arrastamos, a seguir, por vários corredores e escadas, até uma portinhola que o prior abriu. Essa saída dava para a muralha e conduzia para o campo deserto. Ao tronco mirrado de uma árvore seca, estava amarrado um soberbo cavalo de pelagem avermelhada, de crina dourada, que relinchava de impaciência e batia seus cascos na rocha. Compreendi o plano de Benedictus: daquele lado, o rochedo que coroava a abadia descia em ladeira pedre-

A Abadia dos Beneditinos                                                          145

gosa, terminando num precipício profundo, chamado de "Banho do Diabo" por causa da torrente impetuosa que bramia no fundo e desaguava no lago.

A vítima foi amarrada no dorso do animal. Confesso que sequer pestanejamos e que o vento que soprava e agitava nosso hábito tampouco nos fez hesitar naquela lúgubre tarefa. A tocha, presa à portinhola, vacilava, iluminando de vez em quando a cruz maciça presa ao pescoço do prior. Por vezes, balançando, essa cruz tilintava estranhamente sobre a corrente, como se essa voz metálica quisesse nos lembrar que Aquele de quem éramos servos morrera na cruz perdoando os inimigos e que nós, que havíamos jurado caridade e perdão, estávamos pisoteando todas as leis de humanidade. Mas o que podia aquela fraca voz contra corações endurecidos, nos quais toda consciência e todo sentimento do dever tinham sido sufocados tanto tempo atrás? Quando a vítima foi solidamente amarrada, Benedictus pegou duas mechas de estopa inflamada e colocou-os nas narinas do cavalo, enquanto eu cortava a corda que o prendia. O animal enlouquecido corcoveou, deu alguns saltos desordenados, lançou-se para a frente, devorou o espaço e desceu a ladeira como um furacão. Cavalo e vítima desapareceram do nosso campo de visão mas, alguns minutos mais tarde, um grito abafado pelo barulho de uma queda e de pedras que desmoronavam comprovou que ambos jaziam enterrados no fundo do abismo, nas águas impetuosas da torrente.

Ficamos ali mais alguns instantes, com os olhos fixos no local brumoso de onde saíra o grito e depois voltamos, em silêncio. Nossas sombras destacavam-se fantasticamente nas paredes, enquanto deslizávamos pelo convento como malfeitores, nós, a quem fora dado o direito de absolver os pecados e de apresentar o cálice e que acabávamos de cometer um crime odioso. Eu me sentia mal e Benedictus caminhava silenciosamente ao meu lado, de cabeça baixa. Estava satisfeito ou sentia remorsos? Nunca soube, pois ele nada me disse. Separamo-nos com um mudo aperto de mão, mas, muitos anos mais tarde, esse acontecimento vinha-me freqüentemente à memória. Os camponeses contavam que uma vez por ano, à noite, via-se aparecer perto do "Banho do Diabo" um cavalo vaporoso montado por um espectro medonho e amarrado, que desaparecia no abismo com um riso infernal. E acrescentavam que aquele que encontrasse ou visse a diabólica aparição morria de morte trágica.

Na noite seguinte, dirigi-me ao velho subterrâneo, onde tinha um encontro com Nelda, que não via havia dias. Já fazia muito tempo que eu a estava esperando, quando passos apressados soaram e uma religiosa apareceu à minha frente. Sem erguer o véu, ela estendeu-me um embrulho alongado, envolto num pedaço de lã escura.

– Pegai isso e tratai de fazê-lo desaparecer. Disso depende a salvação de Nelda – disse com voz visivelmente alterada. – Além do mais, preveni Benedictus que o bispo, tendo tomado conhecimento de alguns rumores suspeitos, está realizando uma inspeção minuciosa no convento e, a seguir, fará o mesmo em vossa abadia. Portanto, ocultai muito bem estes subterrâneos.

Após essas poucas palavras, Maria de Falkenstein (eu a reconhecera) desapareceu como uma sombra e permaneci inquieto e nervoso, segurando o embrulho que, pelo que eu supunha, continha pergaminhos comprometedores. Sem perder tempo, corri a avisar Benedictus e combinar com ele todas as medidas de precaução exigidas pela visita do bispo. Atravessava correndo um longo corredor deserto, quando um som inesperado deteve-me: do embrulho que eu carregava negligentemente escapou um fraco choro de criança. Lívido, com as mãos trêmulas, apoiei-me na parede, não sabendo o que fazer da criança que continuava a chorar e cujos gritos ecoavam sob a abóbada sonora. Naquele momento, escutei passos aproximando-se. Se fossem de irmãos que não pertencessem à confraria, e se lá me encontrassem com um recém-nascido nos braços, eu estaria perdido.

Um suor glacial cobriu-me a fronte e, quase sem perceber, apoiei convulsivamente a mão sobre a cabeça da criança. Ela parou de gritar e apertei-a de encontro a mim, lançando um olhar apavorado para o recém-chegado. Uma exclamação de alívio escapou-me dos lábios ao reconhecer Benedictus que, segurando uma lamparina, fixava em mim seu olhar perscrutador.

– Que fazes aqui? – perguntou.

Percebendo que eu não conseguia responder, agarrou meu braço e puxou-me até seu quarto.

A Abadia dos Beneditinos

– Que tens? E o que significa este rosto transtornado?

Pegando meu embrulho, colocou-o sobre a mesa e desamarrou os cordões que o prendiam. Aos meus olhos apavorados apareceu, então, o corpo violáceo de uma criança recém-nascida, sacudida por fracos movimentos convulsivos.

– Ah! – murmurou Benedictus. – Mais um, com certeza o teu. Falaste-me do estado de Nelda e o resto eu posso compreender. Mas tu és um triplo idiota de trazer aqui esta criança! Como pudeste cometer tamanha imprudência?

Eu estava arrasado: eu sufocara meu próprio filho, o filho da minha Nelda adorada. Lancei-me em direção à mesa, desejando socorrê-lo, mas era muito tarde, pois seu corpo já estava enrijecendo. Naquele momento de angústia moral, levantei os olhos para Benedictus: minha alma oprimida buscava ajuda e apoio no prior, meu amigo, meu confidente e meu cúmplice, mas provavelmente este, há muito tempo, superara as sensações e o peso na consciência que eu estava suportando naquela hora. Seu belo rosto impassível, porém, não demonstrava qualquer emoção e com mão firme e indiferente, tirou os panos que envolviam o pequeno cadáver. Evidentemente um incidente como aquele não era novidade para ele, pois eu sabia que Maria tivera filhos.

O olhar que mergulhei nos olhos calmos e profundos de Benedictus logo me trouxe de volta à realidade. Apesar do meu temperamento nervoso e impressionável, eu já estava endurecido demais no crime para me abandonar a um desespero que me tornava ridículo aos olhos do meu amigo. Se ele também era criminoso, sabia, ao menos, dominar-se e adquirira a força necessária para não se perturbar com lembranças irreparáveis.

Recompus-me, portanto, e disse, enxugando minha testa coberta de suor:

– Tens razão, sou um imbecil, mas saiba como tudo aconteceu. Antes de qualquer coisa, Maria mandou avisar-te que o bispo se encontra no convento das Ursulinas e logo estará aqui. Disse que deves tomar precauções para esconder os subterrâneos dos olhares inquisidores do mesmo, pois circulam rumores sobre as relações entre os dois conventos. Também foi Maria quem me entregou o embrulho, sem nada dizer sobre o seu conteúdo e, como a criança só deveria nascer dentro de algumas semanas, pensei que se tratasse de pergaminhos comprometedores. Desejando prevenir-te o mais depressa possível, eu estava subindo até aqui, quando, no corredor, a criança começou a chorar. Naquele momento ouvi passos, os teus, e o resto foi obra de um ato irrefletido, provocado pelo temor de ser descoberto. Interrompi-me, exausto, e caí sobre a poltrona. Benedictus escutara-me em silêncio e, sem responder, começou a andar de um lado para o outro, absorto em seus pensamentos. Fui o primeiro a romper o silêncio.

– Ouve – disse –, o que faremos com esta testemunha incômoda? É preciso jogá-la no lago.

Benedictus responde, dando de ombros:

– Não estás em teu perfeito juízo hoje, Sanctus. Como podemos jogar tal testemunha ao lado dos dois conventos? Se por algum diabólico acaso a água rejeitasse o corpo ou o prendesse nos caniços perto deste ou daquele muro, os boatos maldosos recomeçariam e isso na véspera da visita do bispo. Ah! – exclamou, batendo na testa. – Tenho uma idéia melhor.

Abriu a porta do gabinete, já mencionado por mim quando do ataque de Mauffen. Ao fundo, ardia uma enorme lareira na qual crepitavam chamas claras.

– O fogo tudo destrói – disse ele e, agarrando o embrulho sem mesmo me pedir permissão, jogou-o no fogo, colocou mais lenha e, fechando a porta, veio sentar-se ao meu lado. – É fácil prever em que consistirá a inspeção do bispo. Assim, precisamos ocultar qualquer objeto suspeito.

Abriu a escrivaninha e de lá tirou pergaminhos e objetos variados.

– Vou até os subterrâneos dar algumas ordens e tu, Sanctus, não esqueças que és o irmão-secretário e tesoureiro da abadia dos Beneditinos e que, quando o bispo meter o nariz nas tuas contas, deverá encontrar tudo em ordem. Vai tranqüilamente cuidar dos teus negócios, pois logo voltarei e cuidarei para que nossa fogueira improvisada nada conserve de suspeito.

Compreendi a justeza das palavras de Benedictus e levantei-me para cumprir suas ordens. Um quarto de hora mais tarde, estava sentado em minha cela, completamente absorto na revisão de grandes livros contendo as contas das receitas e despesas do convento.

A Abadia dos Beneditinos

Na manhã seguinte, as badaladas do grande sino alertaram-nos da chegada inesperada do bispo. Os irmãos acorreram ao seu encontro e Benedictus, seguido por mim e outros dignitários do convento, recebeu-o à porta da igreja. O encontro foi marcado pela hipocrisia, de ambas as partes. Os olhos penetrantes do bispo fixavam-se em cada objeto, em cada parede. Elogiava tudo, tocava em tudo, admirando as maciças construções da abadia e seu perfeito estado de conservação que, por muito tempo, não necessitaria de qualquer reparo.

Benedictus, calmo e altivo, tudo mostrava, detendo-se, propositalmente, nos locais perigosos que, justamente por isso, não despertavam o interesse do bispo, que honrava com uma atenção especial tudo o que seu guia negligenciava. Ambos estavam satisfeitos: Benedictus, ocultando da curiosidade do bispo justamente o que ele procurava e este, esperando, de um momento a outro, apanhar o prior em falta. Enfim, depois de nos aborrecer por dois dias, ele teve que partir, só encontrando elogios. Todos nós respiramos, aliviados de um grande peso.

É fácil compreender que durante esses dois dias não pude rever Nelda e, no entanto, depois do crime que eu cometera, meu coração me atraía para ela. Assim, na noite da partida do bispo, encontrando-me sozinho com Benedictus, disse-lhe que ia ver minha amiga. Ele tentou me deter e, enquanto falava comigo, seu olhar assumiu uma expressão de compaixão que me tocou, mas atribuí essa expressão à tristeza que ele sentia por mim, devido à morte do meu filho. Não querendo mais adiar minha visita, desci aos subterrâneos e atravessei rapidamente os intermináveis corredores que conduziam ao convento das Ursulinas. Chegando à entrada secreta, dei as três batidas convencionais, que anunciavam um íntimo, e uma religiosa abriu silenciosamente a porta, fazendo-me um sinal para acompanhá-la. Porém, em vez de me conduzir para as pequenas celas isoladas, local de nossos encontros, fez-me atravessar vários corredores que me eram totalmente desconhecidos e subir uma escada, parando, finalmente, diante de uma porta de ferro. Um terrível pressentimento apertou-me o coração. Conjecturei se ela estaria presa.

Tirando de seu bolso uma chave, a religiosa abriu com precaução a porta, fazendo-me entrar em uma espécie de tumba, baixa e abobadada, cujo ar frio e úmido atingiu-me o rosto. Uma tocha presa à parede iluminava aquele lugar sinistro. Assustado e nada compreendendo, parei perto da entrada e meus olhos se fixaram sobre uma longa mesa de pedra, sobre a qual havia algo coberto com um lençol branco. A religiosa adiantou-se e, erguendo o lençol, disse-me:

– Aproximai-vos, irmão Sanctus, e não vos assusteis.

Tive uma vertigem e pensei que um pavoroso pesadelo estava me fazendo ver, ali, sobre a mesa, Nelda estendida, visivelmente morta. Mas, pobre de mim! Não era um sonho... Um enorme peso pareceu cair sobre meu coração, minha garganta se fechou e, com um gemido surdo, caí de joelhos ao lado do cadáver. Eu só tinha um pensamento: Nelda estava morta! O frio da pedra na qual apoiei a testa fez-me voltar a mim. Ergui a cabeça e fixei meus olhos no doce e belo rosto. Não conseguia derramar uma lágrima ou articular uma palavra, nem que fosse para dar expressão à angústia que dilacerava minha alma. Via, sempre flutuando diante dos meus olhos, o pequeno cadáver violáceo da criança que eu sufocara e, como para punir-me desse assassinato, a mulher adorada deixara este mundo sem ouvir a mentira que eu me propusera a lhe dizer. Agora, ela sabia de tudo e se encontrava ali, naquele mundo inacessível que cava um abismo entre nós e aqueles a quem amamos. Uma vez engolfados nesse oceano desconhecido, uma vez libertos desta prisão carnal, eles parecem nos renegar, até nos esquecer e nos abandonar, impiedosamente, ao desespero que sentimos com sua perda. Uma surda revolta contra Deus e contra o destino cresceu em mim e, novamente, apoiei minha testa escaldante e meus lábios ressequidos na mão imóvel e gelada da morta.

Naquele momento, senti outra mão pousar em meu ombro, e uma voz vibrante e cheia de compaixão pronunciou meu nome.

– Ângelo!

Estremeci: era a morta que se compadecera do meu desespero e pronunciara aquele nome terno que ela sempre empregava? Mas não! Ao erguer a cabeça, vi o pálido e encantador rosto da religiosa debruçada sobre mim. Lágrimas rolavam sobre suas faces e ela continuou, em voz baixa:

– Ângelo, não estás me reconhecendo e, no entanto, sempre fui

A Abadia dos Beneditinos       151

tua amiga devotada. Neste momento, estou sofrendo contigo. Escuta as palavras de consolo de tua antiga companheira de folguedos. Sou Gerta, a pequena Gerta dos antigos guardiões de tua juventude. Recorda-te de Rabenest.

Essas palavras provocaram em mim uma visão repleta de recordações. Revi, como num sonho, aquele passado longínquo, a velha torre semidestruída da sombria mansão, onde o vento uivava e gemia entre as ruínas naquela noite memorável em que um grupo de cavaleiros lá se detivera. Pareceu-me estar ouvindo a voz do velho gritar: "Quem está aí?". A seguir, revi a grande sala onde a pequena Nelda, adormecida sobre os joelhos do senhor Teobaldo, apareceu para mim como uma visão celeste, e essa mesma Nelda, a amiga de minha infância, o ideal de meu coração, estava morta. Lá, o início; aqui, o fim. Levantei-me bruscamente. Minha alma ferida parecia querer libertar-se desses laços e bati a cabeça contra a parede, querendo destruir a sede dessas infernais recordações. Gerta precipitou-se em minha direção e, agarrando meu hábito, conjurou-me a voltar a mim e a suportar minha perda com a coragem de um homem. Suas súplicas e suas palavras persuasivas acabaram por me acalmar um pouco. A terna compaixão e a amizade com que essa companheira de infância tentava aliviar minha tristeza fizeram bem à minha alma enferma. Vendo-me mais calmo, ela levantou-se do banco de pedra no qual estávamos sentados.

– Vem, Ângelo – ela disse –, deixemos esse local triste e enlutado. Precisas repousar. A presença do cadáver faz reviver a chaga do teu coração.

Depois de um longo adeus à morta, nós saímos, e Gerta fechou cuidadosamente a porta, reconduzindo-me até a saída secreta. No momento de nos separarmos, senti necessidade de agradecê-la pela amizade por ela demonstrada.

– Minha boa Gerta – disse, atraindo-a ao meu encontro –, deixa-me beijar-te como um irmão e acredita, cara amiga de infância, que nunca esquecerei que foste para mim um apoio e uma irmã na hora mais penosa da minha vida.

Gerta retribuiu o beijo, dizendo:

– Tuas palavras, Ângelo, recompensam-me além do que eu mereço. Mas não me negues uma alegria e permite que eu te reveja. Eu também fui afastada do mundo e estou isolada.

Quando te sentires triste, vem algumas vezes ao subterrâneo e conversaremos sobre o passado e sobre aquela que não mais existe.

– Com certeza eu virei. Para mim, rever-te será uma necessidade – respondi, despedindo-me.

Fui, pelo caminho secreto, aos apartamentos de Benedictus, pois queria conversar, caso ele não estivesse dormindo. Encontrei-o diante da escrivaninha, trabalhando.

– Estava te esperando – disse, fitando-me e, notando minha fisionomia transtornada, levantou-se e apertou-me a mão. – Acalma-te, amigo, e curva-te diante da imutável lei de destruição que também nos atingirá. A morte é mais forte que nós e, até agora, não houve nenhuma tenacidade de sentimentos que pudesse impedi-la de guardar sua presa. Por muitas vezes, já senti como somos pequenos, miseráveis e ínfimos diante dessa força desconhecida.

Cabisbaixo, deixei-me cair numa poltrona. Ele tinha razão; também para nós a hora da partida deveria soar. Chegaria o dia em que, como Nelda, estaríamos deitados rígidos e imóveis, indiferentes a tudo o que algum dia nos fora caro e que nos interessara. E, depois dessa passagem, o que existiria? Um arrepio percorreu meu corpo.

Nesse momento, Benedictus inclinou-se para mim, mergulhando o seu olhar brilhante e enérgico no meu.

– Ângelo – disse com voz vibrante e convincente –, acredita na minha experiência; o trabalho mental é o melhor remédio para afastar os pungentes e dolorosos pensamentos. Apenas ele restabelece e mantém o equilíbrio da alma. Pai Bernardo é o melhor guia que poderás encontrar nessa senda estreita, que ele denomina de caminho da eternidade. Dedica-te, com ele, aos trabalhos sérios e, talvez, ele consiga atrair, do espaço, a sombra de Nelda, pois esse é o único objetivo a que ele almeja.

Levantei-me como que eletrizado, mas Benedictus deteve-me:

– Não hoje. Estás exausto demais para trabalhar. Bebe este cálice de vinho envelhecido e repousa por algumas horas. Amanhã, virás comigo dar uma volta e, chegada a noite, descerás ao encontro do nosso amigo Bernardo.

Na noite do dia seguinte, triste e com o coração pesado,

dirigi-me ao laboratório de Bernardo. Encontrei-o sentado à sua mesa de trabalho, ocupado em pesar vários ingredientes. Sentei-me ao seu lado e contei-lhe, chorando, a desgraça que me atingira.

– Meu irmão – respondeu calmamente –, se tu pudesses impregnar mais profundamente teu espírito com essa grande verdade, ou seja, que a morte é apenas a destruição de um corpo e que, portanto, sobrevivemos a esse corpo e vivemos eternamente, não te abandonarias mais a um desespero insensato. Tudo nos prova que sobrevivemos à morte com um corpo vaporoso, mas bastante compacto para se tornar tangível em determinadas condições favoráveis; nossa vontade é capaz de atrair à nossa presença essas sombras do passado.

– Mas – respondi – é uma consolação bem vaga e, além do mais, nunca tivemos provas disso...

– Não passas de um ingrato! – disse Bernardo. – Esqueceste as galinhas e, entre outras, a aparição de Rabenau, esse genial companheiro que acabou de vir me ajudar? Oh! Descobri muitas coisas e creio poder palpar a morte. Mas penso que, ainda agora, poderei te mostrar uma experiência muito interessante. Vem!

Levantou-se, pegou a lamparina e eu o segui, nervoso e curioso. Atravessamos a câmara dos fornos e, a seguir, Bernardo ergueu uma cortina de couro e me fez entrar em uma cela já iluminada por uma lamparina. Sobre um canapé, vi deitado um homem, provavelmente enfermo, pois sua respiração estava irregular e sibilante e dos seus lábios escapavam profundos suspiros.

– Quem é este homem? – perguntei, desagradavelmente surpreso.

– Um pobre peregrino que logo irá juntar-se aos seus ancestrais – respondeu Bernardo. – Encontrei-o exausto e moribundo na estrada e o trouxe aqui pelo caminho secreto. Já fiz a mesma coisa com vários infelizes para ter a oportunidade de observar os fenômenos de entorpecimento geral das partes animadas.

Colocou a lamparina sobre a mesa e inclinou-se para o moribundo, examinando-o atentamente.

– O fim se aproxima, o peito mal se mexe – disse, levantando o manto que cobria o corpo completamente nu do enfermo. Depois, foi até o outro cômodo buscar um fogareiro cheio de carvões em brasa e lá jogou um pó que, ao arder, emitia uma luz ofuscante.

– Olha – disse, puxando-me para perto do corpo –, os pés já estão com a coloração amarelada, que é indício do entorpecimento completo. O frio da morte sobe pouco a pouco; esta parte ainda está animada, o coração está batendo, mas espera, ainda te mostrarei mais.

Retirou de um armário um frasco e abriu-o.

– O licor que está dentro deste frasco te fará ver belas coisas. Debruça-te sobre este fogareiro e aspira profundamente.

Lançou sobre os carvões uma parte do conteúdo do frasco e uma fumaça acre, mas aromática, elevou-se crepitando e à medida que eu a aspirava, uma sensação estranha e desconhecida invadia meu ser. Meus membros ficaram pesados e pareciam entorpecidos; a vida parecia subir e se concentrar na minha cabeça; meus olhos ardiam e foram tomados por uma atividade totalmente estranha. Eu não estava dormindo, como a princípio havia imaginado; ao contrário, eu tinha plena consciência de mim mesmo e ouvi perfeitamente Bernardo me dizer:

– Senta-te e mantém os olhos sempre fixos no moribundo.

Obedeci e, de repente, vi distintamente fagulhas luminosas se desprenderem, uma a uma, do corpo do peregrino e, ao se juntarem, formarem um vapor esbranquiçado que flutuava acima dele. Esse vapor concentrava-se, subindo lentamente em direção à cabeça, e, à medida que se espessava, tomava exatamente a forma do homem deitado no canapé. Por fim, as fagulhas pareceram se concentrar perto da cabeça e formaram um fio luminoso que, à semelhança de uma fita de fogo, partia do coração e unia, uma à outra, as duas formas totalmente parecidas. Subitamente, o fio tremeu, oscilou e, depois, se partiu. A forma vaporosa oscilou ainda um momento acima da cabeceira do leito e, dilatando-se estranhamente, elevou-se, ziguezagueando, em direção à abóbada. Dois olhos embaciados nos fitaram por um momento, e depois tudo se fundiu numa nuvem vaporosa e desapareceu na escura profundeza da abóbada.

Esfreguei os olhos. Não era um sonho: eu presenciara, bem

A Abadia dos Beneditinos

desperto, esse espetáculo fascinante, maravilhoso, e uma convicção inabalável tomou conta do meu espírito: "Sim, é uma verdade, nem tudo morre com o corpo e eu também, um dia, percorrerei esse caminho".

Sentia ainda tamanha sensação de peso que mal conseguia me mexer. Voltei os olhos para Bernardo, que estava de pé, imóvel, os braços erguidos para a abóbada, os traços refletindo um estado de êxtase profundo. Quando, finalmente, voltou a si, aproximou-se de mim e esfregou-me no rosto um pano úmido. Eu respirava livremente e minhas primeiras palavras foram:

– Oh! Que espetáculo maravilhoso!

– Agora tu acreditas? – perguntou Bernardo, também enxugando o rosto e as mãos.

– Sim, Nelda e todos os outros encontram-se no Além, tal como este que acabo de ver abandonar seu corpo terreno. Obrigado, Bernardo, tu me consolaste.

Cansado de corpo e espírito, subi à minha cela e adormeci. Acordei calmo e refeito para retomar minhas ocupações habituais. A morte de Nelda já não me afetava penosamente; era uma separação e não uma perda eterna. Gostava de representá-la como uma sombra vaporosa que velava por mim e que eu reencontraria após minha passagem inevitável.

Teve início, para mim, uma época de calma. Cumprindo minha promessa, sempre visitava Gerta e a alegria ruidosa, mas profunda, que lhe causavam minhas visitas me dava prazer. Sua inteligência, sem dúvida, era simples e limitada, mas ela sabia muito bem, quando evocávamos o passado, lembrar mil incidentes da época feliz da infância e da primeira juventude, que essas interessantes conversas cativavam-me durante horas. Paulatinamente, a lembrança de Nelda foi empalidecendo, até se apagar, e comecei a perceber que Gerta, com sua tez pálida e seus olhos negros e brilhantes, era muito bonita e desejável. Logo tive que admitir que o sentimento que ela me inspirava poderia se tornar perigoso, tanto mais porque Gerta não era mulher para dissimular o amor que sentia por mim. Eu deveria tê-la evitado mas, infelizmente, os costumes do clero naquela época, estavam tão relaxados e tão tentadora era oportunidade de nos encontrarmos impunemente nos subterrâneos, que nada me impediu de ser feliz.

Enquanto minha vida passava assim placidamente, Benedictus via sua influência aumentar, cada vez mais, na região. Ele soubera granjear a benevolência do duque que vinha, amiúde, cumprir suas práticas religiosas na abadia. Pouco a pouco, meu amigo dominou-o completamente. O confessor do duque, desaprovado por Benedictus, foi substituído por um de seus homens de confiança e logo notei que os negócios internos e externos do país traziam a marca dos pontos de vista do prior. O duque apreciava sua inteligência profunda e gostava de consultá-lo. Assim, quando ele aparecia na corte do suserano, altivo e sério, cercando-se de todo o luxo que gostavam de ostentar os prelados da época, as mais orgulhosas cabeças o saudavam com humildade.

Nos momentos de intimidade que eu passava com ele, conversávamos muito sobre o passado, sobre nossos trabalhos e também sobre política. Como ele gostava muito deste último tema e, embora pouco me interessasse, eu o introduzia em nossas conversas para agradá-lo. Nesses raros momentos de expansão, eu, o sábio, o alquimista, lançava um olhar surpreso nos abismos daquela alma devorada pela ambição, insaciável de poder. Tudo possuir, tudo devorar, curvar o mundo a um único cetro, tal era o ideal dos seus sonhos; e quando ele expunha seus planos gigantescos, a testa pálida do jovem monge se descontraía, sua voz se animava, seus olhos lançavam chamas. A qualquer observação minha, ele se calava bruscamente e mudava de assunto. Com freqüência eu me perguntava se, com seu caráter e com tais sonhos, ele se contentaria com seu cargo de prior, o que eu duvidava. Mas sobre este assunto ele se mantinha impenetrável.

Esses grandes projetos, se existissem, não levavam Benedictus a negligenciar seus assuntos particulares. Assim, naquela época, ele se ocupou ativamente com uma dupla intriga muito complicada, cujo resultado foi fazer com que seu irmão caçula, Alberto, renunciasse ao mundo. Os detalhes desse caso são muito longos para serem aqui relatados e, além disso, uma parte deles permaneceu ignorada por mim. Direi apenas algumas palavras para esclarecer a narrativa. Em um dos castelos vizinhos vivia uma jovem e bonita mulher, viúva de um velho cavaleiro e madrasta de uma moça de 16 anos, tímida e

A Abadia dos Beneditinos 157

pouco inteligente, mas admiravelmente bela. O conde Alberto de Rouven freqüentava essa família, pois o velho cavaleiro tinha sido companheiro de armas do conde Hildebrando e, ao morrer, recomendara sua jovem esposa e a filha à proteção da poderosa casa de Rouven. O conde Alberto era bonito e agradou igualmente às duas damas, mas, com grande inveja da madrasta, ele se apaixonou pela jovem Isabela e resolveu com ela se casar. Todos esses fatos foram levados ao conhecimento de Benedictus pela jovem viúva, da qual ele era confessor. Não sei como ele agiu ou influenciou essa senhora, mas a verdade é que, enquanto Alberto combatia pelo duque, o que durou vários meses, a notícia de que ele tinha sido morto espalhou-se repentinamente e souberam tão bem aproveitar o desespero de sua noiva que ela acabou entrando para o convento das Ursulinas e fez os votos. Quando o retorno de Alberto provou a falsidade da notícia, cujo autor continua desconhecido, Isabela já era religiosa. O desespero do conde foi imenso e ele veio buscar consolo junto do irmão prior. Se este somente fez apelo aos sentimentos religiosos do irmão para que reagisse contra seu amor romântico ou ousou confiar-lhe os segredos do subterrâneo, onde ele poderia rever o objeto de sua paixão, eu não sei. O fato é que o conde Alberto fez-se membro de nossa comunidade, doando, à abadia, todos os bens de sua família.

Desde então, Benedictus trazia a cabeça cada vez mais erguida. Sua vingança e seu orgulho tinham sido plenamente satisfeitos e nem ele nem ninguém teriam, neste mundo, o nome de Rouven. Os recursos de sua inteligência, sua firmeza e sua vigilância fizeram com que a fortuna da abadia aumentasse tão consideravelmente, que a administração de Benedictus devia marcar época nos seus anais.

Durante esse período de calmaria, escrevi ao senhor Teobaldo uma carta, revelando-lhe o segredo do meu nascimento e expressando meu ardente desejo de rever, uma vez mais, o homem generoso pelo qual sempre senti afeição filial.

Algumas semanas mais tarde, recebi uma resposta do bom cavaleiro, enviando-me sua bênção paterna e anunciando sua decisão de vir se estabelecer na abadia, ao meu lado e de Benedictus, até o final dos seus dias, pois sentia-se só e bem cansado da vida.

Aguardando a chegada do meu pai, eu vivia tranqüilamente, dividindo o tempo entre meus trabalhos e meus encontros com Gerta, quando um incidente veio perturbar meu repouso. Certo dia, eu esperava Gerta, caminhando de um lado a outro de um corredor atrás do laboratório de Bernardo, quando, para minha grande surpresa, uma outra religiosa apareceu.

– Reverendo – disse ela –, creio ser meu dever afastar-vos de um amor que devotais a uma mulher que não é digna dele. A pessoa que vos consolou da perda da boa e caridosa irmã Nelda foi a causadora voluntária da sua morte. Já na época em que vivíeis no castelo de Rouven, ela sentia por vós uma paixão impura e odiava a bela Nelda. Por ciúmes, ela vos espionava, e relatando tudo à condessa de Rouven e à irmã Bárbara. E, como disse, foi ela quem provocou a perda da pobre irmã Nelda. Não me olheis tão espantado, senhor, é tudo verdade e de muitas coisas tenho conhecimento. Deus me perdoe! – continuou com tal rapidez que não me permitiu dizer uma palavra –; essa vil criatura, sem posição nem berço, que como eu, também serviu no castelo, tornou-se pior depois que fez os votos. Tendo tomado conhecimento, não sei como, de que éreis o confessor da senhora Matilde e, provavelmente, para tecer relações com o exterior, teve um caso amoroso com o famoso conde de Rabenau, sobre o qual circularam boatos muito estranhos, dizendo inclusive que ele era o próprio diabo disfarçado de cavaleiro. Pessoas que o viram, garantiram-me que quando ele visitava Gerta durante sua permanência na Terra (ou seja, durante o tempo em que a clemência de Deus estava querendo ver até onde as coisas chegariam) ele possuía um rabo e cascos.

A religiosa parou por um instante para respirar, mas calei-me, compreendendo que, se eu a interrompesse, eu nada mais saberia.

– Pois bem – continuou –, essa louca criatura tinha amores com o próprio diabo, mas quando a paciência divina se esgotou, o conde de Rabenau, ou melhor dizendo, o diabo, quis provar ao vosso prior – que Deus abençoe esse santo homem! – que ele não era o demônio. O abade reuniu, então, os mais santos, os mais veneráveis irmãos, e pediu que o conde recebesse diante deles os Santos Sacramentos. Gerta, pressentindo que esse caso podia acabar mal para seu amigo infernal, correu a adverti-lo.

A Abadia dos Beneditinos                                                    159

Apesar dessa advertência, ele foi bastante ousado para se apresentar, deixando espalhadas, pelo caminho, crinas do seu cavalo, mas quando quis receber os sacramentos, explodiu como um tonel e desapareceu em meio a relâmpagos e trovoadas, deixando apenas uma pele negra com os cascos, a cauda e os chifres. Para se vingar, o diabo estrangulou dom Antonio, o prior, que lhe vendera a alma num pacto. Gerta chorou muito, mas acabou se consolando e quando, muito tempo depois, a irmã Nelda teve um filho, Gerta esgueirou-se até ela e segredou-lhe algo no ouvido. Após ouvi-la, a enferma entrou em convulsões e, na manhã seguinte, estava morta. Pensando estar sozinha, a malvada exclamou: "Graças a Deus! Finalmente tomarei teu lugar!".

Cambaleei como que fulminado e apoiei-me na parede, mas sem se dar conta da minha emoção, a irmã continuou.

– Nunca vos revelaria tudo isso se a indigna não tivesse me ofendido além da conta. Não contente de vos amar, ela tenta seduzir o digno pai Philippus que me jurou fidelidade, e isso porque ele a empanturra de vinho, pois ela gosta de beber, coisa que provavelmente o diabo a ensinou a fazer. Mas, ao menos, ninguém dirá que a irmã Cordula deixou que lhe roubassem um amigo sem se vingar.

O fim desse longo discurso mal chegou aos meus ouvidos. Uma raiva sem precedentes fervia em minha alma. Nelda viveria ainda sem essa miserável criatura que me traíra e que conquistara meu afeto tão astuciosamente.

Nem vi quando a irmã Cordula desapareceu. Fora de mim, com a cabeça fervendo, percorri a grandes passos o corredor, esperando pela traidora a fim de com ela acertar as contas.

Por fim, passos ligeiros soaram e Gerta apareceu, muito emocionada.

– Para que tanta pressa? – disse. – Não sabes da novidade?

– Sim – respondi com voz surda –, sei de uma novidade que te fará me pagar caro, criatura falsa e miserável. Provocaste a morte prematura de Nelda. Morre, também, de má morte.

Cego pela raiva, não sabendo o que fazia, agarrei-a pela garganta e, sacando de um pequeno punhal que trazia sempre sob o hábito, enterrei-o em seu peito. Algo quente jorrou, inundando meu rosto e minhas mãos, e Gerta caiu, gemendo debilmente.

Respirando com dificuldade, apoiei-me no muro e, quase no mesmo instante, escutei um ruído de vozes e passos. Mergulhado em um torpor mudo, permaneci imóvel e olhei vagamente para as duas pessoas que se aproximavam, das quais uma segurava uma lâmpada. Uma voz bem conhecida, a de Benedictus, meu amigo e confidente, fez-me voltar a mim.

– Ah! Mas o que significa isto? O que fizeste, infeliz? – exclamou, erguendo a lâmpada para melhor enxergar o corpo estendido aos meus pés e apenas reconhecível naquele corredor fracamente iluminado por tochas fixadas aqui e ali.

Ergui a cabeça e soltei um grito: atrás do prior estava um homem alto, inteiramente vestido de preto. Uma venerável barba branca emoldurava-lhe o rosto, descendo-lhe pelo peito.

– Eu queria te fazer uma surpresa, acompanhando o conde Bruno até o laboratório – murmurou Benedictus.

Eu quis atirar-me nos braços do cavaleiro, mas este se afastou e enterrou o rosto nas mãos.

– Ah, filho infeliz! – disse ele –, em que momento eu fui te reencontrar!

Ele tinha razão, eu era um assassino, um padre perjuro, estendendo as mãos ensangüentadas para aquele que pela primeira vez me revia sabendo que era meu pai. Alguma coisa se revoltou em mim; um misto de desespero, de raiva e de angústia agitou minha alma e, provavelmente, um pouco de todos esses sentimentos transpareceu em minha voz quando exclamei:

– Deus me julgará sem clemência, mas tu, ao menos, não me amaldiçoes, concede-me o teu perdão.

No mesmo instante, senti-me enlaçado pelos braços de meu pai e seus lábios pousaram em minha testa.

– Tens razão, meu filho. Deus te julgará. Teu pai terreno deve apenas te amar e te apoiar.

É impossível descrever o que senti naquele momento, eu, o filho do acaso, o órfão abandonado desde o nascimento. Ao ouvir aquela voz, ao sentir aquela carícia, pareceu-me que a rude casca que envolvia minha alma endurecida no crime fundia-se num sentimento, um misto de doçura e amargura. Depois, a tensão de meus nervos traduziu-se em lágrimas e eu desatei em soluços.

Fui conduzido ao laboratório para me acalmar e apagar os

vestígios visíveis do crime. No entanto, eu me sentia mal, minha cabeça estava em brasa; por momentos, tudo rodou ao meu redor e, voltando à minha cela, desmaiei.

Muitas semanas depois, quando reabri os olhos em plena consciência, soube que fora acometido por uma febre nervosa que quase me custara a vida. Meu pai, sentado à minha cabeceira, tinha cuidado de mim com o mais devotado carinho e seu coração, por tanto tempo isolado, ligara-se, com todas as suas fibras, ao único dos seus parentes que o destino lhe deixara. Durante minha convalescença, tivemos longas conversas, falamos do passado e abri-lhe o meu coração. Mais de uma vez, ele empalideceu ao ouvir minhas palavras, mas, sempre indulgente, não me censurou, fazendo-me apenas prometer que nunca mais visitaria os subterrâneos do convento das Ursulinas. Quando mencionei Rabenau, lágrimas lhe correram sobre as faces.

– Ninguém o conheceu melhor do que eu – disse ele – e apesar dos seus defeitos, possuía um coração de ouro e eu gostava muito, mas muito, dele.

Restabeleci-me prontamente e sentia-me muito feliz com a instalação definitiva do meu pai na abadia. Ele não andava bem de saúde e queria morrer perto de mim e de Benedictus, que o cercava de atenções e de amizade.

Depois deste último acontecimento, os anos transcorreram sem trazer mudanças na minha vida e, por isso, resumirei apenas os fatos relacionados com o interesse da narrativa.

O prestígio e a autoridade do nosso abade aumentavam cada vez mais. Benedictus, mais altivo e mais reservado do que nunca, gozava de um grande prestígio, mas, para a administração interna do convento, ele não possuía o gênio de Rabenau, ou melhor, seu espírito tendia para outra direção. A sociedade secreta diminuía e estava pouco a pouco se dissolvendo. Benedictus detestava, do fundo do coração, os subterrâneos nos quais Rabenau morrera, considerando-os perigosos e comprometedores, não desejando ficar nas mãos dos irmãos da confraria. Temia uma traição ou descoberta e, sem proibir sua existência, ele não mais admitia membros novos. Além disso, houve uma pequena epidemia que dizimou os irmãos vingadores, visto que a maioria morreu. As saídas secretas se fecharam, e logo restou apenas uma para alguns sobreviventes. Benedictus atingira o objetivo de sua alma ambiciosa, ou seja, reinar sem temer uma descoberta comprometedora e tornar-se chefe absoluto, e não cúmplice, dos seus subordinados. Mas para esse homem insaciável de poder, tudo isso não bastava e ele aspirava a outra coisa. Principalmente depois de uma viagem que fizera a Roma, eu percebi que ele tramava uma intriga colossal, relacionada com cardeais, gastando nisso grandes quantias e recebendo notícias, por intermédio de um agente que não tive a oportunidade de conhecer. Queria transferir-se para Roma, ocupar um cargo elevado junto do Santo Padre, mas eu não duvidava que esse cargo fosse apenas um trampolim de acesso à sua meta final, ou seja, a própria tiara papal. Eu bem que gostaria de saber se ele nunca sentira remorsos pela morte miserável do irmão e por tantos outros atos tenebrosos. Mas ele estava sempre sereno, e seus olhos calmos e profundos não refletiam nenhum peso de consciência. Assim, o fundo de sua alma, para mim, permaneceu um mistério.

Enquanto Benedictus abria para si, lenta mais obstinadamente, um caminho para o poder, as forças de conde Bruno diminuíam pouco a pouco. Acabou por se acamar, e eu não podia duvidar que seu fim estava próximo. Passava longas horas à sua cabeceira, lendo-lhe os Evangelhos ou outros livros piedosos, ao passo que ele empregava os últimos dias de vida para influenciar minha alma criminosa, levando-a, docemente, a compreender toda a extensão de seus erros. Além disso, tentava me incutir a noção dos meus deveres como homem e sacerdote.

As palavras proferidas por aqueles lábios amados abalavam meu coração, fazendo-me sentir toda a minha inferioridade, e a idéia de uma próxima separação desse amigo e apoio afligia-me profundamente.

Certa tarde, eu estava sentado próximo ao leito, contemplando seu rosto venerável, emoldurado por um raio de sol poente que penetrava pela estreita janela, quando, de repente, ele abriu os olhos e disse com voz forte:

– Meu filho, sinto que meu último momento chegou. Quero te abençoar, mas antes, promete-me que irás lembrar dos meus conselhos e ler o Evangelho para fortalecer tua alma. Minha alma rogará sem cessar a Deus e a Jesus, nosso Mestre, para que sua misericórdia infinita perdoe teus grandes pecados.

Caí de joelhos ao lado do leito, incapaz de falar, pois os soluços me sufocavam. Ele colocou a mão sobre minha cabeça e continuou:

– Por mim, filho querido, agradeço-te o amor, os cuidados com que cercaste meus velhos dias e as lágrimas que derramas neste momento, pois elas me fazem bem.

Ele se erguera um pouco, como se quisesse me beijar. Inclinei-me para ele, mas já havia caído sobre o travesseiro, e uma expressão de celeste tranqüilidade tomou conta de seus traços. Tudo acabara: meu pai conquistara o repouso que merecera em troca de uma vida de humildade, de caridade e de virtude.

Quase arrasado, ergui os olhos: acima de mim deveria estar a alma de meu pai, revestida de sua aparência vaporosa, tal a do pobre peregrino que vira no laboratório. Não sei se por efeito da minha vontade ou dessa fé que remove montanhas, da qual Jesus havia falado (e que, naquele momento, eu experimentava), mas eu vi distintamente, através do raio de sol que oscilava como um feixe de ouro sobre o leito e a parede, uma sombra vaporosa, cuja cabeça muito nítida, mostrava o belo e rejuvenescido rosto do meu pai, envolto em luz azulada. Consolador sorriso errava em seus lábios. Estendi os braços para tocar a visão e ter certeza de que não estava sonhando, mas ela flutuava e vacilava, elevando-se pouco a pouco e parecendo estar me endereçando um último adeus. Subitamente, tudo esmaeceu, o sol se pôs por trás das montanhas e a visão desapareceu. Juntei as mãos e uma prece ardente saiu do meu coração para aquele que não mais existia.

Fui, a seguir, procurar Benedictus e contei-lhe sobre a morte do seu amigo. Embora o desenlace estivesse sendo previsto e aguardado, a emoção do prior foi profunda e suas condolências, longas e sinceras. Permitiu que meu pai fosse enterrado no cemitério da abadia, num local que o velho cavaleiro muito gostava e de onde se descortinava uma vista soberba.

O tempo passou triste e tranqüilo e mal começava a me recuperar da dor que me causara a perda do meu pai, quando um novo golpe abateu-se sobre nós: nosso bom Bernardo, enfraquecido não pela idade, mas sim por um trabalho sobre-humano, morreu, e para mim os trabalhos no laboratório perderam quase todo o seu encanto.

J. W. Rochester

Um só ser me restava, mas o destino não tardou a separar-me dele. Uma manhã, um irmão foi procurar-me, pedindo-me para ir acordar o prior, que dormia de modo inusitado e não respondera a dois chamados. Inquieto e angustiado, fui até o quarto de Benedictus. Eu sabia que, na véspera, ficara muito contrariado com graves notícias que recebera de Roma. Nervosamente, afastei a cortina e debrucei-me sobre ele. Bastou um olhar para que eu compreendesse a verdade. Benedictus morrera tranqüilamente. Sem sinais de luta, ele passara para o reino das sombras. Meu único, meu último amigo e cúmplice me abandonara. Aquele belo rosto não mais se animaria ouvindo-me relatar minhas tristezas; aquela mão, agora fria, não mais apertaria a minha. Eu estava completamente sozinho na Terra.

Por muito tempo, chorei sinceramente a perda de Benedictus e senti-me muito isolado e infeliz. A escolha dos irmãos recaiu sobre mim e fui eleito prior, para substituí-lo. Dessa forma, também tive a glória de ver sobre meu peito a cruz abacial, embora nada tivesse feito para consegui-la. Não sentia vontade de reinar, estava sozinho, cansado de tudo; contudo, procurei cumprir meu dever e ser um bom prior.

Nos primeiros meses que se seguiram à minha eleição, estando eu certa noite sentado no meu quarto, um irmão foi anunciar que o conde Kurt de Rabenau desejava falar comigo a sós. Ao ouvir esse nome, lembrei-me de que Benedictus havia me contado, indignado, que o jovem conde, acompanhado da esposa, havia viajado para Roma com o intuito de se divorciar e que corriam os mais pessimistas boatos sobre a triste vida conjugal de Rosalinda. Mandei que deixassem entrar o senhor de Rabenau. Este me contou que estava voltando da Itália, trazendo o corpo de sua mulher, e pediu-me que celebrasse os ofícios fúnebres na abadia, antes que o caixão fosse conduzido ao túmulo de seus ancestrais. Percebendo minha emoção e a triste surpresa que me causava essa morte prematura, Kurt desfiou uma história triste e comovente, explicando-me como, ao atravessar o mar Adriático, seu navio fora atacado por dois corsários que, provavelmente, tinham sido informados, por acaso, que ele levava ricos presentes para o Santo Padre.

Rivais entre si e tendo farejado a mesma vantagem, os dois piratas começaram a lutar, mas esse combate foi rápido. O maior

A Abadia dos Beneditinos 165

dos navios vencera e capturara o navio do conde, que tentara fugir durante a querela de seus inimigos. Logo a pesada galera genovesa foi alcançada e, após um curto combate, o capitão pirata escalou a ponte. Ao vê-lo, Rosalinda soltara um grito. O corsário, primeiramente surpreso, jogara-se sobre Kurt para assassiná-lo, mas a condessa lançara-se aos seus pés, gritando:

– Levai-me como refém e deixai-o viver, devolvendo-lhe a liberdade.

Percebendo que nada poderia fazer e que o corsário recusava obstinadamente qualquer resgate em ouro ou jóias, o senhor de Rabenau consentira em lhe deixar a esposa para salvar sua vida e sua liberdade. O pirata partira, levando Rosalinda nos braços.

Kurt desembarcara no local mais próximo, pois tinha pressa de conseguir a quantia colossal que o pirata exigira como resgate e que, segundo suas ordens, deveria ser depositada em Veneza. Dois dias depois desses acontecimentos, quando descansava em uma aldeia litorânea, uma tremenda tempestade desencadeou-se e, no dia seguinte, o mar devolveu à praia uma massa de destroços e cadáveres, dentre os quais, dois que estavam abraçados e que Kurt reconheceu, para sua grande surpresa, como sendo os corpos de Rosalinda e do capitão pirata.

– Eu me amaldiçoei – acrescentou o jovem conde –, pois não deveria ter-lhe entregado minha mulher como refém; foi somente então que compreendi por que ela voluntariamente havia se sacrificado: imaginai, reverendo, que aquele pirata não era ninguém mais do que Léo de Lœvenberg, que pensávamos estar morto, mas que na realidade se salvara e se tornara pirata.

Discorreu ainda sobre essa triste história com um sangue frio impressionante, dando-se ares de piedosa submissão e querendo tentar me convencer de que tudo aquilo tinha sido uma fatalidade independente de sua vontade e diante da qual ele se submetia à vontade divina.

– Covarde! – eu pensei. – O que diria teu pai, se ele pudesse ver que essa tão amada Rosalinda, cedida ao filho adorado como legado do seu coração, cuja vida e liberdade ele teria defendido até a última gota do seu sangue, tinha sido entregue como resgate por esse mesmo filho, desprezando todas as leis cavalheirescas? Depois, me lembrei do bom e belo Léo de Lœvenberg: como era triste saber que teve que ganhar a vida como pirata!

Involuntariamente, analisei o rosto pálido de Kurt, que estampava sua vida desregrada. Sua boca, com os cantos caídos, tinha uma expressão caprichosa e efeminada. Pensei: "Pobre Rosalinda! Como deves ter sido bem infeliz com este homem miserável, depois de teres conhecido e amado dois heróis".

Senti por Kurt uma aversão íntima e dele me despedi friamente, dando ordens para o transporte do esquife à igreja e para a reza de orações durante toda a noite. No dia seguinte, seria realizado um grande ofício fúnebre e, a seguir, o corpo seria conduzido ao castelo de Rabenau, onde seria sepultado.

Durante a noite, dirigi-me à igreja para rezar pela falecida e, de repente, fui tomado por uma estranha curiosidade. Kurt me dissera que mandara embalsamar o corpo de sua mulher e eu quis vê-la. Pedi a dois frades que levantassem a tampa do caixão e eles obedeceram. Aproximei-me e, cuidadosamente, ergui a ponta da mortalha. A luz vacilante das velas incidiu sobre um belo rosto imóvel, que parecia ter sido esculpido em marfim envelhecido. Apoiei, por um momento, os cotovelos na borda do esquife e contemplei a morta, enquanto todo o passado voltava à minha mente: eu conhecera aquela mulher ainda criança, celebrara seu casamento e, agora, iria sepultá-la. Tudo, *tudo* ao meu redor estava morto.

Fiz um sinal para que fechassem a tampa e, persignando-me, murmurei uma prece. Não sei se ela me saía do coração, pois minha boca estava tão habituada a articular palavras das quais o coração não participava!... A rotina me tornava piedoso. Triste e cansado, voltei à minha cela.

Após este último incidente, retomei minha rotina diária, consagrando-me maquinalmente aos deveres do meu cargo, mas sem entusiasmo nem prazer. Estava cansado, preguiçoso. Tinha um grande vazio no coração e na mente. Meu amigo e cúmplice, com o qual eu fazia refluir a lembrança do passado, mesmo a de nossos crimes, estava morto. Agora, eu estava sozinho e temia essas recordações sangrentas. Freqüentemente, à noite, afundado numa grande poltrona, a cabeça apoiada nas mãos, iluminado pela débil luz de uma lamparina, eu pensava e o panorama oferecido pela memória apresentava diante dos meus olhos Godeliva, meu filho, Waldeck, Gerta e tantas outras vítimas. E à medida

A Abadia dos Beneditinos                                                 167

que as sombras vingadoras de traços contraídos desfilavam diante de mim, meu coração se sobressaltava. O mais fraco ruído, o crepitar do fogo na lareira fazia-me estremecer e meu olhar perturbado temia os cantos escuros. Quando, depois de muito tempo, o relógio do convento badalava a hora do descanso, um medo invencível paralisava-me em minha poltrona. A alcova onde se encontrava meu leito parecia-me povoada de sombras suspeitas e a cruz de ouro que balançava no meu peito parecia zombar de mim e dizer: "Nem a ti nem a teu predecessor dei repouso". Triste e trêmulo, estendia-me no leito e um suspiro de alívio escapava dos meus lábios quando os raios da aurora surgiam na minha estreita janela, pois o dia era bem menos temível que a noite.

Noites e noites semelhantes repetiam-se sem descanso. Longos anos se passaram, meus cabelos e minha barba embranqueceram: cansado de tudo, eu me arrastava pela vida.

A partir de certo tempo, comecei a ser perseguido por uma inquietação e um estranho mal-estar. Sentindo-me doente, deitei-me. O médico diagnosticou um resfriado e prescreveu alguns medicamentos. À noite, senti que piorava, respirava com dificuldade, e dores internas me torturavam. Subitamente, tudo ao meu redor escureceu e pareceu se fundir num vapor acinzentado. Essa semi-obscuridade causou-me uma angústia inominável. Senti dores agudas em todo o corpo, do qual cada fibra parecia estirar-se e romper-se. A essas sensações sobreveio um calor ardente, parecendo-me estar envolvido por um braseiro. Quis levantar-me, escapar desse fogo, cujas centelhas caíam sobre mim e me queimavam. Eu quis gritar "Incêndio! Estamos queimando", mas, no mesmo instante, um enorme jato de fogo pareceu cair sobre mim. Escapar dele foi o único pensamento que me turbilhonou no cérebro. Dei um salto para sair do braseiro que crepitava sinistramente em torno de mim. Tudo em mim e ao meu redor parecia estalar e voar em pedaços: perdi a consciência.

Quando voltei a mim, senti-me completamente restabelecido. Tinha levantado e vestia minhas roupas habituais. Somente, sem saber bem por que razão, dirigi-me com uma rapidez inexplicável para uma das masmorras do subterrâneo. À entrada da cela, encontrei Benedictus. "Mas eu o julgava morto!", pensei.

Ele estava triste, de olhos baixos, e nada me disse. Em silêncio, dirigimo-nos para o corredor que podia ser inundado: o cadáver pavorosamente desfigurado de Godeliva lá estava estendido. Movidos por uma vontade estranha, nós o erguemos e, penosamente, sufocando com o odor nauseabundo que o corpo exalava, nós o arrastamos para o lago e lá o lançamos. Em seguida, Benedictus desapareceu e me encontrei sozinho num corredor, segurando nos braços uma criança pequena. Novamente, arrastado por uma vontade mais forte do que a minha, eu a sufoquei. Coberto de suor, ofegante, corri pelas longas galerias, não sabendo onde esconder o cadáver que parecia colado a mim. Uma tontura benéfica livrou-me dessa tortura. Recobrando os sentidos, vi-me ao pé da muralha do convento. Estava ajudando Benedictus a amarrar, sobre o cavalo, Waldeck, que se debatia apavorado. A seguir, atiçamos o animal. Como outrora, o vento assobiava e os elementos pareciam desencadeados, só que, desta vez, nós seguimos o cavalo enfurecido, voando ao seu lado. Atingimos o abismo com uma rapidez vertiginosa e todos nós nele caímos. Cavalo e cavaleiro não eram, aos nossos olhos, mais que uma massa horrível e indescritível e, de repente, vi com angústia inexprimível uma sombra sangrenta surgir diante de nós e nos acusar. Depois, o dia raiou e eu me encontrava no convento. Sem destino, eu errava, involuntariamente, pelas salas e corredores, visitava a biblioteca, folheava os livros. Freqüentemente encontrava Benedictus, mas nunca trocávamos palavra e novamente recomeçávamos nossa terrível tarefa, tornando-nos novamente atores de todos os crimes que havíamos cometido.

Torturado, arrasado, dirigi uma ardente prece ao meu Criador, suplicando-lhe que me livrasse do suplício de recomeçar eternamente meus atos odiosos. Quase no mesmo instante, uma luz azulada e vacilante surgiu ao meu redor e manchas brancas surgiram do espaço e se condensaram em formas humanas. Naqueles seres flutuantes e transparentes, reconheci Teobaldo em companhia do protetor do grupo. Seu pensamento jorrou sobre mim, como um cordão de fogo, exprimindo-me o seguinte:

– Humilhaste-te pela prece, o crime te causa horror. Foi-te, então, concedida a graça de não mais recomeçar tua tarefa de

A Abadia dos Beneditinos

carrasco; mas como castigo, deverás assombrar os locais em que cometeste os crimes, até que uma outra geração venha tomar lugar neste convento. Verás teus cúmplices sem te comunicares com eles; vós vos vereis, apenas, para sentires vergonha uns dos outros. Por vezes, será permitido que os vivos vos vejam e eles vos chamarão de almas penadas e sentirão arrepios diante deste temível exemplo de punição às almas criminosas. Ora e arrepende-te – concluiu.

A seguir, tudo se apagou, fiquei sozinho e recomecei minhas caminhadas infinitas e sem destino. Eu não mais via as vítimas, apenas os locais faziam-me lembrar delas.

Às vezes sozinho, às vezes com Benedictus e outros cúmplices, eu errava silencioso, absorto em meus pensamentos, pelas salas e corredores. Por vezes, algum ser vivo nos percebia e fugia, gritando. Pouco a pouco, tudo mudou, novos homens habitaram a abadia, nossos nomes e nossos atos foram esquecidos e só nossas aparições se impregnaram na memória. Ao pé da lareira, os velhos contavam, persignando-se, a lenda dos "dois priores fantasmas".

Esta é minha confissão. Possa ela servir para o bem dos meus irmãos encarnados. *Mea culpa.*

Sanctus

# A narrativa do conde Hugo de Mauffen

Meu corpo físico, nesta existência atual, no ano de 1885, mora na grande capital, pátria destas confissões. Cansado do trabalho diário, deitei-me uma noite, como de costume, e mergulhei num sono profundo. O torpor causado pela passagem da vigília ao sono dissipou-se sob a forma de vapor acinzentado e eu fui invadido por um calor benfazejo, sentindo-me extremamente leve, pois o fio luminoso que liga o corpo ao perispírito desenrolava-se lentamente, permitindo ao meu espírito, em parte liberto, elevar-se no espaço. Subitamente, joguei-me para trás atingido desagradavelmente, e percebi, flutuando à minha frente, a figura transparente e bem conhecida de um ser que eu odeio: era Rochester, com seu rosto pálido e seus olhos brilhantes. Um sorriso irônico pairava em sua boca falante, e escutei-o pronunciar estas palavras:

– Tibério, orgulhoso imperador, eu tive de procurar muito, antes de te encontrar aqui, após os doze palácios de Capri!

Assim falando, estendeu a mão fluídica para o local onde dormia meu corpo material. Ouvindo essas palavras, meu corpo espiritual estremeceu, minha memória despertou e me fez reviver o sonho encantador de um passado longínquo. Como uma *fata morgana*,[1] surgiu do nada um cantinho do paraíso terrestre: o rochedo de Capri, coberto de florestas de cedro e de laranjeiras, mirando-se nas águas transparentes; e, através dos arbustos de mirto e de loureiros em flor, distinguem-se as colunas de mármore do palácio. Passando e mudando insensivelmente diante dos meus olhos, vi as salas pavimentadas de mosaicos, com suas bacias de pórfiro, seus móveis incrustados de pedrarias, seus banhos secretos e profundos, teatro de volú-

---

1 N. da T.: *Fata Morgana* é uma miragem que ocorre, particularmente, em algumas regiões do globo, como no estreito de Messina, no Ártico.

pias inusitadas, os jardins iluminados, povoados de crianças vestidas de cupidos, queimando as mais suaves essências do Oriente sobre os trípodes de ouro. E esse ancião vestido de púrpura que passava triste, silencioso e indiferente pelas delícias criadas para distraí-lo era eu, Tibério, o temido César diante do qual Roma tremia assustada, aos pés do qual o mundo depositava seus tesouros e seus louvores.

O panorama mágico empalideceu, desapareceu, e meu olhar perturbado fixou-se na minha atual morada. Mágoa, raiva, angústia palpitaram em minha alma ao contemplar o miserável divã de couro e as almofadas de tecido grosseiro sobre as quais dormia, eu, Tibério, o antigo imperador romano. Meus traços pálidos e angulosos de expressão impassível e cruel parecem pouco mudados por uma rara barba loura, mas o que me cerca!... Sobre uma pequena mesa, uma lâmpada com o abajur quebrado, uma cômoda, uma estante com alguns livros em desordem, um saco de viagem, uma mala, eis as riquezas do atual Tibério.

E quando o despertar cobre a lembrança do passado com um véu impenetrável, minha morada, minhas pretensões, minhas necessidades voltam a ser as de um burguês mesquinho. Por meio de um trabalho tenaz, acumulo uma fortuna ridícula se comparada aos tesouros de outrora. Se acordado, sinto-me rico e orgulhoso; dormindo, meio desprendido dos laços com o corpo, sinto-me um mendigo, e o riso sarcástico e satisfeito do meu inimigo mortal faz fremir cada fibra do meu corpo fluídico.

– Eu vim – continuou Rochester – para te fazer ditar tua confissão, conde de Mauffen, da qual preciso para transmitir aos mortais e conquistar a glória de ter sondado os recônditos da alma de um grande criminoso. Necessito dela para mostrar-lhes as etapas pelas quais se quebra ou se amolece uma alma. *Mea culpa*, deves tudo confessar, até o teu mais secreto pensamento, apesar do desprezo que inspirarás ao mundo. E se não o fizeres, eu te forçarei.

A raiva provocada por sua ousadia fez-me estremecer, mas, temível como uma lava de fogo, o espírito poderoso avançou sobre mim, sufocando-me com seu fluido acre e ardente, e arremessou meu perispírito no corpo material, que se agitava gemendo em seu leito.

## O espírito de Hugo de Mauffen recorda-se de 1248

Ao evocar as lembranças dessa vida para poder descrevê-las, também revejo o velho castelo isolado que foi meu berço. Ele se elevava, sombrio e imponente, sobre um rochedo árido, ao pé do qual vastas florestas se estendiam a perder de vista. Muralhas espessas cercavam o torreão flanqueado de torres, em cujas ameias os corvos aninhavam-se à vontade e, raramente, a sólida ponte levadiça se abaixava para deixar entrar um visitante inesperado ou algum rendeiro tímido e temeroso.

Tão longe quanto podia alcançar minha lembrança, eu me revia nesse castelo tão triste, tão sombrio, tanto interior quanto exteriormente, e cujo umbral nunca me foi permitido transpor. Às vezes, eu descia ao pátio estreito e cercado de muros ou subia no parapeito da muralha para olhar o céu azul e a floresta distante, ou ainda brincava nas salas outrora luxuosas do castelo, mas que agora, com seus lambris escurecidos e cobertos de um véu acinzentado de poeira, suas tapeçarias escuras e suas janelas repletas de teias de aranha, ofereciam-me a imagem da desolação.

Uma parte dos aposentos estava fechada e as chaves encontravam-se em poder do meu pai. Meu próprio quarto era tão pouco acolhedor quanto o resto; duas estreitas janelas o iluminavam, um amplo leito, cercado de cortinas verdes, outrora costuradas e franjadas a ouro, mas agora desbotadas, algumas poltronas de alto espaldar, uma mesa e dois baús esculpidos formavam todo o mobiliário. Eu evitava ao máximo a companhia de meu pai, a quem temia e detestava. Um ligeiro arrepio percorria minhas veias quando aquela alta figura, aquele rosto emaciado, emoldurado por cabelos brancos, aparecia na soleira. Vestes negras, antigamente bordadas, pendiam em desordem sobre seu corpo de uma magreza esquelética; seus olhos acinzentados, penetrantes e cruéis, e seus lábios finos, sempre com um sorriso sarcástico, davam-lhe um aspecto repulsivo. Assim era meu pai, o ilustre senhor Hugo de Mauffen. Por toda parte aparecia, seguindo-o qual sua sombra, o alquimista Calmor, que se estabelecera no castelo alguns anos antes do início de minha narrativa. Esse personagem, sempre trajando uma ampla veste longa e negra, um chapéu de veludo negro

A Abadia dos Beneditinos
173

sobre a cabeça, era um homem de estatura alta. Espessas sobrancelhas brancas e uma longa barba da mesma cor emolduravam seu rosto. Falava pouco e, juntamente com meu pai, ocupava-se de trabalhos misteriosos, aos quais eu não era admitido. O único interesse que demonstrou em relação a mim foi o de me ensinar a ler, talento que me foi muito útil e ocupou mais de uma hora de minha vida solitária.

Posso dizer, com justiça, que minha infância e adolescência transcorreram numa monotonia e num abandono incríveis. Meu pai nunca saía e eu próprio nunca colocara os pés fora das muralhas. Cresci sozinho, silencioso. Os velhos mercenários que formavam a guarnição do castelo eram rudes e pouco falavam; o serviço da casa contava apenas com um velho escudeiro surdo, chamado Cristóvão, e com um inválido, de perna de pau. Duas mulheres idosas cuidavam da casa e preparavam nossas refeições, que eram de uma simplicidade ascética. Uma dessas mulheres, a boa Sibila, cuidara de mim desde minha tenra infância e, por vezes, nas longas noites de inverno, ela me distraía contando-me histórias de jogos, de torneios, de guerras e de amor, enfim, da vida exterior que me era desconhecida.

Certa vez, tive a idéia de perguntar ao meu pai quando minha mãe falecera. Ouvindo a pergunta, ele riu um riso estranho e sinistro e respondeu que o diabo a levara para o inferno. Quando, curioso e assustado, argüira a velha Sibila sobre o assunto, ela se persignara, empalidecendo, e me recomendara jamais repetir essa questão, se eu amasse a vida.

Assim, cresci prisioneiro, ignorando não só a vida mundana como também a história da minha própria família, mas detestando profundamente o castelo do qual eu era proibido de sair. Habitualmente, meu pai passava as noites trabalhando com Calmor, mas, vez por outra, deixava de ir à torre para descer aos subterrâneos, obrigando-me a acompanhá-lo.

Embora não fosse de temperamento medroso, eu sempre estremecia quando, segurando minha tocha, eu descia com ele para aquele local sinistro. Era preciso passar, sucessivamente, por três portas maciças, revestidas de ferro, cujas chaves jamais saíam do cinto de meu pai. Ele fechava cuidadosamente essas portas atrás de si, e então chegávamos aos subterrâneos de abóbadas maciças. A terceira e última dessas espécies de grutas era o destino de nossa caminhada. Primeiramente, acendíamos as tochas fixadas na muralha e sua luz iluminava vários cofres grandes encostados no muro. Nos cantos, havia montes de baixelas de ouro e de prata, cálices, ânforas de formatos bizarros e armas preciosas, ricamente trabalhadas, mas de formas estranhas. A seguir, meu pai abria os cofres e uma onda de luz jorrava do seu interior. Uns estavam repletos de moedas de ouro e de prata; dentro de um deles, amontoavam-se tecidos ornados de pedrarias de cores ofuscantes e montes de jóias, de todos os feitios e grandezas e estojos, verdadeiras obras-primas da ourivesaria, contendo pérolas e pedras preciosas ainda não montadas.

Tendo diante dos olhos todos esses tesouros, meu pai se agachava perto de um dos cofres. Seu rosto expressava uma louca alegria e, afundando as mãos ossudas no mar de moedas, levantava-as, fazendo rolar entre os dedos uma cascata de reflexos dourados, embriagando-se com o som metálico dessa chuva de ouro.

– Hugo – dizia então –, és o mais feliz dos mortais, tendo um pai como eu. Sempre poderás usufruir da visão deste tesouro incalculável... Podes compreender o que é o ouro? É uma alavanca que nos permite levantar o universo, mas bem louco é quem tentar fazê-lo. A maior felicidade que ele nos dá é o poder de contemplá-lo.

Um dia, quando se distraía em fazer cintilar contra a luz as jóias contidas num estojo, aventurei-me a perguntar:

– Pai, todos estes tesouros foram acumulados por ti?

– Não, filho, essa glória pertence a meu pai, teu avô, e como é uma história interessante e instrutiva, vou contá-la. Mas, para não perder tempo, estende este pano ali, sobre as lajes, e espalha sobre ele estas jóias, enquanto eu falo.

Obedeci e, após um instante de meditação, ele começou:

– Meu pai era ainda moço quando viajou, a negócios, para uma grande cidade de Flandres. Ele negociava para o duque uma grande compra de trigo e de outros produtos, pois por aqui havia escassez de víveres.

Durante sua estada, surgiram doenças graves na cidade e ninguém duvidou que os judeus fossem a causa dessas desgraças. Devido aos protestos da população, fizeram uma rigorosa investigação que provou, claramente, que esses ímpios malditos

A Abadia dos Beneditinos 175

haviam envenenado todos os poços. Então, o povo enlouquecido de raiva lançou-se sobre as moradias dos miseráveis envenenadores, devastando-as. Os massacres e as pilhagens duraram vários dias e meu pai, como bom cristão, delas participou ativamente. O acaso conduziu-o à casa de um velho judeu, que parecia ser muito rico e que comerciava com o Oriente e a Espanha. Quando entraram na sala da casa miserável, viram que aquele cão infiel estava instalado como um príncipe e que tinha duas filhas belas como o dia. Os burgueses e mercenários flamengos, que acompanhavam meu pai, pilharam tudo, levaram uma das filhas e seguiram seu caminho. Seu avô lá permaneceu com alguns homens fiéis do seu séqüito e, supondo que o velho cão devia possuir ainda mais, fê-lo ir à sua presença e o queimou um pouco para soltar-lhe a língua. Diante de tal cena, a filha começou a gritar terrivelmente e declarou que se os deixassem partir, ela lhes mostraria um tesouro. Meu pai atendeu-a, e imagina tu que havia sob aquela casa um porão tão bem escondido que ninguém, jamais, o teria descoberto, e no qual se encontravam os tesouros que vês aqui, pois muitos outros judeus, temendo a vingança da população, lá haviam escondido seus objetos preciosos. Meu pai distribuiu ouro entre seus companheiros, mataram os dois judeus para que nada transpirasse e os tesouros foram embalados em sacos de trigo, chegando ao nosso castelo sem problemas e bem escoltados. Tal é a origem desse tesouro que temos a inestimável felicidade de contemplar.

Uma vez satisfeito da visão de suas riquezas, meu pai trancava a sete chaves todos os cofres, exceto dois, cheios de moedas. Cada um de nós colocava-se ao lado de um deles e contávamos as peças, arrumando-as em pilhas, até ficarmos exaustos. Então, fechávamos tudo e subíamos. Involuntariamente, eu me liguei àqueles tesouros que podiam proporcionar todos os prazeres da terra, e era capaz de defendê-los ao preço da minha própria vida. Mas ficar contando eternamente aquele frio metal no subterrâneo não me bastava. Lembrava-me das histórias de Sibila, dos torneios e dos brilhantes passes de armas aos quais assistiam belas e nobres damas, e eu desejava aparecer numa dessas festas, ricamente vestido, montado um cavalo soberbo e com grande séqüito. Com tais idéias na cabeça, sempre me dirigia a uma ampla e escura sala, chamada de "sala de armas", na

176          J. W. Rochester

qual se guardavam armaduras completas para cavalo e cavaleiro. Nas paredes havia, profusamente suspensas, lanças, espadas, adagas e outras armas de todos os tamanhos. Suspirando, eu examinava e tocava todos aqueles objetos, pois não sabia manejar nem espada nem lança, nem nunca montara um cavalo, apesar dos meus dezoito anos. Minha vida se limitava a contar ouro num sombrio subterrâneo.

Certo dia, quando novamente nos encontrávamos no porão, eu não agüentei mais e perguntei a meu pai por que eu não freqüentava festas e torneios como os outros rapazes, acrescentando que, como filho de um homem tão rico, portador de um nome ilustre, eu deveria aspirar um título de cavaleiro.

Ouvindo minhas palavras, os olhos de meu pai faiscaram sob suas espessas sobrancelhas, seu rosto contraiu-se e, olhando-me de través, respondeu-me, escarnecendo:

– Ah, ah, ah! Já tens vontade de tilintar o ouro nas festas! Aqui, ele te pesa. Afasta de teu espírito estas idéias mirabolantes. Jamais sairás daqui, pois é apenas neste local que poderás ser feliz. Fora destes muros, mata-se, mente-se, trai-se. E a mulher, então! É o próprio Satã que, para nos perder, esconde-se sob a aparência de um anjo. As mulheres são criaturas pérfidas que mordem a mão que as acaricia. Louco! Evita o mundo!... Olha! Eis teu futuro, teu amor, tua felicidade: é o ouro! Vê como ele brilha, faísca e sorri para ti!

Levantou-se e colocou a mão ossuda em meu ombro.

– Prefiro torcer-te o pescoço com minhas próprias mãos a deixar-te sair daqui, para vir, mais tarde, me pilhar. Para conseguir estes cofres, será preciso passar por cima do meu cadáver.

– Mas – respondi com ousadia – a morte é inevitável. O que faremos com estas riquezas depois da nossa morte?

Sorrindo estranhamente, ele disse com sua voz profunda:

– Sim, os outros homens morrem, mas Calmor e eu encontramos o elixir da vida eterna e viveremos para sempre, para sempre!

Eu não sabia o que pensar e se devia ou não acreditar nas palavras de meu pai, mas uma coisa era certa: para o momento, era inútil sonhar com torneios. A idéia de que podia existir um elixir da vida eterna me impressionara vivamente. Supersticioso inato, ávido pelo fantástico e pelas ciências ocultas, eu comecei

A Abadia dos Beneditinos

a espionar a torre na qual trabalhavam meu pai e Calmor. Às vezes, ruídos estranhos se faziam ouvir e o acaso me revelou a verdade sobre eles. Fiquei apavorado, visto que tinha apenas dezenove anos e o instinto do mal como as paixões ainda não tinham despertado em mim, de modo que o crime me horrorizava. Certo dia, estava eu errando pelos subterrâneos, à procura uma saída que me permitisse deixar o castelo sem ser visto, deparei-me com uma gruta situada sob a torre onde morava Calmor. Um sufocante odor de podridão ali reinava e, procurando saber de onde poderia vir semelhante fedor, descobri uma larga abertura no solo. Aproximei a tocha e dirigi a luz ao interior daquela espécie de poço. Vi, então, horrorizado, que ele estava quase cheio de destroços humanos, alguns já reduzidos a ossos, outros formando uma massa horrível em putrefação. Mas, bem em cima, podia-se ainda distinguir claramente o cadáver de uma criancinha.

Fugi dali abalado, mas a partir daquele dia a vida no castelo tornou-se, para mim, ainda mais odiosa, e passei a aspirar algo indefinível. Eu sufocava entre aquelas paredes, tudo me parecia muito mesquinho.

Não sabendo como matar o tempo, passava longas horas em um quarto cheio de velhos manuscritos que decifrava pacientemente. Durante muito tempo, nada mais li que tratados de caça, crônicas genealógicas de nossa família etc. Mas um dia, um precioso manuscrito caiu-me nas mãos: era o diário de um antigo capelão do castelo que, além de muitas aventuras, contava os pormenores de um longo cerco ao nosso castelo, cujos moradores teriam perecido se não tivessem escapado por uma saída secreta, minuciosamente descrita por ele, que desembocava a grande distância, no meio da floresta.

Lendo isso, meu coração pôs-se a bater furiosamente. Se a saída não tivesse sido destruída, eu teria encontrado o caminho da liberdade. Certo dia, sabendo que meu pai dormiria uma parte do dia, por ter trabalhado durante toda a noite, desci aos subterrâneos e, seguindo exatamente as indicações do manuscrito, descobri uma porta, evidentemente esquecida, pois deslizou com dificuldade sobre os gonzos enferrujados. A seguir, desci uma estreita e interminável escada e passei por um longo corredor muito bem-conservado e, finalmente, encontrei-me diante da grande pedra que devia fechar o subterrâneo. Afastei-a com dificuldade, pois os espinheiros e os arbustos haviam invadido todas as frestas. Atravessando um espesso matagal, saltei num barranco seco e atapetado de musgo. Cansado, mas radiante, estendi-me nesse tapete macio e, erguendo os olhos, vi acima de minha cabeça as espessas copas das árvores seculares, cujos ramos entrelaçados formavam um domo impenetrável. Aspirei, a plenos pulmões, o ar perfumado da floresta. Aquele frescor, aqueles aromas, aquela folhagem inebriavam a mim, prisioneiro desde o nascimento. Sentia-me como num sonho e pensei que a liberdade nunca poderia me parecer mais bela do que naquele momento. Depois de ter descansado um pouco, comecei a caminhar, avançando com precaução e sem muito me afastar do subterrâneo. A cada passo eu descobria novos encantos: encontrei uma fonte cujas águas corriam murmurando sobre um leito de pedras; ao redor cresciam flores que colhi; provei, também frutas vermelhas, de odor delicioso. Eram morangos, de cuja existência eu não suspeitava até aquele dia. Estava totalmente absorto em minha colheita, quando subitamente estremeci ao ouvir, ao longe, latidos de cães, relinchos de cavalos e fanfarras. Pouco a pouco, tais ruídos se aproximaram e de repente surgiu de um caminho que eu não havia notado, uma cavalgada de senhores e de damas, ricamente vestidos. Rente a mim, eles passaram como um turbilhão multicolorido, atravessaram a clareira e engolfaram-se na floresta. Era uma caçada. Um sentimento desconhecido, misto de amargura e de desespero, invadiu minha alma. Joguei-me sobre o musgo e enterrei o rosto nas mãos. Por que, sendo filho de um rico e poderoso senhor, eu não podia participar de reuniões como aquela? Dei uma olhada nas minhas roupas desbotadas, puídas, escolhidas dentre as que eram do meu tamanho nos velhos cofres repletos de vestes hereditárias. Sem dúvida, eu não tinha nenhuma noção de moda, mas meu olhar perspicaz notava diferenças entre minhas roupas, ricas talvez outrora, e a dos senhores que acabavam de passar.

Não sei quanto tempo minhas reflexões duraram, mas o estalo de ramos violentamente amassados fez-me erguer a cabeça: um cervo arquejando passou perto de mim feito um relâmpago, seguido de perto por um grande galgo. Levantei-me de um

A Abadia dos Beneditinos 179

salto, mas, no mesmo instante, um cavalo apareceu na clareira e, provavelmente assustado com minha presença, pinoteou, afastou-se e fez cair seu cavaleiro. Só então percebi tratar-se de uma mulher que, com o pé preso no estribo, corria grande perigo. Detive o cavalo, amarrei-o a uma árvore e, depois, ajudei a dama a levantar-se. Felizmente ela não se machucara. Era uma bela donzela, de tez luminosa. Seus grandes olhos negros brilhavam e ondas de cabelos loiros escapavam do capuz azul, bordado de pérolas. Ela me agradeceu, fitando-me com um olhar indulgente, mas curioso e surpreso com minha aparência e minhas roupas.

– Quem sois, senhor? Acabais de prestar-me um serviço notável. A quem devo expressar meus agradecimentos?

– Eu... eu não ouso dizer, bela senhora – balbuciei –, se meu pai algum dia soubesse...

A moça olhou-me estupefata e, a seguir, deu uma gargalhada cristalina.

– Por Santa Rosa, minha padroeira, o que dizeis, senhor? Um homem, um cavaleiro, ao que suas vestes indicam, teme a severidade de um pai por um ato são simples? Vamos! Dizei-me vosso nome, o segredo me será sagrado. E para começar as confidências, dir-vos-ei que sou Rosa, condessa de Rabenau, e esse nome, por si só, já é uma garantia.

Ela pegou-me a mão e seu olhar de fogo mergulhou no meu. Sob o fascínio daquele olhar, murmurei quase involuntariamente:

– Eu sou Hugo, conde de Mauffen.

– Ah! – ela exclamou surpresa –, sois filho do velho feiticeiro que mora no castelo conhecido por "Garra do Diabo". Mas – acrescentou rindo – tal nome não é adequado à velha casa, pois vós sois um querubim que ela abriga entre suas paredes, e não um negro habitante do inferno.

A esse elogio, abaixei os olhos e afastei com a mão os longos cachos loiro-acinzentados que tombavam, em ondas sedosas, sobre meus ombros. A dama sentou-se no musgo, convidou-me a tomar lugar ao seu lado e começou a conversar alegremente, perguntando-me sobre meu passado. Respondi evasivamente, corando ao confessar-lhe que, pela primeira vez, naquele mesmo dia, eu havia transposto os muros do castelo e visto a floresta e o céu limpo.

Por fim, ela se levantou:

– Vinde com mais freqüência a este lugar. Não moro muito longe daqui e costumo passear acompanhada apenas do meu cachorro e de um pajem discreto. Farei um desvio para nos encontrarmos e conversarmos. Ficai tranqüilo, jovem poltrão, pois estarei sozinha.

Montou o cavalo, estendendo-me a mão, que apertei, sem ousar beijá-la.

– Até logo, belo Hugo – disse, rindo, e jogou-me uma rosa, que tirara do corpete. Depois, apressando o cavalo, desapareceu.

Fiquei aturdido e, segurando a rosa como se fosse uma relíquia, escondi-a junto ao meu coração. A partir desse dia, eu sempre escapava do castelo e, nos dias combinados, a bela castelã de Rabenau prendia seu cavalo a uma árvore e sentava-se sobre o musgo ao meu lado. Então, ela ria e me descrevia, em cores vivas, a vida interessante e animada da sociedade, que me era desconhecida. Pouco a pouco, tomei coragem e revelei-lhe toda minha vida no castelo, as esquisitices de meu pai, sua riqueza. Tudo lhe contei, calando-me, apenas, sobre o tesouro, não sei por quê. A condessa verteu lágrimas sobre minha triste sorte, prometeu pensar na possibilidade de me libertar e, por sua vez, revelou-me ser muito infeliz no casamento.

Um dia, quando voltava para casa e me esgueirava pelos subterrâneos, senti que agarravam meu braço no momento em que eu fechava, atrás de mim, a porta secreta. Dei um grito abafado, pensando ser meu pai, mas uma voz, que reconheci sendo a de Calmor, murmurou:

– Tu aproveitas muito bem a liberdade, Hugo! Sim, a vida aqui te é odiosa. Mas agora, o que preferes? Que eu vá contar a teu pai tuas aventuras ou que façamos uma aliança?

– Fala, o que queres? – perguntei com voz entrecortada pela emoção, pois só de imaginar a cólera de meu pai, eu estremecia.

Calmor puxou-me para perto dele e disse lentamente:

– Amas teu pai?

– Não – respondi, após um instante de hesitação.

– Então, que ele morra. Tu me darás, para a minha velhice, uma quantia que estabeleceremos, e serás livre, rico e poderás amar abertamente a bela mulher que te visita na floresta. E terás tudo o que desejas: festas, torneios, ciência, amor; basta, para tanto, destruir os espinhos que entravam tua entrada neste paraíso terrestre. Então, tu serás o senhor e eu – inclinou-se profundamente – continuarei sendo o astrólogo do poderoso senhor Hugo, conde de Mauffen.

Diante desse sedutor panorama do futuro, qualquer sentimento de pesar ou de remorso desapareceu e apenas perguntei:

– Como fazê-lo morrer?

Ele se inclinou e murmurou ao meu ouvido:

– Com o veneno que te darei.

– Ah, muito bem, mas quando?

– Um destes dias – respondeu, e nos separamos.

Entrei, muito agitado. Todos os instintos do mal, até então adormecidos na minha alma, acabavam de despertar. Bastara um pérfido conselho para fazer surgir a paixão pelas riquezas, o egoísmo e a crueldade. Como num passe de varinha de condão de um mágico, tornei-me, aos vinte e um anos, um duro assassino. Percorria de um lado a outro o meu exíguo quarto e mil pensamentos agitavam-se no meu cérebro, mostrando-me o futuro independente e a riqueza. O assassinato de meu pai já estava esquecido nas minhas fantasias.

Enfim, o sol se pôs por trás da floresta, tingindo o horizonte de uma vermelhidão sangrenta. Debrucei-me à janela, absorvendo-me neste orgulhoso pensamento: "Logo, tudo será teu, Hugo, conde de Mauffen". Como esse nome e esse título soavam bem aos meus ouvidos! Eles me inebriavam, pois eram sinônimos de poder, de independência e de riqueza. Minhas divagações foram interrompidas pelo velho Cristóvão, que me chamava para cear. Como de costume, nós nos reunimos ao redor da mesa parcamente servida de algumas aves frias e de uma bilha de vinho. Comi pouco e, quando ficamos sozinhos, meu pai disse:

– Vamos, Hugo!

Compreendi que deveria acompanhá-lo ao subterrâneo. Levantei-me, peguei uma tocha e descemos em silêncio.

Como sempre, ele fechou atrás de si as três portas, acendeu as tochas e abriu os cofres. Por um momento, permaneceu de pé, de braços cruzados, absorvendo-se na contemplação das riquezas que reluziam ao seu redor, mas sem demonstrar a alegria costumeira. De repente, um sorriso sardônico encrespou-lhe os lábios pálidos, e fitou-me com um olhar cruel:

– Não é verdade? Quanta riqueza, quanto poder, quanta independência a posse desses tesouros te daria, Hugo, conde de Mauffen, se tivesses como amigo um astrólogo como Calmor e se pudesses viver eternamente para usufruir desses prazeres. Um bom pai só pode satisfazer os desejos do filho. És muito inteligente, Hugo, para viveres fora destes muros. E logo desejarias livrar-te de mim. Ah! Ah! Ah! – seu riso gelou-me. – Não, meu filho, tu permanecerás aqui o resto dos teus dias. Morrerás cercado destas riquezas enquanto esta for a vontade de Deus. Aqui não existem nem armas nem veneno, poderemos viver em perfeita harmonia e tu serás meu tesoureiro.

Deu-me as costas e dirigiu-se para a porta. Suas palavras tiveram sobre mim o efeito de um raio. Então, ele sabia de tudo e eu devia apodrecer neste subterrâneo, desarmado e afastado de Calmor, meu único amigo. Fui tomado por uma imensa raiva. Não havia mais tempo a perder, precisava eliminá-lo imediatamente. É verdade que eu estava desarmado, mas ele esquecera o vigor dos meus braços jovens e minha alma de tigre irritado.

Todas essas reflexões duraram apenas dois segundos. Joguei-me sobre ele como um relâmpago, decidido a estrangulá-lo. Ele se defendeu e, engalfinhados, rolamos pelo chão. Seus dentes afundaram-se no meu ombro, enquanto eu, com o joelho em seu peito, tentava agarrar-lhe o pescoço. Ele se debatia com a força do desespero quando, subitamente, tive uma idéia. Dei um salto em direção ao menor dos cofres, que não estava de todo cheio. Com o perigo centuplicando minhas forças, arrastei-o e derrubei-o sobre meu pai. O ouro amontoou-se sobre ele, espalhando-se por toda parte. No entanto, como um louco, peguei dentro dos outros cofres tudo o que me caía nas mãos, para jogar sobre ele: bandejas maciças, vasos, cálices, moedas de ouro e de prata. Logo, gemidos abafados, escapando debaixo dessa enxurrada de ouro, anunciaram-me que seu proprietário, enterrado sob suas riquezas, liquidava suas contas terrenas. Mas, como embriagado, continuei a jogar sobre ele ouro e mais ouro, muito embora os suspiros e os fracos sobressaltos já tivessem cessado havia muito tempo.

Finalmente parei, esgotado, com o peito ofegante e o suor

A Abadia dos Beneditinos

escorrendo abundantemente da minha testa. Cambaleando, apoiei-me na parede. Eu estava livre, rico e independente. Subitamente, soltei um grito de desespero: como sair? Eu enterrara, também, as chaves, e tremia à idéia de rever o cadáver do meu pai. Caí sobre as lajes, mas na queda, minha mão chocou-se contra algo gelado. Trêmulo, olhei para o objeto e dei um grito de louca alegria: eram as chaves que, durante a luta, haviam se desprendido do cinto do meu pai e caído naquele canto.

Mais calmo, levantei-me e saí, sem me voltar. Quando a última das três portas foi trancada, um suspiro de alívio escapou do meu peito. Derrubado o obstáculo, em nenhum lugar o poder e a autoridade paternos seriam empecilhos para minha liberdade e para os meus desejos. Resolvi ocultar a verdade, pois não queria me apresentar ao mundo com a reputação de parricida. Mas como explicar o desaparecimento do meu pai? Depois de refletir um momento, corri até o outro lado dos subterrâneos, onde se encontrava um poço profundo protegido apenas por um parapeito de pranchas apodrecidas. Alguns vigorosos pontapés derrubaram um dos seus lados. Apaguei e livrei-me de minha tocha, depois subi fingindo um pavor inominável e gritando:

– Rápido, rápido! Socorro! Papai caiu, minha tocha apagou e não posso enxergar nada.

Ouvindo meus gritos, Cristóvão e Sibila acorreram. Pegamos tochas e descemos. Chegando ao local indicado, Cristóvão exclamou:

– Misericórdia divina! Se o cavaleiro caiu aí dentro, está tudo acabado para ele, pois isso é um poço! Que Deus tenha misericórdia de sua alma!

– Sim – confirmei com voz alterada –, foi aqui. Hoje ele quis vir a esta parte dos subterrâneos. Quando aqui chegamos, apoiou-se na borda do poço e iluminou o fundo com sua tocha. Certamente ele gostaria de me dizer alguma coisa, pois falou :"Vês, Hugo", mas subitamente produziu-se um estalido, ele soltou um grito e desapareceu no abismo. Apavorado, deixei cair minha tocha, que se apagou, e corri para procurar-vos.

Cristóvão ergueu sua tocha e iluminou o interior do poço. No fundo, um pequeno círculo brilhante como o espelho refletiu a luz.

– Sim – comentou o velho criado, examinando o parapeito quebrado –, as pranchas estão totalmente apodrecidas e tudo acabou para o cavaleiro nosso amo. Ele só reaparecerá no dia do julgamento final.

Ao ouvir suas palavras, cobri o rosto com as mãos e fingi uma profunda tristeza. Os dois velhos criados fizeram o possível para me consolar.

– Pois bem! Eu não tinha razão, quando disse que aconteceria uma desgraça? – murmurou a velha Sibila meneando a cabeça. – Quando a dama Iolanda aparece, nunca é para o bem.

– Quem é a dama Iolanda? – perguntei, erguendo a cabeça, surpreso, pois eu escutava esse nome pela primeira vez.

Sibila olhou temerosa para o poço, como se ainda temesse aquele que supunha estar lá. Mas, logo se recompondo, disse-me:

– Dama Iolanda é uma ancestral do defunto conde. Minha avó contou-me que ela morreu inexplicavelmente, mas é uma longa história. Gostaríeis de conhecê-la, jovem senhor?

Eu sempre gostara das coisas misteriosas e assombrosas. Freqüentemente nos meus sonhos via coisas que não encontrava na realidade. Elas eram bem mais belas e todas diferentes das que me cercavam, e agora tratava-se de uma misteriosa história de família.

– Sim, Sibila – respondi –, conta-me o que sabes dessa nossa antepassada que nos preveniu do triste fim de meu pai. Mas antes, saiamos deste local desgraçado.

Subimos à sala de jantar e Cristóvão ofereceu-me a poltrona brasonada na qual meu pai sempre se sentava, e jogou uma braçada de lenha na lareira. Sibila disse, lançando um olhar a Cristóvão:

– Ajuda-me, por favor, se eu esquecer algum pormenor. Sabes esta história de cor.

O velho assentiu e a boa mulher começou:

– O conde, vosso bisavô, que como todos os vossos ancestrais também se chamava Hugo, já era um homem de certa idade quando cercou e tomou um castelo cujo nome eu esqueci. O cavaleiro, proprietário do castelo, foi preso, mas sua filha, a nobre senhorita Iolanda, jogou-se aos pés do vosso bisavô para implorar-lhe a liberdade do pai. Quando o conde a viu, foi possuído por todos os diabos, pois apenas Satã poderia inspirar a

A Abadia dos Beneditinos                                              185

um homem de cinquenta anos a idéia de esposar uma jovem de dezesseis. Ele ergueu, pois, a bela suplicante e pediu-lhe a mão em troca da liberdade do seu pai. Por amor filial ela se sacrificou e as núpcias foram realizadas com grandes pompas. Minha avó era uma menina de seis ou sete anos quando a nova castelã fez sua entrada no castelo, mas ela me contou que um anjo não poderia ser mais belo que aquela jovem alva e esbelta, com seus cabelos que assemelhavam-se a ouro tecido e seus olhos azuis como o firmamento. Três anos se passaram sem que ninguém pudesse notar algo digno de lástima, mas, naquela época, o velho senhor precisou viajar para ver seu irmão moribundo, um alto dignitário eclesiástico, acho que um bispo. O velho conde, que era muito devoto, atendeu ao chamado do irmão e partiu, deixando no castelo sua jovem esposa e seu filhinho de dois anos.

Durante sua ausência, um jovem trovador, enfermo e exausto, veio implorar hospitalidade. A caridosa castelã acolheu-o no castelo e ordenou que dele tratassem enquanto estivesse doente. No entanto, quando ele se restabeleceu, ela quis ouvi-lo cantar. Acontece que, graças ao tratamento e à boa alimentação, o infeliz trovador tornara-se um jovem tão bonito que mal se podia dele desviar os olhos. Ele vinha não sei de que país longínquo, onde fazia muito calor. Sua tez era pálida, os cabelos muito negros e cacheados e os olhos, brilhantes como duas estrelas. Chamava-se Ângelo. Provavelmente a castelã o olhou muito de perto ou, Deus me perdoe, ele a enfeitiçou, mas o fato é que freqüentemente ela mandava chamá-lo, lá, naquela torre do lado da floresta, cuja entrada é murada, sabeis onde? Ali eles passavam horas juntos, e por vezes via-se o belo Ângelo cantando no peitoril da janela enquanto a nobre dama fiava na sua roca.

Uma noite, quando ninguém esperava seu retorno, o cavaleiro voltou ao castelo. Parecia estar de muito bom humor e perguntou pela castelã. Todos se calaram e ninguém ousou dizer que ela estava na torre, pois lá também se encontrava o belo Ângelo. Então, com voz tonitruante, ele exigiu que lhe dissessem a verdade, e um pequeno pajem mais audacioso indicou-lhe o local onde ela se encontrava.

Para lá ele se dirigiu com passos rápidos. Dois escudeiros

viram-no subir a escada iluminada pelo luar e depois o ouviram esmurrar a porta fechada. Alguns minutos mais tarde, ele voltou sozinho e, com voz rouca, ordenou que murassem a escada da torre. Ninguém nunca soube o que se passou por lá, mas, desde então, cada vez que o chefe da família deve morrer, vê-se a dama Iolanda, com seu vestido de lã branca e seus belos cabelos soltos, surgir da parede da torre, percorrer o castelo e depois aproximar-se da porta de entrada e fazer sobre ela um sinal com o punhal sangrento que está segurando. Há três dias, Cristóvão, dois homens de armas e eu, a vimos fazer seu terrível passeio, e hoje nosso velho senhor pereceu miseravelmente.

Eu a escutara com uma grande curiosidade.

– E como meu bisavô morreu? – perguntei

– Também de morte trágica – respondeu Sibila, persignando-se. – Durante a caça, seu cavalo caiu, ele ficou com a perna presa debaixo do animal e um javali rasgou-lhe as entranhas.

Pensei em perguntar a Sibila sobre o destino de minha mãe, mas não consegui fazê-lo, pois alguma coisa mais forte do que eu travava-me a boca. Provavelmente seu fim também estava cercado por um mistério sangrento. Despedi-me dos dois velhos e fui procurar Calmor. Contei-lhe que meu pai nos espionara e ouvira nossos planos e que, levando-me ao subterrâneo, tentou afogar-me no poço, mas enquanto eu me debatia ele escorregara e caíra no buraco.

Sorrindo, Calmor estendeu-me a mão e disse:

– Sejamos amigos, caro Hugo. Agora eu posso dizer-vos meu verdadeiro nome.

Arrancou os cabelos e a barba branca e, aos meus olhos surpresos, apresentou-se um homem ainda jovem, alto, ágil e de boa aparência.

– Quem sois vós? – perguntei.

– Meu nome é Bertrand, barão de Euleuhof, e vou contar-vos, em poucas palavras, a minha história. Desde minha juventude, sofri inúmeras provações e acabei por me encontrar numa posição tão desesperadora que não sabia onde procurar asilo. Tivera a oportunidade de prestar serviços a um velho alquimista e astrólogo chamado Calmor, a quem pedi conselhos. Ele me disse: "Na sua mocidade, conheci o senhor de Mauffen, que agora vive muito isolado. Disfarça-te de velho, toma meu nome

A Abadia dos Beneditinos                                                    187

e apresenta-te a ele, pois ele se interessa pela astrologia e te receberá. Naquele castelo deserto, ninguém te procurará e poderás viver tranquilamente". Segui esse conselho e o velho Calmor, que ainda vive e mora perto daqui com um outro nome, sempre me ensinou as noções necessárias para que eu representasse o papel de alquimista.

Nos dias que se sucederam, procurei ocupar-me dos meus negócios. Depois, mandei reparar e colocar em ordem o interior do castelo, vesti-me de acordo com minha posição social, tomei lições de esgrima e de equitação, e quando me senti em condições de aparecer na sociedade sem muito sofrer comparações, apresentei-me no castelo de Rabenau, como também nos de outros senhores da vizinhança. O barão Euleuhof revelou-se um companheiro alegre, amigo dos prazeres e da boa mesa, mas parecia temer ser visto e ficava no castelo, recusando-se a me acompanhar às propriedades vizinhas.

Tive, finalmente, a oportunidade de satisfazer minha paixão pela condessa Rosa de Rabenau e, na sua companhia, pude obter tudo o que me fora negado, enquanto meu pai vivia, em termos de amor e de prazeres. Soube também, para minha grande surpresa, que Rosa e Euleuhof eram velhos amigos, e cada um conhecia os segredos do outro. Mais tarde, também tive conhecimento de que essa mulher frívola e sensual enganava, astutamente, o marido e, com um atrevimento impressionante, mantinha ao mesmo tempo ligações comigo, com o duque, com Euleuhof e até com subalternos.

Naquela época, eu a amava cegamente e nada percebia. Sempre quis conhecer o verdadeiro Calmor que, com o nome de Rupert, o feiticeiro, vivia numa floresta vizinha. Rosa, que o conhecia, ofereceu-se um dia para acompanhar-me até lá, o que aceitei, satisfeito.

Calmor era um velho alto e magro, pouco simpático. Vivia numa casinha isolada com sua irmã Gilda, mulher de uns 40 anos e de uma feiúra incomum. Essa senhora robusta também se passava por médica e parteira, possuindo na região uma grande clientela clandestina. A reputação de grandes feiticeiros era tão sólida para os dois irmãos, que o temor supersticioso que eles inspiravam os protegia mais do que os fossos e as pontes levadiças.

Se a personalidade de Calmor não tinha me agradado ao primeiro contato, o mesmo não aconteceu com suas ocupações. Amador apaixonado de todas as ciências ocultas, eu fiquei impressionado quando ele me contou que havia descoberto o elixir da juventude eterna, que estava prestes a encontrar a pedra filosofal, que conhecia todos os efeitos dos venenos e que podia, em raras ocasiões, evocar o diabo. Compreendi, então, de onde meu pai tirara todas essas idéias. Quem sabe? Talvez eu tivesse mais sorte do que ele e conseguisse obter o elixir da vida eterna. Precisava apenas confiar no precioso sábio.

Propus, então, a Calmor que fosse viver para sempre no castelo, pedindo-lhe em troca apenas que permitisse que eu assistisse às suas experiências. Tendo ele concordado, algumas semanas mais tarde mudou-se para o castelo. Sua irmã não quis acompanhá-lo e continuou morando na floresta.

Depois que Calmor começou a viver sob meu teto, a idéia de fazer-lhe evocar o diabo não me saía da cabeça. Embora dotado de uma inteligência profunda e de um grande ceticismo, as idéias da época e meu gosto pelo fantástico levavam-me a admitir a existência do demônio. Assim, se o terrível rei dos infernos existisse, eu estava muito interessado em vê-lo, pois de alguma maneira já havia lhe entregue a alma com o assassinato do meu pai. Sem dúvida, ele me ajudara a cometer o parricídio e viria reclamar sua recompensa. A possibilidade de cair nas garras de Satã já vinha me inquietando havia muito tempo. Os padres falavam muito dele e, pouco tempo antes, acontecera um terrível acontecimento na grande abadia dos Beneditinos, situada não longe do castelo. O caso ocorrera com o irmão encarregado das bebidas que retirando vinho da adega perdera a tampa do tonel. Furioso de ver o precioso líquido escoar pelo chão, imprecara, chamando o diabo em seu auxílio. Este lhe aparecera na figura do abade que o antecedera na função, vestido com o hábito negro, mas com chifres e cauda.

– Ousas, ainda, aumentar minha sede, chamando-me aqui, onde passei horas tão agradáveis? – disse Satã, com voz terrível. – Vem comigo e sofre da mesma sede – e enterrara as garras no pescoço do monge.

Este último teve ainda tempo de murmurar uma Ave-Maria e o diabo foi obrigado a soltá-lo. Ouvindo seus gritos, outros

A Abadia dos Beneditinos                                                                 189

monges acorreram e todos viram os hematomas e as marcas das unhas em seu pescoço. Na manhã seguinte, o monge morrera sem poder receber os sacramentos, berrando que o diabo estava lhe cobrindo a boca com suas garras. Essa história estava em todas as bocas e tinha-me sido confirmada por um dos monges. Era preciso, de uma vez por todas, esclarecer tudo.

Prometi a Calmor que, se ele me desse a oportunidade de ver e falar com o diabo e de me convencer plenamente de sua existência, eu lhe daria um pequeno tonel cheio de ouro. Olhos brilhantes de alegria, o velho mágico prometeu-me fazer a evocação desejada, mas não imediatamente, pois o feito necessitava de preparativos aos quais eu poderia assistir.

Um mês mais tarde, Calmor me disse:

– Estou pronto, pois com a lua cheia nós podemos ir ao local onde o rei das trevas gosta de se mostrar. Mas tereis a coragem de lá ir?

– Onde é? – perguntei apenas, rindo-lhe na cara.

Falou então de um local realmente mal-afamado, não longe da abadia dos Beneditinos. Lá se elevava uma cadeia de colinas pedregosas permeadas de abismos profundos, no fundo dos quais corria um riacho. Um dos abismos era chamado de "Caixão do Diabo", o segundo, de "Berço do Diabo" (local onde eram lançados os corpos dos suicidas) e, o terceiro, o mais profundo, no qual o riacho, transformado em torrente, precipitava-se com estrondo tonitruante, tinha o nome de "Banho do Diabo".

Era no seu berço que Satã marcara o encontro. Quando chegamos, Calmor acendeu uma tocha e uma nuvem de corvos crocitantes alçou vôo. Vi então que uma grossa corda cheia de nós estava solidamente amarrada na ponta do rochedo. O mágico ordenou-me que segurasse a tocha e deslizou pelo abismo. A um sinal combinado, eu o segui e, após uma demorada descida, senti a terra firme sob meus pés. Calmor acendeu então três tochas e, à sua claridade, examinei o local sinistro onde me encontrava.

Logo notei que o fundo do precipício era muito mais vasto do que se poderia supor. De um lado corria tranqüilamente o riacho e no solo coberto de areia fina encontravam-se, aqui e ali, ossos esbranquiçados. No centro, havia uma grande pedra branca, semelhante à mó de um moinho, trazendo, em suas beiradas, treze crânios arrumados simetricamente. Quatro

190         J. W. Rochester

enormes montes de zimbro estavam preparados e foram acesos mais tarde. De repente, estremeci e recuei apavorado: sentados em círculo ao redor da pedra, imóveis e silenciosos, encontravam-se treze lobos, cujos olhos brilhavam na escuridão como carvões ardentes. De quando em quando, Calmor atirava-lhes pedaços de carne que tirava de um saco e que reconheci como restos de carne humana. Cada uma daquelas feras repugnantes engolia o que lhe era destinado sem deixar seu lugar.

Não pude evitar um calafrio, que Calmor notou:

– Nada temais – disse –, são bons animais acostumados com este tipo de comida, mas para começar precisamos esperar Gilda. Não sei por que ela está demorando.

No mesmo instante, a corda foi violentamente sacudida.

– É ela – observou Calmor, agarrando e esticando a corda.

Logo Gilda apareceu e, me cumprimentando respeitosamente, manifestou a esperança que eu não lhe recusasse uma recompensa especial, caso ficasse satisfeito. Prometi-a e Calmor declarou que já era hora de começar. Ordenou à irmã sentar-se em frente da pedra redonda, com as costas apoiadas na rocha. A seguir, acendeu os montes de zimbro e, pegando um grande livro, leu as evocações, fazendo gestos para cima e para baixo, primeiro com uma e depois com ambas as mãos, sobre os lobos e Gilda. Os animais começaram a uivar lugubremente, mas pouco a pouco tudo se calou e o silêncio foi perturbado apenas pela crepitação do fogo.

Então Calmor sentou-se, colocou as mãos sobre duas caveiras e mandou que eu o imitasse. Ficamos imóveis por algum tempo, quando me pareceu ouvir ruídos e pancadas estranhos. Ao mesmo tempo, fez-se um frio tão intenso que meus membros gelaram-se.

– Gilda – perguntou Calmor –, podes ver nosso todo-poderoso senhor e com ele falar?

Ouviu-se um gemido. Olhei para a mulher e vi, com espanto, que ela estava deitada, como que adormecida, os membros estirados e respirando com dificuldade. Chamas estranhas, parecidas com fogos-fátuos, tremeluziam sobre ela.

– Sim – respondeu com esforço –, ele virá. Seus servos – ela pronunciou nomes incompreensíveis – já estão aqui reunidos.

(Devo, agora, observar que tudo quanto aqui descrevo é explicado pelo espiritismo e pelos fenômenos mediúnicos, não podendo, pois, ser considerado fruto de uma imaginação exaltada, que produz visões inverossímeis. Todos esses fatos eram simples efeitos mediúnicos, produzidos por médiuns excessivamente poderosos, mas na grosseira ignorância, na credulidade e na superstição daqueles tempos, os próprios médiuns atribuíam tudo ao diabo e não aos espíritos malvados e pouco desenvolvidos que empregavam suas faculdades).

Naquele momento, a respiração de Gilda tornou-se sibilante, e ela disse, sufocada:

– Ei-lo!

Ergui a cabeça e o espetáculo que se apresentou aos meus olhos aterrorizou-me. Junto do corpo estendido de Gilda, erguiase, pouco a pouco, uma claridade esverdeada e vacilante que iluminou nitidamente o corpo de um homem, de estatura maior do que a humana e negro como o azeviche. O rosto, muito bonito, era iluminado por dois olhos faiscantes. A cabeça, envolvida por uma nuvem flamejante, era encimada por dois chifres. Levantou em minha direção sua mão peluda, de unhas recurvas e, com voz metálica, mas enfraquecida pela distância, pronunciou distintamente estas palavras:

– Evocas-me para te certificares de minha existência. Eu te ajudo, te inspiro e tuas ações ligam-me a ti. Acompanho-te, de século em século, garantindo-te a impunidade terrena e todos os prazeres para gozares, reservando para mim apenas as torturas de tua alma. E agora, serei teu fiel companheiro e te seguirei, assim como àqueles que tu conheces.

Eu não conseguia desviar o olhar da terrível visão, cujo sorriso, realmente satânico, parecia me paralisar. Depois, tudo empalideceu e pareceu se fundir em uma fumaça enegrecida que, elevando-se em espiral para o céu, desapareceu.

Tive uma tontura, meus ouvidos zumbiram, tudo parecia assobiar e crepitar ao meu redor, estendi os braços e desmaiei.

Quando voltei a mim, ainda estava no precipício. Levantei-me e, muito impressionado, retomei o caminho do castelo, tendo a certeza de que o diabo existia ou, ao menos, alguém muito parecido com ele. Durante algum tempo, essa convicção perturbou meu humor, mas depois os encantos da nova vida venceram e meu amor pela bela Rosa sobrepujou qualquer outro sentimento.

Aproximadamente na mesma época, deixei-me arrastar por um crime tão hediondo que, só de contá-lo, estremeço. Rosa se informara, com Calmor, se existia um meio cabalístico que pudesse ligar, com laços indestrutíveis, um homem e uma mulher, não apenas na Terra, mas também no céu e no inferno. Calmor respondera que, segundo a Cabala, o recurso infalível para atingir esse resultado era fazer com que o homem e a mulher bebessem o sangue do próprio filho. Eu já esquecera essa conversa quando, durante uma ausência muito prolongada do marido, Rosa deu à luz, secretamente, a gêmeos – um menino e uma menina. Calmor, Gilda e eu fomos os únicos informados desse incidente. Não sei o que aconteceu com o menino, mas a menina, escondida na casa de Gilda, foi levada ao meu castelo. Durante uma de suas visitas, a condessa lembrou-me da conversa com Calmor. Excitado e como que cegado pelas minhas nefastas paixões, estrangulei com minhas próprias mãos a inocente criatura e, enchendo com seu sangue duas taças, esvaziei uma delas de um só trago. Rosa fez o mesmo, jogando-se, a seguir, nos meus braços, em transportes selvagens.

Assim se consumou o horrível sacrilégio que verdadeiramente parece ter estabelecido entre nós os laços indissolúveis do crime, pois em todas as minhas existências reencontro essa mulher pérfida que, para minha perdição e infelicidade, me arrasta para o caminho do mal.

Pode-se julgar, pelo que precede, que nosso amor ultrapassava os limites do possível. Realizamos orgias que desafiam a descrição e, além disso, quem acreditaria? Apesar de nossa paixão frenética, Rosa traía-me, quase sob os meus olhos, com um dos meus escudeiros. Quando descobri essa ligação, fui tomado por uma raiva insana, mas em vez de descarregá-la naquela mulher imunda vinguei-me diabolicamente no infeliz jovem, cuja única culpa fora a de ter cedido à tentação. O suplício que imaginei para ele era, realmente, uma reminiscência de Tibério. Mandei colocá-lo em um banho, que foi aquecido até a ebulição. Até hoje escuto os lamentos e os gritos pavorosos do infeliz e, no entanto, não voltei atrás e deixei que cozinhasse vivo.[2]

2 Observação do autor: Chegando a este ponto de sua confissão, o espírito de Mauffen, ao recordar o passado, perdeu todo o controle de si e a narrativa teve que ser interrompida. Em geral, esse período de sua vida está muito incompleto, pois o espírito, tendo sofrido muito, a seguir, com as perseguições de seus inimigos,

A Abadia dos Beneditinos

Os crimes hediondos que cometi na época e os sofrimentos que mais tarde experimentei tornam-me incapaz de tudo confessar pormenorizadamente, certo de despertar contra mim a reprovação universal. No entanto, a vontade dos meus guias força-me a mencionar ao menos os fatos gerais, pois me impuseram, como expiação, que eu revolvesse esse passado odioso, me humilhasse voluntariamente e extraísse a força de caminhar para o bem do próprio horror dos meus erros passados.

Assim, retomo minha narrativa. Meu coração endurecia cada vez mais e nenhuma crueldade me retinha. Para conservar a beleza e a juventude eternas, eu bebia o sangue de recémnascidos e tomava banhos de sangue humano. Para conseguir as vítimas necessárias, eu agarrava tudo o que me tombava nas mãos: viajantes pobres, peregrinos, cavaleiros errantes, trovadores, ou seja, todos os que iam pedir pousada no meu castelo isolado e que podiam desaparecer sem serem procurados eram sacrificados sem misericórdia e pereciam sob tortura.

Alguns anos assim transcorreram, quando um grave acontecimento sobreveio na vida de Rosa: o conde Bruno, tão indignamente traído, quase foi assassinado por causa de sua esposa que, temendo as conseqüências da ira do marido finalmente desiludido, fugiu, abandonando uma filha recém-nascida, e foi refugiar-se no meu castelo. Ela esperava que, passado o primeiro momento de raiva, eles se reconciliariam, mas o conde espalhou por toda a parte que ela morrera de parto e erigiu um rico monumento sobre seu túmulo. Dessa forma, seu regresso era impossível. Furiosa e condenada a passar como morta, a condessa de Rabenau ficou comigo, mas secretamente, sem ousar mostrar-se a quem quer que fosse. Meu amor por ela esfriara consideravelmente, mas essa mulher hábil sempre arranjava um jeito de soprar as cinzas e reavivar o fogo extinto. Eu já descobrira suas relações com Euleuhof, mas às minhas censuras ela respondia que o verdadeiro amor não podia se concentrar em apenas uma pessoa, que ele exigia a liberdade, tal como o sol, cujos raios não podiam ser forçados a brilhar em um só local, pois deviam aquecer a terra em todos os lugares em que incidissem.

---

recusou-se obstinadamente a confessar os fatos, em sua realidade repulsiva. Só posso então transmitir o que obtive. Quanto ao espírito do escudeiro, atualmente tornou-se um dos seus perseguidores.

Nos últimos anos, Euleuhof viajava muito e, freqüentemente, ausentava-se por meses inteiros. Um dia, ele voltou muito preocupado e pediu-me que lhe prestasse um grande favor. Aquiesci de bom grado, pois eu gostava muito desse companheiro alegre e espirituoso. Contou-me, então, que estava esperando um hóspede, portador de uma mensagem da mais alta importância e para o qual pedia um quarto isolado. Além disso, eu devia prometer que não tentaria falar com o desconhecido e, de modo geral, não me envolver com nada. Consenti com tudo, mas, muito intrigado, observei de longe. À noite fechada, vi chegarem três homens, dos quais um parecia muito doente, pois o amparavam sobre a sela. Seus companheiros, ajudados por Bertrand, levaram-no ao quarto que eu havia designado e lá se fecharam.

Uma hora mais tarde, Euleuhof veio me procurar.

– Pode ser – disse ele – que eu seja obrigado a partir por alguns dias. Se isso acontecer, autorizai, por favor, que o doente aqui repouse por uns tempos. Seu criado cuidará dele, e assim ele não incomodará ninguém.

Concordei mas, muito curioso, espionava meus hóspedes. Nada pude ouvir da conversa, mas mais tarde dois homens saíram e abandonaram o castelo. Traziam o rosto coberto pelo manto, sendo que um dele parecia-se com Euleuhof pelo porte, e o outro, alto e magro, parecia ser jovem.

Durante três dias e três noites, nada se mexeu no quarto ocupado pelo enfermo e seu criado. Então, decidi-me a ir ver o que estava acontecendo; bati e ninguém respondeu. Empurrei a porta, que cedeu e abriu-se sem esforço: o quarto estava vazio, as cortinas do leito, fechadas e, do criado, nem sinal. Cada vez mais intrigado, afastei as pesadas cortinas e recuei, com um grito de pavor: meu amigo Euleuhof lá estava estendido, com a morte estampada no rosto. O que significava aquilo? O que acontecera com o doente e o criado? Recuperado um pouco de minha estupefação, examinei atentamente o cadáver e me convenci de que não era Bertrand, mas um outro homem, extraordinariamente parecido com ele. Existiam algumas pequenas diferenças: o morto parecia um pouco mais velho, seus traços eram mais marcados, seus cabelos, mais curtos, mas apenas um observador mais atento poderia fazer essas distinções. O criado

A Abadia dos Beneditinos

desaparecera, Euleuhof certamente partira com o jovem desconhecido, e o doente, tão parecido com o meu amigo, tinha sido abandonado. Mas quem era ele? De onde vinha? Que laços de parentesco o uniam a Bertrand? Quantos mistérios! Ainda uma vez, examinei minuciosamente o cadáver e suas roupas, que eram simples e sem nada de especial, e o corpo não trazia ao pescoço nenhuma cruz, nenhum amuleto. Sobre um dos ombros, porém, havia um sinal estranho que parecia ter sido impresso na carne com ferro em brasa. Assim, não encontrei qualquer pista, mas estava convencido de que Euleuhof tomara o lugar do morto desconhecido. Interroguei Rosa sobre o assunto, mas ela nada disse. Ela não sabia nada sobre o assunto ou não queria falar? Só o futuro poderia me revelar.

Ficando a sós com minha companheira no castelo, nossa vida retomou seu ritmo habitual. Longos meses se passaram sem que Bertrand reaparecesse, quando notei que Rosa fazia investigações minuciosas em toda a casa: apalpava e sondava as paredes, examinava cada reposteiro, cada nicho. Surpreso e aborrecido, perguntei-lhe, seriamente, o que procurava com tanta persistência. Fitou-me com um olhar profundo e escrutador:

— Então é verdade que ignoras o que se diz, em todo o país, sobre o desaparecimento de tua mãe?

Estremeci. Nunca perguntara a ninguém sobre o destino que minha mãe tivera. Mas eu devia desconfiar que ele fora trágico?

— Pois bem, o que sabes sobre seu desaparecimento? – perguntei.

— Nada ao certo, mas dizem que tinhas um ano e meio quando te nasceu um irmão. Teu pai, que ainda era sociável, quis festejar seu batismo com pompa e convidou toda a nobreza das redondezas. Não presenciei tudo isso, mas minha tia contou-me que a festa foi magnífica. Embora tua mãe mal estivesse recuperada do parto (a festa tinha sido antecipada por causa de um negócio que obrigava teu pai a viajar), estava encantadora e vestia uma toalete que causou inveja a todas as damas. Seu vestido de brocado era inteiramente bordado de pérolas e outras pedras preciosas, e seu diadema de ouro, ornado de diamantes, brilhava. Até aqui, tudo natural, mas agora começa o mistério. Foulques de Rabenau, o irmão caçula de

196                      J. W. Rochester

meu marido, assistia ao batismo e provavelmente teu pai o surpreendeu no quarto de dormir, abraçando tua mãe ao lado do berço do recém-nascido. Dizem que o conde Hugo, louco de ciúmes, maquinou uma vingança parecida com aquela do avô, depois quase pôs para fora todos os convidados, assustados com seu olhar feroz.

O que aconteceu depois ninguém sabe. Mas tua mãe nunca mais foi vista e até seu quarto de dormir desapareceu. Foulques afastou-se por vários dias, para grande tristeza de sua esposa, que acabara de dar à luz a Lotário e estava doente. Ele reapareceu mais tarde, mas ninguém soube de onde vinha. Depois do incidente, ninguém mais o viu sorrir. Sua mulher perdoou-o e eles viveram bem até o final de seus dias. Toda a atenção de Foulques se concentrou no filho único, esse mesmo Lotário que é agora um belo homem e um aventureiro. Compreendes, agora, que estou procurando o quarto de tua mãe e ao mesmo tempo pretendendo reencontrar as jóias que ela usava?

Nada respondi e mudei de assunto, mas sem que Rosa soubesse eu mesmo empreendi ativas buscas. Uma indicação do velho Cristóvão colocou-me na pista certa e finalmente descobri uma entrada desse quarto inencontrável. A porta principal estava murada e deixei-a assim, mas existia uma entrada secreta, habilmente dissimulada por um painel. Tê-la-ia meu pai esquecido ou teria ele pensado que ninguém a encontraria?

Com o coração disparado, penetrei certa manhã no apartamento que me vira nascer. Os raios do sol nascente passavam com dificuldade através das vidraças poeirentas e cobertas de teias de aranha, iluminando os objetos com uma luz baça e rosada.

Era um amplo aposento, outrora luxuosamente mobiliado. Mas agora tudo estava fenecido e recoberto por uma espessa camada de poeira. Ao fundo, elevava-se, sobre um estrado, o leito brasonado e cercado de cortinas de brocado azul com bordados de prata. Ao pé do leito encontrava-se um berço e, sobre os degraus, estendia-se uma forma humana. Massas de cabelos loiros espalhavam-se ao redor da cabeça e as dobras angulosas de um pesado tecido de seda acusavam que aquele ser tinha sido uma mulher. Por um instante, fiquei de pé, mergulhado em profundo devaneio. Agora eu compreendia por que

A Abadia dos Beneditinos

meu pai se tornara tão lúgubre e selvagem: ele perdera a mulher que amava apaixonadamente e se afeiçoara ao ouro como seu único tesouro. Eu, filho da mulher assassinada, vinguei-a, causando uma morte horrível ao seu assassino. Afastando todos esses pensamentos, comecei a examinar tudo: o berço estava vazio e o bebê, ou antes, seu cadáver estava desaparecido. No entanto, ele desaparecera em vida, pois com certeza o conde de Rabenau, milagrosamente evadido desse quarto, levara-o consigo; mas o que fizera dele?

Aproximei-me do corpo de minha mãe e espanei um pouco a espessa poeira que o cobria. Nada pude distinguir de seus traços, pois era um esqueleto de pele escurecida e pergaminácea, que chacoalhava sob meus dedos como um saco cheio de ossinhos. Apenas as jóias que a cobriam não haviam perdido seu brilho. Refleti, um momento, que seria insensato lá deixar aquelas riquezas. Que necessidade tinha a morta desses adornos que, além de tudo, pareciam ridicularizá-la? Mas chamar Rosa também não seria prudente, e assim resolvi agir sozinho.

Dominando minha repulsa, peguei de sobre a mesa uma bacia de prata e um grande frasco, ajoelhando-me ao lado do corpo. Arranquei dos cabelos loiros bem conservados a tiara brilhante fixada por longos grampos; depois desprendi o colar de pérolas e, com a ajuda de minha adaga, comecei a descoser a pedraria que ornava o corpete e a saia. Uma a uma, as pérolas e as pedras caíam no frasco que eu colocara ao lado, e seu som vibrante, tocando o metal, ressoava estranhamente naquele local de silêncio e de morte. Por vezes, eu experimentava uma sensação desagradável e um arrepio glacial percorria-me as veias quando, ao virar o cadáver, o brocado farfalhava e o vestido se mexia como se um ser vivente lhe imprimisse esse movimento. Então eu parava, minhas mãos trêmulas recusavam-se a obedecer e eu lançava ao meu redor olhares inquietos. Eu era, realmente, filho do século em que vivia: supersticioso e crédulo, temendo os fantasmas e acreditando no diabo.

Finalmente o terrível trabalho terminara. A bacia e o frasco estavam cheios. Então, ergui o cadáver e deitei-o no leito, cobrindo-o com a rica colcha e fechando as cortinas. Pensei: "Aqui jazerás enquanto o castelo estiver de pé. Ninguém mais virá perturbar o teu repouso".

Ajoelhei-me sobre os degraus e, batendo no peito, pronunciei um Padre-Nosso e uma Ave-Maria para o repouso de sua alma. Tendo cumprido esse dever, saí de costas para que o diabo não pudesse me agarrar pela nuca, pois roubara as riquezas que ele guardava e, além do mais, eu lhe estragara e empestara sua estada naquele quarto com uma prece sincera. Depois de ter fechado a porta secreta, quebrei-lhe a fechadura e mandei que fosse definitivamente dissimulada por novo madeiramento.

Algum tempo depois, dei de presente a Rosa um magnífico broche e disse-lhe que eu encontrara o corpo de minha mãe e que aquela jóia fazia parte das preciosidades que trazia consigo. Minha bela amante pareceu muito descontente, mas o que podia dizer? Pouco tempo após esse incidente, a condessa me abandonou e não soube mais do seu paradeiro. Foi somente alguns anos mais tarde que a reencontrei num modesto albergue do qual era proprietária. Na época, era conhecida sob o nome de Bela Berta.

Ficando completamente sozinho, dediquei-me cada vez mais à alquimia, trabalhando com Calmor, em quem eu confiava cegamente. Eu estava tentando, principalmente, utilizar as ciências ocultas para embelezar e fortalecer meu corpo, conservar-lhe a juventude eterna e torná-lo invulnerável. Para tanto, eu seguia um regime bastante repugnante, mas de cuja eficácia eu não duvidava absolutamente. Todas as manhãs, eu bebia um copo de leite de loba, esfregava meu corpo com sangue fresco de pombas brancas ou de urso, quando a preço de ouro eu o conseguia obter, para enganar as pessoas com a doçura do meu exterior, além de usar um colar de safiras contra o mau-olhado. Todavia, as cerimônias mais sinistras se passavam no laboratório de Calmor, composto de três cômodos repletos de utensílios de alquimia e habitados por diversos animais, como gatos pretos, corujas-gatos, mochos, morcegos etc. O último desses aposentos era forrado de negro, tendo, no fundo, um altar de pedra e, em um dos lados, uma ampla banheira também de pedra, na qual, após as cerimônias cabalísticas, eu tomava banhos de sangue humano, que deviam me proporcionar a juventude eterna. O altar servia para degolar as vítimas, tanto aquelas cujo sangue servia aos banhos quanto as criancinhas que Gilda nos conseguia, roubando-as nas aldeias afastadas ou das mendicantes. Calmor coloca-

A Abadia dos Beneditinos

va-as sobre o altar, fazia-me ajoelhar sobre os degraus e, com um longo e maciço estilete de ouro, penetrava-lhes o coração. Então, eu sugava, com um prazer selvagem, o sangue que escorria da ferida, pois era a essência da vida que eu absorvia. Eu estava tão acostumado a isso que as contrações de agonia dos pequenos corpos não me impressionavam absolutamente.

Muitos crimes hediondos e contra a natureza foram cometidos naquele laboratório, mas abstenho-me de descrevê-los, pois seria muito revoltante e penoso. Muitas vezes, quando não estávamos trabalhando, Calmor e eu conversávamos por muitas horas sobre coisas interessantes que ele presenciara durante sua vida; ou, então, ele evocava o seu demônio familiar, que traçava com um pedaço de carvão grandes caracteres tremidos, formando respostas exatas às nossas perguntas. Certa noite, tínhamos conversado sobre fatalidades trágicas, de certa forma hereditárias em determinadas famílias, cuja maioria dos membros havia perecido de má morte, assim como sobre aparições, fantasmas etc. Todos esses relatos haviam ressuscitado, na minha memória, a história que Sibila contara sobre minha antepassada, a dama Iolanda. Mesmo quando cheguei a casa para dormir, a lembrança desse trágico relato perseguia-me persistentemente. Debrucei-me à janela e fixei os olhos na velha e sombria torre iluminada pela lua. Suas estreitas janelas gradeadas, clareavam, certamente, a escada cuja entrada estava murada. O que havia naquele quarto que a mão do meu poderoso bisavô fechara havia mais de um século e meio? Eu quase compreendia esse sentimento de vingança implacável contra o roubo de um coração que só a ele deveria pertencer. Provavelmente os culpados, surpreendidos pelo marido enganado, ainda guardavam o castelo depois de tanto tempo, e a dama Iolanda aparecia como uma sombra vingadora para anunciar a morte dos donos da casa de Mauffen. Por vários dias, resisti ao desejo de entrar na torre, que me perseguia como uma obsessão. Finalmente, não agüentando mais, certa noite, depois do jantar, chamei vários homens munidos de picaretas e outros instrumentos e fomos à torre que me atraía de modo irresistível. Os operários atacaram a muralha e, depois de um trabalho cansativo, pedras, tijolos e cimento começaram a rolar pelo chão. Tomado por um interesse palpitante, respiração opressa, eu assistia ao trabalho. À medida que ele avançava e que o espesso muro ruía, uma porta maciça ia surgindo. Quando foi suficientemente desobstruída, vi que estava fechada por um enorme ferrolho sem chave. Estava chegando perto: precisava, somente, encontrar a chave. Despedi os trabalhadores e voltei ao meu quarto, onde peguei os enormes molhos de chaves nos quais eu esperava encontrar aquela de que precisava.

A noite chegara enquanto demoliam o muro, mas esse fato não me deteve. Curioso e intrépido, acendi uma tocha e aproximei-me da porta. Depois de ter lubrificado a fechadura, experimentei as chaves, uma por uma, até que, finalmente, uma delas entrou facilmente e, após algum esforço, o ferrolho cedeu, rangendo, e a porta se abriu, rilhando nos gonzos enferrujados.

Aturdido, parei por um instante diante da escada, cujos degraus brancos e intactos não haviam sido pisados por nenhum pé humano havia mais de cem anos. Subi lentamente e, a cada curva, a lua refletia sobre a parede as grades da janela e minha sombra escura. À medida que subia, um estranho torpor invadia todo o meu corpo. De repente, parei: minha cabeça rodava, minhas pernas dobravam, minhas pálpebras, pesadas como chumbo, se fechavam involuntariamente e eu fui tomado por um sono incontrolável. Caí sobre os degraus, larguei a tocha e pareceu-me que um estranho golpe se abatia sobre minha cabeça. No mesmo instante, surgi de pé na escada, experimentando uma sensação indefinível: era eu e, no entanto, eu não era o mesmo. O magro e impressionável rapaz se tornara alto, atlético, com mãos musculosas e enormes e uma barba branca descendo sobre o peito, estava vestido de preto e trazia uma maciça corrente de ouro ao pescoço. Mas a mudança mais estranha se produzira no meu coração, onde fervia um ódio atroz contra os dois seres que, lá em cima, se amavam e me traíam. Não posso definir se eu sentia ou se via meus gestos rápidos ao subir a escada iluminada pela lua. Com o coração cheio de raiva, parei diante de uma porta, nela encostando o ouvido para escutar alguma palavra traidora, mas, movido pela impaciência, abri essa porta e o espetáculo que presenciei deixou-me pregado no limiar: numa poltrona de alto espaldar, estava sentada uma linda mulher loura, trajando um vestido de lã branca; no chão, encontravam-se uma harpa e um fuso caídos e, de joelhos diante da mulher, dando-me as costas, um

A Abadia dos Beneditinos
201

homem vestido de violeta, cujos longos cachos negros caíam-lhe sobre os ombros. Estavam abraçados e a cabeça loura da jovem se apoiava na fronte do traidor. Incapaz de falar, trêmulo de raiva, eu permaneci imóvel, ruminando idéias infernais, quando a moça levantou a cabeça e, com um grito de pavor, atraiu a si seu amigo. Eles estavam tão absortos que não tinham ouvido os golpes que eu dera na porta.

Vendo aquele gesto de amor e medo, uma nuvem sangrenta passou diante dos meus olhos; um punhal brilhou na minha mão e enterrei-o na lã branca. O pálido rosto pendeu e dois olhos azuis, velados pela agonia, fixaram-se em mim com uma expressão indefinível. Meu olhar perturbado desviou-se, caindo sobre o trovador ainda ajoelhado, estupefato de espanto. Tal uma maça, meu punho abateu-se sobre sua cabeça – e saí. Com uma rapidez vertiginosa, desci a escada, mas diante de mim flutuava a mulher de cabelos louros, com o peito ensangüentado. Persegui-a, sempre na iminência de agarrá-la, mas quando estendia a mão, ela desaparecia para reaparecer a alguns passos de distância. Essa corrida desenfreada continuava sem descanso, sem fôlego. A aparição, que parecia desafiar-me, conduziu-me a um velho solar. Diante de uma porta, seu corpo inteiro endirei-tou-se à minha frente, querendo, a seguir, fugir por aquela porta que se abriu com estrondo, mas dessa vez eu agarrara seu vesti-do flutuante. Arrastou-me atrás de si e caí de joelhos, enlaçando-a fortemente contra o meu peito. Quis fitá-la, mas uma exclama-ção de surpresa escapou dos meus lábios: encontrava-me sobre os degraus de um berço e eu abraçava um recém-nascido. Recuei... soltei um grito abafado... e reabri os olhos.

Os raios do sol nascente iluminaram-me. Não longe de mim, jazia minha tocha apagada. Esfreguei os olhos: estava louco ou doente, para ter dormido assim no meio da escada? Minha imaginação, impressionada por aquela velha história, criara aquele sonho insensato com tamanha vivacidade que pensei ter praticado os atos do meu bisavô. Levantei-me, pros-trado e com a cabeça pesada. Naquele momento, eu havia per-dido toda a vontade de sondar os mistérios da torre. Então desci e mandei que cobrissem a porta com leve cobertura.

Três dias mais tarde, recebi do barão de Launay o convite para comparecer ao batizado de sua filha Rosalinda. A essa festa, que foi magnífica, compareceu toda a nobreza da região. Lá encontrei o conde Lotário de Rabenau com seu filho, um menino louro, de traços finos e caprichosos, que se agarrava ao pai e nunca o deixava. Não sei por que esse menino me inspirou uma surda e profunda aversão. Sua pessoa sempre me trazia à memória o trovador com quem sonhara, embora o mesmo tivesse cabelos negros. Inquieto com esses pensamentos, eu passei para outra sala, misturando-me aos convidados.

\* \* \*

Quinze anos se passaram, sem que nenhum fato importante, relacionado a esta narrativa, acontecesse. Continuei, em segredo, meus trabalhos de alquimia, e no resto do tempo procurava aventuras e freqüentava torneios e, às vezes, as festas da nobreza que, para mim, tinham poucos atrativos. Muitas vezes pensei em me casar e muitas tentativas de aproximação foram feitas pelas mamães das lindas moças casadoiras, mas nunca consegui escolher entre as nobres senhoritas!

Alguns anos antes da época em que retomo esta narrativa, eu reencontrara meus dois velhos amigos, Rosa e Bertrand. A primeira era proprietária de um albergue vulgar e mal-afamado e, por vezes, achava estranho que ela pudesse se sentir tão bem em companhia dos carroceiros, camponeses e vagabundos que freqüentavam sua hospedaria. Quanto a Bertrand, ele se tornara um pouco esquisito, e só aparecia no final do dia ou à noite. De onde vinha, para onde ia, ninguém sabia. Evidentemente, suas atividades eram muito misteriosas, mas isso não nos impedia de sermos os melhores amigos do mundo.

Isso posto, retomo minha confissão. Um dia fui convidado para participar de uma grande caçada que o duque organizava nos arredores do meu domínio. Era uma caça ao gamo e ao javali. O evento contava com a participação das damas e devia encerrar-se com um banquete. Empenhado na perseguição de um javali que parecia infatigável, embrenhei-me na floresta e, no momento em que pensava ter acuado o animal, numa garganta bastante profunda, a maldita besta conseguiu escapar por uma passagem pela qual me era impossível segui-la. Furioso e desapontado, voltei-me para juntar-me aos outros mas, não ouvindo mais os gritos nem os latidos da matilha, fiz soar minha trompa. Imediatamente o relincho de um cavalo se fez ouvir, perto de onde eu me encontrava. Dirigi-me para a direção do som, pensando encontrar um caçador, mas para minha surpresa, surgiu do matagal uma hacanéia branca montada por uma jovem cuja palidez e os olhares assustados demonstravam que estava perdida.

Fiquei fascinado diante daquela radiante beleza, que nunca vira igual. Seu rosto alvo e rosado era emoldurado por cabelos negros como o ébano, que escapavam, em longos cachos, de seu capuz de veludo azul. Um vestido da mesma cor, debruado de pele e bordado a ouro, desenhava sua cintura esbelta, e grandes olhos negros como veludo completavam um conjunto que me subjugou totalmente.

Deparando comigo, a jovem castelã deu um grito assustado e olhou-me com um temor não disfarçado. Fiz uma profunda reverência, apresentei-me e pedi à bela desconhecida permissão para reconduzi-la ao local da reunião. Ela inclinou sua linda cabeça e respondeu:

– Aceito, senhor conde, e me confio a vós. Sou Rosalinda, filha do falecido barão de Launay. Com certeza vós conheceis meu irmão Willibald, mas eu tenho apenas 15 anos e esta é a primeira grande caçada da qual participo.

Escutei, encantado, a ingênua tagarelice da adorável criatura, recordando-me de ter assistido ao seu batismo. Mas como sua égua começava a dar sinais de impaciência, irritando-se com nosso horrível caminho através dos ramos e pedras limosas, agarrei suas rédeas e continuamos a caminhar, conversando. Ela falou de tudo: da caçada, do duque, das damas, das magníficas toaletes e, principalmente, da alegria de já ter idade para participar de todas essas festas.

Ao fazer um dos seus gestos rápidos, uma rosa presa por um laço azul ao seu cinto dourado desprendeu-se e caiu. Saltei do cavalo e, pegando-a, pedi permissão para portar as cores da bela Rosalinda. Um sorriso orgulhoso e malicioso apareceu-lhe nos lábios e, estendendo a mão para a flor, ela disse:

– Isto, senhor conde, não mais tenho o direito de conceder-vos. Pedi ao cavaleiro Léo de Lœvenberg.

Devolvi-lhe a rosa sem objetar, mas um estranho sentimento de inquietação e de secreta inimizade comprimiu-me o peito. Ela era tão jovem e eu chegara tarde, tarde demais para ser amado pela única mulher que me agradara a ponto de ter sido dominado, à primeira vista, pelo desejo de tê-la por esposa. Cavalgava silenciosamente, mordendo os lábios e pensando que um rival podia morrer, sobretudo se fosse muito jovem e se fosse provocado. Conhecia um pouco o cavaleiro de Lœvenberg, mas nunca prestara atenção ao homem que eu odiava naquele momento.

Logo chegamos ao local do encontro. Era uma vasta clareira cercada de árvores seculares. Sobre a grama, pajens e escudeiros, portando as cores ducais, preparavam um lauto almoço. Muitas pessoas já estavam lá reunidas. Na orla da floresta, dois jovens senhores, ainda a cavalo, conversavam animadamente. Avistando-nos, um deles exclamou: "Ei-la!". Era Willibald de Launay, irmão de Rosalinda. O segundo senhor, vestido de azul e dourado, como Rosalinda, e que trazia sua rosa no gorro, era Lœvenberg. Pela primeira vez, examinei atentamente meu rival e tive que reconhecer que ele era admiravelmente bonito. Alto, esbelto, cabelos louros e cacheados cobrindo a cabeça e uma barba rala emoldurando seu rosto regular, de uma alvura mate. Mas o mais fascinante eram seus olhos grandes, negros, sonhadores; em resumo: tal como ele era, só podia cativar uma mulher.

Logo que Rosalinda percebeu os dois rapazes, lançou sua hacanéia em sua direção, esquecendo-se da minha presença. Seus olhos brilhantes não disfarçavam seu amor. Uma surda raiva contra aquela bela figura que conquistara o coração da moça tomou conta do meu peito.

Léo ajudou-a a desmontar e conduziu-a até um grupo de damas e cavaleiros sentados sob um grande carvalho. Perto dali, avistei a alta silhueta do conde de Rabenau. Seu belo rosto estava animado pela caçada e ele conversava com um velho senhor, seu amigo. Ao lado dele, encontrava-se o filho, belo jovem de aproximadamente vinte anos, mas seu rosto efeminado estava corado e alterado e seus olhos flamejantes seguiam, com despeito, todos os movimentos de Rosalinda e de Lœvenberg. Pensei: "Ah! Tu também és ciumento, filho do soberbo Rabenau... és ciumento!".

Naquele momento, o olhar do pai voltou-se para ele, e com

A Abadia dos Beneditinos

um terno e malicioso sorriso, colocou a mão sobre o ombro do filho e disse-lhe algumas palavras, certamente consolando-o pela desilusão amorosa, pois o rosto do jovem conde desanuviou-se completamente. Futuramente, eu iria saber muitas coisas sobre aquele jovem incapaz de um afeto sério. Entre outras, que ele se casara muito jovem, contra a vontade do pai, com uma mulher vulgar e depravada que lhe inspirara uma grande paixão. O casamento, com toda razão, nunca se tornou público, e a condessa aventureira morreu não se sabe onde, e talvez tenham feito com que desaparecesse.

O conde de Rabenau levou seu filho para junto das senhoras, cuja atenção logo se dirigiu para o belo querubim. Ele próprio se instalou ao lado de uma jovem e bonita viúva que ele cortejava e que palpitava sob seu olhar flamejante.

Logo que as regras de cortesia permitiram, despedi-me para voltar ao castelo, tomado por sombrios pensamentos. O encontro com Rosalinda havia perturbado meu coração de bronze e seu rosto encantador aparecia constantemente diante dos meus olhos. Subitamente, lembrei-me de que já tinha visto traços semelhantes e, coisa estranha, fora no sonho louco que eu tivera, adormecido na escada da torre maldita. Pensei: "Ah, se a loura Iolanda se parecia com a morena Rosalinda, eu compreendo, bisavô, tua selvagem vingança".

Chegando ao solar, tranquei-me no amplo aposento que me servia de gabinete e de quarto de dormir. Numa alcova, fechada por tapeçarias escuras, elevava-se meu leito de colunas. Minha secretária estava perto da estreita janela, mas naquele momento eu não tinha a menor vontade de trabalhar. Aproximando-me da mesa, enchi uma grande taça de vinho envelhecido e, puxando uma poltrona, lá me deixei cair. Com a cabeça apoiada na mão, fitei a chama crepitante na imensa lareira, e absorvi-me em meus pensamentos. Esvaziava taças e mais taças e finalmente concluí que aquela jovem *deveria* se tornar minha mulher, a qualquer preço. Sabia que ela amava o conde de Lœvenberg, mas era preciso, então, começar por me livrar dele. Léo morto, ela estaria livre e eu tentaria conquistá-la. Já havia passado dos quarenta, mas ninguém me daria mais do que trinta anos; era bonito, rico, nobre, e isso poderia agradar a uma mulher. Ninguém sabia o quanto eu era feroz e cruel e a vida que eu levava no castelo era um mistério para todos. Eu precisava, apenas, esperar, pois na época em que vivíamos cada qual permanecia em seu castelo, a grandes distâncias, e com freqüência passando meses sem se ver. Era preciso, pois, encontrar urgentemente um motivo para revê-la, e meu ciúme impacientava-se com esses prazos.

Resolvi procurar Calmor e consultar a cabala e os astros. Traçamos um horóscopo que me predisse que dentro de dezoito luas meu rival pereceria pelas minhas próprias mãos. Decidi, então, esperar, procurando alguma oportunidade para querelar contra Lœvenberg mas, no final de algumas semanas, desanimei. Perder assim um tempo precioso que beneficiaria Lœvenberg pareceu-me estúpido. Rabenau era o tutor de Rosalinda e talvez pudesse aceitar para ela uma aliança tão brilhante. No dia seguinte a essa decisão, vesti-me magnificamente com uma veste escarlate coberta de pedrarias, montei meu ginete espanhol, branco como a neve, e, acompanhado de imponente cortejo de pajens e escudeiros ostentando minhas cores, encaminhei-me ao castelo de Rabenau. Prevenido de minha chegada, o castelão recebeu-me cortesmente nos degraus da escada de honra, e com aquele sorriso sedutor que o fazia conquistar todos os corações, apertou-me a mão, conduzindome ao salão, onde nos sentamos.

Notando minha rica indumentária, um fino sorriso insinuou-se nos lábios do senhor de Rabenau.

– Estou encantado de encontrar-vos, caro conde – disse ele –; provavelmente ides a algum banquete. Se eu tivesse uma filha para casar – ele sorriu novamente –, este traje de cerimônia e este séqüito principesco despertariam em mim esperanças bem lisonjeiras, mas, pobre de mim, fui privado dessa alegria paternal.

Inclinei-me, tentando adivinhar com que intenção ele dissera isso, mas no seu olhar profundo e sorridente não pude nada ler.

– É lamentável, senhor – respondi gravemente –, que o céu vos tenha negado uma filha que, certamente, seria tão bela quanto o pai, e aos pés da qual suspirariam os mais valentes cavaleiros da cristandade. E contudo, senhor conde, vós não vos enganastes sobre minhas intenções. No lugar de uma filha, tendes uma pupila, a nobilíssima senhorita Rosalinda de Launay,

A Abadia dos Beneditinos

cuja mão venho solicitar, não pretendendo da futura condessa de Mauffen nenhum outro dote além de sua beleza.

O conde me escutara atentamente e, quando terminei, refletiu um pouco e me respondeu, inclinando-se com cortesia:

– Só posso ficar lisonjeado com a honra que concedes à jovem dama. Mas, infelizmente, caro conde, Rosalinda já fez sua escolha e é o cavaleiro de Lœvenberg que ela ama apaixonadamente. Como tutor, tenho apenas o direito de impedir-lhe um casamento que desaprovo, mas não o de forçá-la a se casar com alguém contra sua vontade, como talvez eu o exigisse de minha filha diante de tão brilhante aliança.

Compreendi as intenções que queria dissimular com aquelas hábeis e lisonjeiras palavras: para não contrariar seu filho adorado, ele não autorizava o casamento de Rosalinda com Lœvenberg e rejeitava qualquer outro pedido. Convidou-me para jantar, mas devido ao meu mau humor recusei e despedi-me friamente. Rabenau notou meu despeito e disse, apertando-me a mão:

– Não me guarde rancor, caro conde, pois não temos culpa das circunstâncias. Se eu mesmo me apresentasse como pretendente da bela Rosalinda, a mesma sorte me esperaria. Consolai-vos com o fato de eu estar usando minha autoridade para impedir, ao menos por enquanto, qualquer casamento devido à pouca idade de minha pupila.

Nada respondi e, com uma fria saudação, montei o cavalo. Estava furioso: eu, o rico e ilustre senhor de Mauffen, tinha sofrido uma recusa categórica e, sem dúvida, meu séqüito desconfiava da finalidade de minha visita e da minha decepção. Dissimulando meu fracasso com uma expressão de glacial indiferença, atravessei a ponte levadiça e, seguido do meu magnífico cortejo, dirigi-me ao solar.

Lá chegando, procurei Calmor. Atendendo ao meu desejo, ele consultou novamente seu demônio protetor, que deu a seguinte resposta:

– Dentro de dezessete luas, combaterás vitoriosamente o teu rival, mas ele não morrerá.

Seguia-se um desenho explicativo, representando um gato com uma pedra atada ao pescoço que, lançado à água, nadava e reaparecia na margem oposta.

– A dama que ocupa teus pensamentos casará novamente, mas não contigo. Tu vestirás o hábito, mas sobre o fim de tua vida nada posso te dizer, e proíbo Calmor de o fazer.

Essa resposta pouco me consolou e, apesar de minha cega confiança, ela me suscitou algumas dúvidas. Mesmo contra a vontade de Deus e do diabo, eu queria desposar Rosalinda, mas tornar-me monge, nunca. Para não deixar de lado nada do que me pudesse fazer atingir meus objetivos, também empreguei o seguinte sortilégio: uma galinha branca foi cabalisticamente batizada com o nome de Rosalinda. Esta devia comer aveia misturada com o meu sangue, alimento que eu mesmo preparava, enquanto Calmor pronunciava as palavras místicas que, por intermédio da galinha, deviam fazer a jovem ficar ardentemente apaixonada por mim.

Um pouco mais calmo, retomei minhas ocupações habituais, até que, cerca de um mês mais tarde, fiquei transtornado com uma notícia que me chegou por intermédio de Euleuhof. Rosalinda fugira da casa do tutor e refugiara-se no castelo de Rouven, onde o capelão a casara com Lœvenberg. Rabenau perseguira os fugitivos e chegara muito tarde. Indignado com a conduta da pupila, rompera relações com ela. No entanto, esse rompimento nada mudava, já que Lœvenberg saíra vencedor e conduzira, triunfalmente, a bela castelã ao seu solar.

Até aquele dia eu não havia sentido as torturas de um ciúme desenfreado. Mas a partir de então, esse sentimento infernal dilacerava minha alma. Quando eu pensava no jovem casal e na felicidade do belo Lœvenberg, meu sangue fervia e meu cérebro maquinava planos de vingança.

Apesar da minha raiva, tive que esperar e, ajudado pelos meus dois amigos, que por ouro estavam sempre dispostos a tudo, preparei lentamente a perda do rival odiado.

Como instrumento, escolhi um primo afastado, chamado Siegfried de Mauffen, rapaz sem experiência, sempre negligenciado por mim, mas de quem me lembrei por ocasião de uma herança que ele recebera, da qual uma das terras era objeto de litígio entre ele e Lœvenberg. Aconselhei Siegfried a declarar como sua a terra contestada, sem discutir. Lœvenberg não concordou com um arranjo tão arbitrário mas, sempre conciliador, convidou meu primo a visitá-lo em seu castelo, para encerrar o caso amigavelmente. Era tudo o que eu desejava: uma hábil emboscada foi armada e meu primo morreu ao deixar o solar de Lœvenberg, onde passara a noite. Seu cadáver foi encontrado nas terras do conde, mas ninguém suspeitou de assassinato, pois a lealdade do cavaleiro de Lœvenberg era famosa. No entanto, isso não me impediu de acusá-lo de traição e de felonia e, como ele tudo negou, desafiei-o ao julgamento de Deus. O duelo aconteceu no prazo das dezessete luas e saí vencedor, como predissera o demônio de Calmor. Como os pormenores do duelo já foram descritos no relato de Sanctus, mencionarei apenas que, enquanto aguardava, para liquidá-lo, o consentimento do duque que hesitava diante do terrível desespero de Rosalinda, ela pronunciou aquelas palavras que me deixaram estupefato: "Antes morrer do que viver desonrado". Desferi o golpe com mão trêmula e pensei ter matado o belo conde estendido, rígido e imóvel, mas para minha grande surpresa, seu cadáver desapareceu e nem as mais ativas buscas foram capazes de descobrir-lhe o paradeiro. Rosalinda desapareceu atrás das ameias do castelo de Rabenau que, tendo com ela se reconciliado, a levara, e me foi impossível revê-la. Passaram-se meses sem que surgisse qualquer ocasião favorável à realização dos meus projetos e, pouco a pouco, um ódio surdo contra Rabenau invadiu meu coração. Para matar o tempo, eu visitava de vez em quando minha bela amiga, que fora, outrora, condessa. Uma tarde, encontrava-me no albergue, mas para evitar o contato com o populacho da sala, retirei-me, como sempre o fazia, para uma mansarda, na qual Berta vinha me fazer companhia. Naquele dia, ela colocou à minha frente uma grande bilha de vinho, um copo e uma apetitosa ave assada.

– Come, meu belo conde, estás cansado e faminto devido à longa caminhada – disse ela, dando-me tapinhas amigáveis na face. – Mas – fitou-me atentamente – por que estás tão triste? Sim, sim, já sei o que te falta, pois não estou mais lá para cuidar de ti e tomar conta da casa. Estás magro e raquítico. Por mais de uma vez eu já pensei, em consideração à nossa velha amizade, que deveria abandonar este albergue e tornar-me tua mulher, para cuidar de ti como nos bons tempos. Mas é muito difícil abandonar este velho louco do Euleuhof, que me ama tão apaixonadamente.

Dando uma grande gargalhada, ela continuou:

– Mas nem penses em ter ciúmes, meu belo cavaleiro, o pobre homem não ousa confessar-me sua paixão, pois conhece minha dignidade e a integridade de minha virtude quase austera. Só não quero que ele acabe mal.

Nada respondi, não querendo despertar seu mau humor, pois eu precisava de Euleuhof, e conhecia o poder incontestável que Rosa exercia sobre o aventureiro. Esforcei-me, pois, para ser amável com aquela mulher que ainda podia, para as pessoas que visitavam a taberna, passar por bela, mas que para meu olhar, habituado aos belos rostos das jovens castelãs, não passava de uma velha e feia criatura, duplamente repugnante porque, decaída da posição em que tinha nascido, descera à última camada da escala social.

Ignorando suas pretensões de se tornar condessa de Mauffen, eu disse, afagando sua mão, que se tornara rude e áspera:

– Sei que tu és uma alma fiel a toda prova, cara condessa.

Ela amava aquele título perdido e apagado devido à sua atual posição, e que somente através dos meus lábios fazia com que se lembrasse de um passado tão belo.

– Psiu! – disse com um olhar terno –, como és imprudente! Se alguém te ouvisse! Sem isso, já comentam que tenho ar de uma grande dama disfarçada. A nobreza dos meus traços e a elegância de minhas maneiras me traem.

Com ar presunçoso, ela rodopiou e gingou seu corpo desgracioso, do qual uma corpulência excessiva roubara toda a elasticidade e toda a elegância. Temeria ela, realmente, o perigo de ser identificada como uma nobre dama? Lastimei não poder tranqüilizá-la sob esse ponto, pois poderia ser confundida antes com uma judia endomingada do que com uma castelã disfarçada.

Naquele momento, passos ressoaram, a porta se abriu bruscamente e meu amigo Bertrand entrou, muito excitado. Jogou-se sobre o banco, agarrou o copo e bebeu um grande gole de vinho. Berta saiu, deixando-nos sozinhos, e observei Bertrand, que bebia silenciosamente e parecia absorto em sérios pensamentos. Já havia muito tempo que eu o espionava e tentava desvendar o mistério que cercava a vida daquele homem, que o escondia de mim obstinadamente. Ele alegava estar levando a vida de um

A Abadia dos Beneditinos 211

aventureiro, mas suas mãos brancas e cuidadas eram as de um homem que nada fazia, pouco afeito à espada. Muitas vezes eu o vira desaparecer perto da abadia dos Beneditinos. Será que vivia como falso monge no sombrio convento? O que fazia lá? Para o momento, bem que eu gostaria de convencê-lo a eliminar Rabenau e, conhecendo seu fraco por ouro, eu lhe disse:

– Escuta, Bertrand, meu amigo, tu sabes que, quando mereces, meu cofre está sempre aberto para ti. Faze-me, pois, um favor: livra-me desse conde de Rabenau que me impede de me aproximar da bela Rosalinda, para eu poder raptá-la e pagar seu peso em ouro. Odeio esse insolente que não a perde de vista e cujo olhar parece ler o fundo de nossa alma.

Ao ouvir o nome de Rabenau, uma estranha expressão, misto de ódio e temor, contraiu o rosto de Bertrand, mas, dominando-se rapidamente, abaixou os olhos com ar indiferente. Eu já vira o bastante: ele odiava Rabenau por talvez depender dele, ou então pelo conde ter descoberto seu segredo de falso monge aventureiro. Resolvi tentar uma grande cartada e, colocando a mão no seu ombro, disse:

– Nada escondas de mim, Bertrand, pois sei de tudo e te tomo por um falso monge beneditino.

Se um raio tivesse caído entre nós naquele momento, seu efeito seria menos devastador do que as minhas palavras. Bertrand ergueu-se, lívido, lábios trêmulos. Apertou meu braço com tamanha violência que seus dedos afundaram na minha carne. Murmurou bruscamente:

– Infeliz, quem te disse isso? Então ignoras que, de acordo com meu juramento, não deves sair daqui com vida?

Estremeci. Sem querer, eu tinha tocado em algum segredo terrível, cujo sentido eu ignorava, mas naquele instante, para minha própria segurança, eu devia tudo saber. Então, respondi com firmeza:

– Penso que tua amizade por mim te impedirá de me matar. Além disso, Bertrand, sabes que sou capaz de guardar segredos, ainda que tão graves como o que acabo de mencionar. Fala-me, pois, abertamente.

Euleuhof endireitou-se, respirando com dificuldade e, ainda emocionado, respondeu:

– Vou te dizer uma coisa: é que posso, se quiseres, empregar meu poder contra qualquer um, mas em Rabenau não posso tocar. E eu te previno, Hugo, não tentes desafiá-lo, pois seu poder é terrível, sua astúcia e genialidade são incomparáveis.

Um olhar sobre o rosto sério e emocionado de meu amigo bastou para me convencer de que ele falava a verdade. Faláramos muito alto, mas quem poderia nos ouvir? A sala, embaixo, estava cheia de camponeses que tagarelavam ruidosamente no dialeto da região, enquanto nós falávamos em latim. Naquele momento, os degraus da escada rangeram e ouvimos uma voz que dizia:

– Olá! Bela Berta, aonde vais tão apressada? Droga! Que procurais aí em cima? Estou vos seguindo e não me escapareis!

A porta se abriu e Berta, afogueada e emocionada, apareceu, seguida de um homem alto, vestido como os camponeses, com uma espécie de saiote marrom, tendo a cabeça coberta por um boné puído. Seus cabelos, de um louro sujo, e uma grande barba ruiva, emolduravam um rosto bronzeado, que, involuntariamente, me impressionou. Havia algo de desarmônico naquele rosto estranho, cujo nariz fino, reto como o de uma estátua grega, contrastava com a testa estreita e com todo o resto. Sem prestar a mínima atenção ao meu visível aborrecimento, esse personagem largou a cintura de Berta e avançou, sem nenhum constrangimento para Bertrand:

– Até que enfim eu te encontrei – disse, batendo-lhe familiarmente no ombro. – Mas por que te escondes aqui?

Avistando aquele indivíduo, Bertrand empalideceu subitamente e, como o estranho passou o braço sob o seu, deixou-se levar sem resistência, apesar dos meus protestos. Muito irritado, pedi explicações a Berta, mas ela estava preocupada e indisposta e disse que não sabia de nada em particular sobre aquele homem estranho, que às vezes ia ao albergue e a quem chamavam de "belo ruivo".

Como Euleuhof não regressava, fui embora muito contrariado, mas querendo a qualquer preço sondar esse perigoso mistério. Durante o dia, preocupei-me com esse assunto, mas quando a noite chegou peguei com Calmor um livro de alquimia e me retirei para o meu quarto. Muito tempo tinha se passado, quando um leve rumor, na alcova onde se encontrava meu leito, interrompeu minha leitura. Levantei-me inquieto: era

A Abadia dos Beneditinos

noite avançada, tudo dormia no solar, cujas chaves, que já me haviam entregado havia muito tempo, encontravam-se diante de mim, sobre a mesa. Dirigi os olhos para o leito, de onde o barulho parecia ter saído, e vi que as cortinas abaixadas balançavam, como que agitadas pelo vento. Ouvia-se distintamente o ruge-ruge do espesso brocado.

Um calafrio percorreu minhas veias. Eu era supersticioso, nenhum ser humano poderia estar lá àquela hora, mas se fosse o diabo... Meus olhos permaneceram fixos na terrível alcova onde o frufru continuava. De repente, levantei-me como um louco, minhas pernas fraquejavam, pois acabara de ver uma alva e esguia mão aparecer entre as cortinas escuras, erguendo-as ligeiramente. Com a testa banhada de suor, segurei-me na beirada da mesa, esperando a aparição. Não mais duvidava de que era o diabo que viera exigir que eu vendesse minha alma em troca do elixir da vida eterna, pois Calmor me prevenira que o espírito das trevas viria pessoalmente selar esse pacto comigo. Num segundo, todos esses pensamentos turbilhonaram no meu cérebro excitado e uma luta travou-se dentro de mim: deveria ou não vender minha alma a Satã? Naquele momento, esboçou-se na semi-obscuridade das cortinas entreabertas o contorno de um rosto pálido, ornado de um toque com plumas e dois olhos, tão brilhantes que só poderiam pertencer a Lúcifer em pessoa, fixaram-se em mim. Era demais! A terrível aparição evocada por Calmor no Berço do Diabo apresentou-se à minha lembrança como se estivesse vivo. Quase maquinalmente, estendi a mão trêmula para a mesa onde, entre um monte de diversos objetos, encontrava-se um pequeno crucifixo de marfim, que suportava diante de mim, sem usá-lo. Agarrando o sinal da redenção que possuía o poder de anular a força infernal, apertei-o contra o peito, murmurando com voz abafada:

– *Vade retro Satanás!*

Sem dúvida eu era um grande criminoso, pois a fórmula de exorcismo não surtiu nenhum efeito. Uma sonora gargalhada foi a única resposta que obtive e o demônio pulou no quarto. Involuntariamente, fechei os olhos, pensando que ia ser estrangulado pelo diabo que quisera expulsar com o auxílio da cruz. Já sentia no meu pescoço sua mão fria e recurvada e minha respiração ofegante e opressa parecia romper-me o peito.

Uma segunda gargalhada fez-me reabrir os olhos.

– Por que diabo me tomais, conde? – disse uma voz metálica e bem conhecida por mim. – Creio, realmente, que me fazes a honra de me tomar por vosso chefe, Lúcifer. Acordai, bravo Mauffen, eu sou de carne e osso e não aspiro estragar vossa alma nem vossa magra nuca, mas tenho algo a vos dizer.

Estremeci e pensei estar sonhando: em frente a mim se encontrava, com a mão sobre a adaga e um malicioso sorriso nos lábios, o temível conde de Rabenau. Jogou-se sobre uma poltrona perto da mesa e, enchendo minha taça de vinho, esvaziou-a de um trago.

– Delicioso – disse, servindo-se de outra dose, que degustou como conhecedor. – Tomais um vinho excelente, conde. Foi para regalar Lúcifer que providenciastes esta bebida celestial?

Eu o encarava, furioso e surpreso: por que milagre conseguira entrar na minha casa? Todas as portas estavam trancadas e quando, à noite, eu deitara na minha cama, ele não estava lá.

– Por onde entrastes, senhor? – perguntei visivelmente aborrecido. – Apenas os ladrões e os espadachins utilizam caminhos tenebrosos para penetrar nos castelos alheios, nunca um bravo cavaleiro...

– Como consegui, é assunto meu. Talvez eu me sinta mais em casa neste castelo do que vós.

Pensei apavorado: e se ele achasse os tesouros?

Como se tivesse lido meus pensamentos, aquele homem estranho levantou-se, mergulhando seu olhar de fogo no meu.

– Temeis que eu vos roube os tesouros que escondeis nos subterrâneos da torre leste! O corredor é à esquerda do poço, há vinte e sete degraus para descer e três portas a transpor. Como vedes, conheço *tudo*. Mas tranqüilizai-vos, conde, sou muito rico para prescindir do vosso ouro, embora tenha direito a estes tesouros. Mas previno-vos de uma coisa: podereis ficar tranqüilo somente enquanto eu viver. Possuo as plantas pormenorizadas do solar e de todos os subterrâneos e saídas secretas. Se eu morrer e esses pergaminhos caírem em mãos rapaces, sereis despojado sem que possais vos defender. Como vistes, entrei aqui por um caminho por vós desconhecido e este não é o único. Não desejeis, pois, minha morte, pois lamentaríeis amargamente. No momento, não posso revelar-vos um segredo

A Abadia dos Beneditinos     215

que nos une um ao outro, mas com o tempo, sabereis.

Levantou-se, fez um gesto de adeus e, lançando-se em direção ao leito, desapareceu atrás das cortinas. Por um momento, a estupefação imobilizou-me; depois, precipitei-me para a alcova, querendo saber por onde ele havia passado, mas em vão procurei e apalpei as paredes, pois não consegui descobrir nem um vestígio de painel ou de porta secreta. Abalado por aquela estranha visita, só consegui dormir quando já amanhecia.

Alguns dias mais tarde, eu reencontrei Bertrand, que parecia inquieto e que me fez, sem dificuldade, uma confissão completa. Soube, assim, que ele representava no convento dos Beneditinos o papel de prior, mas que na realidade nada mais era do que um escravo obrigado a submeter-se, cegamente, à vontade de Rabenau, verdadeiro prior e ao mesmo tempo o chefe poderoso da sociedade secreta dos monges vingadores. Bertrand não dispunha de um tostão, e Rabenau tudo controlava. Daí que vinha – explicava – sua avidez. Continuando, revelou que naquele momento se tramava contra Rabenau uma conspiração, cujo chefe era um monge chamado Benedictus, outrora conde de Rouven, que fora enclausurado em conseqüência de uma indigna traição. Sua mão direita, um personagem de nascimento obscuro, chamado Pater Sanctus, também o estava ajudando nesta intriga. Percebi que Bertrand mentia ao dizer que não recebia nada, pois quando se tratava de ouro, ele era insaciável. Compreendia que ele se considerasse mal pago e que lhe era insuportável a difícil situação de falso prior, sempre sob a mão de ferro de Rabenau que, caso não fosse obedecido, não pouparia sua vida.

A partir desse dia, visitei Bertrand amiúde na abadia, ora oficialmente, ora por um caminho secreto que ele me havia mostrado. Ele me falava dos seus negócios e me deixava a par da conspiração, que amadurecia cada vez mais. O audacioso Benedictus tentara e seduzira Bertrand, oferecendo-lhe uma enorme quantia. Só estavam esperando o momento favorável e se propunham, na confusão, a assassinar Rabenau.

– Seria uma boa oportunidade também para ti – acrescentou Bertrand. – Sem dúvida, depois da morte do conde, haverá uma grande confusão no castelo e te será possível raptar a bela Rosalinda. Uma vez em segurança atrás das muralhas espessas

216          J. W. Rochester

do castelo de Mauffen, poderás forçá-la a tornar-se tua mulher. Tal idéia pareceu-me magnífica, e eu sapateava de impaciência só de pensar que um dia poderia ter Rosalinda em meu poder. No entanto, o plano se estendeu por muito tempo e muitas semanas se passaram. Finalmente, um dia, Bertrand me disse:

– Espero que na próxima semana tudo se resolva. Rabenau celebrará seu aniversário com uma grande festa e um banquete. Aproveitando-se da agitação causada por uma grande reunião, estão pretendendo roubar-lhe todos os documentos comprometedores. Depois disso, ele terá de se render à discrição ou será assassinado. Mas tu, Hugo, aproveita também a oportunidade. Vai à festa com alguns homens escolhidos. Se Rabenau der pelo roubo, ele não se ocupará de Rosalinda e tu poderás raptá-la.

Agradeci meu fiel amigo pelo seu bom conselho e escolhi, dentre meu pessoal, dez homens que foram devidamente instruídos e aos quais prometi uma boa recompensa, tendo o cuidado de recomendar que deveriam estar prontos ao primeiro sinal.

No dia da festa fui, ricamente vestido, ao castelo de Rabenau. O castelão recebeu-me, amável como sempre, mas logo notei em seu belo rosto,os sinais de uma grande inquietação. Depois de ter cumprimentado as senhoras, instalei-me próximo a uma janela, observando o que se passava. Num grupo de rapazes, encontrava-se Kurt de Rabenau, meu eterno desafeto, pois apesar de sua incontestável beleza faltava-lhe completamente aquele encanto fascinante que era próprio do seu pai e que lhe fazia conquistar todos os corações. Alguma coisa de falso insinuava-se nos olhos de Kurt e, por vezes, uma verdadeira maldade lá brilhava. Naquele momento, o jovem conde parecia aborrecido e seu olhar só se desviava de um grupo de senhoras, dentre as quais se encontrava a jovem condessa de Lœvenberg, para se fixar, com irritação, em seu pai. Surpreso, segui seus olhos e vi então que o conde Lotário trocava com sua antiga pupila, sem disfarçar, olhares apaixonados. Compreendi o aborrecimento de Kurt: seu pai, bonito, sedutor, que parecia seu irmão mais velho, era o seu rival mais perigoso. A abordagem de um velho senhor veio interromper minhas observações e, quando consegui me desvencilhar do importuno, vi que Rosalinda e Lotário haviam desaparecido. Dei uma volta pelos cômodos, cujas portas encontravam-se

A Abadia dos Beneditinos 217

abertas, mas não consegui encontrá-los. Finalmente entrei num gabinete deserto, menos iluminado do que o resto da casa. Já estava disposto a voltar sobre meus passos quando o som de vozes me reteve. Deslizei para o escuro e fundo desvão da estreita janela e esse recanto, aberto em uma parede de três pés de espessura, escondeu-me inteiramente, permitindo que eu a tudo assistisse. Mal acabara de me instalar quando Kurt apareceu, seguido de uma velha senhora trajando simples, mas ricas roupas de camponesa.

– Eu te repito, minha ama – disse ele, com o rosto inflamado –, ela e meu pai se amam, ficaram noivos, como acabo de ver com meus próprios olhos.

E cobriu o rosto com as mãos.

– Mas, meu jovem conde – respondeu a mulher –, fostes iludido pelas aparências, e vosso ciúme vos cega. Vosso pai, um homem tão sério, tão ocupado, nunca pensaria nisso. Ele já teria casado há muito tempo, se quisesse.

– Gertrudes, Gertrudes, onde estás? – chamou uma voz, e a mulher desapareceu rapidamente, dizendo:

– Estão me chamando, preciso voltar à copa!

Ficando sozinho, Kurt percorreu o gabinete com passos nervosos. Uma chama sinistra brilhava em seus olhos.

– Quando se trata de amor, não se brinca e não se poupa nem o próprio pai – murmurou. – Ele sabe que amo Rosalinda, ri-se, considera meus sentimentos infantilidades... é ele próprio o traidor que rouba ao filho a mulher amada. Estou bem arrumado com seu desejo de casar-se nesta idade! Se tiver filhos, um filho, isso diminuirá belamente minha herança. Por sorte, eu sou o mais velho, mas não importa!

Calou-se, lançou ao redor de si um olhar desconfiado e tirou do cinto um pequeno punhal, que se pôs a examinar. Um estranho sorriso errou em seus lábios:

– Ele me trata como criança, seu despotismo me pesa – murmurou, respirando profundamente. – E se eu me desembaraçasse dele? Muitas pessoas que o odeiam estão aqui reunidas hoje, ninguém suspeitaria de mim e, num piscar de olhos, eu seria o senhor!

Calou-se novamente, mas todos os maus sentimentos refletiam-se em seu rosto, enquanto experimentava cuidadosamente a ponta afiada da arma sobre o medalhão que trazia preso ao pescoço por uma corrente de ouro.

– Pobre Rabenau – pensei –, teu próprio filho está pensando em derramar teu sangue!

De repente, estremeci: atrás de Kurt acabava de surgir, silenciosamente, o conde de Rabenau. Com o rosto alterado, pousou a mão sobre o ombro do filho:

– Não te envergonhas, Kurt, de pensar em suicídio?

O rapaz deu um grito abafado, deixando o punhal escapar-se-lhe das mãos. O conde abraçou-o.

– Não, querido filho, acalma-te! – disse, com acento doce e terno do qual eu jamais julgaria capaz aquela voz sonora. – Ouvi teu grito de desespero quando declarei meu amor a Rosalinda, mas agora farei uma viagem da qual talvez eu não regresse. Deixo-te pois, meu nome sem mácula, a fortuna considerável que acumulei durante anos de economia racional e nunca por avareza (entendes, Kurt?), e te cedo meu amor, minha noiva. Conseguirei dela a promessa de se casar contigo depois da minha morte. Estás contente, meu filho adorado?

O semblante de Kurt transfigurou-se, o que era compreensível depois da maquinação dos planos que eu testemunhara. Entretanto, o hipócrita chorou e lançou-se ao pescoço do conde.

– Fica, pai. Eu nada quero, vive apenas.

Estava sendo sincero? A resposta estava no lugar onde todo pensamento é revelado.

O conde enxugou sua testa banhada de suor e, apertando nas suas a mão do filho, continuou:

– Ama Rosalinda como a minha mais preciosa herança, pois é meu próprio coração que com ela te deixo. Domina teus vis instintos, teu caráter caprichoso e tirânico, não faças minha alma sofrer por haver obtido de Rosalinda a promessa de casar contigo. Deixo-te uma imensa fortuna, mas lembra-te, Kurt, de que com o ouro não podemos comprar nem o amor nem a fidelidade. Sê bom com teus vassalos como procurei ser, pois a severidade deve ser temperada com a justiça e a indulgência. Uma boa palavra pronunciada no momento certo conquista mais corações do que um saco de ouro. A lealdade e a generosidade são o escudo invisível da nobreza. E agora, que Deus te abençoe e te proteja!

A Abadia dos Beneditinos

Ele se afastou de Kurt e acrescentou, imperiosamente:

– Vai, procura Rosalinda discretamente, e pede-lhe que me encontre no jardim dentro de meia hora.

Despediu-se com um aceno e desapareceu.

Ficando sozinho, senti-me estranhamente comovido. Rabenau sabia, pois, que estava condenado à morte, e sua calma diante de uma circunstância tão terrível fez com que eu sentisse por ele uma afeição involuntária. Deixei meu esconderijo e voltei para o salão, mas apenas lá havia chegado quando o conde Lotário aproximou-se de mim e me disse à meia-voz:

– Acompanhai-me, senhor de Mauffen, preciso falar convosco.

Sua voz estava tão séria que compreendi que se tratava de algo importante. Ele me conduziu ao seu quarto de dormir e, depois de ter fechado a porta maciça, disse:

– Já vos disse uma vez que vossa fortuna só estaria segura enquanto eu vivesse, mas dentro de algumas horas deixarei de fazer parte do mundo dos vivos. Acabaram de roubar-me um cofre de valor inestimável para mim, pois ele contém pergaminhos secretos, planos... resumindo, o trabalho de toda a minha vida e as provas esmagadoras de que sou tanto um falso conde de Rabenau como um falso prior dos beneditinos.

Ele cruzou os braços e seus olhos brilharam:

– Sou um Mauffen, vosso irmão caçula, o filho desaparecido de vossa infeliz mãe, mas ninguém, exceto eu e aquela que se passa por minha mãe, conhece este segredo. Foi a nós dois que, ao morrer, meu pai confiou a verdade. Mas as provas do que eu acabo de contar encontram-se no cofre roubado.

Uma exclamação de espanto e de surpresa escapou dos meus lábios. Lembrei-me do berço vazio: a criança desaparecida era ele, este homem tão belo, tão pálido, condenado à morte. Era a única pessoa a quem eu estava ligado por laços de sangue.

– Vós! Meu irmão! – eu repetia, atordoado.

– Sim – disse Rabenau –, e em troca de vos ter revelado que vossa fortuna corre perigo, jurai-me, solenemente, que nunca direis uma palavra sobre tudo isso ao meu filho e à sua noiva. Que eles chorem por mim como eles me amaram. Quanto à mulher generosa que me ama como se eu fosse seu verdadeiro filho, ela jamais me trairá, pois no seu coração eu sempre fui seu filho. Se puderdes, Hugo, prestai-me um favor. Sois astuto e intrépido: apoderai-vos, pois, do cofre que o anão roubou. Ele se encontra em poder dos dois monges malditos: Benedictus, que deseja ser prior, e Sanctus, sua criatura. Bertrand, esse facínora covarde a quem alimentei, acumulei de ouro e de confiança, traiu-me e não quero sujar minhas mãos com seu sangue, mas dizei-lhe – ele se empertigou e seus olhos flamejaram – que, apesar da soma que esse Judas recebeu como pagamento pela minha vida, ele perecerá miserável e cruelmente e que ele se lembre, na hora terrível de sua morte, destas palavras que o chefe manda transmitir-lhe.

Nesse momento, seu olhar anuviou-se e tornou-se fixo.

–Vós morrereis todos juntos – disse com voz surda e estranha –: vós, ele e ela, todos.

Estremeceu e pareceu voltar a si. Eu estava mudo e estupefato, mas anos mais tarde sua predição realizou-se literalmente, pois morremos todos juntos.

– Adeus, pois, por esta vida, irmão de Mauffen – disse com voz clara, estendendo-me a mão.

– Lotário – respondi, chamando-o pela primeira vez assim –, deixai-me abraçar-vos, meu irmão e único parente. Restar-me-á a lembrança de ter abraçado e tido como irmão um dos mais nobres e mais valentes cavaleiros. Tendes a minha promessa de que irei fazer todo o possível para reaver vosso cofre, que guardarei em homenagem ao meu irmão e que destruirei todos os documentos comprometedores.

Ambos emocionados, abraçamo-nos como convinha a dois bravos cavaleiros e, depois, Lotário deu-me um anel que trazia no dedo.

– Adeus, Hugo, guardai isto em memória de mim – disse ele, e nos separamos.

Voltei ao salão, mas Rosalinda lá não se encontrava. Com certeza saíra da festa. Percebendo que um rapto seria impossível naquele dia, despedi-me e voltei para casa.

Dois dias depois daquela noite agitada, fui visitar Berta para saber das notícias. Ela me contou que Rabenau fora encontrado assassinado numa clareira perto da estrada e que, na véspera, à noite, o corpo fora levado ao castelo. Não conhecia os pormenores, nem vira Bertrand que, até o momento,

A Abadia dos Beneditinos

continuava no convento, no papel de prior.

Absorvi-me em tristes pensamentos. Rabenau, aquele homem que dois dias antes era tão sedutor, tão cheio de força e de vida, e que eu havia odiado e considerado meu rival, estava morto. Agora, todos esses sentimentos fundiam-se no pensamento que ele tinha sido meu irmão e que não mais existia. Decidi ir ao castelo de Rabenau prestar minhas homenagens aos restos mortais do conde e ao mesmo tempo procurar uma oportunidade para raptar Rosalinda, pois deixá-la para Kurt seria uma estupidez.

No dia seguinte, encaminhei-me, pois, ao solar, em cuja torre mais alta tremulava uma bandeirola negra, anunciando a todos a morte do castelão. A ponte levadiça estava abaixada e os pátios, repletos de gente. Homens de armas, escudeiros e pajens ostentando as cores das mais nobres casas seguravam os cavalos dos seus amos ou conversavam em voz baixa com os criados do castelo, os quais, pálidos, mudos, atônitos, pareciam mergulhados em triste desespero. Informaram-me que todos se encontravam na capela e um senhor, que subia a escada ao meu lado, disse-me:

– Sabeis de um fato curioso? Parece que o falecido conde exigiu, como última vontade, que, caso viesse a morrer, a jovem viúva, condessa de Lœvenberg, casasse imediatamente com seu filho. E neste momento, na presença do cadáver exposto na capela, o capelão está realizando a cerimônia nupcial.

Meu coração parou de bater. Compreendi que Rosalinda cumpria a promessa feita ao homem amado. Fervendo de raiva, atravessei a fila de pajens vestidos de preto e entrei na igreja, cujas portas estavam totalmente abertas. No centro, sobre o catafalco rodeado de velas, jazia Rabenau, como que adormecido e vestido com soberbas vestes. Diante do altar, estavam ajoelhados Kurt e Rosalinda, cujas roupas brancas contrastavam com os trajes de luto que cobriam quase todos os presentes. A cerimônia estava acabando e todos se aproximaram para felicitar os recém-casados. Rosalinda mal escutava, estava mais branca que seu vestido e seus olhos não se desviavam do falecido. Respondendo apenas com um gesto mudo, dirigiu-se para o estrado e, caindo de joelhos, enterrou a cabeça nas mãos. Kurt estava pálido e percebia-se que tinha vontade de chorar. Às vezes, amarfanhava nervosamente o lenço negro que trazia sobre o traje prateado e, quando seus olhos se fixavam sobre a esposa desesperada, eles expressavam uma fria maldade. Para meu coração dilacerado, aquela visão era um bálsamo, pois sabia, ao menos, que ela amava um morto.

O desespero da condessa mãe era tão profundo e sincero que compreendi que aquela mulher amara verdadeiramente Lotário como se fosse seu verdadeiro filho. Pálida, com os traços contraídos, estava caída sobre os degraus, não abandonando a mão gelada do morto, que levava ora aos lábios, ora contra a testa. O capelão começou a rezar o ofício fúnebre e, apoiando-me contra um pilar, continuei a observar. A multidão aumentava a cada instante, toda a região parecia acorrer para prestar uma última homenagem ao leal e sempre amável conde. Até velhos senhores, guerreiros renomados, pareciam comovidos e derramavam lágrimas diante do morto. Entre os criados do castelo, os soluços eram ininterruptos: só depois de perderem esse bom senhor foi que começaram realmente a estimá-lo. Por outro lado, nada esperavam de seu arrogante herdeiro, cuja dureza e cujo despotismo eram proverbiais. Ainda naquele momento, ele, a quem o falecido mais amara, já se mostrava o menos aflito. Mantinha-se de pé e, com as mãos nas cadeiras, relanceava ao redor olhares frios e autoritários. Já representando o senhor, chamava a todo o momento um dos seus pajens ou escudeiros, para dar ordens em voz baixa. Por vezes, para parecer estar ignorando a entrada de novos visitantes, ajoelhava-se sobre os degraus e, colocando o cotovelo sobre um dos joelhos, levantava os olhos e admirava as esculturas do altar. Finda a missa, dispus-me a partir, lançando da porta um último olhar a Rosalinda, que continuava joelhada, de mãos unidas, vertendo grossas lágrimas sobre as faces tão brancas quanto seu véu.

– Como a jovem condessa de Rabenau é bonita – disse ao meu lado um senhor –, e com que desespero chora a perda do seu tutor. Hei de convir que ele era bem sedutor e, mesmo morto, continua um belo cavaleiro.

– É verdade – respondeu outro cavaleiro em voz baixa –, vai continuar de luto e já informou ao marido que, logo após o enterro, ela e a condessa mãe farão um retiro de seis meses no convento das Ursulinas, para chorar e orar. O jovem conde ficou

A Abadia dos Beneditinos

muitíssimo aborrecido e quis impedir que ela tomasse essa decisão, mas teve de ceder.

Essas palavras deram um novo alento para meu coração e saí um pouco mais confortado em meu ciúme, sabendo dessa longa separação dos recém-casados.

No dia seguinte, assisti aos funerais de Lotário, que foram celebrados com grande pompa. O duque em pessoa compareceu e as palavras lisonjeiras de pesar e de condolência que dirigiu a Kurt foram o melhor bálsamo para a ferida do seu coração filial. Saboreava plenamente a honra de se encontrar, o tempo todo, ao lado do suserano; seus olhos brilhavam de alegria e de orgulho, e somente quando olhava para sua jovem esposa é que demonstrava paixão e cólera.

Voltei para o castelo melancólico e triste e, quando estava no meu quarto, a lembrança de Lotário e de sua aparição na minha alcova voltou à minha memória. Para me distrair e readquirir meu equilíbrio, parti, no dia seguinte, para uma das minhas propriedades para caçar, e lá permaneci por cerca de dez dias. Ao mesmo tempo, pensava ardentemente em encontrar uma maneira de conseguir o cofre roubado ao meu irmão e concluí que o mais simples seria pagar muito bem a Bertrand que, continuando como prior, poderia mais facilmente subtraí-lo de Benedictus.

Quando voltei para casa e enquanto mudava de roupa, o escudeiro que me servia falou-me sobre um grande acontecimento que ocorrera na minha ausência: o reverendíssimo padre, prior dos beneditinos, dom Antonio, morrera em conseqüência da ruptura de um aneurisma, pelo que diziam. Durante a missa, ele subitamente gritara e caíra. Os monges precipitaram-se para erguê-lo, prestaram-lhe todos os socorros, mas fora tudo em vão, pois ele falecera.

Naquela mesma manhã, acontecera a inumação, com uma pompa inaudita, que contou com a presença de parte dos meus serviçais.

Caí das nuvens: Bertrand morto! Poderia ser verdade ou, então, uma maquinação dos monges, pois ele não queria deixar seu cargo tão cedo, como eu sabia.

Jantei rapidamente e, pegando o meu cavalo, dirigi-me para o albergue de Berta, pois ela devia conhecer a verdade.

Encontrei-a preocupada, desfeita e de olhos congestionados. Ela também não tinha conhecimento de nada. Na véspera de sua morte, Bertrand a visitara e não pensava, absolutamente, em partir. Ao saber da morte do prior, ela fora à igreja e, misturada à multidão que para lá afluía, vira o corpo exposto. Doze monges rodeavam o catafalco, revezando-se de duas em duas horas, e ofícios religiosos foram rezados sem interrupção. Não podia duvidar da identidade do morto. Aflito e cansado, resolvi passar a noite no albergue e retirei-me, com Berta, para seu quarto, a fim de conversarmos um pouco mais sobre o triste ocorrido. Devia ser quase meia-noite quando passos pesados, na escada, fizeram-nos estremecer. No mesmo instante a porta se abriu e Bertrand, pálido, desfigurado, com traços contraídos, entrou e, sem sequer olhar em nossa direção, deixou-se cair num banco e começou a bater no peito, arrancar os cabelos e a se maldizer com as maiores injúrias. Pensamos que ele tivesse perdido o juízo. Rosa foi a primeira a se acalmar e, chegando perto dele, sacudiu-lhe o braço.

– Bertrand, velho imbecil, então tu não morreste? Mas o que te falta? O que fizeste? Pelo meu santo padroeiro, responde!

Finalmente, ele conseguiu articular com voz entrecortada por gemidos abafados:

– Oh! Ele morreu!

– Quem? – perguntei, não podendo entender qual morte poderia provocar tanto desespero naquele louco empedernido.

– Imagino que não tenha sido tu, pois aqui te encontras!

– Rabenau! E de que maneira! – exclamou Bertrand. – Ele mesmo se matou, pois ninguém era digno de fazê-lo! Oh, louco miserável, como pude traí-lo? – e, com um acesso de raiva, afundou as mãos nos cabelos.

Primeiro, soltei uma grande gargalhada, mas depois disse, detendo-lhe a mão:

– Bertrand, meu amigo, recompõe-te e fala racionalmente. Não podes te comover tão vivamente com a notícia, já antiga, da morte de Rabenau. Conta-nos, antes, sobre teu próprio falecimento, pois para o mundo, amigo, estás bem enterrado.

Euleuhof endireitou-se, bebeu alguns tragos de vinho e depois, mais calmo, disse:

– Ai de mim, Hugo! A morte de Rabenau foi a origem da

A Abadia dos Beneditinos

terrível situação em que me encontro. Esse demônio do Benedictus, impaciente por se desembaraçar de mim, deu-me um narcótico poderoso e, na igreja, senti-me mal. Quando voltei a mim, estava nos subterrâneos, onde Benedictus declarou, duramente, que para a comunidade eu estava morto e que eu devia abandonar o país. A seguir, entregou-me uma miserável soma e me expulsou. Tudo acabou, perdi minha posição sem ganhar, em troca, a fortuna e o poder esperados. Só agora eu sinto que, com o apoio do chefe, vivia como numa fortaleza e eu, louco, vendi meu benfeitor. Por minha culpa, morreu nosso apoio, nosso chefe. A Nêmesis atingiu-me e o que mais me exaspera é que fui expulso, humilhado, e não posso me queixar a ninguém.

Pouco a pouco foi se acalmando e, como não mais possuía um teto, ofereci-lhe abrigo em minha casa. Ele aceitou, reconhecido, e se estabeleceu no solar. Poucos dias depois, Rosa seguiu-o, pois, segundo ela, longe dos seus olhos, o velho asno gastaria todo o ouro que Benedictus lhe dera.

Eu não podia mandar embora os dois amigos inseparáveis que continuaram a viver sob meu teto. Mas o tempo passava tristemente. Bertrand pouco lucrara com sua traição: fora rebaixado de poderoso prior a vagabundo sem nome, sem teto, morto para todos, exceto para Rosa e para mim.

Eu não me esquecera da promessa feita a Lotário de reaver o cofre e estava decidido até a matar o prior, se necessário fosse, para consegui-lo. Quando a amargura de meu amigo se atenuou, pedi-lhe que me indicasse a melhor forma de penetrar secretamente na abadia, como também nos esconderijos onde o prior guardava os documentos secretos. Bertrand deu-me as mais minuciosas indicações sobre o caminho a seguir, descreveu-me as portas secretas, das quais uma se abria para o leito do prior (razão pela qual o venerável abade era sempre encontrado calmamente adormecido quando alguém vinha acordá-lo) e a outra, para um gabinete secreto, onde se encontravam diversos esconderijos que ele me ensinou a abrir, caso eu encontrasse o apartamento vazio.

Como homem prudente que eu era, informei-me sobre todos os caminhos possíveis a tomar, em caso de ser malsucedido, para escapar dos monges. Assim, certa noite, solidamente armado e acompanhado dos votos de sucesso dos meus amigos,

226                                                    J. W. Rochester

eu empreendi a perigosa expedição.

A entrada do subterrâneo encontrava-se num enorme carvalho oco. Um alçapão, dissimulado por um tapete de musgo, dava acesso a um corredor estreito. No local indicado, encontrei uma tocha, que acendi, e continuei meu caminho. A seguir, subi por uma escada tortuosa e tão estreita que mal dava passagem para um homem. No fim da mesma, encontrei-me diante do painel que Bertrand informara ser o que dava para o gabinete do abade. Abri-o devagarzinho e o olhar que lancei ao interior fez meu coração bater de alegria: diante de uma mesa iluminada por duas tochas de cera, estava sentado Benedictus, o novo prior, e, aberto à sua frente, o famoso cofre de ébano cinzelado de prata, descrito por Lotário. A sorte me favorecia. Bastava somente matar o prior sem fazer barulho, apoderar-me do cofre, desaparecer pelo corredor secreto e tudo estaria acabado.

Esperei um momento e, quando Benedictus pareceu-me totalmente absorto na leitura de um pergaminho, esgueirei-me, como uma sombra, para perto dele. Não sei por qual fatalidade, o assoalho rangeu sob meus pés e o abade voltou-se. Como um raio, atirei-me sobre ele, mas ele teve tempo de agarrar meu braço e travamos uma luta corpo-a-corpo. Sem dúvida, atraído pelo barulho, o maldito Sanctus, alma danada do prior, apareceu. Deu-me um golpe tão violento na cabeça que perdi o equilíbrio e caí, totalmente sem sentidos.

Quando voltei a mim, estava amarrado, e então, desenrolou-se entre nós a cena descrita por Sanctus. Levado por meus gigantescos guardiões, aqueles fiéis sectários dessa sociedade celerada, vestiram-me, num piscar de olhos, com o hábito de noviço, e quando tentei resistir, fizeram-me sofrer um tratamento que me provou que uma revolta aberta não levaria a nada. A partir do dia seguinte, fui forçado a seguir o regime monástico, mas em toda a parte, na igreja, no refeitório, no jardim, minhas duas sombras não me largavam, não me permitindo falar com quem quer que fosse. Enfim, um dia o abade me chamou e, com aquele ar impassível e altivo que me revoltava, declarou-me que, antes de pronunciar os votos, eu devia doar ao convento toda a minha fortuna. Revoltado com aquela insolente rapacidade, neguei-me a fazê-lo. Então, trancaram-me numa cela repugnante, privaram-me de alimento e meus guardiões cobri-

A Abadia dos Beneditinos

ram-me de espantosas injúrias. Cansado, prostrado, no limite de minhas forças, finalmente consenti com tudo e, com o ódio na alma, tornei-me ao mesmo tempo monge e mendigo, já que renunciara a todos os meus bens. Se no fundo da alma eu não tivesse conservado a esperança de um dia conseguir fugir desse convento infernal, teria enlouquecido.

Soube mais tarde que Bertrand tivera conhecimento do meu destino, mas apenas uma vez, alguns dias após minha ordenação, ele ousara entrar no convento. Eu me encontrava na igreja, bastante isolado, junto de um velho confessionário, quando ouvi uma voz vinda de não sei onde murmurar distintamente:

– Hugo, tem esperança e paciência. Não sejas imprudente, espero poder te libertar!

No momento, fiquei aparvalhado, mas a seguir aquelas palavras, que só poderiam ter vindo de Bertrand, reconfortaram-me.

O tempo passou lentamente. Cumpria minuciosamente meus deveres, mas, apesar disso, vigiavam-me tão rigorosamente que uma fuga era quase impossível e até se tornava mais difícil a cada dia que passava. Eu tinha muito tempo livre. Durante as intermináveis missas e ofícios divinos, eu podia pensar à vontade na minha triste sorte e em Rosalinda, que àquela altura já devia ter voltado havia muito do convento, e se juntado ao marido. Meu ciúme e minha paixão aumentavam a cada dia que eu passava sob aquelas abóbadas sombrias e espessas. O tédio era sufocante, fazendo com que minha natureza sensual e arrebatada quase sucumbisse sob seu peso. O que eu sabia sobre os subterrâneos parecia não ser verdade; a disciplina monástica era de uma severidade de ferro e nenhuma aventura nem tampouco nenhuma sombra feminina jamais lá apareciam. Eu estava desesperado e devo confessar que o meu humor era o de um animal feroz. Bertrand nunca mais reaparecera e, então, tentei raspar e apalpar os muros, mas como aquela parte do convento me era totalmente desconhecida e não pude descobrir nenhum vestígio de saída secreta. Quando, uma vez, um dos meus guardiões surpreendeu-me nessa ocupação, ele chorou de rir, repetindo:

– Raspa, raspa, imbecil. As paredes são sólidas, e se pensas que podes escapar por aí, estás enganado. Aqui, não encontrarás nada.

Certo dia, correu a notícia de que, brevemente, seria realizado um grande funeral. O barão Willibald de Launay, irmão de Rosalinda, morrera subitamente e como o túmulo da família localizava-se na abadia, o corpo iria para lá. A jovem condessa de Rabenau, segundo o velho escudeiro que trouxera a notícia, deveria assistir ao enterro. A idéia de rever Rosalinda deixou-me em estado de agitação febril, mas quando o dia impacientemente esperado chegou, quase nada vi da cerimônia, pois somente alguns frades designados pelo abade puderam comparecer. Mas, vagando pelos corredores, ouvi dois monges contarem que a jovem condessa, muito aflita, obtivera do prior a permissão para passar a noite velando o corpo do irmão.

Voltando para minha cela, debrucei-me à janela, de onde eu podia enxergar, perfeitamente, as altas janelas da igreja. Atrás dos vitrais coloridos, vacilava a luz das velas, e o pensamento de que Rosalinda se encontrava ali, a alguns passos de mim, perturbava-me cada vez mais. Finalmente, o desejo de dar uma olhada no interior da igreja foi mais forte do que eu. Saí sorrateiramente e deslizei pelo pequeno pátio que nos separava da igreja. A porta estava entreaberta e entrei silenciosamente. As velas que queimavam ao redor do catafalco iluminavam debilmente a ampla basílica. Nem olhei para o morto, que pouco me interessava, concentrando toda a minha atenção nos dois genuflexórios situados à direita do estrado: em um deles, estava sentada uma senhora idosa, que parecia cochilar e no segundo, ajoelhada e com o olhar fixo no caixão, encontrava-se Rosalinda, em luto carregado. Eu via distintamente seu rosto pálido e encantador. Estava calma e não desesperada, como se mostrara por ocasião da morte de Rabenau. No entanto, emagrecera muito e um vinco triste e amargo, que eu jamais vira, sulcava-lhe os lábios. Seria conseqüência da tristeza pela perda do irmão ou resultado de sua vida conjugal com Kurt? Muito eu teria dado para sabê-lo, mas apesar dessa tristeza ela estava tão bonita que sua visão me fascinou e um projeto insano e criminoso nasceu no meu cérebro. Um último lampejo de razão fez-me dizer:

– Louco, vais te perder!

A Abadia dos Beneditinos

Mas a paixão ardente que crescia em mim cegava-me. Eu matara Lœvenberg para possuir aquela mulher e não para cedê-la a Kurt. Lentamente e sem fazer barulho, deslizei por trás dela e, tapando-lhe a boca com a mão, enlacei sua cintura com o outro braço. Carregando minha presa, saltei para fora da igreja. Refeita do primeiro susto, Rosalinda debateu-se desesperada. Por um momento, conseguiu libertar a cabeça e soltou um grito, mas eu já chegara à minha cela. Lá entrando, envolvi-lhe a cabeça com seu longo véu e enfiei a ponta em sua boca, de modo a impedi-la de gritar. Larguei-a e, rapidamente, embarriquei a porta, depois me voltei para agarrá-la.

No entanto, eu já perdera muito tempo com aquela mulher decidida que, apoiada contra a parede e livre do véu, ameaçava-me com um punhal brilhando em sua mãozinha.

– Bandido miserável – disse, com voz entrecortada pela emoção e pelo terror –; se ousares te aproximar de mim eu te mato. Socorro! Ajudai-me!

Pensei que fosse morrer de raiva, pois no mesmo instante passos soaram, bateram à porta e a voz de Benedictus ordenou-me imperiosamente de abrir. Fora de mim, atirei-me sobre a jovem, tentando desarmá-la. Na luta, a mesa e o escabelo caíram, mas não tive tempo de acabar com ela, pois a porta abriu-se com estrondo, derrubando os objetos que eu havia amontoado, e o prior, seguido de Sanctus, de Sebastião e de uma multidão de outros tonsurados, apareceu. Ao avistá-los, Rosalinda deixou cair o punhal: como um ébrio, apanhei-o e enterrei-o em seu peito. O que aconteceu em seguida permanece em minha lembrança como um sonho confuso. Também quis matar o prior e ia consegui-lo, quando fui derrubado. Rostos ferozes e indignados turbilhonaram ao meu redor, mas o resto da cena, as palavras do prior e tudo o mais me fogem à memória.

Uma dor aguda no punho devolveu-me o senso de realidade: eu estava de pé e solidamente amarrado. Meu primeiro olhar foi para Rosalinda, que estava estendida, ensangüentada, em meu leito. Sanctus e Bernardo, o médico, pensavam-lhe a ferida aberta. Não senti o menor remorso: eu queria vê-la morta.

A porta e o corredor estavam tão obstruídos pelos monges que não conseguiram abrir passagem quando o prior ordenou que eu fosse provisoriamente conduzido ao calabouço. Meus guardiões pararam e, naquele momento, ouviram-se passos apressados no corredor. A multidão compacta entreabriu-se e meu rival execrado, Kurt de Rabenau, entrou na cela. Tumultuosamente agitado, fixei meu olhar em seu rosto pálido, e aquilo que os outros não perceberam, o amor e o ciúme fizeram-me descobrir: aquele homem de traços efeminados não sentia a angústia do amor verdadeiro, ou seja, o temor de uma perda irreparável, pois seu olhar frio mal disfarçava a indiferença íntima. Será que ficaria satisfeito em se livrar da esposa? Eu teria massacrado quem quer que tivesse apenas tocado em Rosalinda, mas ele, embora sabendo que eu era o autor do atentado, contentou-se em distribuir olhares altivos e ofendidos.

Não sei o que se passou a seguir, pois me levaram e trancaram-me na prisão, onde passei vinte e quatro horas sem beber nem comer. Depois, fui levado à presença do prior e do Capítulo reunido. Benedictus declarou que, em virtude de meu crime flagrante e inaudito, estava sendo condenado, para o resto dos meus dias, à masmorra, pão e água e castigos semanais. Diante dessa terrível sentença, meus olhos se turvaram. Como num sonho, deixei que fizessem o que bem entendessem comigo e só voltei completamente a mim naquele lugar horrível onde eu devia terminar minha vida, em companhia dos ratos e dos sapos. Era uma cela subterrânea, estreita e quase sem luz, cujas paredes viscosas ressudavam umidade. Um monte de palha apodrecida, exalando um odor nauseabundo, constituía todo o mobiliário.

Deixando-me cair sobre a palha, atingi, sem dúvida, um dos habitantes do local, pois um rato ou um camundongo fugiu entre meus pés, soltando guinchos agudos e estranhos. Enterrei a cabeça nas mãos. Estava perdido! Enterrado vivo, mudo até a morte, sozinho, privado de ar, movimento, comida! Por que razão então havia sacrificado anos de minha vida no estudo da magia negra, se nenhum dos habitantes do inferno, aos quais eu quase vendera minha alma, vinha me ajudar, me libertar? Recitei todas as fórmulas que invocavam os condutores das forças tenebrosas e por fim o próprio Lúcifer, mas ninguém apareceu, e entrei num mudo desespero.

Um tempo cuja duração não posso precisar assim transcor-

A Abadia dos Beneditinos 231

reu. Quase sucumbia sob os horrores da minha situação e, às vezes, exasperado pela fome, pelos ratos que me mordiam, pelos sapos que passeavam sobre o meu corpo, eu recomeçava minhas evocações, mas sempre em vão. Mas um dia tive uma idéia luminosa: desde minha tenra infância, eu trazia ao peito um pequeno relicário contendo um fragmento da verdadeira Cruz. Quem mo havia colocado ao pescoço? Eu não sabia, mas ele fora deixado comigo e estava claro que era a presença da santa relíquia que impedia que Satã aparecesse.

Sem muito refletir, arranquei o relicário e, calcando-o com os pés, pronunciei a terrível fórmula pela qual eu renunciava a Deus e a Jesus e sacrificava minha alma a Lúcifer. Minha fé era tanta que, terminada a evocação, esperei trêmulo, prendendo a respiração e devorando com os olhos a escuridão, da qual eu esperava ver surgir, como outrora, envolto em chamas esverdeadas, o temível rei dos infernos. Ele deveria vir me libertar, já que eu renunciara ao céu e a tudo o que dele dependia. Subitamente, estremeci. Seria uma ilusão auditiva ou era realmente Satã que se aproximava? No entanto, pancadas soaram e uma voz saída de não şei onde, mas bem mais agradável que a do diabo, pronunciou distintamente estas palavras:

– Estás aí, Mauffen?

– Sim, sim – exclamei, trêmulo de emoção.

– Silêncio e ouve! – continuou a voz. – No canto encontra-se uma grande pedra que serve de mesa: sobe nela e tateia a parede. Deverás encontrar duas argolas de ferro, uma mais acima que a outra. Coloca o pé numa delas e a mão na outra e sobe. Encontrarás outra argola, e assim sucessivamente. Na terceira, inclina-te totalmente à direita.

Obedeci e quando me inclinei, seguindo suas instruções, minha cabeça havia entrado numa espécie de chaminé.

– Sobe sem hesitar, pois ainda há mais ganchos – disse a voz.

Assim continuei meu caminho naquele poço redondo e a voz, que finalmente reconheci como sendo a de Euleuhof, continuava a passar-me as indicações necessárias. Logo divisei uma fraca claridade e encontrei-me perto de uma abertura ou janela circular, da qual aparecia uma cabeça de homem, que gritava:

– Segue-me rapidamente e sem medo.

Do lado externo da janela, oscilava uma escada de corda, presa por dois ganchos de ferro. Lancei um olhar para fora: a noite caía e, ao pé do muro, cintilava, através da bruma, a superfície uniforme do lago. Um barco estava amarrado perto da escada e vi Bertrand saltar nele. Galguei a abertura e, como a distância não era muito grande, desci rapidamente. Então, Bertrand ergueu da água uma vara bifurcada, puxou a escada e escondeu-a no barco. Eu quis agradecê-lo, mas ele me interrompeu:

– Depois, depois. Agora, depressa, Hugo, tira teu hábito, envolve com ele esta pedra e joga tudo na água. Neste embrulho, encontrarás uma camisa de pescador, uma capa e uma barba postiça: veste-te.

Obedeci e, deitando-me no fundo do barco, meio encoberto pelas redes, tive o prazer de admirar, ao longe, o sombrio edifício cuja imponente silhueta destacava-se no azul escuro do céu. Escapar dessas muralhas espessas era um verdadeiro milagre. Com o coração transbordante de reconhecimento, soergui-me e apertei a mão de Euleuhof, que remava em silêncio.

– Obrigado, meu amigo fiel! – eu disse.

– Oh! – resmungou Bertrand –, malditas ambição e ingratidão, para onde me conduzistes! Eu, o verdadeiro prior, obrigado a escalar muros como um ladrão! Mestre! Como estás vingado! – e enxugou com o dorso da mão uma lágrima de raiva, derramada em memória de Rabenau.

Chegando à margem, descemos à terra e, depois de esconder o barco nos caniços, Bertrand conduziu-me, por um atalho quase invisível, para uma espécie de muro acinzentado. Aproximando-me, percebi que era uma casa em ruínas, enterrada no chão, cujo teto inclinado e enegrecido estava coberto de musgo. De duas aberturas ao nível do solo escapava uma débil claridade.

Euleuhof bateu e uma velha suja e desgrenhada abriu a porta, cumprimentando-o. Ele retribuiu o cumprimento e me puxou. Atravessamos uma sala enfumaçada e cheia de homens suspeitos: uns bebiam, outros jogavam dados e outros, ainda, acocorados junto ao fogo de lenha verde, assavam algo nas brasas. Sem olhar para a sinistra sociedade, meu companheiro

A Abadia dos Beneditinos 233

atravessou a sala, o corredor e me fez entrar em um pequeno quarto sujo, de paredes rachadas, iluminado parcamente por uma lâmpada a óleo. Dois sacos de palha, que serviam de leito, uma mesa e dois escabelos capengas formavam todo o mobiliário daquela espelunca que, no entanto, pareceu-me um retiro digno de um rei, comparada à minha cela repugnante.

– Serve-nos uma boa ceia e o teu melhor vinho, velha! – disse Bertrand, atirando uma moeda de ouro sobre a mesa. – Isto é para recompensar teus cuidados!

A mulher desapareceu radiante, e meu amigo jogou-se sobre um dos leitos de palha.

– Pois bem, Hugo! Estamos fora de perigo, mas se tu não tivesses como amigo um prior decidido, nenhum diabo te tiraria dessa encrenca. Quem, melhor do que eu, conhece todas as saídas do velho colosso de pedra? Eu precisava tudo saber, pois era necessário deixar as portas abertas para os prisioneiros que deveriam escapar.

Foi interrompido pela mulher, que entrava com uma cesta de provisões. Colocou sobre a mesa várias bilhas de vinho, um presunto e ovos. Atirei-me com avidez sobre a comida, da qual me desabituara devido ao jejum a que fora condenado por várias semanas. Depois da copiosa ceia, Bertrand foi incapaz de conversar e caiu sobre o leito, roncando como um sino de catedral. Seguindo seu exemplo, deitei-me e dormi um sono reparador. Quando abri os olhos, um raio de sol iluminava nosso refúgio. Euleuhof, já de pé e em trajes de mercador, arrumava sobre as costas um pequeno fardo de mercadorias.

– Levanta-te, preguiçoso! – disse-me, sorrindo cordialmente e mostrando-me um segundo fardo a mim destinado.

Uma hora mais tarde, transformados em mercadores, deixamos o albergue e dirigimo-nos para as grandes e cerradas florestas que rodeavam o castelo de Mauffen. Após uma caminhada muito penosa, paramos numa hospedaria tão sombria e suspeita quanto a primeira e, metamorfoseados em moleiros, continuamos nosso caminho no lombo de asnos. Sempre cavalgando, Bertrand me disse:

– Não te surpreendas com as grandes mudanças que encontrarás no teu castelo, Hugo. A não ser Rosa e eu, não há mais ninguém por lá. Não estou incluindo o velho monge e os frades leigos que moram na pequena torre perto da ponte levadiça e que, por medo de assombrações, nunca colocam os pés no solar. A abadia tomou posse dos teus domínios e foi somente graças ao nosso conhecimento profundo dos refúgios secretos que conseguimos permanecer no castelo e para lá te conduzir. Senti uma pontada de raiva no coração e, sem nada responder, nós continuamos nosso caminho. Enfim, chegamos ao local onde, anos antes, eu respirara, pela primeira vez, o ar puro das florestas e compreendera o que é a liberdade. Pelo mesmo subterrâneo, entramos no velho solar e em uma das salas localizadas no lado oposto da ponte levadiça Rosa recebeu-me, com grandes demonstrações de alegria, e preparou-me uma boa refeição.

Mas eu estava sem apetite naquela noite. Melancólico e triste, eu alcancei meu quarto, atravessando os apartamentos despojados dos seus mais preciosos objetos, levados, sem dúvida, à abadia. Sentando-me na poltrona perto da mesa, entreguei-me aos meus pensamentos. Realmente, eu estava livre, mas privado de minha posição social, errante no meu próprio castelo, embora me restassem os tesouros dos subterrâneos. Mas como levá-los? E se algum dia os monges viessem buscá-los sem a minha ajuda, pois as plantas encontravam-se nas mãos do maldito Benedictus?

Estava decidido a deixar o país, levando o que eu conseguisse, mas eu precisava colocar Bertrand a par do segredo. Assim, no dia seguinte convidei-o a me acompanhar e descemos aos subterrâneos. Ao abrir as três portas, respirei com dificuldade: e se estivesse tudo vazio? Mas quando entrei e acendi as tochas, como na época de meu pai, tudo se iluminou e os dourados reflexos do monte de ouro, túmulo de meu pai, juntaram-se ao brilho dos diamantes e das pedras preciosas. Fascinado por esse magnífico espetáculo, apoiei-me contra a parede, de braços cruzados, e uma avidez inominável tomou conta de mim: seria mil vezes preferível lá morrer para guardar os tesouros a abandoná-los.

Uma exclamação rouca atraiu meu olhar: Bertrand estava ajoelhado diante de um monte de ouro, no qual suas mãos mergulhavam convulsivamente, enquanto seus olhos flamejavam com avidez selvagem.

– Bertrand – eu disse –, essas riquezas correm perigo. A

A Abadia dos Beneditinos

qualquer instante, pode vir alguém da abadia e levá-las, se não conseguirmos reaver as plantas que Benedictus possui.

Ele deu um grito rouco e, inclinando-se até o chão, diante de mim, exclamou:

– Senhor! Senhor! Rei destes tesouros, fiquemos aqui para guardá-los. Ninguém aqui entrará, a não ser sobre nossos cadáveres. Que podemos mais desejar, a não ser contemplar tudo isto?

Seu olhar ávido parecia querer engolir o que ele via. Euleuhof e eu sentíamos o mesmo desejo estranho que meu pai sentira, mas eu respondi:

– Não, ficar aqui vigiando estes tesouros é uma loucura. Precisamos partir, mas se me trouxeres as plantas do solar, Bertrand, um destes cofres será teu.

O aventureiro deu um pulo. Parecia remoçado, tanto que seus olhos brilhavam de audácia e de energia.

– Partirei, e não serei mais Bertrand, barão de Euleuhof, se depois de ter sido prior dessa abadia durante dezoito anos, eu não conhecer suficientemente seus segredos para apoderar-me do que necessitas.

No dia seguinte, Bertrand partiu e pode-se imaginar com que impaciência febril eu aguardei o seu retorno. Já contara a Rosa que eu esperava deixar o país o mais depressa possível e, como éramos três, precisávamos escolher um local afastado onde ninguém nos conhecesse, mas nada ainda fora decidido. Tendo em vista essa mudança de residência, Rosa propôs-se a voltar a ser uma grande dama, mulher do barão de Euleuhof, rebuscando em vários baús abarrotados de roupas que pertenceram à minha mãe e confeccionando vestidos dignos de sua nova situação.

– Oh! – dizia enfática –, que dolorosa alegria de retomar a antiga posição, depois de tantos anos de exílio! Apenas lamento que ninguém me possa ver aqui. Meus bons fregueses que freqüentavam o albergue compreenderiam, finalmente, por que, mesmo disfarçada, eu tinha, da cabeça aos pés, ares de castelã.

Para não perder tempo, arranjei tudo de modo a poder levar a maior quantidade possível das minhas riquezas. Costurei dentro de minhas roupas as pedras mais valiosas e enchi de ouro uma valise e dois grandes sacos de couro, destinados aos meus companheiros, mas eu ficava a maior parte do tempo nos subterrâneos, aguardando ansiosamente o retorno do meu amigo. Passei quatro dias numa terrível angústia, temendo ver, a todo instante, alguém entrando nos subterrâneos ou no castelo que não mais me pertencia. Quando vagava pelos corredores e pelas escadas, sentia-me como um ladrão que se sobressalta ao menor ruído. Então, meu coração se enchia de raiva ao pensamento da minha vida destruída. No entanto, tentar lutar contra o convento era impossível, pois eu renunciara ao mundo diante de testemunhas e pertencia à Igreja, de corpo e alma, pela tonsura que ornava minha cabeça como um estigma vergonhoso.

Enfim, na noite do quarto dia, quando percorria o quarto, febrilmente agitado, a porta se abriu e a alta e imponente silhueta de Bertrand apareceu. Praguejando e ofegando, deixou-se cair numa poltrona.

– E então? – perguntei, precipitando-me em sua direção.

– Sucesso glorioso! Está tudo aqui. – exclamou, batendo orgulhosamente no peito.

Naquele momento, percebi que ele segurava um embrulho escondido sob o manto.

– O que é isto? – perguntei.

– Isto é toda uma aventura! – respondeu ele, tirando o manto e colocando sobre uma cadeira o pacote que era, na verdade, um ser humano, exíguo e de aspecto repelente. – Imagina que, voltando pela floresta, vi alguma coisa balançando numa árvore. Aproximei-me e, com mil diabos, reconheci o anão do castelo de Rabenau, enforcado, mas ainda fazendo movimentos fracos. Cortei a corda com meu punhal e ele rolou como uma maçã, quase caindo sobre o meu nariz. Como eu obtivera êxito nas minhas aventuras, estava propenso a fazer uma boa ação e, então, trouxe o infeliz. Mas dá-lhe algo reconfortante. Isto – e tirou um maço de pergaminhos – são teus documentos e, agora, espero que o cofre seja meu!

– Ele já é teu – respondi e, colocando vinho em minha taça, aproximei-me do anão que eu já vira no castelo de Lotário, mas nunca de tão perto. Era um homenzinho do tamanho de uma criança de cinco anos, corcunda e disforme. O seu rosto pálido e coberto de rugas precoces demonstrava fraqueza e enfermida-

A Abadia dos Beneditinos   237

de. Com a corda cortada ainda pendendo do seu pescoço, tinha os olhos injetados de sangue e suas pequenas mãos magras tremiam nervosamente. Quando se refez um pouco, nós o interrogamos. Com voz fraca, mas clara, ele respondeu:

– Senhor conde e vós, senhor de Euleuhof, meu salvador, escutai, pois, minha triste história e, depois, ajudai-me se puderdes, pois sou vítima de uma odiosa injustiça. Que a memória daquele que me jogou nesta situação seja maldita por toda a eternidade.

Ele falava tão gravemente que nós os escutamos muito admirados. Eu sabia, por Rabenau, que o anão o havia traído e, por Bertrand, que o homenzinho alegava ter sérias razões para odiar Lotário. Nós iríamos, então, conhecer um grande segredo e isso poderia nos ser útil.

Após uma breve pausa, o anão continuou:

– Tão longe quanto minha memória pode alcançar, posso dizer que vivia com o guardião do castelo de Rabenau, que se dizia meu pai. Sua esposa morrera e sua mãe, uma boa e piedosa mulher, tomava conta de mim. Meu pai era um homem duro, rude nas palavras e na aparência, e me detestava. Minha avó o temia e nunca ousava contradizê-lo, mas ela me amava muito e, secretamente, me mimava. Eu brincava livremente no pátio do solar e até tinha permissão de ir aos apartamentos, pois a condessa demonstrava bondade para comigo e dava-me guloseimas. Não sei por que razão, eu temia o castelão. Ele nunca falava comigo, dava-me um punhado de moedas, mas me detestava e me expulsava quando nos encontrávamos inesperadamente. Só bem mais tarde, tive a explicação para sua conduta. De resto, ele estava sempre ausente, caçando, guerreando e freqüentando torneios, de modo que eu o via raramente. Durante uma dessas ausências, a condessa, para livrar-me do meu malvado pai, me tomou ao seu serviço, mas quando voltou, o cavaleiro pareceu muito indignado e, não querendo suportar minha presença, baniu-me. Assim, cresci enfermo e franzino, e minha avó me disse que eu nascera assim, objeto de tristeza dos pais e de compaixão dos estranhos. Muitas vezes, eu olhava com inveja o jovem conde Lotário, que crescia belo como um anjo, admirado por todos e idolatrado pelos pais.

Ambos tínhamos dezoito anos quando o jovem conde

238                                                                 J. W. Rochester

casou-se com uma parenta afastada. Na ocasião, foram celebradas festas magníficas, e todo o castelo estava radiante. Acocorado a um canto, com o coração cheio de amargura, vi passar o esplêndido cortejo de damas e cavaleiros. A linda noiva parecia radiante, o noivo resplandecia de diamantes, e ninguém viu nem notou o pobre anão no meio daquela tumultuosa alegria. Fui invadido por uma profunda tristeza e, evitando as pessoas, voltei para junto de minha avó, que estava muito fraca e não se levantava mais; era visível que seu fim estava próximo. Percebendo minha grande tristeza, ela me acariciou e, depois de refletir, disse-me:

– Não posso morrer sem aliviar minha consciência do terrível segredo que guardo há muitos anos. Talvez um dia ele te seja útil e te traga a felicidade.

Ela me fez subir na cama e aproximar o ouvido dos seus lábios.

– Pobre criança – continuou –, vou revelar o mistério do teu nascimento, mas após minha morte deves continuar em silêncio até que surja algum momento favorável. Escuta, pois: tu és o verdadeiro Lotário, conde de Rabenau, o único herdeiro legítimo do condado, pois és filho único da condessa e de seu marido. Quanto nasceste, pobre criatura, teu pai desapareceu de modo estranho e a condessa quase morreu de angústia. Meu filho era, na época, escudeiro e sua mulher, Elza, que se encontrava muito doente, esperava dar à luz, de um momento para o outro.

Na época, eu estava na força da idade e era excelente parteira. Fui, então, chamada para cuidar da castelã, que estava quase louca devido ao inexplicável desaparecimento do marido. Tu vieste ao mundo mais morto do que vivo, já corcunda, com um ombro mais alto do que o outro. Como tua mãe continuava desfalecida, e te embalei e estava te colocando no berço quando, de repente, o conde apareceu, pálido como um morto. Apresentei-lhe o filho, mas quando te viu, exclamou: "Arre! Que monstro enrugado e disforme!". E, agarrando meu braço, levou-me a um quarto onde se encontrava meu filho, que parecia radiante.

– Escutai – disse o senhor de Foulques –, vós arriscais vossa cabeça se algum dia uma palavra sobre o que vai acontecer aqui escapar de vossos lábios; mas pagarei vosso silêncio a preço de ouro. – E fazendo um sinal ao meu filho, que saiu, ele

A Abadia dos Beneditinos                                                      239

continuou: – Gertrude, vai e traz aqui a criança.

Obedeci e tirei-te do quarto da condessa que, ainda desmaiada, nada viu e nada escutou. Voltando contigo, vi que teu pai segurava uma criancinha, envolta em tecidos preciosos, um pouco mais velha do que tu. Entregando-ma, de olhos flamejantes, disse-me:

– Coloca-o no berço ao lado de minha esposa e cuidado com a língua, pois estás arriscando o pescoço. Quanto a este monstrinho – e apontou para ti –, leva-o a tua nora, que acaba de dar à luz uma criança morta, estás me entendendo?

Não ousei responder uma só palavra e tudo foi feito de acordo com a vontade do nosso poderoso senhor. Elza, minha nora, morreu dois dias depois e tu, coitadinho, foste despojado de tudo, pois o desconhecido, trazido de Deus sabe onde, fora devida e legitimamente investido de todos os teus direitos.

Ouvindo esse relato de minha avó, fiquei, por um certo tempo, como que prostrado, mas depois uma raiva insensata tomou conta do meu coração. Eu! Eu era o senhor, era eu que devia usar o belo nome de Lotário de Rabenau, e no entanto, era ridicularizado e desprezado nas terras onde nascera senhor, e essas aclamações, esses gritos de saudação, que ressoavam no solar, eram dirigidos ao falso conde, ao usurpador dos meus direitos! Pensei que ia enlouquecer. Naquela mesma noite, minha avó faleceu e fiquei sozinho com meu segredo, última boa-ação da pobre mulher, que despertava na minha alma um inferno de pensamentos. Pouco tempo depois, o conde Foulques adoeceu e morreu, cercado pelos cuidados do filho que ele idolatrara a vida inteira. Fiz, então, mil projetos e quis revelar tudo à minha mãe, que de nada sabia. No entanto, uma angústia interior fazia-me calar só de pensar em me aproximar daquela mulher altiva, embora boa e compassiva para comigo, e lhe dizer: esse belo homem, de quem tanto te orgulhas e cuja presença ilumina teu olhar, não é teu filho. Eu, o anão, o corcunda, mácula no brilhante escudo dos Rabenau, sou teu filho, herdeiro de tudo.

Faltou-me a coragem e decidi calar-me até uma ocasião mais propícia. Para minha surpresa, alguns dias após o enterro, o jovem conde chamou-me ao seu quarto:

– Anão – disse com benevolência –, não tens mais necessidade de trabalhar como empregado no castelo, nem de suportar os caprichos do teu pai. Escolhe, numa das torres, um quarto mobiliado para lá viveres como quiseres, e para teus amores, se tiveres – acrescentou, rindo –, toma este saco de ouro – e entregou-me uma pesada bolsa de veludo, despedindo-se.

Voltei para casa surpreso e furioso por ele ter jogado, daquela maneira, uma esmola, justamente a mim, o senhor de tudo. No entanto, aceitei o quarto e lá me estabeleci, pois a tirania daquele que se dizia meu pai era-me odiosa.

Naquele mesmo ano, a jovem condessa morreu, dando à luz Kurt de Rabenau. A tristeza do conde foi imensa e ele demonstrou pelo filho uma ternura sem par.

À medida que os anos passavam, eu acumulava mais ódio no meu coração. Normalmente, eu era ignorado no castelo. Apenas uma pessoa honrava-me com um ódio particular, zombava de mim e aprontava-me todas as maldades que se possa imaginar: o pequeno Kurt.

Menino detestável, medroso e caprichoso, tinha a saúde frágil e fingia-se sempre mais doente do que estava para enternecer o pai, cuja fraqueza conhecia. Orgulhoso e altivo, ele era ruim como um macaco e tinhoso como um cão. Ele maltratava os criados, batia na ama. Qualquer animal que lhe caísse nas mãos era torturado e até mesmo morto cruelmente. Ele deixou de fazer de mim um objeto de diversão somente quando foi expressamente proibido pelo pai. Eu execrava aquele rosto pálido, emoldurado de cachos loiros, sempre berrando e chorando, que sapateava à menor contrariedade. Embora nada possa dizer contra Lotário, sua fraqueza em relação ao filho era revoltante. Certa vez, Kurt cometeu contra mim uma maldade notável, e eu não me contive. Saltei sobre ele e mordi-lhe o rosto. Lotário, furioso, agarrou-me e bateu em mim, encarcerando-me por várias semanas, o que jamais esqueci. Mas, quando do pela segunda vez, bateu em mim à vista de Rosalinda, decidi vingar-me e roubei-lhe o cofre, vendendo-o aos monges. No entanto, Lotário era um homem leal, pois na noite de sua morte, quando foi ao convento, onde eu estava escondido, não sei como ele me encontrou. Quis fugir, mas seu olhar deixou-me paralisado.

– Tu sabes tanto quanto eu quem és! – disse, parando na

A Abadia dos Beneditinos 241

minha frente e cruzando os braços sobre o peito largo. – Mas, pobre louco, o que terias feito desta posição, deste nome ilustre, sendo corcunda, franzino, incapaz de erguer a lança e de manejar a espada? Respeitei o sangue que corre nas tuas veias e nunca permiti que fizesses o trabalho de lacaio. Fiz por ti o que eu pude e tu, ingrato, me traíste. Em qualquer outro eu afundaria meu punhal no coração, mas os remorsos do meu amado pai impedem-me de fazê-lo. Para aliviar sua consciência culposa em relação a ti e para que ele não tenha nada a me recriminar quando encontrar-me nas sombras, eu te lego isto.

Estendeu-me um pergaminho lacrado com seu sinete:

– É a doação em boa forma de um pequeno lote de terra, com um pequeno castelo, que te deixo como se tu fosses um filho ilegítimo do meu pai. Já revelei a Kurt tua verdadeira origem. Não pude fazer mais por ti.

Após dizer essas palavras, ele me deixou e só o revi depois de morto, acrescentou o anão, com um soluço sufocado. O resto, já vos contarei. Ao voltar ao castelo, fiquei gravemente enfermo e demorei meses para me restabelecer. Assim que pude, solicitei uma audiência particular ao jovem conde, mas ele soube se esquivar até hoje, quando o abordei no momento em que ele montava a cavalo para um passeio. Sorridente, colocou-me à garupa e partiu, ordenando que seu séqüito o esperasse no castelo. Quando já estávamos bastante afastados, ele me disse:

– Fala, anão, o que tens a me dizer?

Seus olhos falsos brilhavam estranhamente enquanto eu lhe contava tudo.

– Já sabia de tudo por meu pai, que foi muito idiota de ter registrado essa história em documento, no intuito de transformar um horrível aborto, como tu, em castelão. Acho que ele estava um pouco louco, antes de sua morte. Mas tens a doação contigo?

Como minha resposta tinha sido positiva, ele pegou o documento, escondeu-o sob o gibão e, tirando do bolso uma corda, passou-a pelo meu pescoço, para minha grande surpresa.

– Eu acabo por onde meu avô deveria ter começado e destruo tão terríveis lembranças – disse zombeteiro.

Antes que eu tivesse tempo de pensar, eu já estava balançando no ar. Tive uma vertigem, ainda ouvi o galope de seu cavalo que se afastava e desmaiei. Voltei a mim nos braços do senhor Euleuhof. Oh! Como odeio esse maldito Kurt de Rabenau!

Entreolhamo-nos, admirados: aquele homenzinho, que enterrava a cabeça nas mãozinhas amareladas e magras, era o verdadeiro conde de Rabenau, cujo lugar fora tomado por meu irmão! Realmente, Lotário, o homem das grandes decisões, que jamais recuava diante de um crime indispensável a uma grande causa, era, contudo, bom e generoso para com as vítimas inocentes, ao passo que seu miserável filho desprezava suas últimas vontades seladas, por assim dizer, com seu próprio sangue! Pobre irmão, que covarde foste amar!

– O que faremos por este pobre diabo? – perguntou Bertrand, rompendo o silêncio. – Está sem dinheiro e sem moradia, mas em consideração ao seu nobre sangue e à nossa obrigação, como cavaleiros, de proteger os oprimidos, proponho que o levemos conosco. Oh! – disse, batendo na boca –, se eu ainda fosse prior, bem saberia o que fazer. Mas a esse ladino do Benedictus, que tão indignamente se conduziu em relação a mim, eu evitarei dar um bom conselho.

– Não fiques lamentando o que passou! – respondi. – Mas tens razão, o anão deve nos acompanhar. Enquanto aguardamos, Rosa cuidará dele.

Chamei a digna mulher que, após gritos de surpresa, levou seu novo protegido.

– Rabenau era misterioso em tudo – disse a Bertrand, quando ficamos sozinhos. – Como será que conseguiu tornar-se chefe da sociedade secreta dos Irmãos da Vingança? Agora, caro amigo, que tudo está enterrado no passado e como prova de absoluta confiança, deves me contar os pormenores do teu desaparecimento da minha casa, da tua investidura como prior e das circunstâncias que levaram um jovem e impetuoso cavaleiro como Lotário a se colocar à frente de um caso tão complicado. Vamos! Confessa, deves conhecer todos esses mistérios – acrescentei, dando-lhe tapinhas amigáveis no ombro.

Bertrand debruçou-se à mesa, mergulhado em sombria meditação. Enchi seu copo, aproximei a bilha de vinho e coloquei mais lenha na lareira. Quando tomei lugar à mesa, ele começou a falar.

A Abadia dos Beneditinos 243

– A ti, Mauffen, meu melhor amigo, contarei o que sei. Tenho, atualmente, 63 anos e minha existência foi muito agitada e cheia de aventuras. Não é a primeira vez que levo uma vida de vagabundo e de cavaleiro errante. Eis, em poucas palavras, a minha história. Nasci numa família nobre e honrada, embora não muito rica. Quando meu pai morreu, fiquei vivendo livremente com meu irmão, dois anos mais velho do que eu. Embora possuidores de personalidades completamente diferentes, nós nos dávamos muito bem. Meu irmão era um homem enérgico, brilhante, afeiçoado às ciências ocultas e à magia negra, que praticava juntamente com um jovem cavaleiro, seu amigo, e que mais tarde se tornou monge. Meu irmão o visitava amiúde, mas eu não sabia o que ele fazia no convento, pois nunca conversávamos sobre nossa vida particular. Eu era afeito à bebida, aos combates e às aventuras amorosas e, como esses gostos não eram condizentes com minhas posses, vendia um pedaço de terra após o outro, a maioria das vezes sem a autorização do meu irmão que, no entanto, nunca me censurou. Naquela época, ele cultivava uma grande amizade com o conde de Rabenau, pai de Lotário, muito freqüentando a sua casa. Inesperadamente, soube que meu irmão se tornara monge beneditino, com o nome de frei Antonio.

Essa decisão, cuja razão sempre foi para mim um mistério, deixou-me dono absoluto do pouco que ainda possuíamos. Não vou descrever as fases da minha decadência. O que importa é que eu me tornava cada dia mais pobre, sem, portanto, tentar economizar, e logo só me restaram as paredes nuas do meu castelo. Então, comecei a jogar em lugares mal freqüentados e me meti, para obter boas gratificações, em negócios tenebrosos, tentando guardar a imagem de um bravo cavaleiro e continuando a freqüentar os torneios. No entanto, um dia ajudei no rapto de uma jovem, cujo noivo declarou ter me reconhecido entre os raptores. Neguei, mas ele me desafiou e o caso acabou mal. Gravemente ferido e quase morto, fui levado a uma hospedaria, na qual Lotário de Rabenau, na época com dezoito anos, estava de passagem. Ele ouviu minha história, lamentou meu destino e deu-me uma grande quantia em dinheiro, em consideração, segundo ele, ao meu nome nobre, aconselhando-me a desaparecer o mais depressa possível.

244         J. W. Rochester

Então, fiz-me transportar à casa do meu amigo Calmor, que cuidou de mim e me aconselhou a me apresentar, usando o seu nome, ao teu pai. Conheces minha vida em teu castelo e, certamente, deves te lembrar de que, após a morte do teu pai, vieram me procurar, a pedido de um protetor, para um negócio urgente. Acompanhei o mensageiro que, num albergue próximo, possuía dois cavalos selados. Partimos, mas depois de um trajeto bem curto paramos, à noite fechada, numa floresta. Meu guia vendou-me os olhos e me conduziu por um caminho secreto. Quando a venda foi retirada, eu me encontrava no escuro gabinete do prior, diante do meu irmão sentado numa poltrona, muito mudado e, evidentemente, doente. Passada a alegria do reencontro e depois de termos conversado de tudo um pouco, meu irmão fez-me notar, bem satisfeito, a espantosa semelhança que havia entre nós; principalmente depois que a maturidade marcara nossos traços, parecíamos gêmeos.

Em seguida, tomou-me a mão e disse:

– Bertrand, sei que levaste uma vida obscura e aventureira e que só por acaso conseguiste os meios para fugir e te esconder. Mas agora, escuta-me: gostarias de aceitar uma posição boa e independente, vivendo aqui sem professares os votos, com a condição de te submeteres à vontade de um único chefe, que nunca será rude? Terás dinheiro e serás dono absoluto de tua vontade e de tua liberdade, da meia-noite ao primeiro canto do galo.

Respondi, satisfeito, que aceitava e que estava disposto a fazer tudo o que de mim fosse exigido. Ele me fez jurar, sobre sua cruz, silêncio e fidelidade à minha palavra. Depois reteve-me na abadia, secretamente, por várias semanas, instruindo-me sobre tudo o que eu deveria saber para exercer o cargo de falso prior. Contou-me, também, que sua enfermidade provinha de uma ferida aberta por uma arma envenenada; que iria morrer, mas que desejava que eu fosse seu sucessor.

Rapidamente aprendi o necessário e, quando experimentava o hábito, tinha certeza de que ninguém me distinguiria do meu irmão, pois até mesmo a voz era idêntica. Um dia encontrei, sentado ao lado de meu irmão, o belo Lotário de Rabenau. Ele me reconheceu imediatamente, embora já houvesse passado dez anos do dia em que ele me socorrera no albergue. Percebi que existia uma grande afeição entre os dois. Frei Antonio me disse:

A Abadia dos Beneditinos 245

– Eis o teu único chefe e senhor, de quem já te falei.

Então, revelou-me o segredo da sociedade secreta e permitiu que eu retornasse ao teu castelo até o momento decisivo. Três meses mais tarde, fui chamado à abadia e recebi a ordem de acolher, na tua casa, meu irmão moribundo, destruindo, assim, seus vestígios. Deste-me o consentimento necessário e eu trouxe Antonio ao solar, onde morreu em nossos braços.

Voltei com Rabenau ao convento e ele me deu todas as indicações necessárias, mostrando-me os esconderijos e as saídas secretas, além de exigir de mim obediência absoluta. Oficialmente, eu devia assumir o papel de prior, mas a direção, as decisões a serem tomadas e a caixa dependiam apenas dele, e devo confessar que sua competência era extraordinária. Vestido com o hábito, ele visitava os subterrâneos, encorajava os planos dos frades, ocupava-se de alquimia, lia e traduzia livros antigos e trabalhava com o pai Bernardo, de quem muito gostava. Nenhum irmão vingador era admitido antes de ser por ele sabatinado e avaliado. Também cuidava da administração, provava da bilha de vinho do frade mais humilde, controlava severamente a contabilidade e testava os medicamentos por ele elaborados nos doentes da enfermaria. Apesar de tamanha atividade, aquele homem infatigável ainda tinha tempo para levar sua vida de cavaleiro e para suas aventuras galantes. Logo compreendi que, embora prior por direito, eu não passava do primeiro valete do verdadeiro chefe.

– Mas – interrompi – parece-me estranho que não o tenham reconhecido, mesmo disfarçado e vestindo o hábito, pois não sois nada parecidos!

– Oh, não! – respondeu Bertrand –, mas isso já é uma outra história. Devo te dizer que, durante os últimos meses de vida de meu irmão, foi recolhido à abadia um pobre italiano doente, meio louco, que fugia do seu país natal sem saber para onde ir. Acontece que ele era filho de um velho sábio ou feiticeiro, e que tinha a idéia fixa de fabricar, com uma pasta que ele inventara, homens aos quais faltava, apenas, a vida. Em sua cidade natal – Monza, creio eu, – quando tal pretensão veio à tona, quiseram queimá-lo vivo. Como ele escapou eu não sei, mas a verdade é que à sua loucura primeira juntou-se a mania de perseguição. No seu percurso sem rumo, o acaso levou-o à abadia, onde foi socorrido. Mediante algumas provas de sua habilidade, meu irmão encarregou-o de fabricar, se não um homem, ao menos uma máscara que com ele se parecesse. Superando as expectativas, o italiano conseguiu fabricar uma máscara maravilhosamente confeccionada, não de cera, mas de uma composição desconhecida que, quando aquecida, se adaptava a cada rosto. Tal máscara manteve a aparência do meu rosto, com sua barba, suas sobrancelhas espessas e suas bochechas. Com esse disfarce, o capuz levantado e a semi-obscuridade que sempre escolhia para aparecer, Rabenau era irreconhecível. Bem, mas deixa-me continuar minha história. Eu te disse que me sentia muito dependente, pois o chefe, sem ser altivo e embora bom e paciente quando não era imediatamente compreendido, nunca me fazia confidências, nunca me considerou seu amigo. Quanto a mim, eu desejava ser tudo o que meu irmão tinha sido, seu antecessor. No entanto, Rabenau continuava sempre o mesmo, ordenando, exigindo obediência restrita e nunca consultando ninguém. Eu sabia que ele tinha seus negócios particulares, segredos que permaneciam entre ele e o falecido Antonio. Ele levava grande parte da renda e o que fazia com ela sempre me foi um mistério. Mas ele exigia que eu lhe prestasse contas de cada cêntimo e quando, certa vez, gastei mais do que estipulara, franziu a testa e me fez um relatório exato do que custava a manutenção da comunidade, incluindo dízimos, rendas extras, tais como legumes, frutas, farinha, presentes etc., e me repreendeu severamente.

Assim os anos se passaram. Eu me habituara àquela vida cômoda, mas meus prazeres secretos e sobretudo o jogo engoliam grandes quantias, bem mais do que eu recebia. Pensei ter conquistado Rabenau e comecei a negligenciar suas ordens e a gastar sem pensar. Ele, que era severo, fez-me sentir seu poder de chefe, chegando a me ameaçar. Esquecendo-me de que lhe devia tudo – independência, posição, honras – revoltei-me e, num desses momentos de descontentamento, fui negligente e deixei que nascesse no espírito de Benedictus e de Sanctus a suspeita sobre a estranha posição do verdadeiro chefe. Assim, os dois malditos monges descobriram o que ninguém desconfiava, ou seja, que o chefe e eu éramos duas pessoas diferentes. Preocupado com meus prazeres, nada desconfiei de suas intri-

A Abadia dos Beneditinos

gas. Formou-se, então, uma liga, e finalmente os dois me corromperam com uma grande quantia.

O resto tu conheces: entreguei o homem que não merecia tal destino e a Nêmesis atingiu-me: livraram-se de mim rapidamente e expulsaram-me, fazendo-me passar por morto aos olhos do mundo.

Bertrand deixou cair a cabeça entre as mãos, suspirou profundamente, depois exclamou: "Ah! Rabenau, foste vingado!".

Sim, ele foi bem vingado, tendo em vista que os traidores que o venderam já choravam por ele. Mas não era hora para meditações, precisávamos agir.

– Volta à realidade, meu amigo – eu lhe disse, batendo-lhe no ombro –, e pensemos em nossa viagem, pois isso nos atinge mais diretamente do que o passado irreparável. Onde achas que poderemos nos fixar, ao deixarmos o país?

Bertrand ergueu a cabeça, passou a mão sobre a testa, como querendo afugentar os tristes pensamentos, e respondeu, com seu tom habitual:

– Tens razão, Hugo: o que passou, passou. Quanto ao nosso futuro endereço, eu tenho pensado muito e eis o que te proponho. Levar uma vida errante, de albergue em albergue, é uma loucura. Comprar uma casa isolada é oferecer o pescoço aos bandidos e salteadores, e as fortalezas não estão à venda. Em minha opinião, devíamos ir para a Itália e comprar um navio pirata, pois com ele estaremos em toda parte e em parte alguma. Se aparecer alguma boa presa, podemos atacá-la e refazer a bolsa. É verdade que poderemos despertar inveja nos rivais, mas estamos sempre arriscando alguma coisa em qualquer lugar. Nas minhas viagens, já visitei Veneza, e lá conheci um capitão corsário, chamado Pelegrino, que me contou que a pilhagem oferece excelentes lucros, pois com sua parte ele mantinha a tripulação e ainda fazia sólidas economias. Garanto-te, caro Mauffen, que essa vida aventureira, repleta de novos incidentes, tem também seus encantos e far-te-á lembrar dos torneios. Vamos a Veneza, talvez eu reencontre Pelegrino que, na ocasião, queria abandonar seu ofício para tornar-se albergueiro, e seus conselhos nos serão preciosos. Nós quatro, tu, eu, Rosa e o anão, partiremos sob disfarces diversos. Calmor e Gilda ficarão por aqui e vigiarão o castelo, de longe, e certamente ao chegarmos a Veneza, tudo se arranjará.

Após profunda discussão, aprovei o plano de Bertrand e tudo foi decidido. Mas a idéia de deixar o velho castelo em que eu nascera, de abandonar meus tesouros e meus trabalhos de alquimia, oprimia-me o coração. Entretanto, a escolha entre a velha torre de astronomia e o calabouço e os flagelos não era difícil. O monge fugitivo devia abandonar o abrigo de seus ancestrais sem deixar herdeiro que fizesse reviver, sob um novo brilho, o nome dos condes de Mauffen.

\* \* \*

Finalmente chegou a véspera do dia em que, aos primeiros raios do sol, deveríamos deixar o castelo. Tudo estava embalado, os últimos preparativos, terminados, e meus companheiros deitaram-se, extraindo do sono reparador as forças para o dia seguinte. Mas eu não conseguia dormir. Inquieto, torturado, eu errava pelo solar vazio, qual um espectro condenado a assombrar os lugares que lhe tinham sido caros. Naquele passeio sem rumo, cheguei diante da parede que fechava a entrada da torre maldita, na qual, outrora, meu antepassado apunhalara os traidores: a esposa e o trovador. Todas as particularidades do sonho estranho quando quis subir a escada condenada voltaram-me à mente. Revi, na memória, o rosto da dama Iolanda, ao qual, estranhamente, a visão dera os traços de Rosalinda, a mulher que eu amava involuntariamente e contra qualquer lógica, pois ela me detestava. Subitamente, fui tomado por um desejo irresistível de visitar a torre. Pensava: "Amanhã deixarei o castelo para não mais voltar, mas antes quero ver esse quarto onde os traidores receberam o castigo por sua infidelidade".

Sem mais tardar, fui à procura de um machado e de uma picareta, e alguns golpes bastaram para destruir a frágil parede de alvenaria que eu mandara lá erguer. Novamente, encontrei-me diante da porta. Abrindo-a, comecei a subir a escada da torre. Como da primeira vez, o luar entrava pelas estreitas janelas gradeadas, mas agora eu avançava com passos firmes, segurando o machado e a tocha de cera, já que não me lembrava onde havia deixado o molho de chaves. De repente, meu pé esbarrou em alguma coisa: eram as chaves. Pegando-as, conti-

A Abadia dos Beneditinos

nuei meu caminho, logo alcançando uma pequena plataforma, diante de uma porta fechada.

Detive-me, estranhamente apreensivo. Quando eu havia penetrado no quarto onde minha mãe perecera, eu estava completamente calmo, mas ali, meu coração parecia que iria estourar de tanto bater, senti um arrepio nervoso e minhas mãos trêmulas recusavam-se a introduzir a chave na fechadura. Apoiei-me contra a porta, tentando convencer-me de que aquela inquietação era bobagem, pois nenhum perigo me ameaçava. A razão lutava em vão: vi tombar em meu cérebro, qual uma tempestade, os pensamentos e as cenas da visão que tivera na escada, senti ódio e ciúme da mulher que estava atrás daquela porta, esquecendo-me, completamente, de que eu nunca a vira, nem conhecera, e sempre a imagem de Rosalinda apresentava-se aos meus olhos.

Reunindo toda minha coragem, endireitei-me e passei a mão sobre a testa banhada de suor.

– Estou ficando louco? Que idéias tolas me atormentam! – pensei.

Peguei as chaves, procurei a que servia, introduzi-a na fechadura e a porta se abriu, rangendo sobre os gonzos enferrujados. Um ar seco e pesado atingiu-me o rosto e forçou-me a recuar – durante cento e oitenta anos aquela porta estivera fechada –, mas depois de alguns minutos, eu a transpus e, respirando com dificuldade, ergui minha tocha e lancei um olhar ansioso e curioso ao meu redor.

Era um cômodo circular, de paredes cobertas com tapeçarias escuras, em cujo centro se encontrava a realidade do meu sonho: uma roca caída, uma harpa no chão e, sobre uma poltrona de espaldar alto, uma mulher vestida de lã branca, com a cabeça pendida. Aproximei-me vagarosamente e logo a chama tremulante iluminou opulentos cabelos loiros soltos e um rosto não desfigurado e seco como o de minha mãe, mas amarelo como cera, parecendo, quase traço a traço, com o de Rosalinda. O vestido branco estava coberto de manchas e placas escuras e de uma ferida no peito emergia o cabo de um punhal ornado de pedras preciosas. De joelhos, cabeça caída para trás e apoiado em outra poltrona encontrava-se o corpo de um homem, tão intacto quanto o primeiro. Seus punhos estavam crispados e seu rosto violáceo, dolorosamente contraído. Estremeci como se estivesse sendo mordido por uma serpente: aqueles traços efeminados me eram familiares e, se fossem loiros aqueles espessos cachos negros e aquela barba fina e frisada, eu podia pensar que estava diante daquele que eu odiava, ou seja, Kurt de Rabenau. Esquecendo-me de que cento e oitenta anos antes aqueles dois seres tinham sido atingidos pela morte, de que eles me eram desconhecidos, senti raiva e ciúmes por vê-los reunidos, um com os traços da mulher que eu amava e o outro, com os do homem a quem eu odiava mortalmente. Eu poderia ter ficado muito tempo a contemplá-los se meu olhar não tivesse caído sobre o cabo faiscante do punhal. Quis ter aquela arma vingadora e então aproximei-me, esbarrando, ao passar, no corpo do homem. Um barulho semelhante ao chacoalhar de ossos ressoou, mas não prestei atenção. Inclinei-me, com um sentimento indescritível, para o rosto imóvel da jovem e estendi a mão para retirar o punhal que estava grudado na ferida escurecida. No momento em que o toquei, uma metamorfose se produziu diante de mim: recuei, trêmulo, com a arma conquistada na mão, pois parecia que um movimento animara o rosto da morta e que seu corpo se mexia, se encolhia e se fundia em uma coluna acinzentada que caiu ao chão, acompanhada de um sinistro barulho de ossos. Meu olhar apavorado errava de um para o outro, mas dos dois corpos que eu vira anteriormente não restavam mais do que alguns ossos espalhados e um pouco de cinza que ainda se agitava. Era só o que ainda lembrava aqueles dois seres que tinham se amado em segredo e que despertaram no coração do meu antepassado aquela ira que culminara em um grande crime.

À medida que a poeira de seus restos, rodopiando, espalhava-se pelo chão como uma mortalha acinzentada, eu me acalmava. Saí de costas e, como precaução, fechei a porta, como se temesse perturbar a sinistra conversa daqueles que lá ficaram. Uma vez lá fora, senti-me mais seguro, e se o punhal não tivesse brilhado na minha mão, eu poderia jurar que tinha sido joguete de um sonho, mas de um sonho cujas tristes impressões eram ainda sentidas por minha alma machucada. Ai de mim! Embora fosse um sábio, um hábil alquimista, a carne me cegara, o mistério do passado me era oculto e eu não compreendia que os sofrimentos pelos quais estava passando eram a lembrança de um passado criminoso.

Desci e retirei-me, pela última noite, para o quarto em que passara toda a minha vida. Cansado de corpo e alma, estendime na cama e adormeci, perseguido, mesmo em sonho, por pavorosos pesadelos. Os raios do sol nascente, tocando o meu rosto, acordaramme. Levantei-me e vesti-me como de hábito, cobrindo-me com uma larga veste de peregrino. Prendi ao rosto uma barba branca e, segurando o bordão, dirigi-me à sala, onde fui recebido com sonoras gargalhadas.

– Maravilhoso! – exclamou Bertrand, que usava vestes semelhantes –; podemos ousadamente passar ao lado do próprio Benedictus sem medo de sermos reconhecidos.

Depois do substancioso almoço, nós quatro descemos aos subterrâneos e os atravessamos calados e mergulhados em sinistros pensamentos. Logo me encontrei na mesma ravina onde, anos antes, eu me jogara na relva, saboreando, pela primeira vez, os aromas da floresta e o gozo da liberdade. Abaixei a cabeça: que vida de prazeres, de aventuras e de crimes havia se passado como um turbilhão até aquele dia em que me eu via partir, fugitivo sem nome, para nunca mais voltar!

Uma exclamação de Rosa interrompeu minhas reflexões. Ela mostrou-me, suspirando, um grande carvalho, em cujo tronco tinham sido gravados, com a ponta de um punhal, dois corações entrelaçados.

– Hugo! Reconheces o local do nosso primeiro encontro? Quantas horas deliciosas nós passamos aqui, na época de nosso primeiro amor!

Voltei-me sem responder. Ela não deveria ter evocado aquelas lembranças, pois involuntariamente eu comparei seu rosto de traços grosseiros e envelhecidos, seus olhos fundos e cercados de olheiras, aos da bela jovem que um dia me parecera a fada daquela floresta, com seu rosto fresco, seus dentes tão brancos e seus olhos em chamas. Ai de mim! Essas chamas haviam me devorado, pois Rosa contribuíra tanto para os meus crimes como para minhas desditas.

Também um incidente penoso veio juntar-se às deploráveis impressões desse primeiro dia de viagem. Caminhávamos lentamente, pois nossas vestes forradas de ouro e de pedras preciosas fatigavam-nos muito, quando um cortejo nos alcançou. Afastamo-nos humildemente para deixar livre a estrada estreita, quando – imaginai minha raiva – reconheci no senhor que cavalgava, com ar altivo e cruel, o punho no quadril, Kurt de Rabenau. Ao seu lado, Rosalinda, montando um soberbo cavalo branco, parecia triste e indiferente. Com certeza o conde estava acompanhando sua jovem esposa, já restabelecida do terrível ferimento, para casa. Mantive os olhos fixos na brilhante cavalgada, até que desaparecesse numa nuvem de poeira.

Omitirei os incidentes da viagem, que foi longa e difícil, mas como tudo acaba neste mundo, uma manhã entramos em Veneza, a Bela. Bertrand pediu informações e soube que Pelegrino ainda vivia e mantinha, no porto, uma hospedaria muito freqüentada. Alugamos um barco e fomos ao local indicado. Uma magnífica tabuleta prometia aos hóspedes do "Paraíso" todas as delícias da Terra. Entramos numa ampla sala, mobiliada de mesas maciças, rodeadas de poltronas esculpidas ao gosto italiano. Muitos homens estavam sentados, alguns bebendo vinho em grandes taças, outros jogando dados. Ao fundo da sala, erguia-se, sobre um estrado cercado por uma balaustrada, uma imensa mesa coberta por um verdadeiro exército de garrafas, e dois enormes baús cheios de louça variada.

A essa mesa, sentava-se um homem vestido de gibão marrom e trazendo sobre a cabeça um toque ornado com plumas. Uma barba grisalha emoldurava seu rosto moreno e dois olhos perspicazes sobre o nariz aquilino davam-lhe uma ligeira semelhança com uma ave de rapina. Dois rapagões, vestidos com roupas berrantes e armados de longas espadas, apoiavam-se contra a balaustrada, conversando e rindo ruidosamente.

Aproximei-me do hoteleiro e pedi um dos melhores quartos e um jantar. Como eu nada regateava, mestre Pelegrino desdobrou-se em amabilidades e nos indicou o apartamento com grandes demonstrações de cortesia. Pouco depois, chegou nosso jantar e, logo a seguir, o próprio hoteleiro. Bertrand fechou a porta e, arrancando a falsa barba, exclamou:

– Pelegrino, meu amigo! Estás me reconhecendo?

Este último hesitou um momento, estupefato, mas depois, batendo na testa, jogou-se nos braços de Euleuhof.

A Abadia dos Beneditinos

– Bertrand, meu velho amigo, és tu! Que acaso te fez voltar?

– Desgraças de família forçaram-me a fugir – respondeu Bertrand, com uma melancólica gravidade. – Sabes que na minha pátria possuo muitos bens? Pois bem, tive que abandonar tudo. Confiei-te minha verdadeira identidade, mas conto com tua discrição. Agora, devo apresentar-te aos meus companheiros: esta senhora é a baronesa, minha esposa, este é meu filho adotivo, um órfão, e este senhor, meu sobrinho, o conde Hugo, a quem uma discórdia política com o duque obrigou a abandonar seu país. Mas é um homem de raras qualidades, bom, generoso, cavaleiro exemplar. Apesar de sua posição e de seu berço, é o homem mais trabalhador do mundo. Ele é nosso arrimo e age como um irmão mais velho em relação ao meu filho adotivo.

Depois desse monte de mentiras, Bertrand convidou Pelegrino a compartilhar de nossa refeição, o que foi aceito prontamente. Durante o jantar, ouvi Euleuhof murmurar ao ouvido do hoteleiro:

– Se tiveres dificuldades financeiras, basta dizer-me. A generosidade não é o forte de Hugo, mas para um bom amigo, ele está sempre pronto a emprestar.

Mais tarde, em torno de uma garrafa de vinho, conversamos sobre negócios e Bertrand falou-lhe de nossa intenção de comprar um navio. Depois de ter pensado um pouco, Pelegrino declarou que talvez tivesse o que precisávamos, mas devíamos esperar duas ou três semanas, até o retorno de um capitão corsário que, naquele momento, estava no mar.

Quase um mês se passou e aproveitei esse tempo para conhecer a cidade e para estudar profundamente a navegação com um velho marinheiro – que não mais exercia o ofício –, pois uma vez tomada a decisão de me tornar pirata, eu não queria parecer um idiota, à mercê da minha tripulação. Assim, eu devia ter ao menos noções e o resto viria com a experiência. Finalmente, certa noite, Pelegrino chamou-nos, a mim e a Bertrand, para irmos ao seu quarto. Ao entrarmos, um homem de aspecto feroz, armado até os dentes, levantou-se para cumprimentar-nos. Era o capitão Fúlvio, proprietário do navio corsário que estava prestes a nos vender, juntamente com a equipagem, as munições etc. Pediu um preço considerável, mas

254                                                                                        J. W. Rochester

após algumas negociações, chegamos a um consenso e ficou decidido que, no dia seguinte, iríamos ver o navio que estava em alto-mar, pois ele não ousava chegar ao porto. Pelegrino, a quem eu prometera uma boa recompensa por uma minuciosa perícia, concordou em acompanhar-nos e, à hora combinada, um barco tripulado por seis marinheiros de aparência tão feroz quanto a de seu chefe veio nos pegar.

Duas horas mais tarde, abordávamos um grande e sólido navio, trazendo à proa o nome do seu proprietário: "Fúlvio". Pelegrino examinou-o como conhecedor, desde o porão até as vergas, e encontrou tudo em ordem. Os salários, a partilha do butim, tudo estava rigorosamente estabelecido e podia-se, seguramente, tentar qualquer coisa com os sessenta homenzarrões que formavam a tripulação, cujos rostos espelhavam todos os vícios e todas as vicissitudes da vida que eles levavam.

Dois dias depois, tudo estava concluído, subscrito e pago. Eu, como o novo capitão, e Bertrand, como meu imediato, tomamos posse do navio. Rosa e o anão iriam juntar-se a nós no dia seguinte.

O nome "Fúlvio" desaparecera e meu predecessor sugeriu-me batizar o navio com o nome de minha escolha. Era uma cerimônia muito apreciada pelos piratas, pois ela me obrigava a conceder-lhes boas gratificações e a regalá-los até a embriaguez. Como não podia me furtar a uma prática geralmente admitida, alguns dias mais tarde o nome "Hugo" enfeitava a proa do navio e, chegada a noite, uma alegria ruidosa reinou no convés, onde todos bebiam, cantavam, regalavam-se. Bertrand declarou que pensava estar no paraíso e, esquecendo seu nascimento e sua dignidade abacial, bebia e abraçava os piratas, enquanto a baronesa Rosa já lançava olhares a um belo italiano, de pele clara e olhos brilhantes.

Eu adotara os hábitos do meu antecessor e, como ele, me vestia de veludo preto, trazendo à cintura um cinturão escarlate, no qual prendi dois punhais, sendo um deles o que durante cento e oitenta anos jazera fincado no peito de minha bela bisavó. Depois de ter presidido à abertura da festa e bebido ao sucesso do "Hugo" e de sua tripulação, afastei-me e, apoiado contra a amurada, absorvi-me em tristes pensamentos. O nome "Hugo", que ornava triunfalmente um navio pirata, era um antigo e ilus-

A Abadia dos Beneditinos

tre nome de cavaleiros que, durante séculos, os herdeiros da casa de Mauffen haviam ostentado com glória e honra e, naquele momento, meu orgulho sofria cruelmente com a dura necessidade que me fizera lá colocar esse nome.

No dia seguinte, o navio levantou âncora.

Não falarei sobre os anos que se seguiram e que, embora repletos de aventuras, não têm relação com os principais acontecimentos da minha vida, cuja confissão aqui faço. Mais de oito anos depois de nossa primeira partida de Veneza, o acaso levou-me novamente à rainha do Adriático, e eu não quis deixar escapar a oportunidade de rever meu amigo Pelegrino.

Fui, pois, ao seu albergue e, certo dia, quando estávamos à mesa, bebendo e conversando, a entrada de três homens, vestidos inteiramente de negro, chamou nossa atenção. O que caminhava à frente, com certeza o chefe, não me pareceu totalmente desconhecido. Era um personagem de alta estatura, cujo rosto alvo e iluminado por olhos tristes e sonhadores era emoldurado por cabelos e barba loiros. Sua mão, branca e afilada, segurava o cabo de um punhal cravejado de diamantes e, em um dos seus dedos, um enorme rubi cintilava como uma gota de sangue. Meus olhos não conseguiam se desviar daquele homem que, indubitavelmente, eu já vira em algum lugar. Subitamente, soltei um grito abafado: acabava de reconhecê-lo. À entrada do estrangeiro, mestre Pelegrino levantara-se precipitadamente.

– Senhor *capitano* Negro! – disse, fazendo uma profunda reverência, quase até o chão.

Mas minha exclamação já chamara a atenção do capitão. Com os olhos faiscantes e apertando convulsivamente o cabo da arma, ele avançou em minha direção:

– Então, não me enganei: o nome do teu navio traiu-te, conde de Mauffen. A ti, também, o destino conduziu até aqui, degradado e sem nome. Mas não será neste albergue que te desafiarei e que acertarei as contas contigo. Não! Reencontrar-te-ei em alto-mar, miserável ladrão da minha felicidade e da minha honra! Lembra-te de que, quando "Hugo" reencontrar o "Negro", será para um combate mortal que só acabará quando um de nós tiver vencido o outro.

– Estou às vossas ordens, conde – respondi de dentes cerrados –; eu também estou ávido por um combate mortal e decisivo. Mas devo dizer-vos que não ganharemos qualquer recompensa: a bela Rosalinda já vos esqueceu e casou-se novamente, há anos, com Kurt de Rabenau, a quem ama apaixonadamente, segundo dizem. Uma súbita palidez cobriu o rosto de Lœvenberg e vi, satisfeito, que o atingira no fundo do coração. Por um instante ficou sem ação, mas logo se recompôs orgulhosamente, completamente ruborizado.

– Não, e mil vezes não! Mentes, conde de Mauffen. Acredito que tenha se casado novamente, pois uma mulher jovem e bela precisa de um protetor, mas para acreditar que ela ama um outro, preciso ouvir de sua própria boca. Toma cuidado, traidor! Também me pagarás por estas palavras caluniosas.

Deu-me as costas e foi para o cômodo contíguo. O hoteleiro escutara-nos de boca aberta:

– *Corpo di Bacco!* – murmurou –; dois ilustríssimos senhores condes!

Resmungando e balançando a cabeça, dirigiu-se ao cômodo onde entrara o capitão Negro.

Debrucei-me sobre a mesa, agitado por mil pensamentos. Como Léo de Lœvenberg, que eu matara com as próprias mãos, estava vivo? Lembrei-me de que seu corpo havia desaparecido e nunca fora encontrado, mas quem o havia escondido e tratado tão habilmente para que pudesse ter sobrevivido a ferimentos que, na minha opinião, eram mortais? Compreendia que ele pudesse ter me reconhecido quando me viu face a face, mas como ele soubera que eu era pirata e capitão do "Hugo"? Mistério! Em todo caso, o encontro com aquele homem ainda belo, tão apaixonadamente amado por Rosalinda, despertara meu ódio antigo e eu ansiava pelo momento de enfrentá-lo.

Deixei o albergue e voltei para o navio, onde contei aos meus amigos a estranha história do meu reencontro com Lœvenberg. Naquela mesma noite fizemo-nos ao mar, mas vários meses se passaram sem que reencontrássemos o "Negro", e a impressão dessa aventura foi pouco a pouco se desvanecendo.

Certa manhã, Bertrand fez-me notar um ponto negro no horizonte. Como o vento estava favorável, dirigimo-nos para aquela direção e logo reconheci uma grande galera genovesa, pesadamente carregada, que manobrava com dificuldade para

A Abadia dos Beneditinos

fugir de nós. Mandei abrir todas as velas e aproximávamos rapidamente, quando notei, com desgosto, que não era o único a caçar aquela rica presa. Um segundo navio estava visível e vinha diretamente ao nosso encontro. De repente, sobressaltei: aquele segundo navio, inteiramente pintado de preto, trazia, sobre o casco, o nome "Negro". Uma estranha coincidência nos reunira diante da mesma presa.

Abandonando a perseguição da galera, paramos e travou-se um combate cruento. Meus homens, aquecidos pela promessa de uma sólida recompensa e pela raiva de ter que disputar uma boa presa, batiam-se como demônios. Mas, evidentemente, a tripulação do "Negro" era muito mais numerosa, meu convés estava inundado e a defesa se tornava cada vez mais difícil. A cena era horripilante, os clamores ensurdecedores dos combatentes enchiam o ar. Tropeçávamos sobre os corpos, escorregávamos nas poças de sangue. Eu procurava, no meio dessa confusão, encontrar Lœvenberg, quando um gigantesco pirata do "Negro" atacou-me. A luta foi breve, pois um terrível golpe aplicado sobre minha cabeça fez-me cair semi-aturdido, e ainda tive tempo de ouvir meu vencedor gritar:

– Vitória! O capitão do "Hugo" foi preso!

A seguir, desmaiei e quando voltei a mim, eu estava estendido, atado no convés do "Negro". A alguns passos de mim, também amarrados, encontravam-se Bertrand, Rosa e o anão. Procurei orientar-me um pouco e logo percebi que Lœvenberg recomeçara a caça à galera. Um pouco atrás, vi flutuar meu pobre "Hugo", e clamores distantes, que às vezes nos chegavam, confirmaram-me que o massacre ou a pilhagem ainda não tinha acabado.

Logo o navio de comércio foi alcançado e, após uma fraca defesa, vi Negro acompanhado de uma parte da tripulação saltar ao convés da galera. Não sei o que aconteceu. Somente uma vez, a voz potente de Lœvenberg chegou aos meus ouvidos distintamente:

– Manterei a mulher como refém – dizia ele – até que me pagueis o resgate exigido.

Alguns minutos depois, ele reapareceu trazendo em seus braços uma mulher que apoiava a cabeça em seu ombro. Colocando-a no convés, ele exclamou, em alemão, e com uma expressão de extrema felicidade:

– Rosalinda, minha alegria, minha bem-amada. Finalmente te reconquistei e ninguém mais vai te separar de mim!

Esquecendo-se de tudo, jogaram-se um nos braços do outro. Apesar de minhas amarras, estremeci. Rosalinda aqui! Seria um sonho? O que estaria fazendo na Itália e onde, pois, estaria Kurt? Seria possível que ele tivesse entregado sua esposa como refém ao pirata vencedor? Era inacreditável, e no entanto, era verdade, pois ali, a alguns passos de mim, Lœvenberg abraçava Rosalinda, chamando-a dos mais ternos nomes. Uma raiva inominável tomou conta do meu coração. Rolava no chão, tentando romper as cordas com os dentes enquanto ele, feliz, só tinha olhos para a mulher ao seu lado. A seguir, ouvi-o dizer:

– O miserável covarde! Salvar-se em troca de tua pessoa! Não, Rosalinda, tu nunca pudeste amá-lo.

Ao levar Rosalinda para sua cabine, passou perto de mim e deu-se conta da minha presença. Sem largar a mão da jovem, aproximou-se e, dando-me um pontapé, disse-me com desprezo:

– Estavas enganado, senhor de Mauffen, ganhei a recompensa. Estás vendo minha mulher, a condessa de Lœvenberg? Pois, enquanto eu viver, ninguém mais terá direitos sobre ela. Quanto a ti, traidor, acabarei contigo amanhã. Enviar-te-ei, com uma pedra ao pescoço, ao fundo do mar, pois és indigno da espada de um cavaleiro.

Continuou seu caminho, sem sequer olhar para Bertrand, Rosa e o anão. Este, ao ver a condessa, começou a gritar. Rosalinda, que com certeza o reconheceu, parou, fez-lhe algumas perguntas e, a seguir, intercedeu por ele, pois vi que cortaram as cordas que o amarravam, devolvendo-lhe a liberdade. O capitão e sua esposa desceram à cabine.

Fiquei sozinho, entregue às mais desoladoras reflexões. No dia seguinte, eu seria afogado, morte terrível e humilhante, e estava impotente. Subitamente, voltaram-me à mente as palavras de Rabenau: "Morrereis todos juntos!".

E me torci de raiva e de angústia. Não queria morrer, eu temia a morte; um suor glacial inundou meu rosto.

Horas terríveis assim se passaram e chegou a noite, uma daquelas belas noites da Itália: agradáveis, perfumadas; o mar

A Abadia dos Beneditinos

cintilava como o gelo e o céu parecia uma única rede de estrelas. Eu contemplava sombriamente aquela magnífica natureza que parecia zombar de mim na angústia da minha última noite sobre a Terra quando, de repente, algo rastejou ao meu lado, uma mãozinha apertou a minha e a voz do anão murmurou:

– Silêncio! – e, cortando-me as amarras, continuou: – Precisas fugir de qualquer maneira, pois amanhã estareis perdido.

– Mas para onde e como? – perguntei baixinho, esticando meus membros doloridos. – Estamos em alto-mar.

– Libertei Rosa e Bertrand antes de vós – respondeu. – Eles tramaram um plano e já começaram a pô-lo em execução: trata-se de matar o capitão e de corromper a tripulação. Alguns marujos descontentes e ofendidos por Negro já morderam a isca e podemos esperar que, por muito ouro, os piratas vos reconheçam como chefe. Ficai aqui e observai. Eu voltarei para junto deles na entrecoberta.

O plano proposto me era extremamente favorável, pois colocava Rosalinda à minha mercê. Lancei um olhar escrutador ao meu redor: o convés estava quase deserto, sendo vigiado por apenas alguns sentinelas. Mas da entrecoberta subiam gritos e cantos dos piratas, que festejavam sua brilhante vitória.

Naquele momento, duas pessoas surgiram da escotilha: o capitão e sua esposa. Lœvenberg enlaçou a esbelta cintura da jovem e começaram a passear, falando baixinho de amor e de seus planos para o futuro. Roído de cólera e de ciúme, rastejei até eles, dizendo a mim mesmo: "Logo interromperei vossos ternos discursos".

Alcançando o grande mastro, escondi-me à sombra de um grande rolo de cordas e procurei ver se ainda trazia alguma arma comigo. Eu perdera o machado e um dos meus punhais, mas nas grandes dobras do meu cinturão escarlate ficara escondida uma arma que deveria me trazer sorte: era o punhal que bem servira ao meu bisavô. Quando o casal passou à minha frente, dando-me as costas, levantei-me ofegante, tal como fizera na torre, ao tocar a mesma arma vingadora, mas a sorte estava contra mim, pois a lua refletiu no convés minha sombra e meu braço levantado. Percebendo-os, Rosalinda gritou e, mais rápida que o pensamento, jogou-se entre nós, cobrindo com o seu o corpo do marido. Mas meu braço já se abatia com uma

260         J. W. Rochester

força irresistível e Rosalinda caiu, com a cabeça pendente, retrato impressionante de minha defunta bisavó. O capitão voltou-se, transfigurado de raiva e de dor.

– Ah, miserável traidor! – berrou com voz estrangulada e, antes que eu pudesse recuar ou ao menos fugir para o outro lado do convés, tirou de seu cinturão um comprido e largo punhal italiano e enterrou-o na minha garganta. O golpe foi tão violento que a arma atravessou meu pescoço de lado a lado e afundou-se profundamente na madeira, pregando-me no mastro.

Meus olhos se anuviaram e parecia que estava caindo num negro abismo aberto diante de mim. Pinças de ferro pareciam apertar minha garganta e uma dor lancinante invadiu todo o meu corpo. Os sofrimentos ultrapassaram minhas forças e perdi os sentidos. Quanto tempo transcorreu durante esse desmaio benfazejo não posso dizer, mas a mesma dor infernal trouxe-me de volta à realidade. Ainda estava preso no mastro, debatendo-me terrivelmente. Gritava, vociferava, pedindo que acabassem comigo. Finalmente, apelei a Lúcifer para que viesse tomar minha alma e me libertar das torturas sobre-humanas de tal agonia. Meu corpo parecia empalado sobre um ferro em brasa, minhas pernas estavam endurecidas, minha língua, grudada no céu-da-boca, minhas têmporas, latejantes, pareciam que iam se romper. Meus gritos, minha maldições deviam abalar o céu e, no entanto, ninguém parecia ouvi-los nem prestar atenção em mim. Fazendo um último esforço, obriguei meu olhar velado a examinar o que se passava ao meu redor, e vi um céu negro, coberto de nuvens ameaçadoras. A tempestade rugia, levantando as ondas espumantes como montanhas acinzentadas. Os marinheiros, apavorados e com os cabelos desgrenhados, corriam, tropeçando no convés. Depois surgiu Lœvenberg carregando Rosalinda, viva, nos braços. No mesmo instante, ouviu-se um estrondo, um ziguezague de fogo rasgou as nuvens e uma terrível detonação fez com que tudo estalasse em torno de mim. Com um abalo interior, pareceu-me que me soltava do mastro, arrastando atrás de mim uma massa espessa e viscosa que estirava dolorosamente cada fibra do meu corpo. O sofrimento era tão grande que, novamente, perdi os sentidos. Quanto tempo eu fiquei nesse estado de atordoamento não sei dizer, mas quando recobrei a consciência, senti-me aliviado e, com uma estranha

A Abadia dos Beneditinos

sensação, vi a mim mesmo estendido no convés, ainda preso no mastro quebrado. A visão do meu rosto contraído, dos meus olhos vítreos e sem vida era pavorosa e eu me admirei que pudesse estar ainda vivo com tão horrível ferimento. Um olhar ao meu redor mostrou-me que o céu estava sereno e que o navio, à deriva, balançava docemente, sendo levado pelas ondas para perto da costa. Na praia, concentrava-se uma multidão de homens que, munidos de cordas e de longas varas, tentavam puxar o navio. Finalmente, conseguiram amarrá-lo e vários homens subiram ao convés. Eram pescadores e, entre eles, vi dois escudeiros portando as armas dos Rabenau.

Pensei que fosse uma alucinação provocada pela febre; mas no mesmo instante, chegaram outras pessoas e entre elas, Kurt de Rabenau, com a mão no quadril e, como sempre, impassível e enfeitado.

Vendo-me, fez um gesto de repulsa e deu-me as costas.

– Senhor – disse um dos escudeiros –, não seria bom revistar este aqui? Um dos marinheiros sobreviventes contou-me que era uma pessoa ilustre.

Ouvindo essas palavras, Kurt deteve-se.

– Não é que tens razão, Canibert? Já foi comprovado que este pirata, o capitão Negro, era o conde de Lœvenberg. Talvez, sob esta carniça, também se esconda algum ilustre compatriota.

Um dos pescadores se aproximou e começou a me revistar, apesar do meu descontentamento. Primeiramente, vasculhou-me os bolsos e o cinturão, apropriando-se da bolsa cheia de ouro, que nele encontrou. Depois, com sua faca, começou a cortar meu gibão. Lembro que eu trazia ao pescoço, numa bolsa de couro, as plantas dos subterrâneos onde se encontravam os tesouros e as provas do nascimento de Lotário de Rabenau que, não sei por que razão, eu não havia destruído, conforme minha promessa. Eu quis protestar, defender-me, arrancar-lhe das mãos o precioso despojo que extraía do meu gibão, mas apesar da raiva insana que fervia em mim, continuei imóvel, os dedos hirtos e crispados, impassível, como se tudo aquilo não me dissesse respeito. Os pergaminhos foram arrancados do meu corpo e passaram às mãos ávidas de Kurt, que os folheou surpreso.

– Quem diria! – exclamou, voltando-se para a sua comitiva.

– Esse miserável não é ninguém mais do que Hugo de Mauffen.

É desolador ver que homens indignos maculam, dessa maneira, seus mais ilustres nomes.

– É o mesmo senhor – informou um dos escudeiros – que, segundo dizem, foi condenado ao calabouço, por ter atentado contra a vida de vossa ilustre esposa. Assim, ele não é digno de ser enterrado em terra sagrada, pois dizem que vendeu sua alma ao diabo, que, certamente, ajudou-o a evadir-se de uma prisão da qual nunca se sai com vida.

Kurt recuou, benzendo-se.

– Saiamos daqui o mais depressa possível – disse – e deixemos o mar e o diabo enterrarem o danado como quiserem.

Eu não podia entender por que era incapaz de me imiscuir na conversa e por que eu continuava mudo e imóvel. Era evidente que eu não estava morto, já que via, ouvia, sentia a queimação do meu ferimento e tremia de medo só de pensar de lá ser abandonado sozinho e sem socorro.

Todos desceram, abandonando o navio destroçado, que foi arrastado pelas ondas. Os raios do sol caíam sobre mim, que estava estendido imóvel e sempre pregado no mastro. Às vezes, sentia tonturas, mas apesar disso, o tempo me parecia sem fim. Esse penoso estado se prolongava, a meu ver, por uma eternidade, quando vi a claridade do dia diminuir e, finalmente, uma escuridão completa substituir o crepúsculo. Subitamente, clarões amarelo-esverdeados jorraram de todos os lugares, iluminando o convés e o mar com uma claridade misteriosa e cintilante. Várias sombras surgiram das ondas e, com espantosa destreza, escalaram o navio. Reconheci, surpreso, os piratas da tripulação do meu navio e os do "Negro", todos gravemente feridos, encharcados de água e de sangue. Suas roupas e seus cabelos flutuavam em desordem e, naqueles rostos lívidos, os olhos faiscavam com um brilho fosforescente e terrível. Logo também apareceram Bertrand e Rosa. Ele não estava ferido, mas estava ensopado, seus olhos, esgazeados; sua boca contorcia-se imitando um sorriso. Por entre roucas gargalhadas da assistência, aproximou-se de mim e arrancou a faca da minha garganta. Sentindo-me livre, lancei-me para frente, ouvi vozes rudes e vi feixes de faíscas, mesclados de fumaça negra, jorrarem dos piratas, cruzando-se em todas as direções. Comer e beber era o que pareciam desejar e, subitamente, tudo pareceu

A Abadia dos Beneditinos

se transformar em torno de nós: mesas repletas de vinhos e alimentos surgiram e todos se sentaram. Também bebi, mas sem poder saciar a sede ardente que me devorava. Rosa quis dançar, arrastou-me e nós rodopiamos em círculos vertiginosos, e só nos detivemos diante da mesa onde Bertrand, lívido, olhos fora das órbitas, jogava os dados. O ouro rolava e blasfêmias pavorosas ecoavam. Eu ia a toda parte sem encontrar um instante de repouso. Estava oprimido por uma grande angústia, o vinho que eu bebia não acalmava minha sede insaciável, o ouro que eu ganhava fundia-se em minhas mãos e todos os presentes exalavam um odor acre e fétido que parecia me queimar.

Torturado, como que embriagado, eu nada compreendia daquela nova maneira de viver, quando vi a luz esverdeada desvanecer-se gradualmente. Tudo empalideceu ao meu redor, e os piratas levantavam-se precipitadamente, abandonando tudo e mergulhando no mar. De repente, o capitão Negro surgiu das ondas e, enterrando-me a faca na garganta, pregou-me novamente no mastro, desapareceu e tudo se fundiu numa claridade avermelhada que dourou o horizonte e cobriu o mar tranqüilo de um véu de púrpura. Eram os raios do sol nascente que iluminavam o navio despedaçado, onde eu estava estendido, imóvel, com a garganta transpassada.

E o tempo se escoou numa uniformidade esmagadora: os dias passavam e eu permanecia no convés, imóvel, minha ferida ardendo, a garganta ressequida pela sede. Com as sombras da noite, apareciam os vultos dos piratas meus companheiros, e recomeçavam as orgias que excitavam todos os sentidos, todos os desejos, sem jamais saciá-los. Prostrado por essas torturas morais, eu me perguntava por que Lúcifer, que sem dúvida se apoderara da minha alma, não vinha me ajudar, aliviar meus sofrimentos. Debalde eu o evocava por meio de todas as formas cabalísticas das quais eu me lembrava perfeitamente. Sentindo-me cada vez mais infeliz e abandonado, comecei a pensar naquele que na Terra chamavam de Deus misericordioso, o Deus dos bons, o Criador de todas as coisas, e também senhor de Satã, a quem permitia a prática do mal apenas para tentar os homens e colocar sua virtude à prova. Desejei, pois, voltar-me para esse ser supremo e incompreensível, tentando recordar as palavras dos sacerdotes, mas não consegui. Meu espírito petrificado era incapaz de formular uma prece e, quanto mais eu queria, mais impossível se tornava. Então, agarrei-me à idéia de que seria salvo se conseguisse encontrar um sentimento, um só pensamento que pudesse atingir essa divindade que eu havia desprezado em vida, porque ela não me prometia nem ouro nem prazeres vulgares. Redobrei os esforços e, subitamente, um leve calor pareceu tomar conta de mim, o peso terrível que me oprimia diminuiu e consegui formular, claramente e sem dificuldade, o seguinte pensamento: "Deus, vós que sois considerado misericordioso, perdoai os meus pecados, aliviai-me; e vós, Jesus, que sofrestes por nós, fazei-me compreender a verdade". No mesmo instante, fui envolvido por uma claridade e do meu ser jorrou um feixe faiscante que se elevou como o jato de uma fonte, em gotinhas prateadas, que ao passar dissipou as densas trevas nas quais eu me encontrava. Por essa espécie de abertura percebi, bem acima de mim, um céu azulado e transparente, e nessa atmosfera feérica passava um espírito, celeste aparição, cintilante de claridade e cingida de vestes flutuantes: esse ser, de uma beleza admirável, cujo rosto doce e calmo não estava desfigurado por nenhuma paixão, deteve-se a poucos passos de mim e pronunciou as seguintes palavras:

– Espírito culpado e infeliz, não te iludas. Esse demônio ao qual vendeste tua alma agora não mais tem necessidade de ti. Tu estás colhendo o que semeaste. Escolheste o prazer proporcionado pelo ouro e pelo vício; todas as tuas paixões nãosaciadas foram por ti cultivadas em tua alma imperfeita; te entregaste desenfreadamente a todos os crimes, à dureza do coração, à crueldade, à avareza e ao egoísmo. Atraíste para junto de ti pessoas tão malvadas e criminosas quanto tu e, juntos, gozastes. E o inferno em que todos vós acreditastes cair, após a morte corporal, é o terrível estado de vossas almas. Agora, continuas fazendo o que fizeste na Terra: estás cercado dos mesmos companheiros que escolheste durante tua vida, mas os órgãos do teu corpo não podem mais sentir e te transmitir a sensação de prazer. Como podes perceber, a curta vida material acabou e sentes todas as torturas das paixões e dos desejos que o corpo já não pode saciar. O que na Terra os homens chamam de inferno é o estado criado por eles mesmos, espíritos culpados e endurecidos, e até o momento em que uma

A Abadia dos Beneditinos

verdadeira reação, um sincero desejo de melhoria se produza em ti, até o momento em que uma prece ardente e profunda se eleve de tua alma partida para o Criador, errarás no campo de teus crimes. Deves sentir horror e desgosto pelos teus erros, verdadeiro remorso pelo mal que infligiste aos outros. Somente quando o sentimento de uma sincera compaixão pelas tuas vítimas, bem como o desejo de reparar o que fizeste, despertar em teu coração é que conseguirás encontrar o caminho da salvação. Lembras de que nenhum arrependimento e nenhuma prece serão suficientes para que atinjas esse objetivo. Vai, pois, vagar nos mesmos lugares em que pecaste; visita os que, como tu, expiam efêmeros gozos por meio de tão terrível vida espiritual, para que o exemplo deles assuste tua alma. A prece será teu único apoio para o alívio dos teus sofrimentos e para aplacar o ódio dos inimigos, que te perseguirão.

O espírito luminoso velou-se e perdeu-se no espaço, mas eu me senti livre, consegui me desembaraçar dos destroços do navio e me mover à vontade num espaço tenebroso e sufocante. Meu primeiro pensamento foi para o meu castelo e, no mesmo instante, um furacão me envolveu e arrastou-me, assobiando: encontrava-me diante do sombrio solar hereditário. Quis entrar, mas uma massa enegrecida, fétida, sulcada de chamas vermelhas barrou-me a passagem. Quis fugir, mas, retido e empurrado por uma vontade estranha, avancei, abrindo passagem para o centro da massa escura. Sacudido por um sofrimento horrível, dei-me conta de estar rodeado de vítimas: recém-nascidos, com ferimentos no coração, mostravam-me suas chagas; mulheres desfiguradas acusavam-me da perda de seus filhos e dos suicídios causados pelo seu desespero; crianças amaldiçoavam-me por ter assassinado seus pais e por tê-las obrigado a morrer de fome. E toda essa multidão de seres cheios de ódio rodopiava ao meu redor, agarrava-se a mim, sufocando-me, paralisando-me os movimentos. Agarraram-me, como pinças, e arrastaram-me ao aposento onde eu festejava meus crimes com orgias. Tentei fugir daquele lugar de pesadelo, mas estava como que ali pregado. Colocavam os recém-nascidos em minhas mãos, forçando-me a pousar os lábios em suas feridas abertas, e parecia-me estar engolindo algo de repugnante, de viscoso como a putrefação, e, quando meu corpo espiritual se contorceu de sofrimento e de horror, um riso infernal soou ao meu redor. Esgotado, não sabendo onde me esconder, lembrei-me das palavras do espírito luminoso: "Reza e humilha-te diante de tuas vítimas". Mas só de pensar nisso, todo o meu orgulho vibrou e se revoltou: rezar, humilhar-me diante daquela multidão, diante dos meus próprios vassalos ou dos vis maltrapilhos que ousavam rir de mim? Jamais! E novamente a faca ou o alfinete de ouro apareceu em minhas mãos e eu recomecei a tarefa de carrasco, bebendo aquele sangue horrível que parecia queimar-me as entranhas. Quanto tempo durou tudo isso? Não saberia dizê-lo, mas num determinado momento eu me senti ainda mais exausto e meu pensamento elevou-se para o Ser Supremo:

– Deus todo-poderoso, aplacai-lhes o ódio terrível, livrai-me deles. Reconheço meus crimes e imploro vossa clemência, assim como o perdão das minhas vítimas!

Ainda uma vez, o jato luminoso jorrou de meu corpo escurecido e caiu em cascata prateada sobre a multidão pavorosa que se comprimia ao meu redor: as pessoas recuaram, as blasfêmias espaçaram-se e continuei a orar ardorosamente, até que a massa afastou-se, empalideceu, para fundir-se numa atmosfera escura. Permaneci arrasado, aterrorizado diante da lembrança da terrível vida que eu levara, mas uma vontade estranha já me arrastava para fora daquela sala e eu descia para os subterrâneos, deslizando pelas escadas bem conhecidas em direção ao local secreto que escondia os tesouros. Minha alma compreendeu, estremecendo, que eu ia reencontrar meu pai. Naquele momento, apareceu, novamente, o Espírito luminoso:

– Estás vendo, espírito infeliz, as terríveis conseqüências de uma vaidade criminosa? Querias possuir a vida e a juventude eternas, esquecendo-te de que a vida terrena depende daquele que te permitiu viver para te testar. A compreensão de um propósito fracassado e de crimes vãos provoca as sensações tão penosas que ora sentes. Lembras-te de que cada uma das más ações que tu cometeste acarretou várias conseqüências nefastas, resultantes do primeiro crime. Portanto, tu és responsável por isso, pois aquele que coloca a roda em movimento responde pelo que ela produz e esmaga.

O Espírito desapareceu e continuei com dificuldade o meu

A Abadia dos Beneditinos 267

caminho. Eu via, de passagem, espíritos negros, curvados ou agachados perto dos sacos de ouro, pretendendo impedir-me a passagem, e tive que abrir caminho através de seus fluidos acres e ardentes, emanações da cupidez e da avareza. Finalmente, consegui atravessar sem maiores obstáculos a porta de ferro, que me pareceu uma pasta mole, e me encontrei no interior do subterrâneo. Logo vi meu pai, magro e repulsivo, tal como dele eu me recordava. Seus cabelos grisalhos pendiam em desordem, seu rosto parecia manchado e suas mãos ossudas agarravam-se convulsivamente aos escudos de ouro amontoados ao seu redor. Sob a montanha preciosa jazia um cadáver ressequido, cuja carne assemelhava-se a um pergaminho enegrecido. Compreendi perfeitamente que aquele horrível destroço era seu corpo terreno e que sua alma culposa lutava no seu corpo espiritual, que lhe dava a ilusão de ainda viver materialmente. As paixões não-saciadas da cupidez e da avareza inspiravam-lhe o temor de ver roubado seu tesouro. Percebeu-me imediatamente e seus terríveis olhos, que refletiam o estado de sua alma, fitaram-me com um ódio mortal.

– Oh! És tu, Hugo! Pois bem, agora nós dois o guardaremos.

Uma estranha força me atraiu para aquela massa ofuscante de mil reflexos e tive que lá ficar, respirando o fluido sufocante que exalava o espírito do meu pai que, sem se interromper, contava e recontava seu ouro adorado. Eu sofria cruelmente quando um sopro passou perto de mim, inspirando-me o seguinte pensamento: "Por ouro, tu o mataste; portanto permanece junto dele. Vê os sofrimentos que a cupidez acarreta e que eles te inspirem aversão pela fortuna conquistada por meio do crime".

Então, lá fiquei, mas nosso ódio recíproco só aumentava e com freqüência o espírito, exaltado pela raiva impotente, lançava-se sobre mim, sufocando-me com seu fluido ardente. Nesses momentos, eu revivia a hora terrível do parricídio, amontoando sobre ele uma massa gasosa semelhante às peças de ouro, mas que, entretanto, não chegava a ocultá-lo de minha vista. Esquecendo-me de que tudo aquilo era apenas a miragem de um passado criminoso, senti todo o terror e a angústia do momento em que eu quis me desembaraçar daquele pai incômodo. Parecia-me que o suor escorria da minha testa, mas depois percebi que eram faíscas negras e viscosas que caíam

268                                                                                      J. W. Rochester

sobre o meu corpo compacto e, no entanto, leve, causando-lhe uma dor aflitiva. A inquietação e o terror aniquilavam-me.

– Vês o fluido de um passado criminoso cair sobre ti? – disse-me a voz bem conhecida do meu protetor invisível.

Imediatamente, meu pensamento voltou-se para meu guia espiritual que apareceu, dizendo-me:

– Humilha-te diante daquele que assassinaste e reza, não por ti, mas por ele; e quando ele tiver, em parte, te perdoado, poderás deixar este lugar que encerra um ouro inútil.

Voltei-me para meu pai, disposto a lhe pedir perdão, mas vi um ente que era ele e, não obstante, tinha certa semelhança com outro ser: um homem envolto em uma toga, que reconheci como sendo um inimigo que eu eliminara, na época em que eu era Tibério. Reconhecendo-o, não foi a humildade de um suplicante que me invadiu, mas sim um orgulho e uma raiva inomináveis. Voltei a ser o orgulhoso imperador, o senhor do mundo. Assim, pedir perdão, rezar por aquele que já me pagara sua dívida de ódio, pareceu-me uma humilhação indigna de mim, sendo preferível sofrer. Nada fiz então, e percebi que a escuridão que nos cercava se adensava, feixes de faíscas avermelhadas jorravam tanto cérebro do meu inimigo quanto do meu, cruzando-se no ar e caindo sobre mim, ocasionando-me um mal físico que me tirou todo o repouso. Meu perispírito contorcia-se, sufocado sob o fluido de fogo que parecia devorá-lo. Lançamo-nos um sobre o outro, querendo nos estrangular, e nossa raiva aumentava porque, embora nos vendo, nada podíamos pegar senão o espaço.

Findos tais acessos, recaíamos em nosso primeiro estado: ele a rebuscar no ouro, eu soterrando meu pai e empilhando o ouro em cima dele; ele, sempre agonizando, eu sempre trabalhando, ofegando de medo de vê-lo reaparecer, mas nunca deixando de enxergá-lo.

O tempo não existe para o espírito e, por mais duro que seja, ele não pode controlá-lo. Por que – pensava eu – conseguira formular uma prece para aquela horrível multidão que me perseguia, sentindo-me aliviado, ao passo que, agora, eu estava implorando a Deus para me libertar e Ele não me atendia? Quase imediatamente, o Espírito luminoso apareceu e iluminou as trevas que me cercavam.

A Abadia dos Beneditinos

– Porque, espírito perturbado e cheio de ódio, encontravaste diante de vítimas que nada te haviam feito, só precisavas vencer teu próprio ódio, e a indiferença te facilitava a prece por elas. Mas aqui, deves vencer a ti mesmo e, no teu coração endurecido e cheio de ódio, conseguir rezar, não para *aliviar teu próprio estado*, mas o de teu inimigo. Deves fazer o bem a ele, purificar os fluidos negros e espessos que o atormentam e, somente quando provares que sabes vencer teus maus sentimentos, trabalhando com boa vontade para o bem-estar de teu inimigo, é que poderás pensar em melhorar tua própria situação. Tenta fazê-lo.

Fiquei arrasado! O que estavam exigindo de mim era impossível. Eu deveria, pela prece, melhorar o estado daquele inimigo mortal, cuja presença me era odiosa, e vê-lo sentir-se melhor, mas continuando eu mesmo a sofrer, esperando o momento do seu bem-estar para implorar sua graça e seu perdão. Não, antes sofrermos eternamente juntos!... E o terrível combate recomeçou.

Entretanto, apesar do seu ódio, ele foi o primeiro a se acalmar. Ele também ouvira as palavras do espírito-guia. Tranqüilizou-se subitamente e cobriu-se de um vapor escuro que lançava faíscas: compreendi que ele refletia. Logo depois, vi jorrar do seu cérebro a mesma claridade prateada, a princípio embaciada, e depois mais brilhante, e à medida que as centelhas caíam, tal como chuva benfazeja, sobre a atmosfera escaldante e viscosa que me cercava, esta parecia se dissipar. Um frescor reconfortante, tal como um banho aromático, me aliviou. Senti-me mais à vontade e consegui obter um relativo repouso. Então, olhei para o meu inimigo, que se debatia penosamente na pesada atmosfera, formulando com dificuldade um pensamento de perdão. Meu próprio ódio diminuíra um pouco, ao ver que, graça aos seus esforços, eu me sentia melhor. Assim, uma ardente prece ao Criador elevou-se do meu coração:

– Deus todo poderoso, e tu, meu guia espiritual, fazei com que minha prece melhore o seu estado; fazei com que ele compreenda que estou pedindo que ele me perdoe pelos sofrimentos que lhe infligi e o parricídio que cometi. Quero trabalhar para dominar a aversão que ele me inspira e não para me deleitar com suas torturas. Fazei com que ele sinta todo o bem-estar que ele me proporcionou!

À medida que esses pensamentos, impregnados de toda a minha vontade, se formulavam, senti um forte calor me invadir; o subterrâneo e tudo o que ele continha empalideceram, apagaram-se, bem como a silhueta do meu inimigo, que se perdeu não sei onde. Um raio vindo do alto elevou-me para uma atmosfera leve e agradável em comparação àquela que eu acabava de deixar: encontrava-me num mar cinzento e nebuloso, um nada sem fim. Inicialmente, fiquei radiante com a mudança e avancei sem destino, sempre em linha reta. Eu não podia subir e não queria descer, mas com o tempo um sentimento doloroso me invadiu: naquele oceano nebuloso, eu me encontrava sozinho, sem rumo, sem futuro, acompanhado, apenas, de pesadas recordações de um passado irreparável. Dirigi meu pensamento ansioso para o meu guia.

Apresentando-se, ele me disse:

– Podes, agora, perceber por que sofres no nada em que te encontras, nem perseguido por tuas vítimas, nem obrigado a repetir os crimes monstruosos que cometeste?

Eu não soube responder e fiquei calado.

– Estás vendo? – prosseguiu o espírito protetor. – Em vida, eras muito hábil para maquinar infâmias, bem astuto para conseguir para ti todos os prazeres materiais, e nunca te faltou inteligência quando se tratava de causar mal aos teus semelhantes. E aqui, onde não podes molestar ninguém, onde, relativamente, não sofres, não consegues explicar a angústia desesperada que sentes e não podes responder, tu, que no entanto, és tão esperto?

Compreendi o quanto minha inteligência era limitada, mas o guia continuou:

– Sofres da inação que leva ao desespero; sentes necessidade de atividade, mas deves entender que tua alma deve se purificar dos piores fluidos antes que possamos empregá-la em uma obra que seja útil a todos. Tua inteligência e teu conhecimento adquirido podem ser úteis, mas quem empregará um operário desmoralizado, mesmo sendo excelente, sabendo que seus vícios e suas paixões não-dominadas poderão conduzir os outros ao caminho do mal? Compreende, espírito perturbado, que tua atividade deve, primeiramente, agir sobre ti mesmo;

A Abadia dos Beneditinos      271

olha teu perispírito enegrecido, mas permeado de inúmeros fios luminosos, restos de tuas relações terrenas. Se tu aspiras companhia, dirige teu pensamento para teus antigos companheiros e vejamos para onde esses fios luminosos te conduzirão. Reproduzi, mentalmente, a imagem de Bertrand, Rosa, Calmor e muitos outros e, de repente, encontrei-me no ignóbil navio, junto com seus tripulantes, que, ainda perturbados, continuavam sua terrível vida espiritual, entregando-se às suas orgias imaginárias, com as quais o corpo já não se comprazia, aumentando-lhes a vontade.

– Ah! Não quero ficar aqui – exclamei apavorado, respirando com dificuldade na atmosfera pesada e fétida que os cercava.

O espírito-guia, que não me abandonara, disse:

– Se recuas diante deles, como poderás provar a sinceridade do teu arrependimento? Este grupo está ligado a ti pelos fios fluídicos do crime e pela efusão de paixões recíprocas. É somente com eles que poderás tomar lugar entre os operários do espaço, mas, no estado em que se encontram, eles nada podem. Deves, pois, iniciar teu trabalho pela conversão deles, fazendo-os voltar a si, porque tu deves e podes fazê-lo, já que tens mais espírito que eles, mais germes do bem, uma inteligência, uma vontade firme e foste o primeiro a compreender tua posição. É, pois, teu dever ajudá-los e, por meio desse duro trabalho, merecerás participar da obra calmante e científica do espaço.

Ele partiu, mas eu já estava convencido de que minha teimosia era absurda, pois só proporcionava sofrimentos inúteis, e decidi, firmemente, converter meus companheiros. Qualquer castigo, qualquer expiação seria preferível àquela enervante inatividade em que me achava, estagnado num passado irreparável.

Dirigi-me, pois, a Euleuhof que, apesar de suas más paixões, possuía uma inteligência clara e profunda, e enviei-lhe, em fagulhas luminosas, um discurso repleto de pensamentos sábios e convincentes, mas para minha grande surpresa, ele nem sequer me ouviu. Então, voltei-me para Rosa que, maldosamente lançou sobre mim um fluido nauseabundo e atordoante, e toda a minha persuasão não levou a nada. Passei de um a outro, pouco a pouco me inflamando, e disse-lhes tudo o que minha inteligência me inspirou para esclarecer-lhes sobre o seu estado e para fazê-los compreender que estavam se prejudicando e impondo, inutilmente, a si mesmos, seus sofrimentos intoleráveis. Mas vendo que meus esforços em nada resultavam, minha animação se transformou em raiva impotente. – Eles têm o que merecem – pensei. – Fiz o que pude para aliviá-los.

– Pobre espírito – disse meu guia, aparecendo inesperadamente –, não tens vergonha de tua impaciência? O que te aconteceria se tivéssemos agido da mesma forma contigo? Como tua vida anterior só despertou em ti o instinto do bem-estar material, isso influenciou teus conselhos. Lembra-te, espírito perturbado, do que me atraiu a ti: não foram nem raciocínios, nem conselhos práticos, mas a humildade, a oração, a compreensão de tua culpabilidade. E é somente rezando por essas pobres almas sofredoras que poderás atingir seu ouvido espiritual e purificar o fluido que os envolve.

Eu o compreendi e, embora impedido por seus fluidos odiosos, iniciei uma prece sincera por todos e, como antes, estava tomado pelo ardor da persuasão. Minha oração tornou-se cada vez mais ardente, como um feixe luminoso elevou-se no espaço e – estranho espetáculo – à medida que essa claridade prateada cruzava a escuridão, de todos os lados apareciam sombras alvas e transparentes, cujas preces juntaram-se à minha. Logo a cascata prateada varreu as trevas e a voz dos espíritos bons, que me agradeciam por lhes ter proporcionado a oportunidade de se aproximarem daqueles que amavam, chegou aos meus ouvidos. Não sem surpresa, vi que aqueles piratas criminosos, que haviam renegado a Deus e abandonado seu lar, conservavam, no espaço, amigos devotados que, atraídos por minha prece, acorriam, cheios de indulgência, para levar ao arrependimento essas pobres almas sofredoras. Logo, ao lado de cada um, encontrava-se um protetor invisível: tudo desvaneceu e as sombras negras, sustentadas pelas mãos dos seus guias, elevaram-se no espaço.

Fiquei sozinho, mas me senti feliz e leve como nunca o fora na Terra. Um desconhecido sentimento de calma e de tranqüilidade inundou minha alma dolorida.

– Agiste bem – disse meu protetor –; agora segue-me. Todos os encarnados do teu grupo estão mortos e vós sereis julgados. Não tremas assim, espírito culpado, pois já passaste pelo purgatório moral e sentiste todo o seu peso. Curva-te, pois, sem protestar diante dos teus juízes supremos e do destino moral que te impuserem. Nada negues, pois sabes que lá o âmago da tua alma estará a descoberto e que, qualquer que seja a sentença, sua execução te levará a um grau superior na escala da perfeição, que todos nós devemos galgar. Convence-te da pouca importância que tem uma curta vida terrena e as provações e expiações não mais te atemorizarão.

Tais foram as palavras do meu guia e, ao seu lado, atravessei as massas nebulosas para reaparecer num círculo luminoso duplamente ofuscante, pois ele iluminava até o fundo da minha alma imperfeita e as trevas em que eu errava. Eu estava tremendo e percebi que somente em vida eu tinha sido corajoso.

– Vais ser julgado – disse minha consciência.

– Sim – acrescentou o espírito protetor.

E no mesmo instante, um relâmpago, seguido de estrondo que abalou todas as fibras do meu corpo espiritual, projetou-me para frente.

O relâmpago dizia:

– Espírito de Tibério e de Mauffen, comparece diante de teus juízes.

Hugo de Mauffen

# Narrativa de Lontário de Rabenau

Morrer para renascer, tal é a lei fundamental da criação. E essas poucas palavras encerram todo um imenso programa. Estou bem certo de que não existiria na Terra tantos suicidas, se o pensamento de cada um deles pudesse ir além desta palavra – *morrer* –, e se pudéssemos convencê-los, afirmando: "Tu vais morrer para reviver; trocarás um inferno por outro. Portanto, é preferível seguir até o fim o caminho traçado pelo teu destino".

Eu, outrora Lotário de Rabenau e, atualmente, autor destas obras, rebusco cuidadosamente no passado longínquo, para deter os vivos insensatos que pretendem romper a corrente que os prende à Terra, correndo o risco de, mais tarde, sentir mais penosamente o peso dessa corrente, da qual ninguém pode se livrar, pois, quantos de nós deixamos nesta terra de exílio ações não concluídas, idéias não executadas, diversas afeições não-aclaradas, muitas vezes, pela experiência da vida.

Naquela noite em que a obra de toda a minha vida ruiu entre minhas mãos, minha alma estava torturada por mil sofrimentos: orgulho ferido, medo de ser descoberto e, sobretudo, o aborrecimento de ser obrigado a ceder um lugar no qual só eu tinha reinado.

Quando galguei os degraus daquele altar, em cujo topo eu havia comandado e, ajudado por um espírito perspicaz e profundo, lera no coração dos meus subalternos, compreendi que era preciso um certo gênio para dirigir e manter aquela vasta empresa. E o pensamento de que tudo ruiria com a minha morte foi um bálsamo para o meu coração ulcerado. Pensei, então:

– Que sofram esses ingratos que se revoltaram contra mim!

E aquele sangue violento que, uma vez desencadeadas

minhas paixões, não conhecia nenhum freio, subiu-me ao cérebro; o punhal brilhou diante do meu olhar velado pela raiva, e uma dor aguda, em todo o corpo, seguida de um calafrio mortal, apagou-se num profundo desmaio. Quando recobrei os sentidos, estava sofrendo cruelmente. Como através de um espesso véu, vi a assembléia que se comprimia ao meu redor. Dei minhas últimas ordens e nomeei meu sucessor. Eu sabia que Benedictus carregaria, como uma punição, o peso que ele queria colocar nos seus ombros; mas de resto, todos esses sentimentos de ódio enfraqueciam no momento, pois eu sentia algo estranho produzindo-se em mim. Parecia que um véu negro velava meus olhos; todos meus nervos, da cabeça aos pés, tremiam e sacudiam violentamente; um frio glacial invadia meus membros; e, depois, um choque terrível pareceu separar-me de mim mesmo e uma escuridão completa me envolveu.

Quando voltei a mim, flutuava qual folha levada pelo vento num espaço cinzento e nebuloso. Logo me dei conta de onde me encontrava e quase no mesmo instante percebi um espírito ofuscante de luz, que eu conhecia bem. Outrora meu amigo, ele havia lutado e se elevara moralmente durante os séculos em que eu permanecia estacionário, acorrentado por minhas paixões. Ele atingira um grau de perfeição bem elevado em comparação ao meu e, agora, tornara-se meu guia e protetor. Fitou-me com uma triste ternura e pronunciou estas palavras:

– Mais uma vez, a luta foi em vão e te deixaste levar por tuas paixões impetuosas. Tenho ordem para dizer-te, por ora, que estás condenado a vagar sobre a Terra e tua punição será a de observar, com olhar perspicaz, e de ouvir, com a audição espiritual apurada, todos aqueles que deixaste naquele mundo. Irás contemplar tuas obras iniciadas, a execução das tuas decisões, e sentirás o peso do desencantamento. Sinto pena de ti, amigo ardoroso e irascível, pois uma luta vai se travar no teu coração sensível. Não estás exilado nem condenado à solidão. Poderás reunir teus amigos, mas toma cuidado para que a violência não te arraste ao ódio, pois nesse caso serias duplamente punido. Se fraquejares, podes me chamar.

Projetou sobre mim uma luz azulada, que me cobriu com uma nuvem de faíscas multicores e acalmou a dor do meu corpo espiritual. A seguir, desapareceu.

Examinei-me e apalpei-me. Sim, novamente eu era espírito, aqui tudo me era conhecido. Há muitos séculos eu atravessava aquele espaço transparente e meu pensamento se voltou para meus amigos e ajudantes. Logo nove espíritos cercados de círculos luminosos surgiram e me cercaram.

– Sê bem-vindo, amigo – disseram-me, em pensamento.

Depois de uma rápida troca de impressões, eu disse:

– Estou condenado a voltar à Terra e tudo observar até o momento em que os membros do meu grupo morrerem e se reunirem aqui. Vou descer imediatamente para a atmosfera terrena, pois como sabeis, um espírito como o meu não espera que o forcem e sabe perfeitamente o que deve fazer. Desejais me seguir, meus fiéis paladinos, até a atmosfera empestada dos homens, unir-vos a algum médium e ajudar-me quando eu tiver necessidade de vós? Sinto que verei muitas coisas que farão meu coração sofrer, como predisse meu guia.

Formou-se um círculo mais estreito, iluminando-se com doce e rósea claridade: era o fluido do sentimento de fidelidade que nos unia e, por um momento, nossos perispíritos pareciam se confundir.

– Achas que te deixaremos sozinho enquanto sofres? – responderam meus amigos. – Quando *nós* sofremos e expiamos, como homens ou como espíritos, não sacrificaste sempre teu repouso para nos ajudar e apoiar? Aonde fores nós iremos, mas apenas te suplicamos que não te deixes arrastar pela indignação à alguma vingança que te prejudicará.

Descemos todos, respirando com dificuldade na atmosfera espessa da Terra. Depois, lancei para baixo o largo fio luminoso que a morte material arranca do corpo. Como um relâmpago, ele cortou o espaço, e logo me senti atraído e avistei o castelo de Rabenau. O luto lá reinava, mas meu fio luminoso atraiu-me para meu médium, unindo-se ao seu cordão vital e formando um laço rubro como o sangue. Esse médium era uma mulher que, caída sobre uma poltrona, soluçava desesperadamente. Estremeci, pois acabava de reconhecer Rosalinda, que chorava em mim a perda de um belo cavaleiro, de um homem sedutor e espirituoso que lhe havia agradado. Lancei sobre ela um fluido calmante, mas o coração me atraía para meu filho e meu pensamento arrastou-me até seu quarto, para onde ele acabava de se retirar, deixando aos criados os cuidados de lavar e vestir meu corpo que haviam trazido da abadia. Aquele filho adorado, que acabava de abandonar os restos inertes do pai a quem tanto pretendia amar, estava de pé, perto da janela aberta. Pobre de mim! Ele pudera enganar o homem cego, mas o espírito que ele não via e de cuja presença não suspeitava captava o sentido dos seus pensamentos que se formavam acima do seu cérebro, de onde jorrava um negro e espesso fluido. A aura que lhe cercava a cabeça era estreita como o seu coração e escura como seus sentimentos ingratos e egoístas. Ele não chorava o pai, muito ao contrário; um sentimento de orgulho satisfeito e a alegria de ter conseguido, finalmente, o poder, inflavam-lhe o coração. A pouca distância, flutuavam, como num raio, seus pensamentos e seus desejos recentes, tais como: "E se eu me livrasse dele? Quando se trata de amor, não se poupa nem o próprio pai!". Meu perispírito sentiu um choque doloroso e a artéria do coração que, por mil fios delgados, se ligava a ele, retorceu-se e escureceu – essa mesma artéria brilhante e luminosa que, sozinha, serve de ornamento e de apoio a um espírito, por mais baixo que ele seja. E eu, ingênuo, pensando que estivesse desesperado! Com o intuito de transpassar meu coração que sempre batera apenas por ele e que lhe cedera até a mulher amada, ele experimentara a lâmina daquele punhal que eu lhe dera. Contorci-me dolorosamente e um fluido acre e mordente comprimiu meu peito fluídico. Durante toda a vida, eu cuidara daquele ser ingrato, que crescera nos meus braços e que despertara, no meu coração violento, os mais ternos e pacientes sentimentos. De que, pois, serviram a afeição, os cuidados e a proteção a ele dispensados durante uma vida inteira? Como poderia eu ainda odiar Benedictus, Sanctus e aquela comunidade traidora para a qual eu fora um chefe severo? Teria eu o direito de exigir *deles* outra coisa, *se, aqui*, a mão de um filho, armada de um punhal, levantava-se contra mim, desejando se livrar de mim, *dele*, meu filho, ligado a mim por todos os fios fluídicos do meu sangue, do ser por quem meu coração batia e que eu adorara como a única herança que sua mãe me havia deixado? Quis fugir, afastar-me dele, mas não pude e senti em mim todo o peso do castigo que me prendia à Terra. Em vão, disse para comigo: "Não é a primeira vez que encontras este espírito covarde e miserável, este coração mesquinho; em muitas vidas ele te feriu e traiu, e sempre voltas para ele, como o escultor que, em sua fantasia apaixonada, quer animar sua obra, mas não encontra mais que o bloco de mármore frio e ingrato. Tu o conheces e te entristeces? Pois ele não merece. Mas acompanhá-lo, observá-lo, é um suplício atroz". Conformando-me à inevitável sentença, empertiguei-me, bradando contra o ingrato que zombara de minha afeição. Naquele momento a porta do quarto se abriu e um homem alto e magro entrou. Era o padre Bonifácio, capelão do castelo, monge rígido e severo, de ar ascético, cujos lábios finos e os olhos escuros, muito fundos, demonstravam uma firmeza impiedosa e cruel. Aquele homem fora a minha alma danada e, pela religião e disciplina moral, mantinha com mão de ferro a alma covarde e medrosa de Kurt. Estava acostumado a manter as almas subjugadas à sua vontade de confessor e muitas vezes me dissera: "Não trocaria meu poder pelo do nosso senhor duque. Ele dirige apenas os corpos, ao passo que eu, eu sou o senhor das almas".

Ao entrar, deu sua bênção a Kurt e fez-lhe um sinal para que o acompanhasse ao oratório. Meu filho obedeceu, mantendo a cabeça humildemente abaixada, mas li no seu pensamento: "Padre maldito, ide para o diabo. Vosso sermão inoportuno vai fazer com que eu perca meu encontro com a bela dama de companhia de Rosalinda".

Padre Bonifácio sentou-se perto do genuflexório encimado por um crucifixo de ouro e disse gravemente:

– Meu filho, tu sofreste uma grande perda e teu coração deve estar uma ferida aberta. Mas sabendo que possuis uma alma mundana, pensei que seria bom para ti aliviar-te pela confissão, caso o demônio te houvesse tentado com a ambição do poder e se a nova posição te impedisse de lamentar a morte do teu pai menos profundamente do que ele merece. Como fiel pastor da tua alma, devo prescrever-te o mais rigoroso jejum e a mais severa abstinência de todos os prazeres mundanos. Deves, também, doar grandes somas ao nosso santo convento e aos pobres e, a exemplo da nobre dama, tua avó, e de tua futura esposa, entregar-te, por seis meses, à prece e aos lamentos em intenção do nosso querido morto.

Furioso com a decisão de sua noiva, Kurt vociferou intima-

A Abadia dos Beneditinos 279

mente e exalou fluidos negros que o bom padre não viu. Seus olhos materiais viram, apenas, que ele cruzou piedosamente os braços sobre o peito, respondendo humildemente:

– Estou pronto a fazer tudo o que me prescrevestes, meu pai, pois estou, realmente, incapacitado de pensar em outra coisa que não seja a terrível perda que sofri. – E cobrindo os olhos com as mãos, acrescentou: – Oh! Como gostaria de chorar, se isso não fosse indigno de um cavaleiro!

– Chora, meu filho – disse o padre, colocando a mão sobre a cabeça do hipócrita –; diante do teu confessor, tu podes soltar as lágrimas que honram teu coração filial.

– Ah, meu pai! Sinto-me esmagado pela enorme responsabilidade que acaba de cair sobre mim. Meu excelente pai sempre carregou nos ombros o fardo da vida e agora eu, tão indigno, tão imperfeito, devo substituí-lo. Sinto-me tão mau, tão mundano, que nem as preces ajudam a me sentir melhor. No entanto, todos os dias eu leio a Bíblia, faço as orações e rezo meu rosário, como me recomendastes.

– Meu filho – respondeu gravemente o sacerdote –, levanta-te à noite e lê os salmos do rei Davi, e tal como ele, te sentirás aliviado nas horas difíceis.

– Tenho um plano, meu pai, para o qual imploro vossa aprovação – disse Kurt. – Depois do enterro e quando minha mulher e minha avó tiverem partido para o seu retiro no convento, desejo fazer, descalço e em vestes grosseiras, uma peregrinação à capela de São Bonifácio. Lá, na gruta do bom velho ermitão, passarei algum tempo com ele, jejuando, orando e em piedosa meditação.

– Digna ovelha do meu rebanho! – exclamou Bonifácio, erguendo as mãos. – Abençôo tua decisão, inspirada pela piedade.

O digno padre não sabia que essa piedosa decisão era apenas um pretexto e que, não longe da capela, encontrava-se um albergue isolado onde Kurt se divertia em seduzir uma mocinha, única filha e arrimo do velho hoteleiro cego. Bonifácio contemplou sua piedosa ovelha ajoelhada à sua frente e pensou:

– Eu te manterei sob o meu domínio, criatura fraca e incapaz. Substituirei Rabenau e dirigirei todos os negócios. Tu executarás minhas ordens e obedecerás sem protestar.

Encheu-se de orgulho e de esperança, felicitando-se de

antemão pelo futuro poder absoluto sobre os vastos domínios de Rabenau. Ao mesmo tempo, Kurt pensava:

– Como me desembaraçar desse padre aborrecido e incômodo que, a exemplo de meu pai, vê em mim uma criança e que desejará impor-me todo o poder da Igreja? Há dezesseis anos, ele me domina e me oprime. Preciso pensar em uma maneira de me livrar dele.

Não pude deixar de rir. Oh, mortais! Se pudésseis ler, quando estais tranqüilamente reunidos, os pensamentos que se agitam sob essas testas polidas e impassíveis, fugiríeis um do outro.

Tomado por um profundo desgosto, deixei-os para visitar a abadia que se apoderara de uma parte da minha vida e onde tanto gozara e pecara. À visão do sombrio e maciço edifício, fui assaltado por mil lembranças. Pensei estar revendo o dia em que, pela primeira vez, eu lhe transpus o umbral, fiel discípulo do prior Antonio. Rápido como o pensamento, desci até os subterrâneos tão conhecidos e penetrei no laboratório. Lá estava sentado, taciturno e com a cabeça enterrada nas mãos, Bernardo, o infatigável pesquisador do invisível, que desejava atrair do espaço a intangível centelha evadida do corpo.

Eu sentia uma sincera amizade pelo laborioso sábio e gostaria muito de provar-lhe que ele não errava no vazio, já que o que ele procurava realmente existia.

Lancei um olhar ao meu redor e, a alguns passos, percebi o jovem e robusto irmão boticário, que trabalhava calado, arrumando maços de ervas medicinais que queria secar. Lancei sobre ele um feixe de faíscas que fez o ambiente vibrar. Ondas de ar se elevaram e se comprimiram contra o monge que inclinou a cabeça, empalidecendo; estremeceu sob as correntes do fluido puro, fresco e acre que lancei sobre ele e, caindo sobre um escabelo de madeira, adormeceu, enrijecendo-se e respirando ruidosamente. À medida que o entorpecimento invadia seus membros, massas de fluido avermelhado, denso e gorduroso começaram a soltar-se do seu corpo e a essa corrente apresentei meu fio vital rompido e semelhante a um outro vazio. Num piscar de olhos, o fluido avermelhado encheu meu corpo vaporoso que possuía tudo, salvo a substância carnal. Respirei por meio dos meus pulmões materializados e, lançando o fio atrativo do meu pensamento sobre o perispírito de Bernardo, fiz com

A Abadia dos Beneditinos

que estremecesse sob o choque dos fluidos. Levantando a cabeça, olhou-me apavorado. Então, disse-lhe e escrevi o que Sanctus mencionou em sua narrativa. Bernardo caiu de joelhos e lágrimas de alegria rolaram sobre suas faces encovadas e enrugadas pelo trabalho.

– Então a alma – perguntou ele – sobrevive à destruição do corpo e pode visitar os que lhe são caros? Obrigado, obrigado, mestre, por ter-me dado esta prova da imortalidade da alma.

E, dizendo isso, ele me apalpava com angústia e satisfação, e prosseguiu:

– Oh, mestre! Aqui neste laboratório onde nós a procuramos, tu vens me dar a prova da verdade. Então, não estou errado e o meu trabalho não é inútil. Senhor, meu Deus! Grande é a Vossa graça! Mas, mestre, virás, às vezes, inspirar-me?

– Sim – respondi, apertando-lhe a mão –, eu virei inspirar-te a verdade que procuras.

O monge, adormecido em seu canto, agitou-se penosamente. Percebi que ele sofria e, debruçando-me sobre ele, passei minhas mãos fluídicas embebidas de eletricidade do espaço em meus membros repletos de fluido carnal. Devolvi o fluido vital ao corpo do frade, detendo com essa contracorrente a onda de fluido avermelhado que ainda se dirigia para mim. O monge acalmou-se, seu rosto readquiriu a cor habitual e me afastei, arrancando a sanguessuga fluídica que representava meu fio vital. Logo depois, ele despertou.

Eu sentia um bem-estar supremo na presença do pai Bernardo, que chorava por mim, não como um morto, mas como um amigo ausente. Seus lamentos exalavam fluidos quentes e benéficos que, saindo do seu coração, aqueciam o meu, entorpecido pelo frio causado pela presença do meu filho.

– Trabalha, valente artífice da verdade – pensei ao deixá-lo, elevando-me no espaço –, pois logo estarás entre nós.

As sinceras e ardentes preces da minha mãe adotiva e de algumas outras pessoas atraíram-me, novamente, para a Terra. Vi a capela do castelo, na qual celebravam o último serviço fúnebre antes de enterrarem, no jazigo hereditário, os restos visíveis do conde Lotário de Rabenau. A igreja regurgitava de gente. Percebia-se, em todos os rostos, uma profunda dor ou uma triste gravidade, mas acima dessas cabeças piedosamente inclinadas, desenhavam-se os pensamentos. Um pensava na caçada que queria organizar; outro em um banquete, o terceiro em uma amante e no melhor meio de ludibriar o ciúme da esposa e, finalmente, o quarto, que cobria com a mão seus olhos provavelmente lacrimosos, pensava que, se a grande quantia emprestada pelo falecido conde não estivesse registrada em nenhum lugar, o filho não a reclamaria, e assim ela poderia permanecer como uma cara recordação daquele excelente senhor que emprestava sempre sob palavra. Mas esqueci rapidamente esses indiferentes para concentrar minha atenção em Kurt que, não longe do catafalco, estava de pé ao lado do duque, saboreando a honra que lhe dispensava o suserano, não tendo para mim nenhum pensamento de tristeza. Meu perispírito tremeu de raiva. Ah! Como eu gostaria de lhe poder dizer: "Alma vil e miserável, tu te humilhas diante desse duque, cuja nobreza não é em nada superior à dos Rabenau!". Não, meu filho não sentia um pingo de orgulho do meu sangue que corria em suas veias. Alma de lacaio, dorso criado para se curvar diante de tudo o que ele pensava ser maior do que ele, escutava cada palavra do duque como se fosse uma palavra do Evangelho, gravando-a, como uma lembrança sagrada, no seu coração tão fútil e estúpido quanto as palavras que o duque lhe dirigia.

– Que tolo! – pensei. – Se tu soubesses que nenhuma posição social e nenhum berço podem conceder a nobreza inata de uma natureza superior, pois o coração desta pode pulsar sob a blusa do camponês ou sob a armadura do cavaleiro! Apesar do nome, do poder e da riqueza que te deixei, meu corpo nem teve tempo de esfriar, que já tua alma, conhecendo a sua posição, preferiu o lugar de um subalterno ao lado desse duque, malvado e miserável como tu mesmo.

O que eu não teria dado para fugir dessa baixeza com a qual sempre me deparava, mas a vontade dos meus guias forçava-me a permanecer perto dos vivos e eu assisti aos funerais. Vi Rosalinda e minha mãe partirem para o convento e, finalmente, acompanhei Kurt que, vestido com uma camisa grosseira, descalço e usando uma corda à guisa de cinto partia para sua peregrinação, após ter recebido a benção do padre Bonifácio. Ele alegrou sua viagem com pensamentos voltados para a bela filha do velho albergueiro. Quando chegou à floresta que circundava a

A Abadia dos Beneditinos 283

capela e a gruta do ermitão, eu o precedi e vi um monge beneditino ocupado em ler seu breviário sobre o túmulo do ermitão, que morrera alguns dias antes e cujo corpo fora ali conduzido para ser enterrado. Logo o reconheci: era um monge ainda jovem, o irmão Lucas, astuto, hipócrita, embora humilde diante dos poderosos. Ele conhecia Kurt e, vendo-o chegar, demonstrou ao rico senhor uma humildade de cão, recebendo, em troca, uma deferência não menos profunda. Enquanto eu observava a digna dupla, que conversava animadamente, notei, ligado ao estreito círculo luminoso do monge Lucas, um espírito negro e medonho, que evidentemente estava tentando ocultar-se de mim. Com a força de vontade de um espírito superior a ele, ordenei-lhe que revelasse sua individualidade, mas ao reconhecê-lo, tive um sobressalto: era um inimigo mortal de Kurt, adquirido em vida passada, de quem, por mais de uma vez, eu o havia protegido, e que agora temia a minha presença.

– Tranqüiliza-te – eu disse –; apesar de estar aqui, não impedirei que alcances este ingrato que não me ama. Não quero te ajudar, mas tampouco te impedirei.

O espírito maligno, muito satisfeito, comprimiu-se mais fortemente ainda contra o monge e vi que, à medida que os dois homens conversavam, seus fluidos e seus pensamentos se harmonizavam. E quando Lucas consentiu em abandonar a moça que Kurt cobiçava, de quem era confessor, apertando-se as mãos (o pastor digno da ovelha), seus maus fluidos se fundiram e o espírito maligno apoderou-se do coração e do cérebro de Kurt. Cobrindo-o quase que totalmente com seu fluido negro de ódio, exclamou:

– Apanhei-te, criatura dura e egoísta e te devolverei, em dobro, meus sofrimentos e minhas angústias.

Seu pensamento jorrava em todas as direções e logo apareceu uma massa negra de espíritos inimigos.

– Oh! – pensei. – Já nesta vida, Kurt, quantos inimigos fizeste. A dureza do teu coração e o teu egoísmo deram frutos. Os infelizes que, durante as minhas ausências, atormentaste e enxotaste e que morreram de tristeza ou de miséria vão cobrarte a dívida.

Abaixei tristemente a cabeça. Era verdade: ele não queria se tornar melhor e lutar contra o mal, cujos representantes o acuavam sem tréguas, alterando seu humor e seus gostos. E cada um dos seus perseguidores invisíveis podia agir sobre ele, pois sua alma dura e egoísta respondia aos próprios instintos deles. Talvez me digam que é injusto abandonar uma alma à perseguição de inimigos invisíveis, mas o espírito do encarnado vem viver justamente para *resistir* ao mal, e quando sua índole é fraca e má, quando essa fraqueza covarde lhe proporciona um relativo bem-estar material, sem que ele queira lutar contra si mesmo e renunciar aos seus gostos vulgares, apesar da voz interior que lhe sussurra para fazer o bem e evitar o mal, o espírito desse encarnado não é digno de compaixão, pois recebeu o que quis e mereceu: quem semeia a crueldade e o egoísmo colhe o ódio e a vingança.

Pouco depois, Kurt escondeu-se e uma jovem e bela camponesa, de cabelos loiros e faces frescas, apareceu na clareira que rodeava a capela. Pelo fluido que a envolvia e por seus pensamentos, percebi que ela desejava o bem. Ela era boa, mas fraca. Sua fé simples e limitada tinha lhe dado apoio, até o momento, no caminho da virtude, e ela conseguira resistir aos homens de sua classe. Era preciso um cavaleiro sem honra e sem alma para enganá-la e degradá-la. Padre Lucas consolou a pobre Gertrudes pela morte do velho ermitão, a quem ela realmente amara e estimara, e depois ouviu sua confissão. A boa e simples criatura confiou-lhe que seu coração estava atormentado e sua paz, perturbada, desde que encontrara um homem desconhecido que, com uma linguagem envolvente, declarara-lhe o seu amor. Que ele apertava sua mão e que lhe impedia a passagem em todos os lugares em que a encontrava. Esse desconhecido era tão bonito que a fascinava, mas sua piedosa madrinha, uma mulher idosa e devota, achava que era o diabo que a tentava sob essa aparência sedutora, e essa opinião lhe era tão mais penosa porque seu noivo, um piedoso carvoeiro, era filho de sua madrinha.

Padre Lucas meneou a cabeça ao ouvir essa confissão da jovem camponesa e maquinou uma resposta que devia satisfazer ao Céu e ao Inferno.

– Minha filha – disse ele –, não conheço o rapaz de quem me falas, mas deves conhecer a força dos sentimentos que perturbam teu coração, roubando-te a paz. O amor, minha filha, é

A Abadia dos Beneditinos 285

um sentimento divino; foi por amor que Deus criou o mundo, foi por amor que Ele concedeu à humanidade todos os bens terrenos, e não se importou que os indignos também recebessem esse amor: ele ama tanto os bons quanto os maus. O amor não é um freio quando ele invade o coração e nosso divino Salvador justificou esse sentimento com estas palavras sagradas: "A quem muito amou, muito será perdoado".

– Oh! Obrigada, meu pai, por vossas boas e consoladoras palavras – exclamou a jovem camponesa, com os olhos brilhantes de alegria. – Então não é pecado amar o belo desconhecido?

– Não é pecado amá-lo, minha filha – respondeu o astuto padre –, sobretudo se puderes atrair para teu amor a benção do céu. Mas agora, devo deixar-te para rezar na sepultura do bom pai Davi. Fica aqui e também reza por ele e por ti mesma.

Logo que ele desapareceu, Gertrudes ajoelhou-se diante do crucifixo de madeira pendurado na parede da gruta. Inutilmente seu espírito protetor lhe dizia para que fugisse. Ela não o ouviu e alguns instantes mais tarde Kurt levantou a esteira que servia de porta e entrou. Com um sorriso frio e sensual, aproximou-se e cingiu com o braço a cintura da moça. Esta quis recuar, mas ele puxou-a e sentaram-se no banco. Kurt falou-lhe do seu amor, mas afastou a mão ao contato do tecido grosseiro do corpete de Gertrudes, franzindo a testa.

– Minha bela Trude, dei-te veludo para um corpete e deverias dar-me o prazer de usá-lo. Esse tecido grosseiro arranha desagradavelmente a mão e, além disso, tuas roupas conservam o odor das refeições ordinárias que serves aos teus hóspedes.

Inclinando-se para ela, continuou:

– Quando me pertenceres, quando fores minha mulher, só vestirás sedas e veludos e terás pérolas nos teus cabelos perfumados.

A jovem estava sentada, cabisbaixa e perturbada diante do homem que, provavelmente, era um nobre disfarçado, já que falava de veludos e jóias.

– Não acreditas em mim – murmurou Kurt –, e temes corresponder ao meu amor. No entanto, foi para obter a benção do céu para nossa união que vim, como humilde peregrino, a esta capela. Mas dize-me, que juramento devo te prestar para provar minha fidelidade?

– Esperai! – respondeu Gertrudes, e lançando-se para fora da gruta, logo reapareceu com o padre Lucas, dizendo: – Diante deste santo homem, jurai-me que me desposará e, então, vos amarei, belo desconhecido. Talvez vós sejais um cavaleiro errante ou um trovador pois, caso contrário, não poderíeis desejar o amor de uma pobre camponesa. Mas, pouco importa! O coração não faz questão de nomes.

Um sorriso furtivo desenhou-se nos lábios de Kurt:

– Meu pai, sede testemunha de que estou jurando me casar com esta jovem e entregai-lhe este anel como garantia de minha promessa.

– Sede abençoados, caros filhos – disse Lucas, erguendo as mãos –; que Deus proteja vosso amor e o conduza a bom porto.

– Acreditas em mim, agora, louquinha? – perguntou Kurt, abraçando Gertrudes. – Até breve, minha querida. Espera-me, à noite, sob o grande carvalho perto da fonte, pois agora preciso conversar com o bom padre e obter seus conselhos sobre a maneira de nos casarmos o mais depressa possível.

A jovem camponesa inclinou a cabeça e disparou para a floresta.

Quando já estava fora de vista, Kurt soltou uma gargalhada:

– Vistes como essa pequena idiota acredita em minhas palavras e as leva a sério? Ela nem desconfia que logo estarei cansado dela e então, não virei mais aqui. Mas com o senhor, meu pai, preciso realmente falar. Como simpatizei convosco, gostaria de saber se estaríeis disposto a vos tornardes meu capelão, caso o posto esteja vacante.

Os olhos do padre Lucas faiscaram de contentamento.

– Sois muito amável, senhor conde, mas sou indigno de tal favor.

– Ide me procurar no castelo, talvez possais ajudar o padre Bonifácio no exercício de seu santo ministério, pois sua saúde está debilitada. Eu o prevenirei e falarei das raras qualidades que descobri em vós.

O verdadeiro pensamento de Kurt era o de nele despertar a esperança de substituir Bonifácio. Se ele o mantivesse no castelo, talvez esse astuto rapagão, que Kurt acreditava estar acima dos preconceitos, o livrasse daquele incômodo guardião.

Cansado e triste, deixei-os por alguns momentos e subi ao

A Abadia dos Beneditinos 287

espaço. Eu também era um espírito culpado, mas semelhante baixeza revoltava-me o coração.

Certo dia, minha vontade conduziu-me, novamente, à abadia, pois queria saber o que estava acontecendo por lá. Hóspede leve e invisível, eu penetrei sem dificuldade na cela do novo prior, pois Benedictus acabava, justamente, de ser aclamado pelas comunidades secreta e não-secreta. A cruz maciça brilhava no seu peito e seu rosto altivo refletia o orgulho do sucesso. Ele estava sentado, segurando a cabeça com a mão, e uma nuvem de planos ambiciosos fervia em seu cérebro.

– Alcancei o meu intento – ele pensava –, vinguei-me e assumirei, perante Deus, as conseqüências dos meus crimes. Mas como chefe deste rebanho, devo também seguir as palavras do Evangelho. Sustentar esta confraria de vingadores é tão perigoso quanto cansativo: ter de pensar por todos e ser, por assim dizer, o servidor de cada um, pois, de acordo com a lei da confraria, o prior deve em primeiro lugar zelar pelos interesses da vingança de cada frade. Rabenau possuía a capacidade de estar em todos os lugares ao mesmo tempo, mas também ele era cavaleiro e possuía inúmeros relacionamentos, mas eu! Não, *eu* continuarei monge rígido e severo, e a confraria morrerá aos poucos. O poder da Igreja deve se estender sempre e por todos os lugares além destes muros, sobre as almas e as terras dos seus fiéis, e eu não posso admitir, no próprio convento, um poder que não advenha exclusivamente do prior.

Tendo tomado esta decisão, ele se levantou com um sorriso de satisfação e começou a andar pelo quarto, mas minha alma estava angustiada pelas mais sombrias reflexões: era assim que iria desmoronar aquela obra gigantesca que dois espíritos ativos e profundos, o de Antonio e o meu, haviam construído durante toda uma existência, à força de paciência e de crimes. Por aquela confraria secreta eu teria dado a minha vida. Eu sabia que em tantos corações tinha sido despertada a esperança da vingança e, de repente, aquele recém-chegado encarava como um fardo supérfluo a manutenção daquela maravilhosa organização, daqueles subterrâneos com sua preciosa biblioteca, onde se encontrava reunido, a peso de ouro, tudo o que a ciência humana produzira até aquele dia. Esses tesouros só iriam servir ao novo prior; o laboratório, que havia criado um Bernardo, deve-

288                                                                 J. W. Rochester

ria extinguir-se juntamente com a vida do laborioso sábio; todos os sacrifícios, todos os crimes, todos os trabalhos tinham sido em vão. Com profundo abatimento e com raiva, pensei que os herdeiros são sempre ingratos. Já não dissera a Bernardo, vendo-o se acabar na sua luta para fabricar ouro, que ninguém o agradeceria se ele conseguisse? Os herdeiros ingratos que prosperam com o suor dos que trabalharam para eles são sempre mais sábios que os mortos. Mergulhei nas nuvens e nem os meus amigos puderam me consolar. Eu estava desanimado até o fundo da alma.

A vontade dos meus juízes levou-me, algum tempo depois, para o castelo de Rabenau. Lá encontrei Lucas já estabelecido, seguindo o padre Bonifácio como sua própria sombra, obedecendo-lhe cegamente e repetindo suas palavras. Por mais que o padre Bonifácio fosse profundo e espirituoso, seu amor-próprio deleitava-se com a veneração extraordinária demonstrada por Lucas, de quem se via apenas o branco dos olhos quando o capelão lhe dirigia a palavra. Bonifácio, totalmente envolvido em assenhorear-se do poder e da direção dos negócios temporais do condado, cedia voluntariamente ao padre Lucas a função de celebrar a missa e todos os encargos menos importantes, de responsabilidade do capelão. Logo o recém-chegado soube tornar-se indispensável para todos. Kurt, principalmente, o apreciava cada dia mais, pois seus gostos e seus princípios se harmonizavam maravilhosamente. Devo esclarecer que o padre Lucas era um belo homem de 30 anos, que possuía um rosto pálido e fino, barba negra e anelada, grandes olhos acinzentados e uma voz doce como o mel. Os dois dignos sacerdotes atormentavam Kurt com preces e santas conversas: o capelão, para consolidar seu poder e Lucas, com o intuito de livrá-lo de Bonifácio. Kurt, estúpido em tudo o que dizia respeito à generosidade e à bondade de coração, possuía, no entanto, olho fino para julgar um miserável. Assim, ele logo compreendera que, se conseguisse se livrar de Bonifácio, que era severo e intratável em seu poder moral, teria em Lucas uma criatura obediente. Dessa forma, não foi preciso muito tempo para que a perda do capelão fosse coisa decidida entre esses dois dignos aliados. Bonifácio caiu num estado de apatia e de fraqueza e perecia a olhos vistos, sofrendo de uma doença desconhecida. Lucas cui-

A Abadia dos Beneditinos                                                                 289

dava dele como um filho e Kurt aparentava profunda tristeza, mas no seu coração ansiava pelo momento em que não precisasse mais duvidar da enfermidade mortal do incômodo confessor. Assim, no dia em que o médico declarou que Bonifácio estava desenganado e que sua morte era iminente, Kurt desmascarou-se e não mais voltou ao quarto do enfermo, onde o ar estava muito empestado pela respiração febril do moribundo e pelo odor dos medicamentos. A voz enrouquecida de Bonifácio lhe feria os tímpanos e a necessidade de lhe tocar a mão, coberta por um suor glacial, causava-lhe calafrios de desgosto. Sim, o bom Kurt detestava, do mais fundo de sua alma, toda criatura doente, esquecendo-se de que aquele mesmo sacerdote, em minha ausência, passara dias e noites à sua cabeceira, quando uma violenta febre perniciosa colocara sua vida em perigo. O padre cuidara do adolescente como se fosse seu pai, não deixando que nada lhe faltasse. É verdade que o padre Bonifácio era rígido, e até mesmo cruel e impiedoso, quando julgava necessário; era um homem do seu tempo e da sua casta; mas aquele filho que eu tanto amara, a ponto de me tornar fraco, era um covarde, e para mim era um suplício ver tão degradado aquele em que eu tinha depositado as minhas melhores esperanças. Eu merecia ser julgado por ter sido um homem dissoluto, um mau cavaleiro, um mau chefe, mas nunca por não ter sido um bom pai.

Sugeri a Bernardo que fosse visitar Bonifácio e para lá o conduzi, justamente quando Lucas, já convencido do seu triunfo, dormia tranqüilamente. Eu estava, invisível, à cabeceira do moribundo, quando Bernardo entrou, apertando-lhe a mão enrugada. Depois de examinar cuidadosamente o doente, exclamou com espanto:

– Infeliz irmão, foste vítima de um veneno mortal, mas que mão te daria esse veneno?

Depois, concentrou-se um instante em seus pensamentos, e acrescentou em voz baixa:

– Que horror! O filho do chefe!

Bonifácio inclinou a cabeça:

– Bem que o suspeitava – disse –, e o padre Lucas foi seu instrumento; mas não tens um elixir que torne menos dolorosa minha passagem para o mundo desconhecido?

Bernardo entregou-lhe um pequeno frasco e, inclinando-se de olhos brilhantes, sussurrou:

– Nada temas, padre Bonifácio, pois a alma ofendida e traída sobrevive à destruição do corpo. Bem o sei, uma vez que o chefe apareceu para mim, pude nele tocar, e ele mo disse.

O enfermo, que o escutava ofegante, animou seus olhos apagados:

– Juras?

– Sim, juro pela minha salvação eterna, é verdade – respondeu Bernardo.

– Deus Todo-Poderoso, agradeço-vos – murmurou Bonifácio – porque, lá em cima, eu me vingarei.

Bernardo retirou-se e o sol terrestre já se punha quando o padre Lucas apareceu. Vendo-o, o moribundo reanimou-se e falou com voz firme:

– Na hora da minha agonia, que já começou, eu vos acuso, a ti, Lucas, e a Kurt, de me terem envenenado, eu vos amaldiçôo e vos condeno a uma morte tão violenta quanto a minha. Transmite-lhe isto, e como o crime vos uniu, que a morte vos atinja na mesma hora. Invoco a Jesus, nosso Salvador, como testemunha de minhas palavras.

Caiu, enrijecendo-se, e nós o cercamos de centenas de fios luminosos, cortando todos os laços carnais. Logo Bonifácio, ainda aturdido, estava entre nós. Vendo-me, ele disse:

– Chefe, então é verdade?

Curvei tristemente a cabeça.

– Aqui, Bonifácio – respondi –, não sou o chefe, mas sim um espírito bem sofredor e retido na Terra por seus pecados.[1]

Kurt voltava da caça, alegre e animado, quando o padre Lucas foi lhe comunicar o falecimento de Bonifácio, pedindo-lhe que fosse se certificar com os próprios olhos.

– Ah, não! Acredito em vossa palavra – respondeu ele, fazendo uma careta. – Detesto os defuntos, pois me causam repugnância. Até mesmo quando meu pai faleceu, eu apenas fingi que o estava beijando.

---

1 N. do A. – O espírito chamado Bonifácio foi, mais tarde, o cruel e célebre duque d'Alba. Evoluído e enobrecido pelo arrependimento e pela expiação, perdoou seu assassino e, durante a última existência de Kurt de Rabenau, ofereceu-se voluntariamente para ser seu espírito familiar. Infelizmente Kurt, que permaneceu egoísta, devasso e desalmado por seiscentos anos, falhou em sua provação. No entanto, isso não altera o mérito do perdão incondicional concedido pelo espírito ofendido.

A Abadia dos Beneditinos                                                                 291

Naquele dia, à noite, Kurt cumpriu seus deveres religiosos, aos quais nunca faltava. Recitou, conscienciosamente, nove Padre-Nossos e nove Ave-Marias, com o pensamento completamente distante dali, e quando terminou disse a Lucas:

– Em virtude do grande crime que cometi, ajudando no assassinato de Bonifácio, sinto-me indigno de me confessar e de comungar. Vou empregar o tempo que me resta até a volta da minha mulher para jejuar e me mortificar.

Ele acreditava poder, com essa contrição exterior, enternecer o céu e apagar sua culpa. Nessas ocasiões, nunca deixava de também orar por Godeliva que, felizmente para ela, perecera antes de se lhe tornar fastidiosa. Por vezes, ele se dignava a implorar minhas preces a Deus e aos santos apóstolos, mas logo, considerando que eu tinha sido um homem muito mau para que minha intercessão lhe pudesse ser útil, esquecia-se do próprio crime e se entregava a uma prece ardente para o perdão dos meus pecados. Se ele pudesse ver que o espaço em que o seu fluido se exalava estava vazio; que suas preces banais e não saídas do coração não atraíam nenhum bom espírito e que o seu auditório invisível zombava dele, turvando-lhe ainda mais o bom senso por meio de seus fluidos atordoantes!...

Só raramente eu deixava aquele lugar de punição; e quando Rosalinda regressou, assisti à primeira conversa particular do jovem casal. Tinham-se retirado para um quarto circular, do qual Rosalinda particularmente gostava. Kurt, apoiado contra a parede, mordia seu bigode louro e evitava olhar para sua jovem esposa que, ainda em roupas de luto, estava sentada numa poltrona, com as mãos cruzadas sobre os joelhos. Li, nos seus pensamentos, que ele estava furioso com a acolhida pouco calorosa que Rosalinda lhe dispensara quando pomposamente a recebera no pátio, diante de todo o pessoal do castelo. Ele sempre se gabava de despertar sentimentos frenéticos, mas Rosalinda já estava muito acostumada com sua presença, pois ele fora seu companheiro de infância, para demonstrar algo além da amizade profunda e sincera que lhe devotava, em respeito à minha memória. Ela o observou várias vezes. Kurt perdera muito de sua beleza de adolescente, seu rosto efeminado enfeara devido a uma expressão de rudeza e de impassibilidade e, apesar das ricas vestes que vestia, faltava graça e elegância ao seu corpo longilíneo.

– Caro Kurt – disse a jovem, rompendo o silêncio –, parece que estás de mau humor. Tiveste algum aborrecimento ou nossa chegada impediu-te de participar de uma caçada ou de um banquete?

Criada naquela casa, Rosalinda já testemunhara o seu humor quando alguma coisa o contrariava. Mas, como esposa, ela queria conhecer mais a fundo seu temperamento amável.

Diante dessa pergunta, Kurt voltou-se bruscamente para a esposa e falou em voz baixa, como sempre fazia quando estava encolerizado:

– Que pergunta mais estranha! Parece que não percebeste nada e tenho que ficar dando explicações. Posso estar de bom humor quando me ofendes com uma indiferença revoltante? Vou ao teu encontro, o coração transbordante de amor e de impaciência, feliz de rever minha jovem esposa após seis meses de ausência e tu, que voltas quase como uma noiva para a casa do marido, te vestes de luto! Isso é perdoável somente à minha avó. E enfim, que mulher, depois de uma separação tão longa, não iria jogar-se aos braços do marido e beijar-lhe a mão? Não que eu faça questão disso, mas é para mostrar o devido respeito ao chefe da família às pessoas aqui reunidas. Esqueces-te de tudo isso, como se ignorasses que é de bom-tom para uma castelã mostrar humildade para com seu esposo e senhor. Quanto a mim, tive que suportar os olhares surpresos dos meus subalternos, que atribuirão tua falta de afeto a algum motivo secreto.

Rosalinda o escutava, espantada e com as faces ruborizadas.

– Estou estupefata – respondeu – com a quantidade de erros que cometi em relação a ti. Permite-me lembrar-te, caro amigo, que visto luto em memória do teu pai, aquele homem tão bom e tão generoso, que tanto te amou. Justamente por voltar a este castelo hereditário, no qual sua presença, seu espírito e sua alegria tudo animaram; no qual cada objeto lembra sua existência e nos faz sentir, duplamente, o vazio que sua morte deixou, eu teria considerado como falta de respeito trajar-me com outras roupas. Não posso acreditar que bastaram seis meses para fazer-te esquecer esse pai tão bom, e acho que meu luto deveria ser a última coisa que pudesse ofender-te.

– Certo – respondeu Kurt –, mas tua falta de atenção para

comigo também deve ser considerada como uma prova de respeito ao falecido? Posso até compreender que o castelo te pareça deserto depois da morte do teu tutor, mas ele não está vazio a ponto de nem notares a presença do teu marido e senhor.

A jovem levantou-se, com os olhos faiscantes:

– Kurt, não mereço as grosserias que estás me dizendo, não tive a intenção de te magoar. Seria estranho e injusto tentar aborrecer um amigo de quem gosto desde a infância. Não te beijei a mão, é verdade – deteve-se um instante, como que constrangida, mas depois, erguendo altivamente a cabeça, acrescentou –: beijei a mão de Léo, mas ele era o meu primeiro amor, ao passo que o sentimento que tu me inspiras é completamente diferente do que aquele que eu sentia por Léo e por teu pai. Jamais teria me casado se não sentisse afeição por ti, mas este sentimento situa-se entre minha afeição por teu pai e o amor que sinto por Willibald. O futuro depende de ti, Kurt.

Aproximando-se do rapaz, pousou a mão em seu braço.

– Se fores bom, amar-te-ei mais e, então, serei a primeira a demonstrar respeito e estima ao meu amo e senhor por meio de um beijo respeitoso diante de todos.

Terminou seu discurso com um sorriso brincalhão e coquete. Kurt descontraiu a fronte. Apreciava muito a beleza de Rosalinda para azedar totalmente o seu humor naquelas primeiras horas de amor. Pobre rapaz! Tudo o entediava rapidamente: a mulher mais bela, o amigo mais devotado, a coisa mais interessante, *tudo*, salvo seus caprichos, seu egoísmo, sua cupidez, sua covardia. Isso nunca o aborrecia e era de onde tirava novas forças para tornar-se mau. Para o momento, seu novo brinquedo o interessava. Colocou uma almofada aos pés de Rosalinda e murmurou palavras de amor que sabia de cor e repetia, com pequenas variações, tanto na sala íntima da castelã como ao ouvido da camponesa.

– Tu verás, minha amada Rosalinda, que saberei te amar tanto quanto Lœvenberg. Peço-te, somente, todo o seu coração, pois meu amor é o próprio fogo e tua frieza me entristece e pode levar-me até a fugir de ti. Oh, Rosalinda! Se soubesses como te amo! Eu poderia ficar eternamente a teus pés, contemplando teus belos olhos e beijando teus lábios de coral!

Ele atraiu-a para seus braços e Rosalinda respondeu doce

e ternamente às carícias de seu amigo de infância. Quem os tivesse visto, teria acreditado que formavam um casal muito feliz, mas infelizmente aquilo não era mais do que um passatempo para aquele homem de coração vazio que, na sua existência ociosa e inútil, não sabia o que fazer de si.

Um dia, encontrei no espaço um espírito ainda obscurecido, mas que, pelo calor que exalava, atraiu-me, e logo meu coração reconheceu aquele que, na Terra, tanto me amara e a quem eu tinha devotado igualmente esse mesmo sentimento profundo e sincero. Após sua morte, a vida e as paixões ardentes despojaram-me das virtudes da adolescência, mas nada conseguira diminuir a afeição recíproca que nos unia. Entretanto, apraz-me poder dizer que nem os séculos conseguiram alterá-la, pois aquele pai, que na época me amava até ao crime, é hoje o generoso editor das minhas obras.

Nós trocamos pensamentos. Meu pai contou-me que ele vivera solitário e falei-lhe sobre minha vida, como homem e como espírito. Por último, disse-lhe que sua esposa, minha mãe adotiva, iria nos reencontrar no mundo dos espíritos. Ele quis me acompanhar para recebê-la, e descemos juntos até o quarto em que minha madrasta agitava-se na cama, devorada por uma febre ardente, decorrente da varíola. Rosalinda não a deixava, enxugando-lhe a fronte banhada de suor, ajudada, nos seus cuidados, por uma religiosa do convento das Ursulinas. Os fluidos negros da putrefação acumulavam-se em espessas nuvens ao redor da enferma.

– Quero ver Kurt – murmurou a moribunda, virando-se penosamente de um lado a outro. – Vai chamá-lo, Rosalinda, pois quero abençoá-lo antes de morrer.

Rosalinda levantou-se e, ao contemplar o rosto coberto de manchas e de pústulas da enferma, lágrimas rolaram sobre suas faces. Depois, passando nas mãos e no rosto uma essência que Bernardo lhe dera para prevenir o contágio, dirigiu-se para os aposentos do marido.

Kurt estava sentado numa ampla poltrona, lendo uma Bíblia aberta à sua frente.

– Vem, tua avó quer te ver – disse Rosalinda, aproximando-se.

Kurt meneou a cabeça:

– Não, dize-lhe que não irei.

A Abadia dos Beneditinos

– Mas – respondeu Rosalinda em tom de súplica – ela pode morrer e quer te ver para abençoar-te. Vem, eu te suplico. Apoiando o cotovelo sobre a Bíblia aberta, ele fitou o teto. – *Não*, como vês, eu não irei. Deus sabe qual é a sua doença e, além disso, ela fala tão baixinho que, para escutá-la, devo aproximar o ouvido de sua boca e respirar aquele odor de putrefação e de suor que ela exala... Minha querida – acrescentou com olhar cruel –, uma mulher casada e que ama o marido não deve se tornar enfermeira, expondo, assim, o marido a um contágio. Não posso beijar-te nem tocar-te sem sufocar meu nariz com os odiosos miasmas que exalas – enquanto dizia isso, afastou a mão da moça pousada em seu braço.

– É um cristão e um neto que diz essas palavras, e ainda por cima com a Bíblia aberta diante de si! – respondeu a jovem, recuando e empalidecendo. – É desta maneira que interpretas a parábola do bom samaritano? Será que todo sentimento de afeição deva se extinguir no momento em que o ser humano mais precisa de cuidados e de amor, ainda que a amizade seja o único sentimento que o faça suportar os padecimentos de uma doença grave? Quando se trata da vida de um ente querido, cujos momentos estejam, talvez, contados, e quando percebemos que seu sopro está se extinguindo, temos tempo de pensar no seu odor? Não posso acreditar que estejas falando sério, Kurt! A mulher que substituiu tua mãe, que cuidou de ti desde o teu nascimento e em cujos braços tu cresceste, deseja te ver, e seu suor te preocupa? Receias tocar em mim e repeles minha mão como a de um leproso, só porque estou cuidando dela! É verdade que pai Bernardo me disse, há algumas horas, que a varíola tinha se declarado, mas ninguém no castelo foi contaminado, tampouco eu...

Kurt não a deixou terminar a frase. Levantou-se, lívido, quase desmaiando: era a própria imagem do pavor.

– Varíola – balbuciou –, e tu ousas tocar em mim? Estou perdido! Tragam-me um cavalo! – gritou com voz irreconhecível e, passando ao lado de uma estarrecida Rosalinda, encaminhou-se para o pátio como um furacão. – Que ninguém saia deste ninho empestado para me seguir – disse ele, enquanto alguns escudeiros ajudavam-no a montar, pois suas pernas dobravam-se e suas mãos trêmulas não conseguiam juntar as rédeas. Mas, extraindo do próprio terror a força para dominar sua fraqueza, esporeou o cavalo e desapareceu, devorando o espaço, na direção do seu castelo de Lotharsee.

Naquele exato momento, a condessa-mãe entrava em agonia e Rosalinda, estupefata com o que acabara de presenciar, reaparecia pálida e triste à cabeceira da velha senhora. Flutuando acima da moribunda e auxiliados por nossos amigos, meu pai e eu atraímos até nós os fios vitais que se rompiam, subindo lentamente em direção ao espaço. Nós os cortávamos um a um, e repelíamos o fluido denso que atrapalhava a separação dos corpos material e espiritual. Como diz a sabedoria popular, "como se vive, assim se morre": o virtuoso tem uma morte fácil, o pecador uma morte difícil, e não somente essa asserção é verdadeira como também ela tem graves razões de ser. Os espectadores invisíveis, amigos ou inimigos, facilitam ou tornam penosa essa separação de acordo com o grau de afeição ou de ódio que o moribundo inspira. Logo o perispírito inteiro, retido apenas pela artéria principal, flutuou acima do corpo. Depois, um último espasmo elétrico e o cordão luminoso vibrou, contraiu-se no espaço, e a alma libertada, balançando ligeiramente, elevou-se entre seus amigos.

– Senhora Rosalinda – disse a religiosa tocando o braço da jovem que, ajoelhada ao pé do leito, recitava a prece dos agonizantes –, a condessa morreu.

Rosalinda estremeceu e grossas lágrimas correram pelas suas faces pálidas. Levantou-se e, pegando um pequeno crucifixo de prata e, beijando-o, colocou-o sobre o peito da morta.

– Minha boa irmã – disse ela –, pedi-me o que for necessário para vestir o cadáver. Espero que uma das boas irmãs que não temem cumprir um dever sagrado possa vir ajudar-vos. Eu não gostaria de forçar meu pessoal a se expor ao contágio de uma doença perigosa, ainda mais que o próprio castelão já deu o exemplo – um sorriso amargo lhe frisou os lábios –, pois ele fugiu.

Saiu, levando aos lábios o pequeno apito de ouro que servia para chamar os criados do castelo. Ouvindo-o, pajens, escudeiros e outros acorreram de todos os lados.

– Que ninguém ouse ir prevenir o conde da morte da condessa-mãe e do dia dos funerais – disse Rosalinda, em voz alta.

A Abadia dos Beneditinos     297

– Eu assumo toda a responsabilidade. Nenhum de vós é obrigado a realizar um serviço que possa contagiar-vos. As boas irmãs de Santa Úrsula farão tudo o que for necessário.

– Não, nobre senhora – responderam os criados –, a boa condessa sempre nos tratou muito bem e queremos prestar-lhe os últimos serviços e homenagens. A graça divina que protege nossa castelã há de nos proteger também.

– Eu vos agradeço pelo devotamento e pela fidelidade que demonstrais nesta hora de luto – respondeu Rosalinda, retirando-se para o seu quarto. Despediu as criadas e ajoelhou-se no genuflexório, desfazendo-se em soluços.

– Lotário morreu, sua mãe morreu e estou só e abandonada, abandonada diante dos meus criados pelo homem que deveria ser meu apoio. Ele, cuja coragem deveria ser um exemplo para todos, fugiu covardemente.

O desespero e a raiva devoravam-na. Sentia que agora ela significava menos para Kurt do que quando era sua amiga de infância. Sabia que, para ele, se tornara um objeto de ódio secreto, no qual descarregava seu despeito de não lhe despertar uma paixão arrebatadora como ela sentira por Lœvenberg. Cada palavra, cada gesto era calculado para feri-la. Ele desaparecia por vários dias, pretextando negócios e caçadas, mas, na realidade, freqüentava a corte do duque, cortejando-lhe a sobrinha, a princesa Úrsula, e ostentando suas cores nas justas e nos torneios dos quais participava, embora a morte do seu pai nem bem tivesse completado um ano.

Tudo isso fora relatado a Rosalinda pelo padre Lucas que, pretextando uma devotada amizade pela jovem condessa, fazia-lhe relatórios pormenorizados.

E então Rosalinda, a cabeça enterrada nas mãos, chorava lágrimas de indizível amargura. Ela não sofria todos esses ultrajes com indiferença, nem tampouco sentia-se obrigada a fazer daquele homem uma pessoa melhor. Era uma mulher do seu tempo, impregnada de todo orgulho de sua posição e de sua beleza, e começava a odiar mortalmente aquele marido, que a ultrajava sem envergonhar-se. Assim, as lágrimas que corriam abundantemente de seus olhos tinham sua origem não no ciúme, mas no orgulho ferido.

Os funerais foram realizados com toda a pompa devida à

mãe de Lotário de Rabenau; e os pobres e enfermos, que ela sempre ajudara, choraram sinceramente a morte da boa e caridosa castelã. Os criados do castelo, que ainda vestiam luto pela morte do falecido senhor, mostravam, nos seus rostos entristecidos, o quanto eles sentiam a perda de dois senhores tão bons.

Mais de uma semana se passara quando, uma manhã, apresentou-se um mensageiro do jovem conde. Por ordem de Rosalinda, ele não foi recebido e teve que partir sem notícias. Um segundo mensageiro teve a mesma sorte e, finalmente, um mês após a morte da velha senhora, Kurt chegou a cavalo. Começou por chicotear o vigia da ponte levadiça, depois o velho guarda do castelo, e sua voz sufocada, enrouquecida pela raiva, ressoava em todo o solar.

– Como, cães, ousastes não responder ao mensageiro que vosso senhor enviou?

– A castelã proibiu-nos! – era a resposta que recebia de todos.

Kurt sapateava de raiva.

– Canalhas, estúpidos! Compreendei, agora, que quem quiser viver aqui deve obedecer à *minha* vontade, mesmo que dez castelãs ordenem o contrário.

Dirigiu-se ao seu quarto, onde tomou um banho e se preparou para o jantar, pois ia rever Rosalinda. No entanto, ela não apareceu e mandou dizer a ele que desejava lhe falar após a refeição, no oratório. Kurt perdeu o apetite, tamanha era a raiva que sentia, e, recusando os pratos, levantou-se e encaminhou-se, de cenho cerrado, para o quarto de sua mulher, decidido a humilhá-la o mais possível com sua frieza, impertinência e ironia. Quando ergueu a pesada tapeçaria que fechava a entrada do oratório, viu Rosalinda de pé, junto à estreita janela gótica. Um longo vestido de lã branca, preso por um cordão de ouro, realçava suas formas elegantes. Sua cabeleira, opulenta e negra como as asas do corvo, caía solta, e a agitação febril que inflamava suas faces dava um brilho vivo aos olhos. À visão daquela bela criatura, a raiva exterior de Kurt se acalmou. Ele já estava cansado de todas as espécies de aventuras e orgias; as mulheres loiras e gordas da região o repugnavam e aquela esbelta e sedutora morena, de maneiras discretas, excitou instantaneamente seus sentidos entediados. Além disso, devo dizer que, no fundo, ele preferia Rosalinda a todas as outras, e que sua inata dignidade feminina o impressionava. Rosalinda captou essa impressão, mas quando ele se aproximou e quis beijá-la, ela recuou de cenho fechado.

– Não me toques, senhor. Não foi para te comunicar uma doença repulsiva que te chamei, mas para dizer-te que estou partindo e que me recolho ao meu solar de Lœvenberg. Não posso e nem quero viver com um homem cruel e sem coração como tu e ficar aguardando o momento em que eu possa ficar doente para ver meu marido fugir de mim, horrorizado, escandalizando toda a região. Abandonaste tua avó em sua agonia, e tua esposa, pálida e cansada pelas vigílias, não te inspirou sentimentos semelhantes aos que sentiste ao entrar aqui. Oh! Agora te conheço: queres brincar com a brilhante borboleta, mas a partir do momento em que teus dedos rudes tiverem roubado as brilhantes cores de suas asas, tu a abandonarás enfastiado. És mais duro que uma rocha. O que mandaste fazer com os pobres moradores de um albergue dependente dos domínios de Lotharsee? Ou seja, de uma certa Gertrudes e de seu pai cego, que tinha contraído varíola, mas que ainda viviam? "Queimai este ninho empestado, eles morrerão de qualquer forma", disseste, e se a boa irmã Angélica, que cuidou da tua avó, não me tivesse prevenido a tempo, os infelizes teriam perecido dessa horrível morte. Agora eles estão em segurança nas terras de Lœvenberg, onde não podes mandar, pois o duque doou-as a mim, após a triste morte de Léo. Mas – as faces de Rosalinda inflamaram-se ainda mais – não é tudo. Essa Gertrudes foi seduzida por um miserável que jurou sobre a cruz desposá-la e, como garantia, deu-lhe um anel de rubi cravejado de brilhantes. Kurt – acrescentou, com voz entrecortada pela emoção –, o que fizeste do anel de rubi que usaste até a morte do teu pai? Responde! Onde o deixaste?

Confuso pelas inúmeras acusações que choviam sobre ele, Kurt procurava, apressadamente, uma resposta que pudesse salvá-lo de um legítimo desprezo e evitar que perdesse a mulher sedutora que, na exaltação do seu violento discurso, parecia-lhe ainda mais bela e desejável... E a teimosa queria abandoná-lo, ele a conhecia. Se tentasse se servir de sua autoridade de marido, ela faria apelo ao duque e o acusaria publicamente. Mais do que tudo neste mundo, Kurt temia a divulgação de suas infâmias e o julgamento dos senhores vizinhos. Ele preferia o mistério e as trevas para seus atos pouco louváveis e só se referia a eles quando, à força de hipocrisia, ele conseguia representar o papel de vítima. Todas essas reflexões não duraram mais do que um minuto, e, conhecendo a fundo a maneira de influenciar Rosalinda em situações graves, jogou-se aos seus pés e exclamou, com desespero e humildade bem representados:

– Sim, tens razão para me desprezar e me odiar, pois sou um covarde, um traidor indigno. Reconheço a justeza das tuas acusações e sinto horror de mim mesmo, mas quando te traí, assediando Gertrudes, acabavas de me abandonar, por seis meses, e meu amor impetuoso levou-me a procurar distrações, embora indignas, reconheço. Esse mesmo amor que tu me inspiraste, fez-me sentir ciúmes do meu pai adorado, a quem, no entanto, amei mais do que todos neste mundo, tanto assim que nunca me levanto ou me deito sem rezar por ele.

Ele sabia que esse comovente discurso a meu respeito não deixaria de produzir efeitos no coração de Rosalinda. Prosseguiu:

– Tu pensavas apenas nas tuas tristezas, ignorando meus sentimentos. Ferido, infeliz, quis despertar o teu ciúme e esse desejo levou-me à indigna conduta que, com razão, condenas. Mas, Rosalinda, não podes me abandonar, pois o desespero de te perder acarretaria conseqüências em que não ouso pensar. Por piedade, perdoa-me!

A jovem respirou com dificuldade.

– Não posso – disse finalmente, com voz sufocada. – Como perdoar uma falta de coração tão evidente? Teu pai acabara de ser enterrado e tu, apenas para realizar uma mesquinha vingança contra mim, acabaste com o futuro e a vida de uma pobre moça, tua vassala, e nem mesmo abertamente, como poderias tê-lo feito, mas por meio de uma traição vergonhosa. A seguir, abandonaste tua avó agonizante e, apesar das tuas juras, não acredito no teu amor. Sinto que nada significo para ti, pois não se abandona a mulher amada diante um contágio que poderia lhe causar a morte. Se Léo tivesse adoecido entre empestados, meu único temor seria de que ele não morresse nos meus braços. Não Kurt,

A Abadia dos Beneditinos                                                                 301

deixa-me partir; não me amas e só queres que eu fique para que te possas distrair por algumas semanas.

Kurt fingiu estar desesperado:

– Se me deixares, Rosalinda, arrebentarei a cabeça nestas paredes, mas – inclinando-se em sua direção – não prometeste ao meu pai que me amarias e que nunca me abandonarias? E queres fazê-lo justamente quando estou prometendo que vou me corrigir? A esse pai que me considerava o seu mais precioso tesouro, que nunca foi indiferente às minhas tristezas, vais faltar com a palavra e, como ele está morto, não poderá te lembrar a promessa.

Miserável! Quando lhe convinha, valia-se do amor que eu sentira por ele e, desta vez, ele conseguiu o que queria. A lembrança do nosso último e triste adeus despertou no coração de Rosalinda e ela rompeu em soluços. Era o momento oportuno. Kurt enlaçou-a e murmurou-lhe palavras de desculpas e de amor.

Cheio de desgosto e de arrependimento de ter, na minha cega fraqueza, comprometido assim Rosalinda, abandonei aquele espetáculo e, elevando-me no espaço, procurei meu guia e amigo para me retemperar e me reconfortar. Não sei quanto tempo fiquei afastado da Terra, quando um som do espaço advertiu-me que graves acontecimentos se passavam no castelo de Launay, onde vivia, na época, Willibald de Launay, irmão de Rosalinda, outrora Marcos, médico de Tibério e amigo de infância de Astartos. Na história de Tibério, o médico Marcos aparece muito pouco e, para que o leitor não possa pensar, ao conhecer a vida de Willibald, que sua alma tivesse regredido em vez de progredir, devo dizer que ali não havia ninguém que pudesse analisar o caráter de Marcos. Astartos, que foi quem mais o descreveu e com os seus sentimentos de então, era um gladiador intrépido, mas não um profundo observador; era um camponês que sentia grande estima pelo sábio médico. O homem rude e embrutecido por sua sangrenta função, não podia ter o espírito aguçado e observador do conde de Rabenau desencarnado. Devo aqui elucidar como o caráter de Marcos era na época. Não era uma pessoa boa e generosa espontaneamente, mas antes um homem dotado de um temperamento maleável, que lhe permitia manter-se na corte e se tornar indispensável ao seu cruel soberano. Amigo até dos que o odiavam, era obsequioso com todos, mas sempre pronto a trair uns e outros. Não desprezava ninguém, pois todos lhe poderiam ser úteis: os poderosos da corte, por sua posição e prestígio; os simples mercadores, por lhe emprestarem dinheiro, pois não era à toa que Marcos cultivava a companhia do selvagem Astartos, ele próprio beberrão e jogador. Era covarde até no seu amor por Lélia, pois não tinha a coragem nem de defender e nem de matar a mulher amada. Mas com seu temperamento maleável, do qual já falei, e para não se prejudicar, ele preparava emplastros para tratar as feridas abertas pela chibata de Tibério. Nunca a defendeu, com um gesto ou uma palavra, e as pessoas só suspeitavam dos seus sentimentos porque ele era homem. Foi salvo porque era estimado e tinha muitos amigos, como eu comentei na narrativa de Astartos, mas estes, ele os adquirira justamente com essa engenhosa falsidade de alma, que o fazia não desprezar ninguém, visando um futuro proveito.

Foi atingido pela desgraça antes que tivesse obtido uma posição elevada e bastante poder para se desmascarar e mostrar o outro lado do seu temperamento. Willibald de Launay era mais ou menos assim. Pródigo e jogador, ele dilapidara completamente sua fortuna e só conseguia manter uma aparência de luxo à custa de expedientes. Possuindo ainda seu antigo temperamento maleável, fixou-se na corte ducal, onde a vida era menos custosa, e tornou-se um cortesão serviente, que divertia o duque com suas palavras espirituosas – e a duquesa e suas damas, com suas gentis poesias –, rondós galantes e motes que compunha em sua homenagem. Dotado de uma aparência sedutora, de uma bela voz, de uma magnífica destreza com as armas, ele sabia fazer triunfar nos torneios as cores da dama escolhida. Porém, volúvel e sensual, não se fixava em lugar nenhum, amando por toda a parte, cantando hoje uma loira e traindo-a, amanhã, com uma morena. Não desdenhava nem mesmo as velhas castelãs que podiam lhe ser úteis e, não lhes podendo cantar beleza, louvava-lhes a virtude.

Era um poço sem fundo este Willibald de Launay e, na corte, corria à boca pequena sua relação com uma senhora sedutora, muito rica, que não queria perder o apelido de Bela Leonor, recebido durante a juventude. Casada com um velho cavaleiro,

A Abadia dos Beneditinos 303

não tendo filhos, essa mulher, então com cinquenta anos de idade, corria de festas em torneios e se apaixonou loucamente pelo sedutor Willibald, que muito necessitava de dinheiro naquele momento e que, como se diz vulgarmente, fez com que ela pagasse um bom preço por sua juventude e beleza. O velho barão de Launay nomeara-me tutor dos seus dois filhos e foi assim que a pequena Rosalinda, que tinha na época apenas cinco anos, foi criada no castelo de Rabenau. Seu irmão, embora a amasse à sua maneira, não se preocupava muito com ela e só por vaidade se atribuía o título de irmão de tal beldade. Era amigo de Kurt e de Alberto de Rouven, a quem dominava um pouco. Enquanto vivi, sempre o ajudei, pois gostava muito daquele jovem sedutor e espirituoso. Sua amizade por Kurt era menos frutuosa, pois este último era avaro e rapace e nunca emprestava de boa vontade. Devido ao seu temperamento, Willibald, sem nunca se humilhar, era bem recebido em todos os lugares e devo reconhecer que, em virtude do seu esbanjamento, ele não poderia agir de outra forma. Mas Kurt, que não precisava de nada, era levado por sua alma vil a procurar oportunidades para curvar a espinha: humilhar-se onde o exterior lhe parecia grande e dourado era, para ele, uma honra suprema.

Já enquanto eu vivia, Kurt freqüentava a corte, tornando-se um humilde cortesão. No séqüito da duquesa havia uma jovem e bela viúva chamada Cunegundes, a única herdeira de um velho senhor muito rico, que desejava ardentemente vê-la novamente casada. Bela e dotada de paixões ardentes, não lhe faltavam adoradores. Kurt fazia parte do rol e conseguiu obter suas boas graças. Eu sempre desaprovei esse casamento, compreendendo que o temperamento caprichoso de Kurt e as paixões não-dissimuladas de Cunegundes criariam um inferno conjugal, mas, como sempre, fraco diante dos desejos do meu filho adorado, consenti no noivado, fixando-lhes um prazo para testarem seu amor. Willibald observara com olhos invejosos os amores de Kurt e da viúva e soube tornar-se amigo dos dois. Aproveitando-se do prazo, aguardou o momento de uma briga entre os noivos (cujos temperamentos levavam aos extremos, passando de um amor desvairado a terríveis querelas) para contar à jovem viúva sobre uma tal de Godeliva, desaparecida não se sabia como, da qual diziam ter se casado com Kurt, e que, talvez, tivesse sido assassinada por ele, num dos seus acessos de ciúme feroz.

Nessas conversas, o belo trovador, cantando os olhos negros e os cabelos loiros de Cunegundes, foi contando pouco a pouco todas as fraquezas de Kurt, sua avareza, sua vaidade, sua brutalidade contra os criados, suas aventuras amorosas. Nada foi esquecido e, sempre justificando o amigo, ele prevenia a noiva. Neste ínterim, o velho tio de Cunegundes acabava de morrer, legando sua fortuna à futura condessa de Rabenau. Mas a jovem viúva, que começava a temer que sua vida corresse perigo com as cenas terríveis de ciúmes de Kurt, aproveitou um momento em que ele, para irritá-la, cortejava a princesa Úrsula, para romper o noivado e trocar o noivo irascível pelo doce trovador, que passou a usar, melancolicamente, as suas cores. Seguro de estar livre de qualquer suspeita de ambição, já que a enaltecera antes de ela herdar a fortuna, ele só podia estar exultante com o fato de que a rica herdeira tivesse notado espontaneamente e recompensado seu fiel e modesto amor.

Kurt voltou ao castelo desesperado e furioso, acusando todo mundo de infâmia e traição e nada entendendo do inqualificável mal-entendido que lhe devolvera a liberdade. Consolei-o, sem fazer comentários sobre o autor do rompimento, não desejando atiçar com um pano vermelho o meu jovem búfalo rugidor. Kurt se consolou muito depressa, recomeçando, pela quarta vez, a cortejar ardentemente Rosalinda, que possuía o dom mágico de sempre acalmar-lhe os sentimentos ultrajados.

O casamento de Willibald foi realizado com pompa e ele saboreava, antecipadamente, a alegria de esbanjar aquela bela fortuna, enganando sua mulher. Mas, contra todas as expectativas, a jovem baronesa opôs um veto enérgico às veleidades do marido. Ela se apresentava magnificamente, promovia festas e banquetes, nos quais Willibald podia se divertir à vontade, mas seu lema era: nada de infidelidade, nem de esbanjamentos. Uma profunda tristeza invadiu a alma do seu jovem esposo diante dessa descoberta, mas ele nada podia fazer e essa era a situação quando passei para um mundo melhor, no qual a lucidez do espírito me ensinou a desprezar ainda mais os homens.

Agora que terminei de expor o passado, volto ao momento em que um apelo do espaço me atraiu ao castelo de Launay.

A Abadia dos Beneditinos

Entrei no quarto circular de uma torre, em cujo centro estava posta uma mesa coberta de preciosa baixela e de pratos delicados. Esperavam apenas o castelão para dar início à ceia. A chama de duas velas de cera iluminava a sedutora figura de Cunegundes que, vestida de branco e com seus cabelos dourados soltos, estava sentada numa poltrona esculpida. Junto dela, de pé, encontrava-se um jovem de beleza incomum: cabelos negros e cacheados emolduravam-lhe o rosto pálido e enérgico. Seus olhos flamejantes mergulhavam no olhar da jovem, em cujo rosto podia-se ler uma paixão não-disfarçada. Esse rapaz era Guido, um alquimista italiano que, chegado à corte, instalara-se, a seguir, no castelo de Launay.

Nesse momento, Guido tirou da sua bolsinha de couro um frasquinho cujo conteúdo fez brilhar à luz da vela.

– Vede, senhora: isto numa taça de vinho e sereis livre. Compreendei bem, vós deveis fazê-lo ou vos deixo. Amo-vos e meu sangue italiano não suporta partilhas.

Como estava farto de sua vida aventureira e errante, ele desejava lá se estabelecer, apoderar-se de tudo, ser o senhor e não apenas um amante apenas tolerado.

Enquanto assim decidiam sua morte, Willibald, roxo de raiva, escondia sob o gibão um fino estilete italiano. Ia cear com a esposa e, finda refeição, pretendia apunhalar por trás o insolente aventureiro. Ele esperava conseguir, pois acreditava haver dissimulado completamente a descoberta de seu romance com Cunegundes. Totalmente diferente do doce e sorridente trovador da corte ducal, ele subiu a escada em caracol da torre. Só de pensar que esse vil alquimista nadava no ouro que lhe era negado, seu sangue já fervia. Atrás dele, dois pajens carregavam imensas cestas de flores, mas no fundo, sob as rosas, estavam escondidas, em uma das cestas, cordas para amarrar o alquimista, caso ele não morresse imediatamente; e na outra, um chicote para fazer a ingrata Cunegundes ter juízo.

Os protagonistas terrenos da triste cena preparada por suas paixões não viram o fluido putrefato que se acumulava em torno deles, nem a maligna alegria dos seus inimigos invisíveis, que procuravam excitar ainda mais seus maus pensamentos. Mantive-me afastado para observar o combate decisivo.

Cunegundes agradeceu ao marido as cestas de flores que

ele lhe oferecia, dando-lhe tapinhas na face com sua bela mão alva. Dissimulando um sorriso maldoso, Willibald sentou-se, cumprimentando polidamente o alquimista, que ergueu seu copo, dizendo:

– À vossa saúde, senhor barão!

Nesse entretempo, a baronesa encheu uma taça, que colocou nas mãos do marido. Este, preocupado com outra coisa, apanhou-a e esvaziou-a sem nada dizer. A seguir, atribuindo-lhes várias tarefas, ele despediu os pajens e, quando o último deles saiu, Guido levantou-se e trancou a porta. Willibald, que cortava um pedaço de carne, ergueu a cabeça, surpreso:

– Que estais fazendo? Estais louco! – disse, levantando-se. Deu alguns passos em direção à porta, mas subitamente soltou um grito e segurou o peito com as mãos: o terrível veneno estava agindo.

Em um instante, seu belo rosto cobriu-se de manchas escuras e transfigurou-se horrivelmente. Uma espuma sangrenta lhe aflorou aos lábios e, sucumbindo às dores atrozes que lhe rasgavam as entranhas, caiu de joelhos, agarrando-se à mesa, que derrubou com estrondo. Cunegundes, apavorada, escondeu-se em um canto escuro, enquanto ele rolava no assoalho, vociferando blasfêmias em sua terrível agonia. Mas de repente, reanimado pelo fluido renovador de um espírito negro e pavoroso, levantou-se de um salto e, agarrando o alquimista, que estava de costas procurando encorajar a jovem, ergueu-o com uma força sobre-humana, levou-o até o balcão e lançou-o ao espaço. Um zumbido no ar, um grito horrível e depois o barulho de um corpo caindo no lago profundo, que banhava o pé da torre, anunciaram o fim do italiano. Cunegundes desmaiou e Willibald, incapaz de se arrastar até o quarto, desmoronou sobre o balcão, arrancando as vestes e se contorcendo, em suas últimas convulsões, como um tição em brasa. Violentas descargas elétricas anunciaram-me o corte rápido dos fios carnais, cheios de força e de vida, que se rompiam dolorosamente.

Cheio de compaixão, aproximei-me, lançando um fluido acre que aturdiu o espírito, e cortei a artéria principal. Tonto, cambaleando, o espírito de Willibald apareceu entre nós, sentindo as dores dessa violenta separação.

– Estás vendo? – disse eu, mostrando-lhe seu corpo que

A Abadia dos Beneditinos

jazia desfigurado. – A traição nunca traz felicidade. Por cobiçar sua fortuna, roubaste essa mulher de Kurt; pelo ouro, te vendeste e colheste o fruto de tua ganância. Crê em mim: enquanto não te interessares pelo tipo ideal de mulher, perecerás miseravelmente. Vê: tua vida era inútil, passaste vinte e seis anos a dissipar o ouro, a trair, a flanar; como tua vida, teus planos também eram pequenos e mesquinhos. Voltas à pátria do espírito como de lá partiste; não combateste por nenhuma causa generosa, não dominaste nenhuma paixão. Espírito preguiçoso, tu não sentiste nem mesmo uma dessas erupções vulcânicas de sentimento, que orientam energicamente o pensamento, para o bem ou para o mal, mas que são sempre o produto de um trabalho moral.

Eu podia falar assim, pois, apesar das minhas faltas, eu era superior a ele.

Um grande espírito apareceu, triste e velado, e lhe perguntei:

– Qual é o destino deste espírito recém-chegado, até a hora do julgamento?

– Que ele erre na solidão e na inatividade!

Nuvens acinzentadas surgiram do espaço e envolveram o espírito envergonhado, e um turbilhão semelhante à sua vida arrastou-o para longe de nossa vista.

Por vezes, eu também visitava a abadia, onde reinava a inatividade. A mão que fizera girar a roda estava fazendo falta. Os conselheiros que ajudavam a todos os irmãos vingadores estavam abatidos, uns abandonando seus planos, outros entregues a uma raiva impotente. Algumas vezes, atraindo o fio vital de um médium, eu aparecia nos corredores, divertindo-me com o louco terror dos monges.

Meu sucessor gozava tranqüilamente as honras de sua nova posição. A ambição o levara a carregar nos ombros aquela obra gigante, mas logo a abandonara, pois lhe faltava o desprendimento necessário para servir à causa alheia.

Absorvia-se na leitura de livros, cujo valor sabia apreciar, mas temia que a mesma luz chegasse até seus subalternos. Ele apreciava essa vida indolente do corpo que me era insuportável, pois a atividade febril do corpo e da alma eram o meu elemento e eu fervia de impaciência ao ver que Benedictus, em vez de planejar os negócios da confraria, passava horas curvado sobre um missal, a pintar minuciosa e pacientemente figuras desgraciosas, de pequenez revoltante e de um requinte de detalhes que exigia semanas para bordar, com o pincel, apenas o manto de um rei mago ou de um santo mártir. Impaciente, eu fugia daquele lugar, onde não mais podia comandar.

Voltei ao castelo de Rabenau, onde um mensageiro ofegante acabava de levar a notícia da morte de Willibald. Kurt estava ausente e Rosalinda, profundamente afetada com a perda do seu único irmão, encaminhou-se até o seu solar, a fim de, num pranto sincero, acompanhar o corpo à abadia dos Beneditinos, onde ele deveria ser devolvido à terra. Com tristeza, vi que lá se preparava um grande atentado contra sua pessoa e em vão lhe disse para não permanecer, à noite, na igreja. Os ouvidos dos encarnados são surdos e eles encaram a inquietação e a repugnância instintiva que sentem por alguma coisa como uma indigna fraqueza de sua imaginação.

O miserável Mauffen amava instintivamente essa mesma Rosalinda, outrora Lélia, da qual me havia mostrado, em outra época, um pouco de cinza, temendo que ela ressuscitasse. Mas aquela cinza ressuscitara e o que Tibério temera, Mauffen combatia em seu coração: uma paixão tenaz e não satisfeita.

Eu o vi deslizar para a igreja vestido com seu hábito negro, e àquele homem de rosto pálido, de traços acentuados, só faltava a toga para parecer-se totalmente com Tibério. Apoderou-se de Rosalinda e levou-a. Lancei milhares de fios elétricos sobre os ouvidos de Benedictus e Sanctus. Inquietos, eles correram pelos corredores e, diante da cela de Mauffen, eles compreenderam do que se tratava. Nesse ínterim, Rosalinda defendia-se corajosamente contra o desvairado, cujas raiva e paixão não tinham mais limites. A porta cedeu e Rosalinda pensou estar salva, mas meu perispírito agitou-se dolorosamente, pois eu estava vendo Mauffen apoderar-se do punhal que ela soltara. Em vão, os espíritos, meu amigos, se precipitaram. Conseguiram, apenas, impedir que o golpe fosse mortal. Sob o jato do fluido dissolvente, a ponta da arma fundiu, desviou-se e feriu mais abaixo do local visado pela mão criminosa. Logo as vibrações dos meus nervos fluídicos advertiram-me da aproximação do filho que me fora tão caro.

– Oh! – pensei eu –, se ao menos um sentimento bom e

A Abadia dos Beneditinos

309

terno por Rosalinda ainda viver em seu coração, eu o perceberei neste instante, pelo seu temor de perdê-la.

Ele entrou, mas infelizmente nenhum sentimento verdadeiro de amor, de pesar ou de terror jorrou daquele coração vazio, que se contraiu de repugnância à vista de uma ferida. E como temesse presenciar uma agonia, ponderou rapidamente se não poderia delegar aos outros o cuidado de tratar da moribunda e, por meio de um desmaio, causado pela fadiga e pelo desespero, esquivar-se àquela visão desagradável. Mas não teve tempo de executar seu projeto, pois Bernardo anunciou-lhe que a ferida não era mortal. Então, dignou-se a lançar um olhar sobre o pálido rosto de Rosalinda desmaiada. Seus olhos estavam fechados, e seus longos cílios negros projetavam uma sombra sobre seus traços delicados. Fora preciso o encanto incomum de Rosalinda e a forte dose de sensualidade de Kurt para que esses dois fatores juntos dominassem sua aversão. Aproximou-se da jovem ferida e cobriu-a com o manto. A seguir, para mostrar a Mauffen seus direitos sobre aquela mulher, sobre a qual o criminoso não tinha nenhum, Kurt levou-a dali.

Rosalinda foi transportada ao convento das Ursulinas, onde espíritos curadores cercaram seu leito com uma massa de fluidos azulados e transparentes, que o corpo extenuado, ávido de forças renovadoras, aspirava rapidamente.

Para se livrar dos cuidados de que a enferma necessitava, Kurt pretextou negócios sérios e partiu, deixando a esposa entregue às freiras e às duas fiéis acompanhantes trazidas do castelo. Na realidade, ele tinha ido em busca de aventuras: amou, por catorze dias, uma jovem viúva, depois devotou uma semana a uma moça da aldeia, e uma segunda à proprietária de um albergue obscuro. A seguir, passou quinze dias na corte do duque, reatando seus antigos amores, e, finalmente, farto de tudo e desejoso de fugir dos sentimentos que perfidamente despertara, voltou ao seu papel de marido terno e fiel, desejando rever e conduzir para casa sua jovem mulher, que começava a se restabelecer.

Enfim, após uma enfermidade de mais de três meses, Rosalinda retornou ao castelo de Rabenau. Informada por Lucas de como o marido matara o tempo na sua ausência e mortalmente ofendida, aproveitou a ausência de Kurt, que participava de uma caçada, e partiu, acompanhada de algumas mulheres e criados, para o seu castelo de Lœvenberg, mandando dizer a Kurt, pelo padre Lucas, que ele podia voltar para onde estivera durante sua doença. Kurt ficou furioso, pois se encontrava novamente num paroxismo de amor por Rosalinda e ela lhe era indispensável. Partiu à sua procura, mas não pôde vê-la. Na volta, ao atravessar uma floresta, deparou com um carvoeiro. Esse homem, o antigo noivo da pobre Gertrudes, percebendo que o destruidor da sua felicidade encontrava-se sozinho, lançou-se raivosamente sobre ele e feriu-o com uma facada, mas não mortalmente, pois a hora de Kurt ainda não tinha chegado.

O carvoeiro fugiu e Kurt, embora enfraquecido, logo pensou que essa história lhe poderia ser muito útil. Divulgar, naquele momento, o atentado e assim lembrar a Rosalinda a causa daquele ódio não levaria a nada; muito ao contrário. Como estava voltando, porque Rosalinda não quisera recebê-lo, e como o atentado não tivera testemunhas, se ele fizesse crer que tentara suicídio por desespero, talvez o remorso e o dever a trariam de volta, obrigando-a ainda a cuidar dele. Então, desceu do cavalo, espantou o animal e deitou-se na relva. Logo passaram alguns camponeses que, vendo um senhor estendido sem vida e um punhal ensangüentado em sua mão crispada, começaram a gritar. Depois, reconhecendo o poderoso conde de Rabenau, improvisaram uma maca, enquanto um deles advertia o padre Lucas, que acorreu muito aflito.

Enquanto enfaixava o ferimento de Kurt, que fingia estar desmaiado, este abriu os olhos e murmurou ao ouvido do monge:

– Não há necessidade de procurar o criminoso. Para todos os efeitos, tentei o suicídio porque fiquei desesperado com a recusa de Rosalinda em me receber.

Lucas ordenou que cessassem as buscas e conduziu ao castelo o ferido, que fingia sofrimentos atrozes e, em seu delírio, só chamava pela esposa.

O capelão enviou um mensageiro à condessa que, como Kurt calculara, foi, muito assustada, acudir o pretenso moribundo. Com voz fraca, ele murmurou pedidos de desculpas e Rosalinda, bastante comovida, prometeu-lhe nunca mais aban-

A Abadia dos Beneditinos 311

doná-lo, velando-o noite e dia. Por seu lado, ele não a deixou afastar-se de sua cabeceira, a ponto de ela sentir-se mal devido ao cansaço e à insônia. Kurt restabeleceu-se lentamente, extenuando os que dele cuidavam, com seus caprichos e fantasias. À mínima dor, ele pensava estar morrendo, chegando a comungar duas ou três vezes.

A cada dia, ele se tornava mais desagradável, concentrando sua maldade principalmente em Rosalinda, a quem censurava pela insensibilidade que o levara ao suicídio. Mas seus grandes sentimentos não o impediam de perseguir qualquer criada ou moça bonita que aparecesse no castelo. Um dia, Rosalinda, mais revoltada do que nunca, por ter sido obrigada a despedir uma moça que ele seduzira, resolveu dar um passeio até o domínio de Lœvenberg.

Ao passar perto da choupana onde vivia a pobre Gertrudes, resolveu lá entrar para descansar um pouco. Transtornada com a presença da castelã, Gertrudes lançou-se aos seus pés e, trêmula, confessou que seu noivo, reconciliado com ela, ali se refugiara depois de ter atentado contra a vida do conde, não ousando aparecer em nenhum lugar. Abraçando os joelhos da condessa estupefata, suplicou-lhe que os protegesse e os ajudasse a deixar o país, pois seu velho pai estava morto. Rosalinda prometeu sua ajuda ao infeliz casal e, extremamente indignada, regressou ao castelo, decidida a desmascarar o hipócrita que havia tão audaciosamente abusado da sua boa-fé.

Kurt se preparava calmamente para jantar quando sua mulher entrou, com as faces afogueadas e os olhos faiscantes.

– Aconteceu alguma coisa contigo, minha querida, para estares com ar tão indignado? – perguntou ele, pois o rubor da raiva ficava muito bem em Rosalinda, e aquela visão dissipara imediatamente a indiferença que o acometera desde que se restabelecera e ela empalidecera de cansaço.

– Aconteceu que – disse Rosalinda – és um reles mentiroso e descobri quem te "suicidou".

Ela se interrompeu ao dar-se conta da presença dos criados.

– Retirai-vos! – berrou Kurt, furioso ao ver sua mentira descoberta e não sabendo como se sair dessa.

Todos desapareceram, à exceção do padre Lucas.

– Como sou louca de sempre acreditar em ti! E tu, hipócrita, ainda ousas acusar-me de insensibilidade! Foi o noivo da pobre Gertrudes quem te feriu.

– Permite-me dizer-te, Rosalinda – disse Kurt com doçura e dignidade –, que é deplorável procurares motivos para caluniar teu marido. As aparências são contra mim, mas foi tua falta de confiança que me impediu de tudo contar imediatamente. Escuta as graves razões que me levaram a agir assim. Sinto-me em falta com relação a Gertrudes, e o meu confessor pode confirmar-te o meu arrependimento.

Padre Lucas concordou, inclinando a cabeça.

– Pois bem! Quando o noivo da pobre moça me atacou, eu não quis me valer do meu direito e mandar enforcar o miserável que atentara contra minha vida. Para abafar o caso, assumi a responsabilidade, salvando a vida do meu assassino. De resto – empertigou-se altivamente –, sou muito piedoso para atentar contra minha própria vida, mas pensando que ia morrer, eu tinha o direito de rever minha mulher.

Rosalinda ouvira perplexa essa engenhosa explicação.

– É verdade? Foi por essa razão que me mentiste? – perguntou, olhando-o desconfiadamente.

– E que outro motivo teria eu? Quis, com meus sofrimentos, resgatar o mal que causei a Gertrudes.

Ele aproximou-se de Rosalinda, beijando-lhe as mãos.

– Meu inabalável amor por ti é, pois, tão ofensivo? Nunca me esqueço de que és a herança mais querida do meu pai adorado, e o desejo de resgatar meu erro foi meu único crime nessa história.

Rosalinda, que não podia acreditar na existência de tal abismo de falsidade, reconciliou-se de bom grado, e o jantar, tão tempestuosamente iniciado, acabou muito pacificamente.

Terminada a refeição, Kurt chamou um criado, de quem gostava particularmente. Esse homem, chamado Thisbo, monstro de hipocrisia e de maldade, foi encarregado de enviar, imediatamente, alguns homens de arma ao casebre para prender o louco carvoeiro e conduzir Gertrudes para a prisão de um solar distante, depois que seu noivo fosse enforcado diante dos seus olhos, fazendo-a, assim, perder o gosto pela vida. Tudo foi executado de acordo com suas ordens e, durante várias semanas, ele manteve Rosalinda tão ocupada que esta se viu impossibili-

A Abadia dos Beneditinos
313

tada de cumprir sua promessa de enviar socorro para que aquelas pobres pessoas fugissem. Finalmente, um dia, quando Kurt foi chamado ao castelo do duque, ela soube da terrível verdade e censurou-se amargamente de haver, na sua cólera, traído o segredo dos infelizes antes que eles estivessem em segurança. Louca de raiva e de desespero, retirou-se ao oratório e a idéia de estar ligada àquele homem miserável quase lhe fazia perder o juízo.

Rosalinda fora minha discípula, e eu passava horas a conversar com ela, falando-lhe do sobrenatural, da vida das almas, da religião. Ela fora instruída de muitas coisas desconhecidas pelas mulheres do seu tempo e sua inteligência desenvolvida era também mais sensível aos erros e ultrajes do seu marido. Durante o abalo moral que ela sofria naquele momento, percebi um espírito maligno dela se aproximar, mas apesar da minha vontade, não tive forças para afastá-lo, pois também me sentia enfraquecido por meus fluidos pesados e cheios de ódio.

– Livra-te dele – soprou-lhe o espírito nefasto –, este homem é um réptil venenoso que prejudica a todos que dele se aproximam. Se tu fosses livre, quanto bem poderias fazer! Já não tens provas suficientes de que ele não te ama? Se não acabares com ele, ele acabará contigo, se não a ferro ou veneno, ao menos de aborrecimentos. Olha para ti: empalideceste, tens olheiras, tua boca não mais sorri e a indignação faz teu sangue ferver a cada instante.

Tais foram as palavras do espírito maligno e tais, também, foram os pensamentos que se agitavam na mente exaltada da jovem.

– Desde que me liguei a ele – ela pensava – não sei mais o que é sossego. Estou sempre ansiosa, na dependência de seu humor estranho. Não tenho filhos e dentro de alguns anos, se eu perder a beleza, esse homem miserável não hesitará em me repudiar vergonhosamente.

Em assim pensando, um suor frio brotou da sua fronte.

– Que ele morra! – murmuraram seus lábios lívidos. – Eu cometerei este crime odioso, mas salvarei, por meio dele, mais de um inocente.

Como Kurt deveria chegar depois do jantar, febrilmente Rosalinda ordenou que a refeição da noite fosse servida em seu quarto e vestiu um roupão de lã branca. Com as mãos trêmulas, abriu uma caixa (adquirida de um alquimista italiano que se hospedara por uns tempos no castelo) e retirou dela um frasco contendo um licor esverdeado que, sem sofrimento e sem deixar vestígios, fazia, segundo diziam, com que a vítima morresse. Com o coração palpitante, ela parou em frente à janela aberta, onde algumas pombas ciscavam migalhas. Queria experimentar o veneno, mas não tinha coragem de sacrificar um dos inocentes animais. Afastou-se da janela, pois começavam a pôr a mesa da ceia, e observou os preparativos como se estivesse vendo levantar um patíbulo e, assim, experimentou todas as angústias que precedem a um crime. A seguir, mandou os criados saírem e, certificando-se de que ninguém podia vê-la, derramou o conteúdo do frasco na taça de ouro preparada para o castelão, taça esta que era tão profunda que nada podia ser visto no seu fundo. Como se o crime já tivesse sido cometido, Rosalinda deixou-se cair exausta sobre uma poltrona. Em vão eu lhe sussurrava:

– Deixa-o, pois um outro o punirá em teu lugar; lembra-te de que é o filho de Lotário que queres assassinar.

A ira e o orgulho ofendido respondiam:

– Não, não posso mais suportar esta vida e devo destruir uma existência funesta para todos.

O ruído da ponte levadiça abaixando atraiu-a à janela; mas, forçando-se a se acalmar, assumiu um ar indiferente e começou a jogar migalhas às aves.

Logo Kurt apareceu a cavalo no pátio, trazendo um falcão no punho e acompanhado de vários escudeiros. Enquanto subia as escadas, Rosalinda pensou que seu coração fosse explodir.

– Ah! Foi aqui que mandaste servir a ceia? – disse ele, entrando, mal-humorado e cansado.

Após um breve cumprimento, jogou-se numa poltrona e bocejou, esticando as longas pernas. Uma agitação febril abalou meu perispírito. Rosalinda ia se manchar com um crime odioso. Uma ardente prece ao meu guia espiritual elevou-se do meu coração atormentado, e ele logo apareceu, luminoso e calmo. Ele tudo sabia e seu fluido auriazul tocou o coração e a mente da jovem, que meu fluido pesado não podia atingir. Nesse mesmo instante, Kurt encheu de vinho sua taça, levando-a aos lábios.

– Cometer um crime é condenável – soprou o espírito-guia.

- O próprio Evangelho diz: "O sangue que se derrama recai sobre aquele que o derramou".
– Não, não posso fazer isso – disse a si mesma Rosalinda.
Movida pelo terror que lhe abalava a alma, deu um salto na direção do marido e, batendo-lhe na mão, derrubou a taça, que caiu no chão e derramou seu conteúdo sobre o assoalho. Eu me sentia aliviado de um peso imenso e meu protetor desapareceu após ter me prestado esse imenso serviço.

Kurt, estupefato, ora olhava para a taça caída, ora para Rosalinda, de pé diante dele, mais branca do que seu vestido. O rosto transtornado da esposa lhe fez compreender uma parte da verdade. Lívido, de lábios trêmulos, inclinou-se, tomando-lhe a mão:
– Por que derrubaste minha taça, Rosalinda? – perguntou, fixando no belo rosto pálido um olhar perscrutador.
– Porque és indigno de que eu suje minhas mãos e minha alma matando-te – respondeu a moça com voz apenas audível.

Kurt deu um pulo e balbuciou, com voz insegura:
– Querias me envenenar? Impossível! E por quê? – acrescentou, mais calmo. Na sua vaidade, ele não conseguia imaginar que pudessem atentar contra a vida de sua sedutora pessoa e não podia compreender que ele fosse capaz de exasperar uma mulher a ponto de transformar sua afeição em ódio surdo e levá-la ao crime.
– Sim, eu quis te envenenar – respondeu Rosalinda, erguendo os olhos brilhantes –; eu quis me livrar de ti porque não tens fé nem lei. Para ti não existe amor nem fidelidade. Mentes e trais quando abres a boca. Sou apenas um joguete do teu capricho e não posso confiar em tua palavra traidora. Que fizeste do carvoeiro?... Traidor! Maculas o nome legado por teu pai!... Hoje, ao colocar o veneno na tua taça, travei o mais terrível combate da minha vida e experimentei o antegosto das penas do inferno e dos sentimentos dos danados. E agora deixa-me partir, pois tuas infidelidades e tuas mentiras exasperaram-me e não mais respondo por tua vida. Desta vez, meu anjo da guarda não deixou que eu cometesse um crime, mas será que ele o fará novamente?

Rosalinda deixou-se cair sobre uma poltrona e cobriu o rosto com as mãos.

Kurt escutou-a, arrasado. Ela soubera de tudo e agira levada pela exasperação, mas não o deixara morrer. Então ela o amava, ele não lhe era indiferente, já que ela desejava fugir para não se deixar levar pelo ciúme. Seu coração pretensioso inchou de orgulho, e ele a olhou, lisonjeado. Como ela estava bonita naquele vestido branco de mangas abertas que descobriam seus braços alvos e delicados! O rosto, os cabelos negros, tudo nela o encantava; até a maneira pela qual quisera matá-lo excitava seus nervos insensíveis. Jogou-se aos seus joelhos e, pegando-lhe as mãos, afastou-as à força do seu rosto.

– Rosalinda, minha bem-amada, perdoa-me... Estou a teus pés e te agradeço por haveres poupado minha vida, para que eu possa corrigir meus erros. Nunca, como agora, eu senti tanto a minha culpa, mas ainda uma vez, uma apenas, a última, perdoa-me.

E dizendo isso, fundiu-se em lágrimas, que não eram de arrependimento, mas sim efeito do nervoso causado pelo pavor do perigo do qual acabava de escapar.

– Deixa-me – respondeu Rosalinda, desprendendo-se –, a única coisa que quero de ti é não te ver nunca mais. Não quero mais ouvir falar do teu amor perjuro, das tuas promessas mentirosas de te tornares um ser melhor. Sairei daqui, nada me reterá. Quanto a ti, que fiques aqui, que vivas na depravação, que traias os outros, mas eu não quero ser mais traída.

Levantou-se, repelindo-lhe as mãos. Vendo que dessa vez ela estava realmente decidida a abandoná-lo, ele exclamou:

– Não acreditas no meu amor, desejaste minha morte! Pois bem! Se não me perdoares, atiro-me desta janela. De um salto, galgou o parapeito, contando com a tensão dos nervos à flor da pele de Rosalinda que, pega de surpresa, soltou um grito, estendendo os braços para retê-lo. Nunca o covarde pensara em precipitar-se, mas, para tornar sua ameaça mais real, levantou um pé.

– Pois bem! Queres que te tragam meu corpo despedaçado?

– Ficarei – murmurou Rosalinda, com voz abafada e apoiando-se, cambaleante, em uma poltrona.

Kurt desceu da janela e, enlaçando-a, cobriu-lhe o rosto de beijos, mas ela estava completamente desmaiada.

Duas horas mais tarde, um escudeiro, cujo cavalo estava branco de espuma, chegava à abadia e pedia ao irmão Bernardo

A Abadia dos Beneditinos

317

para ir ver a jovem castelã. Kurt, mais inflexível e desagradável que de costume, estava sentado no seu oratório, pedindo, a cada instante, notícias da enferma. Bernardo declarou que seu estado era muito grave e ele compreendeu que, dessa vez, tinha ido muito longe.

Com que estado de ânimo aproximei-me do leito de Rosalinda eu não saberia dizer, mas me servi de toda a minha vontade, de toda a força da oração, para aliviá-la, pois sua hora ainda não chegara. Kurt a visitava raramente e seu amor esfriava a cada momento, pois, como já disse, ele odiava, do fundo de sua alma, qualquer pessoa doente. Além disso, ele refletira e ficara furioso ao perceber que Rosalinda, finalmente revoltada, o vira tal como ele era e que quisera ver-se livre dele. Ele também apreciava desfazer-se dos que o conheciam demais. Bernardo exigira os maiores cuidados com a enferma, além de muita tranqüilidade. Kurt interpretou isso como a recomendação de uma total indiferença e passou horas a conversar com seu confidente, o cruel Tuisco, sobre seus dissabores. Este, seu péssimo conselheiro, aconselhou-o a se divorciar. Para matar o tempo, Kurt voltou a freqüentar a corte, onde passava semanas cortejando a princesa Úrsula, cujo casamento fracassara várias vezes e que esperava que a morte de Rosalinda lhe permitisse, enfim, tornar-se condessa de Rabenau.

Finalmente, Rosalinda se restabeleceu, mas, cansada de corpo e alma, não mais se iludia sobre a regeneração do marido, sempre ausente. Certa manhã, ele se apresentou, tentando manter uma expressão amigável, mas bastaria um simples olhar em seus olhos frios para desmascarar essa hipocrisia.

– Cara Rosalinda – disse, sentando-se –, não voltamos a falar dos acontecimentos que precederam tua grave doença. Eu nunca poderia acreditar que a falta de amor pudesse levar-te a atentar contra minha vida, mas já estavas sob a influência dessa febre ou desse delírio que poderia ter degenerado em loucura. Deves compreender que, apesar da amizade sincera que te dedico, não posso correr o risco de ver a descendência dos Rabenau se extinguir com a minha pessoa, ou de ter um herdeiro sujeito a congestões cerebrais, também chamadas de loucura ou de possessão demoníaca, ainda mais porque nosso casamento não foi uma opção do nosso coração, mas sim uma obediência à vontade de meu pai que, no seu amor cego por nós dois, queria nos unir a qualquer preço. Deves lembrar-te de que foi por compaixão à sua memória que me concedeste a mão, e que tu o choraste tão desesperadamente que fiz um papel de marido bem ridículo. Se eu soubesse que ele estava correndo para a morte, ter-lhe-ia suplicado de joelhos que se casasse contigo.

Rosalinda, lívida de indignação, quis interrompê-lo, mas ele continuou imperturbavelmente:

– Tu não me amas, quiseste me deixar e, por isso, decidi ir contigo a Roma e obter do Santo Papa nosso divórcio. Como não temos filhos, tudo será mais fácil e seremos legalmente livres, pois uma separação em nossas terras far-me-ia sentir as cadeias de ferro de uma união não-rompida e atrapalharia meus planos. Desejo casar-me novamente para deixar um herdeiro do meu nome.

Ao terminar esse discurso, seu rosto demonstrava toda a brutalidade de sua alma e seus olhos azuis brilhavam maldosamente, observando a palidez mortal que cobria os traços da convalescente.

Não posso descrever o que se passava em mim, espectador invisível, porém forçado, daquela infâmia. Meu perispírito remexia-se de cólera impotente e eu queria sufocá-lo com os fluidos negros e cheios de ódio que jorravam aos borbotões do meu coração. Cego de raiva, eu sacudia e tentava arrancar os fios luminosos, no momento embaciados pela minha fúria, que me ligavam àquele vilão, àquele covarde miserável, esquecendo-me de que com aqueles violentos abalos eu colocava em perigo a vida da minha médium, a cuja artéria vital eu estava igualmente ligado. Ainda consegui ouvir Rosalinda pronunciar estas palavras: "Partamos para Roma o mais depressa possível!", e depois me atirei para a frente, mas a violência com a qual eu sacudia o fio do meu coração, ouvindo apenas a raiva que fazia vibrar cada fibra do meu perispírito, era imensa. Uma violenta dor contraiu o rosto de Rosalinda e, apertando o coração com as mãos, ela desmaiou. Nesse instante, um relâmpago faiscou ao meu lado e paralisou, com apenas um choque elétrico, todas as minhas fibras.

– Não tens vergonha – censurou-me a voz do meu guia – de te abandonares, como espírito, a uma cólera insensata, cujas

A Abadia dos Beneditinos

conseqüências dolorosas recaem sobre teu médium? Continuava aturdido, não conseguindo voltar a mim.

– Paciência, amigo violento – prosseguiu o guia, inundando-me de uma torrente de fluido azulado e refrescante –, ele poderá escapar da justiça humana, revestir-se da impunidade que sua posição lhe garante, salvar-se pela traição e pela mentira, mas de ti esta alma não poderá escapar. Uma vez despojada do corpo, ela recairá inevitavelmente sob a justiça espiritual, severa e implacável. Terás, então, a satisfação de, como já aconteceu várias vezes, tocado pelos lamentos desse espírito, perdoar-lhe e oferecer-lhe o escudo do teu amor. Mas acalma-te, volta a ti e não faças sofrer um ser inocente, pois os médiuns, como sabes, sentem todos os efeitos da agitação dos espíritos.

Logo me acalmei e lancei sobre Rosalinda um fluido reconfortante que transformou seu estado de sofrimento em sono profundo. Kurt não se abalara para socorrê-la, limitando-se a lançar um olhar indiferente sobre a jovem, pálida e imóvel, e a chamar as criadas.

– Aguarda – pensei –, chegará a hora em que não poderás escapar de mim.

Continuei calmo para não prejudicar meu médium e me afastei, entregando-me a reflexões. Sim, meu guia tinha razão, minha raiva era ridícula. Ninguém podia escapar da justiça divina. A couraça corporal, que torna nossos inimigos insolentes, rompe-se com a morte e o perispírito desarmado não pode fugir, devendo prestar contas dos seus atos, e o espírito, de todos os seus pensamentos. Ah! Se os vivos (falo genericamente) quisessem compreender que ninguém pode escapar da lei das alturas; que os pensamentos falsos e traidores que os homens escondem por trás de uma fronte de bronze e que o espírito oculta nas nuvens do espaço, serão, um dia, descobertos!... Sede leais uns com os outros, amigos encarnados e desencarnados, mesmo se não vos vedes, pois, onde semeardes afeição, desejareis também colhê-la.

Foi por esse motivo que permaneci no castelo de Rabenau e só raramente visitava o convento dos Beneditinos, tendo em vista que lá eu não semeara afeições. Eu ajudara os irmãos a se vingarem, mas com isso eu fizera mais mal do que bem. As vítimas estavam no meu encalço devido aos serviços que prestara aos irmãos vingadores que, no dia do julgamento, apontariam para mim, dizendo que eu alimentara o fogo do ódio. Eu poderia ter me vingado de Benedictus, que roubara meu lugar e me levara ao suicídio, mas eu não quis. Persuadindo-me de que um dia todos aqui estariam para prestar contas, eu procurava acalmar o sangue fluídico que fervia no meu cérebro transparente, sede da alma, embaçada partícula da divindade invisível que governa o universo.

Cansado e aborrecido da pesada existência como espírito, eu desejaria encarnar-me para receber nova atividade, mas infelizmente eu precisava esperar. O tempo não tem pressa, entre nós, local onde compreendemos a eternidade. Eu sabia apenas que a morte de Rosalinda estava próxima e que, a do ingrato, aconteceria bem mais tarde. Meu protetor me dissera que eu receberia a todos, amigos e inimigos, e que a luta do meu ódio e do meu perdão, durante a separação dessas almas, seria avaliada de acordo com a força desses sentimentos. Sombrio, pois, era o futuro. Quem de nós desconhece (somente, quando encarnados, esquecemos) aquele momento em que o espírito treme de impaciência junto do inimigo moribundo, aguardando a hora de sua chegada no espaço, quando não poderá mais escapar? Nós o vigiamos, cortamos as cadeias terrenas que o ocultam de nossa vista e de nosso ódio e, enfim, surgimos diante dele, inundando-o de uma torrente de fluidos acres, devoradores, ligando-o não com cordas terrenas, mas com laços indestrutíveis da vontade, que unem o culpado à vítima, que se deleita com sua vergonha, com seu terror, com todos os seus sentimentos penosos. Oh! Esses momentos passados por um espírito criminoso constituem um inferno bem diferente daquele banal e material descrito pelos sacerdotes. E exigiam de mim que me privasse de semelhantes momentos. Em vez de cultivar meu ódio, eu devia perdoar e aliviar os sofrimentos dos meus inimigos. Minhas paixões desenfreadas tornavam essa tarefa quase impossível e procurei buscar forças em uma prece ardente.

Certo dia, quando errava sem destino no espaço, fios azulados atingiram meu cérebro e, nessa espécie de raio que oscilava diante de mim, reconheci algo do fiel Bernardo. Mas não era ele que lá vacilava, mas sim o raio do seu pensamento que ostentava sua marca para ser reconhecido. As vibrações luminosas diziam:

A Abadia dos Beneditinos

"Minha hora está chegando", pois o pensamento invisível para vós, ao atravessar a atmosfera tão pura da pátria das almas, produz o som da voz; os sons do pensamento ressoam em nossos ouvidos fluídicos, como a palavra terrena nos vossos. Essas vibrações me envolveram e o fluido poderoso da vontade me atraía para a abadia, levando-me ao laboratório subterrâneo, onde as imagens fluídicas dos meus pensamentos humanos ainda se refletiam. Naquele laboratório eu havia trabalhado e procurado o enigma da vida além-túmulo e agora eu a conhecia em parte, pois eu levantara apenas uma ponta da cortina que cobria o mundo da perfeição, no qual eu não podia penetrar, retido, por minhas paixões, na atmosfera de um planeta inferior. Contudo, o que os habitantes dessa terra imperfeita ignoravam, eu sabia.

Na grande poltrona, perto da mesa repleta de instrumentos, na qual ele sempre trabalhava, estava sentado o infatigável sábio, mergulhado em pesado torpor. Ele chegara ao termo da sua vida. Um trabalho além das suas forças e o ar ácido e sufocante que o cercava haviam minado sua saúde e esgotado o fluido vital que retempera o corpo, dando-lhe novas forças. Seu corpo estava ressequido e um fluido acre e penetrante nele abria passagem, crepitante como o fogo que devora o carvão. Por onde passava, dava ao invólucro carnal aquela coloração amarelada que adquirimos na imobilidade da morte.

O corpo espiritual se desligava de cada poro, rompendo o fio luminoso que o prendia à matéria e que, ao subir ao cérebro, se concentrava. Duas grandes artérias luminosas ainda funcionavam, embora fracamente: a do coração e a do cérebro. Apesar de perturbado e embaraçado, o pensamento do moribundo sentia a estranha transformação que se operava, e foi tomado pela inquietação. Chamou, então, seus amigos, pois ele acreditava, com todas as forças de sua alma, na existência do alémtúmulo e nos amigos que lá viviam. Cercamo-lo, cortando rapidamente os laços terrenos, restando, somente, o fio do cérebro e o do coração.

– Mestre, vem! – murmuraram os lábios descorados de Bernardo.

Com um golpe elétrico, cortei violentamente a artéria do cérebro e imediatamente um atordoamento se produziu, fazendo cessar os sofrimentos. Era o momento em que começava a perturbação e que aliviava a última e mais dolorosa ruptura: a do fio do coração. (Assim, pode-se viver um certo espaço de tempo quando o fio do cérebro é cortado, continuando a funcionar o do coração. Este se mostra, nesses últimos momentos, rápido e semelhante a uma serpente avermelhada que se desenrola. Durante a concepção, este fio é o primeiro a se colar à matéria e, na morte, o último a deixá-la.) Percebendo que a perturbação já invadia nosso amigo Bernardo e que seu perispírito saía, com a velocidade do pensamento, para se reconstituir inconscientemente no espaço, erguemos os olhos para o local onde planava o protetor do grupo, que era o único autorizado a cortar a artéria principal que liga o espírito à matéria. Só ele tem esse poder, porque os espíritos inferiores podem empregá-lo para o mal, servindo-se dele prematuramente por motivos de vingança. Uma claridade mais brilhante que o relâmpago, semelhante a um feixe luminoso, atravessou o último fio e cortou-o com uma leve crepitação. O corpo agitou-se ainda sob as vibrações da violenta entrada do fluido de putrefação que, vitorioso, qual uma lava transbordante, invadia todas as células abandonadas pelo fluido vital, também conhecido como fluido galvânico. É somente no perispírito remoçado, descontraído, repleto da seiva do espaço que ele respira com violência, que ele se torna um fluido azulado e reconfortante.

O perispírito de Bernardo logo absorveu a massa necessária, que seria a substância vital do seu corpo fluídico. Os órgãos perispirituais começaram a funcionar e, com a admirável máquina transparente e fluídica agindo em todas as suas partes, o fio avermelhado concentrou-se no local onde se localiza o coração fluídico e o fio do cérebro, onde se localiza a sede do pensamento. No mesmo instante em que começava a funcionar, como se fosse uma borboleta abrindo as asas, a individualidade atônita despertou do seu último sono terreno para nunca mais dormir no seu estado espiritual. Bernardo pareceu fascinado com essa alegria que lhe provou ser o sonho terreno uma realidade. Apalpou-se, tocou em nós, falou-nos com a linguagem do pensamento, viu-se compreendido, e sua alma laboriosa inundou-se de felicidade ao saber que não era apenas um átomo engolido pelo nada. O futuro lhe pareceu radioso, cheio de atividades e de descobertas

A Abadia dos Beneditinos

semelhantes às que buscava na Terra, encontradas no mundo dos espíritos e que ele esperava ainda encontrar num mundo melhor, isento de paixões.[2] Tendo entre nós aquele fiel companheiro de tantos séculos, elevamo-nos no espaço.

– Vai à abadia – disse-me a voz do meu guia –, vai assistir à morte terrena de Pater Benedictus.

Involuntariamente, perguntei a mim mesmo por que ainda tão jovem, tão cheio de força, ele já devia deixar seu fardo.

– Mais de dez anos já se passaram desde tua morte e Benedictus já está perto dos quarenta anos – respondeu meu protetor.

Estremeci. Já fazia dez anos que eu flutuava sem repouso, vendo, sentindo, mas sem contar as horas!

Tentando dominar o sentimento de inimizade que ele me inspirava, desci ao quarto tão conhecido do prior, que estava sentado diante da mesa, debruçado sobre uma pilha de pergaminhos. Tinha as sobrancelhas franzidas e rugas precoces sulcavam sua testa. Estava calculando os rendimentos do convento, pensando se não seria possível reduzir as consideráveis esmolas, que achava supérfluas, mas voltava sempre a um pergaminho recebido naquela manhã, de Roma, enviado por um cardeal seu amigo. Sua Eminência lhe fazia saber que o papa, julgando a abadia muito numerosa e rica, planejava dividir a fortuna e a comunidade, formando dois conventos. Essa idéia sulcava de rugas profundas a testa de Benedictus e fazia jorrar centelhas flamejantes dos seus sombrios olhos azuis.

– Nunca – murmurou – consentirei com isso: dividir esta enorme fortuna, despovoar este vasto prédio para enchê-lo de pobres e de peregrinos: comigo vivo isto não acontecerá!

Apoiou os cotovelos na mesa e amadureceu a idéia de apressar a execução de um gigantesco plano, que era o objetivo de sua vida, ou seja, conseguir a tiara, à custa da morte do atual papa. "Que morra!" – murmurou com um sorriso sinistro e, pegando a pena, escreveu uma resposta ao cardeal, seu aliado, expondo-lhe o projeto. Ele ignorava que o cardeal já fora traído e que o pergaminho que este lhe enviara já era uma mensagem de morto.

---

2 N.A. O instinto da memória não te enganou, meu médium. Esse espírito, tão ativo e infatigável na busca do alívio aos sofrimentos dos encarnados, é o de Paré.

A noite já estava adiantada quando ele se levantou cansado, enxugando a fronte coberta de suor. Deu alguns passos pelo quarto, deitou-se na cama e adormeceu. Seu perispírito se desprendeu com a facilidade sempre proporcionada pelo sono e, no momento em que eu sentia raiva, ao lembrar-me de sua traição, uma sombra pareceu baixar e meus olhos abertos reconheceram, no espírito de Benedictus, Veleda, minha amiga de Pompéia. As lembranças do circo, do calabouço, de sua morte trágica sucederam-se na minha mente e, subitamente, acalmaram-me. Assumindo o aspecto de Astartos, eu disse:

– Foi a mim que tu traíste e suplantaste.

O espírito recuou, envergonhado e surpreso, mas sua rivalidade se abrandou à lembrança da época em que havíamos sido amigos, no passado distante:

– Perdoa-me, Astartos – disse-me o espírito de Veleda –, por que tinhas que ser o chefe? Não foi a ti que quis trair, era o teu lugar que eu ambicionava. Conheces minha alma violenta, ávida de poder, mas tu és sempre o mesmo, meu bom Astartos, e não podes me guardar rancor, e reconheço que só persegui fantasmas.

Minha raiva se dissipara e nós conversamos como antigamente, em Pompéia, na loja, que renasceu em nossas recordações, com suas ânforas enormes, seus frascos cinzelados, sua pequena escada e seus escabelos de madeira. Essas lembranças tranquilas produziram o efeito de um bálsamo em nossos corações, tumultuados por tantos sentimentos como a sede do poder, a rapacidade e a intriga.

– Tu vais morrer, Veleda, pois não deves entravar as decisões do papa, que ainda viverá por motivos que não te interessam.

Por um momento, Veleda pareceu angustiada, mas logo sua alma enérgica levou a melhor e ela disse:

– Bem-vinda seja a liberdade. A cela era muito estreita para mim e eu quis o convento; mas há muito tempo a abadia me parecia uma estreita prisão e desejei o trono de São Pedro... Reconheço minha fraqueza, sou insaciável, é melhor que eu parta... mas, pobre Sanctus, ficará sozinho!

O perispírito estava inteiramente separado; nosso protetor cortou, sem causar sofrimentos, o fio do coração, e o corpo adormecido se tornou totalmente insensível na morte.

A Abadia dos Beneditinos

A perturbação durou apenas um instante.

– Veleda – disse-lhe eu –, se não fosses uma velha conhecida de Pompéia, eu teria feito com que pagasses caro o cargo que me roubaste no convento. Assim, continuo teu credor.

– Pagar-te-ei minha dívida se eu puder – respondeu Veleda –, peço-te somente, Astartos, que não me tentes com o poder.

Separamo-nos. Benedictus ficou com o protetor do grupo para conhecer seu destino como espírito até o dia do julgamento e eu fui ao encontro, em alto-mar, de um belo navio que conduzia Rosalinda pelas ondas azuis do Adriático, onde ela deveria perecer. Mas antes de relatar as circunstâncias de sua morte, devo descrever algumas cenas que precederam a sua viagem.

Kurt não conseguira guardar para si seu grande projeto e contara a meio mundo que ia a Roma para divorciar-se. Em sua brutal indelicadeza, isso não o impediu de organizar um grande banquete de despedida, para o qual convidou não apenas toda a nobreza como também o duque e a princesa Úrsula, o que obrigava Rosalinda a fazer as honras da festa.

Como era inteligente, ela procurou ver o bom lado da coisa. Para ela, a vida com Kurt tornara-se um suplício. Depois da última conversa, fechara-lhe a porta e o divórcio lhe parecia uma libertação. Informada, por ordem de Kurt, da data marcada para o banquete, ela reuniu todas suas forças, pois queria voltar a ser bela. A decisão tomada acalmara-lhe os nervos: banhou-se, dormiu, alimentou-se bem e, no dia da festa, Rosalinda tinha readquirido aquele frescor e aquela graça que a faziam parecer mais uma donzela do que uma senhora casada.

Para mim, foi uma verdadeira satisfação ver suas camareiras aprontando-a para o banquete. Um corpete de arminho modelava sua cintura esbelta, prendendo-se a uma saia de brocado vermelho, debruada com a mesma pele. Um colar de pérolas enfeitava-lhe o pescoço e, nos seus cabelos de jade, brilhava a coroa de condessa. Quando a ponte levadiça abaixou-se para dar passagem ao duque, à princesa e ao seu brilhante séqüito, Rosalinda apareceu no topo da escadaria de honra, ao lado do marido, para receber seus ilustres hóspedes. Kurt, que não a via há semanas, estremeceu ao encontrá-la tão bela, tão altiva, não trazendo no rosto, resplandecente de saúde, nenhum

326          J. W. Rochester

traço de tristeza ou de arrependimento. Estupefato com tamanha mudança, não conseguia desviar os olhos da jovem, que não se dignava a lhe conceder nenhum olhar e representava dignamente seu papel de castelã. Os boatos que circulavam sobre o banquete de despedida e sua finalidade atraíram muitos olhares sobre a encantadora mulher da qual o conde de Rabenau queria se divorciar a qualquer preço. Um rubor ardente queimava as faces de Kurt, e para mostrar que, apesar de tudo, seu relacionamento com a esposa não ia tão mal, quis parecer galanteador, mas um olhar glacial e um mal disfarçado desprezo fizeram-no desistir do seu intento.

Depois do banquete, que foi esplêndido, entrou um trovador para distrair os convidados. Kurt, que não perdia sua esposa de vista, encontrou-a conversando, perto da janela, com um jovem senhor, o barão Feit de Feitsburg. Era um belo fidalgo de aproximadamente trinta e cinco anos, cujos grandes olhos castanhos não se desviavam do rosto sedutor de Rosalinda. Subitamente, ele se inclinou em sua direção e lhe disse, em voz baixa e emocionada:

– Nobre dama, não me censureis por uma ousadia pela qual vos peço, antecipadamente, perdão de joelhos. Mas é verdade, como dizem, que o objetivo da viagem a Roma é de vos tornar livre e divorciada do conde de Rabenau, vosso esposo?

Uma palidez repentina cobriu as faces de Rosalinda: então, todos sabiam que Kurt queria se desfazer dela. Mas, dominando-se, respondeu com firmeza:

– Sim, senhor barão, é verdade e me sinto feliz ao pensar na minha futura liberdade.

Os olhos do barão flamejaram, e, inclinando-se ainda mais para a bela castelã, murmurou:

– E já decidistes onde ireis residir ao voltar aqui, livre e feliz? Conheço um castelo que se chama Feitsburg, que se encontra vazio e desolado, pois falta-lhe alma, visto que não possui castelã. Permitiríeis, bela Rosalinda, que eu vá ao vosso encontro e que faça de vós uma baronesa? Eu vos asseguro que a liberdade não vos será negada em Roma, pois tenho uma tia italiana de nascimento que é parenta do papa e intercederá em vosso favor.

Uma legítima satisfação tomou conta do coração de

A Abadia dos Beneditinos

327

Rosalinda: o homem que assim lhe falava era jovem, bonito, de uma renomada bravura, além de ser um rico fidalgo. Ela não o amava, mas o orgulho lisonjeado ligou-a a ele.

– Dai-me vossa palavra – continuou o barão – que ao regressar de Roma sereis minha esposa e que, desde agora, vós vos considerais minha noiva perante Deus.

– Eu vo-lo prometo – respondeu ela, olhando-o gravemente –, como também prometo que irei amar-vos fielmente, como eu amei esse marido ingrato. Mas dizei-me, barão, vós odiais todos os seres que sofrem e os enfermos, como o faz Kurt de Rabenau?

O barão corou violentamente.

– Deus me livre de tal pecado! Todos vivemos sob as mãos de Deus e ninguém sabe o que o futuro lhe reserva. Eu espero que minha mulher continue a me amar, caso eu volte de uma batalha mutilado e doente, bem como continue a apreciar o coração fiel que por ela bate no meu peito, da mesma forma que ela me amou por minha aparência física. Assim sendo, eu compartilharei com ela tanto os dias de dor como os de alegria. Nada temais, senhora Rosalinda, o amor que hoje sinto por vós, bela e fresca como uma rosa desabrochada, deverá vos acompanhar até o fim.

Comovida com essas palavras, Rosalinda estendeu-lhe a mão, que o barão beijou. Depois, colocando no seu dedo um anel de diamante, acrescentou:

– Minha afeição por vós é tão verdadeira quanto o brilho desta pedra é puro.

Kurt ardia de ciúmes ao vê-los absortos em uma conversa que parecia íntima. Além disso, o barão apresentava abertamente suas homenagens e logo começaram a murmurar que era um sucessor do marido divorciado que se anunciava. De bom grado, meu querido filho teria desafiado o barão, mas que poderia lhe dizer? Ele mesmo espalhara a notícia de seu próximo divórcio e fazia uma assídua corte à princesa Úrsula, o que lhe granjeara os mais indulgentes sorrisos do suserano.

Quando todos os convidados se retiraram e Rosalinda estava saindo da sala, Kurt deteve-a:

– Preciso falar contigo – disse ele.

– Creio que nós já resolvemos tudo durante nossa última conversa – respondeu ela, surpresa –, e que diremos as últimas palavras em Roma, ao nos separarmos para sempre.

Kurt lançou um olhar pela sala e, certificando-se de que estavam sozinhos, aproximou-se vivamente, dizendo em tom melífluo:

– Como estás bonita! Estou muito contente em te ver restabelecida e mais encantadora que nunca!

– É mesmo? – respondeu Rosalinda, com mordacidade. – Ficas encantado justamente no momento que estamos quase livres um do outro? Deverias dirigir esses cumprimentos à princesa Úrsula, que está mais bela, provavelmente por causa das esperanças causadas por nossa viagem a Roma.

– Oh! Esquece isso! – disse ele. – Percebo que guardas um pouco de rancor e que não me perdoaste pelas palavras imprudentes que um dia proferi. No entanto, quanto mais olho para ti, mas tenho certeza de que estava louco quando pensei no divórcio. Perdoa-me, querida, amo-te demais para perder-te. Não vou mais viajar.

Rosalinda empalideceu mortalmente e, aproximando-se dele, disse com voz surda:

– Enganas-te, conde de Rabenau, partiremos para Roma e fica certo de que obteremos o divórcio. Acreditas mesmo, homem estúpido e brutal, que podes, de acordo com teu capricho, espezinhar-me e depois reabilitar-me? Faz o que bem entenderes de tua liberdade, pois desta vez tu me perdeste. Para provar-te que estou decidida a deixar-te, declaro que prometi ao barão Feit tornar-me sua esposa ao voltar de Roma. Entende, de uma vez por todas, e pára com tuas declarações de amor, mentiras que não mais tens o direito de pronunciar! Homem desavergonhado, anuncias por toda parte teu futuro divórcio e ousas festejar tal decisão com um banquete, para o qual convidas todo o condado e ainda obrigas tua esposa a fazer as honras da festa! Uma mulher que tenha amor-próprio só poderia escolher uma festa como essa para se comprometer com outro. Crês que ignoro que disseste em todos os lugares que estás me repudiando por causa da minha esterilidade? Para atingir-te com a única arma que pode atingir teu coração bestial, restabeleci-me, embelezei-me e escolhi um novo marido. Tu és livre, vai e pede a mão da princesa Úrsula. Toma um anel de noivado que poderás oferecer a ela.

A Abadia dos Beneditinos

Arrancando do dedo sua aliança de casamento, lançou-a ao rosto de Kurt, e saiu precipitadamente. Por alguns instantes, o rapaz permaneceu pasmo; depois sapateou, arrancou os cabelos e correndo ao seu quarto, lançou-se na cama onde, escondendo o rosto nas almofadas, rompeu em soluços. Não! Ele não sonhara!...

Retomo a narrativa no ponto em que, após a morte de Benedictus, dirigi-me ao navio que transportava Rosalinda e o marido. Invisível espectador, assisti ao combate dos dois navios piratas e vi, finalmente, quando o capitão Negro saltou para a galera de Kurt, também capturada por ele. Tentando dominar seu terror íntimo, Kurt perguntou, altivamente, o valor do resgate que o pirata exigia pela sua liberdade.

– E quem vós me ofereceis como garantia de vossa palavra, senhor? – perguntou ironicamente o capitão Negro. – Vós ou esta bela dama sois os únicos reféns possíveis. Sereis vós?

Kurt lançou um olhar indeciso ao seu redor: a raiva que lhe causava a frieza glacial de Rosalinda e o ciúme desenfreado contra o barão Feit sugeriram-lhe a idéia de uma dupla vingança, que atingiria tanto sua esposa quanto o seu rival, o qual talvez desistisse do casamento.

– Ficai com a dama, se ela vos servir de garantia – disse ele –, e fixai o valor do resgate que vos será pago quando eu estiver em terra firme.

Um lampejo de alegria brilhou nos olhos do pirata, mas os homens de Kurt se entreolharam apavorados, não podendo atinar com as razões secretas daquele ato inaudito para um cavaleiro.

Com passo firme e sem se dignar a olhar para o infame, Rosalinda aproximou-se do pirata e deu-lhe a mão. Ninguém suspeitou, e muito menos Kurt, que o coração da jovem batia alegre e ansioso, e tampouco que a mão que apertava fortemente a dela era a de Léo de Lœvenberg. Um pajem e uma dama de companhia tiveram que seguir com a jovem e servir, também, de reféns.

– Rosalinda – disse Kurt, vermelho de raiva –, partes sem te despedires de mim, mas espero que nossa separação não seja longa.

– E eu, conde, espero que nossa separação seja eterna –

respondeu-lhe a moça com um olhar de desdém. – O que acabas de fazer equivale a um divórcio.

O capitão levou-a, mas, chegando ao convés do Negro, longe dos olhares de Kurt e do seu séqüito, apertou contra o coração sua esposa legítima e, com os olhos inundados de lágrimas, murmurou:

– Aqui, entre o céu e o mar, posso renascer para ti, minha Rosalinda.

– Parece que estou sonhando – disse a jovem, abraçando-o.

–Vives, Léo, e agora te reencontro. Após dez anos de tortura ao lado de um indigno, posso ouvir novamente sinceras palavras de amor dos teus lábios que nunca mentiram! Oh! Como pudeste te calar por tanto tempo? A qualquer lugar que tu fosses, eu te acompanharia... Agora, ficarei ao teu lado e, para onde as ondas levarem teu navio, ele também guardará o refém para nunca mais devolvê-lo.

– Nunca mais nos deixaremos, minha esposa adorada – murmurou Léo, com voz velada pela emoção –; apenas a morte nos separará.

Vi Mauffen e seus sinistros propósitos; vi Euleuhof, o anão ingrato e Rosa, a traidora, fiel companheira desses monstros. Mas eu nada podia fazer, porque a hora de todos tinha chegado.

Na noite daquele dia memorável, Rosalinda e o marido foram ao convés, abraçados. Encostaram-se na amurada, contemplando o mar, numa felicidade muda. Rosalinda foi a primeira a quebrar o silêncio:

– Meu bem-amado, conta-me como conseguiste sobreviver, como te tornaste pirata, enfim, cada hora da tua vida depois de nossa separação. Quero tudo saber, tudo o que diz respeito à tua vida me é precioso. Mas – disse, levantando a cabeça e fitando-o com um sorriso forçado – és tão bonito, Léo, e aqui as mulheres são tão sedutoras e tão apaixonadas que, se eu soubesse que estavas vivo, eu não teria um segundo de tranqüilidade.

Uma franca e alegre gargalhada foi a única resposta de Lœvenberg, e a satisfação que sentiu por aquele tormento tardio, despertado no coração ciumento de sua esposa, iluminou seu belo rosto.

Deu-lhe um beijo nos lábios e respondeu com uma voz, cujo timbre bastava para provar que ela lhe saía do coração.

A Abadia dos Beneditinos

– Encontraste no meu navio alguma sombra feminina? Não, meu coração sempre permaneceu fiel à condessa de Lœvenberg. E agora, ouve a história da minha vida desde nossa separação. Quando a arma mortífera do miserável Mauffen atravessou meu peito, eu desmaiei. Voltei a mim numa choupana mal-iluminada e uma mulher, que não reconheci de imediato, fazia curativos nos meus ferimentos. Mais tarde, soube que ela era uma jovem mercadora chamada Lidivina que, juntamente com o irmão, visitava as feiras e os torneios para vender refrescos, frutas, bolos, e também emplastros e bálsamos. Essa bondosa moça, de quem às vezes eu comprava alguma coisa, interessou-se por mim. Ela viu quando fui levado, como morto, à minha tenda e, aproveitando-se de um momento em que meus homens transtornados saíram, para lá esgueirou-se e, vendo que eu ainda respirava, suplicou ao irmão para me salvar. Como o crepúsculo começava a cair, levaram-me até a charrete coberta, esconderam-me na palha e, enquanto todos procuravam o meu corpo, eles voltaram tranqüilamente para sua cabana na floresta. Após esconder-me num quartinho isolado, a boa Lidivina lavou meus ferimentos e aplicou neles um bálsamo que revelou ser maravilhoso, pois, pouco a pouco, voltei totalmente a mim. Por fim, restabeleci-me completamente e tive de pensar no meu futuro. Eu não podia ficar eternamente escondido na cabana, mas eu me sentia muito embaraçado, tendo em vista que não queria, por nada deste mundo, reaparecer assim degradado diante de ti e de todos que me conheceram. Enquanto permanecia nessa angústia terrível, o acaso, ou a Providência, atraiu até a choupana teu padrinho, o monge Benedictus. Ele era o confessor da minha boa guardiã e talvez até algo mais, pois Lidivina era muito bonita. Sabendo, por ela, de minha presença ali, demonstrou-me muita amizade e benevolência. Quando lhe disse que eu desejava continuar morto aos olhos de todos e deixar o país, ele me aconselhou a acompanhar, disfarçado, um monge italiano que, tendo ido à abadia tratar de negócios (ele também era um beneditino), já estava de partida e, se eu não quisesse tornar-me padre, poderia ao menos descansar no convento e, mais tarde, procurar uma parenta afastada que vivia em Veneza. Tal plano me agradou e, munido de uma quantia considerável, ofertada por Benedictus, parti com o venerável frei Francisco. Fui bem recebido no convento e o prior permitiu que eu lá vivesse sem pronunciar os votos. Ali permaneci por mais de um ano e fiz amizade com uma pessoa, primo de um dos frades, que era pirata e que falava maravilhas do seu ofício. Como mantinha correspondência com Benedictus, soube que se tornara prior. Mais tarde, ele veio a Roma, onde tivemos uma entrevista e, desejando transformar-me em seu agente, confiou-me seus projetos. Ele era a alma de um complô, do qual participavam vários cardeais comprados pelo seu ouro: queriam eliminar o papa e eleger, para ocupar seu lugar, um antigo beneditino, fundador da Ordem dos Celestinos, homem ascético e completamente inexperiente em assuntos mundanos. Benedictus desejava ser cardeal e secretário desse papa incapaz, pretendendo depô-lo posteriormente, para se eleger no seu lugar. Eu já me dedicava à pirataria, mas Benedictus forneceu-me os meios para comprar este soberbo navio e, como seu agente de negócios, eu visito os cardeais, prelados e outros personagens com os quais ele mantém relações. Agora, seu plano está prestes a se realizar, pois o seu candidato acaba de ser eleito e sua nomeação como cardeal não deve tardar. Neste momento, devo enviar a ele, preciosos documentos, cartas e recibos de grandes quantias pagas a diversos cardeais, que tenho em meu poder.

Nessa altura da narrativa de Léo, vi Mauffen deslizar para perto dele com a intenção de matá-lo. No entanto, Rosalinda percebeu e colocou-se entre eles. O louco quis, então, matá-la, mas errou o golpe e feriu-a ligeiramente. Léo, exasperado, pregou-o no mastro com uma facada e levou a esposa, que desmaiara de terror ao presenciar a horrível morte de Mauffen.

No dia seguinte, formou-se uma terrível tempestade. As ondas azuis do Adriático erguiam-se como montanhas, balançando, tal como uma casca de noz, o navio que rangia em todas as suas juntas. O piratas, intrépidos nas lutas com os homens, tremiam diante do combate contra os elementos desencadeados, no qual seus punhais e seus braços vigorosos eram impotentes.

Finalmente, uma onda enorme arrebentou sobre o convés, varrendo tudo à sua passagem, e quando o navio desamparado reapareceu sobre as ondas, todos os seres humanos tinham desaparecido, engolidos pelo mar, e esses destroços não mais

A Abadia dos Beneditinos

traziam que um sinistro troféu: o cadáver de Mauffen pregado no mastro.

Léo segurava Rosalinda com braço de ferro quando a onda os arrastou, e seus perispíritos aturdidos logo se desprenderam um pouco. Alguns amigos do espaço e eu cortamos imediatamente os fios cerebrais para que se produzisse o despertar... e a luta recomeçou..., a morte de ambos estava, pois, prevista, e logo, das águas cinzentas, surgiram seus perispíritos.

– Estais livres e vossos corpos estão mortos – disseram-lhes, mas tive de deixá-los rapidamente para acompanhar Kurt, que havia alcançado a terra e descansava em uma aldeia costeira. Na manhã seguinte à tempestade, o mar devolveu vários cadáveres, dentre os quais o de Léo e de Rosalinda, além de duas pessoas vivas que, agarradas a um destroço, sobreviveram ao naufrágio: eram o pajem e a dama de companhia que, juntamente com Rosalinda, foram mantidos como reféns.

A princípio, Kurt ficou muito emocionado ao reconhecer o cadáver da esposa, mas esse sentimento se transformou, quase de imediato, em uma alegria maliciosa: agora nenhum barão teria direitos sobre ela. Quando tiraram do pescoço do capitão Negro uma caixa de metal, Kurt examinou seu conteúdo e deu um pulo de surpresa: acabava de encontrar não apenas a prova de que o pirata e o conde de Lœvenberg eram a mesma pessoa, como também a correspondência comprometedora trocada entre Benedictus e os cardeais.

Estava ainda entretido a examinar os pergaminhos, quando os gritos dos aldeões anunciaram-lhe que acabavam de descobrir um destroço do navio sobre o qual parecia jazer um homem. Como o tempo estava esplêndido, tomou um barco e abordou o navio naufragado, esperando colocar as mãos em alguma nova pista de Lœvenberg. Encontrou, apenas, o cadáver de Mauffen, mas, com ele, as plantas dos subterrâneos, mencionando os tesouros, além de alguns pergaminhos que lhe revelaram o segredo do meu nascimento e minha posição de chefe da sociedade secreta.

A dama de companhia retirou do dedo rígido de Rosalinda o anel do barão Feit e tentou escondê-lo, mas Kurt, que nada perdia de vista, arrebatou-lho. Na cidade mais próxima, ele mandou embalsamar o corpo da esposa e retomou o caminho

334                             J. W. Rochester

da pátria, com mil projetos dignos dele.

Kurt voltou ao castelo de Rabenau. Hipócrita como sempre, fingiu uma profunda tristeza, ofereceu à esposa pomposos funerais, mas, bastante desprezível para esquecer o barão, devolveu-lhe com ostentação o anel de noivado retirado da falecida. Terminadas essas primeiras providências, resolveu ir à abadia para se servir dos papéis encontrados com o capitão Negro e cujo valor lhe fora explicado pelo padre Lucas.

O novo prior era Pater Sanctus, homem culposo e cheio de fraquezas, mas – justiça lhe seja feita – também dotado de boas qualidades e de noções de honra. O boato de que Kurt entregara sua esposa a um pirata já lhe chegara aos ouvidos: assim, recebeu o conde friamente e ouviu seu relato com desconfiança. Ficou emocionado e surpreso com o destino estranho e infeliz de Lœvenberg e com o acaso que o fizera reencontrar a esposa, para que morressem juntos.

Terminada essa parte da história, Kurt lançou a Pater Sanctus um olhar rancoroso e declarou:

– Aqui, meu pai, tenho alguns pergaminhos muito interessantes encontrados com Lœvenberg, relativos aos negócios do vosso digno predecessor. Antes de entregá-los ao duque, eu quis mostrá-los a vós e pedir-vos algumas explicações. Eis, por exemplo, a carta de um prior beneditino, italiano, na qual conta que o projeto de alçar ao papado um certo ermitão, homem completamente inexperiente, está a ponto de se concretizar; a seguir, estes recibos de quantias pagas aos cardeais para obter seus votos no Vaticano, a lista dos principais candidatos à tiara e uma outra, contendo o detalhamento das somas pagas a diversas pessoas para obter ao vosso falecido prior a mitra papal. E o que me parece mais interessante é uma carta do próprio prior Benedictus, endereçada a Lœvenberg, na qual ele diz: "que ele seja o mais inexperiente possível em todos os assuntos, exceto nos que dizem respeito a Deus. Não tenho necessidade de um cérebro, mas de um corpo que obedeça, e, uma vez feito cardeal e secretário do papa, estimularei os projetos sobre a cruzada, que conheceis, doando 500.000 escudos de ouro. Explicai bem isso, caro amigo, às pessoas interessadas. Felizmente, não me falta dinheiro, já que disponho dos cofres da confraria secreta".

A Abadia dos Beneditinos                                                    335

Interrompendo-se, Kurt perguntou:

– Gostaria de saber que sociedade secreta que existe aqui e da qual meu pai era chefe, como provam os outros pergaminhos que eu não trouxe comigo. Neles, estão mencionados os tesouros que meu pai possuía como chefe e nos quais, provavelmente, foram engolidas as imensas rendas dos nossos domínios. Eu acho que meu pai era um pouco louco de manter uma sociedade secreta, que acabou por assassiná-lo – o imbecil que roubou minha herança! Peço-vos, Pater Sanctus, que me expliqueis tudo isso e que me restituais, sem mais tardar, o que me pertence, pois, caso contrário, eu entregarei esses documentos ao duque e revelarei as intrigas tenebrosas que vosso pacífico convento trama contra Roma.

O prior escutara o conde, aparentemente calmo, mas no fundo muito preocupado.

– Mostrai-me os pergaminhos relativos ao caso de Roma – disse ele –, conheço a letra das pessoas das quais falastes e quero ver se não fostes vítima de algum documento falso.

Kurt estendeu-lhe toda a correspondência de Benedictus com Lœvenberg e os cardeais. O prior, de cenho franzido, folheou os pergaminhos, contou-os e depois lançou-os à lareira, onde ardia uma grande fogueira. Ao vê-lo fazer isso, o conde deu um pulo.

– O que estais fazendo? – gritou, fora de si e prestes a arrancar das chamas os preciosos documentos.

Sanctus, no entanto, deteve-lhe o braço e disse, com uma entonação significativa:

– Meu filho, sois um grande senhor, e perante vossos semelhantes vós sois *alguma coisa*, mas perante a Igreja *nada* sois, compreendeis? E vossa insolência só pode ser explicada pela ignorância na qual viveis. Enfrentar esta santa madre e querer comprometer os padres da Igreja acaba sempre em um desaparecimento de sobre a Terra. Nunca houve uma lei que obrigasse a devolver o que caiu nas mãos da Igreja, pois todos os bens terrenos por ela acumulados o são para o bem da humanidade, e ninguém ousa reclamá-los. Portanto, meu filho, aqui nada possuis. Se vosso pai, na sua piedade, doou grandes quantias à Igreja, ninguém o assassinou aqui, e aconselho-vos a voltar para casa, acalmar-vos e expiar, pelo jejum e a oração, vossa ousadia e insolência. Por ora, privo-vos dos santos sacramentos. Darei algumas instruções ao padre Lucas, que muito negligenciou vossa alma, permitindo que vós compreendêsseis tão mal o respeito devido à Igreja e aos seus representantes.

Depois deste discurso bem sentido, o prior despediu Kurt que, parvo e preguiçoso, lia muito mal, não sabia escrever e ainda não conhecia a fundo o conteúdo dos outros pergaminhos, esperando que padre Lucas os lesse e lhos explicasse. Saiu, pois, muito amofinado, mas nada encontrando para responder.

Pouco tempo depois, Kurt dirigiu-se à corte para pedir a mão da sobrinha do duque, que o recebeu com benevolência. Mas durante o banquete, Kurt notou, com raiva, que os cavaleiros presentes o olhavam friamente, evitando dirigir-lhe a palavra. No final da refeição, o barão Feit levantou-se e pediu permissão para falar, o que lhe foi concedido pelo duque. Então, ele acusou Kurt de covardia e felonia, por haver, contra toda as leis de cavalaria, entregado a esposa a um pirata. O duque mudou de cor e a princesa Úrsula sentiu-se mal.

– Desafio-vos – prosseguiu o barão –, indigno senhor de Rabenau, escória da fidalguia, e se eu sucumbir, aqui estão seis outros cavaleiros que, um após o outro, vos desafiarão por vossa conduta indigna.

Kurt levantou-se, lívido de raiva, pois o barão lhe havia lançado a luva ao rosto, e os outros cavaleiros desafiavam-no com palavras injuriosas.

– Silêncio, senhores! – disse o duque. – E vós, conde, explicai-vos.

– Estou completamente inocente! – disse ele, e seus olhos brilharam maldosamente. – Como sabeis, viajei para obter o divórcio de minha esposa. No Mar Adriático, nosso navio foi capturado por um pirata que exigiu um refém. Esse pirata era ninguém mais do que o fiel vassalo do nosso duque, Léo de Lœvenberg, o qual, outrora, pensamos ter sido morto por Mauffen em duelo judiciário. Como ele sobreviveu e se tornou pirata, eu não sei, mas não tendo nunca se divorciado, ele era o único a possuir direitos legítimos sobre a condessa Rosalinda, e por isso a entreguei, não a um pirata, mas sim ao marido, que foi muito gentil deixando-a comigo por dez anos, pois, com ele

A Abadia dos Beneditinos

vivo, nossa união era nula. Quanto a vós, barão de Feitsbourg, sois o último a ter o direito de me pedir contas e haveis de reconhecer que me ultrajastes imerecidamente.

O duque pareceu satisfeito, a princesa readquiriu as cores e os senhores se entreolhavam surpresos, mas Rosalinda e eu sofríamos no espaço.

Finalmente, o duque disse:

– Cavaleiros, penso que esta explicação basta para lavar a honra do conde de Rabenau, e espero que resolvais amigavelmente este deplorável mal-entendido.

Os seis cavaleiros disseram algumas palavras de desculpas a Kurt, que os ouviu de cenho franzido. Apenas Feit nada disse, e sentou-se de braços cruzados.

– Pois bem, barão! Por que vós, que fostes o primeiro a provocar, não dizeis nada? Acabemos com este mal-entendido que perturba a alegria de nossa reunião! – disse o duque.

Kurt era covarde e não gostava de provocações. Tendo sido sua honra resgatada, ele aceitou de bom grado as desculpas, mas Feit era um provocador e respondeu ironicamente:

– Se minha luva não queima a face do conde de Rabenau, consinto em com ele me reconciliar.

Após tais palavras, o duelo era inevitável. Marcaram a data e o duque declarou a Kurt que, se ele sobrevivesse, lhe concederia a mão da sobrinha.

O conde partiu furioso, perguntando-se se não seria possível, por meio de alguma traição, livrar-se de Feit, que possuía extraordinária destreza no manejo de armas e poderia matá-lo. Como todos os covardes, Rabenau temia a morte, sentindo que ela seria o fim da impunidade. Para conseguir auxílio do céu, Kurt passou vários dias e várias noites orando com Lucas, jejuando, batendo no peito e mendigando a todos os santos a sua miserável vida. Mas, também não desprezando os meios terrenos, recorreu à sua alma danada, Tuisco, que, a preço de ouro, corrompeu um dos escudeiros do barão. Na manhã do duelo, Feit recebeu no seu vinho uma droga semelhante àquela que muito fora útil a Waldeck no seu combate com Edgar de Rouven. Graças a essa traição, Kurt obteve uma vitória fácil e matou o infeliz rapaz, aturdido e privado de suas forças. Se ele tivesse visto as nuvens que se condensavam longe da Terra, se

338                                                                                  J. W. Rochester

tivesse visto que as forças do bem se afastavam dele apesar das preces que, hipocritamente, lhes dirigia, teria estremecido, mas nada viu e acreditou-se invulnerável na sua insolência.

Pomposamente foi realizado, então, seu casamento com a princesa Úrsula, que não era jovem, nem bela, nem espirituosa, mas desprezível e sensual como ele. A essa festa a nobreza não pôde deixar de comparecer, em consideração ao suserano e à sua sobrinha, mas ao banquete que Kurt ofereceu no seu castelo, alguns dias mais tarde, nenhum dos grandes senhores apareceu. O duque, provavelmente avisado dessas abstenções, pretextou uma doença para tampouco comparecer, e a reunião contou apenas com inexpressivos castelões ou glutões, muito fracos e pobres para ofender abertamente um vizinho poderoso.

A seguir, tive a satisfação de ver que Kurt gozava da felicidade conjugal que merecia. Úrsula, apesar de princesa, era vulgar, maldosa e ciumenta e não se incomodava com ele. Vigiava-o de perto e um dia, surpreendendo-o, no seu guarda-roupa, a beijar uma de suas damas de companhia, esbofeteou-o e maltratou a moça, puxando-a pelos cabelos e dando-lhe pontapés. Ele havia se queixado da frieza de Rosalinda, que nunca erguera até seu rosto sua mão esguia e alva, mas agora os frutos do ciúme ardiam em sua face. Úrsula se trancou e ficou amuada, e quando veio se desculpar ela o injuriou, sapateou, mas acabou por atirar-se-lhe ao pescoço. E ele, que sempre fora tão sensível a cada mal-estar da elegante e delicada Rosalinda, suportava pacientemente as cenas, as querelas daquela mulher feia, gulosa e suja, porque... ela era uma princesa.

Mas, como tudo cansa, mesmo a honra de ser sobrinho do duque, e também porque o persistente ciúme da mulher o incomodava terrivelmente, ele acabou por revidar o tapa daquela mão principesca. Úrsula, extremamente irritada, pegou uma pesada taça de ouro e lançou-a com tal força no rosto do marido que ele soltou um grito feroz. De sua boca aberta saltou uma coisa ensangüentada: infelizmente, era um dente posterior, um daqueles pequenos dentes brancos que Kurt apreciava mais do que a uma pérola preciosa. Aquele horrível buraco negro iria impedi-lo de sorrir, para sempre.

Minha vida de espírito, obrigada a ver todas essas baixezas, era muito triste. Suspirando, eu sempre pensava:

A Abadia dos Beneditinos

339

– Se ao menos eu pudesse expiar minhas faltas no espaço! Lá, ao menos, a gigante atividade universal me faria esquecer o meu *eu*; no turbilhão grandioso dos sistemas planetários, o átomo inteligente esquece suas ambições mesquinhas, impressionado com o espetáculo do trabalho incansável de bilhões de inteligências que manejam com destreza infinita as massas nebulosas da matéria primitiva, curvando-se docilmente à corrente luminosa da vontade de uma inteligência que já atingiu esse grau de perfeição. Como era miserável o poder atrás do qual eu havia corrido! Os homens sobre os quais pretendi reinar eram falsos e mesquinhos, suas atividades só procuravam saciar instintos grosseiros e nenhum ideal elevado fazia funcionar sua inteligência. Meu olhar de desencarnado via que o amor se pagava com ouro, a amizade e a estima se baseavam no interesse e, no entanto, apesar dessa convicção, devo confessar, para minha vergonha, que os interesses terrenos atraíam minha alma como se fossem garras de ferro. A multidão miserável, que lá vivia como num formigueiro, me interessava, aborrecia ou revoltava, e eu queria me imiscuir em seu destino, para aliviá-la ou destruí-la.

Desci para o quarto ocupado pelo padre Lucas, o amigo fiel do meu Kurt. Ele estava sentado, lendo atentamente os pergaminhos que relatavam minha origem e a presença, no castelo de Mauffen, de um incalculável tesouro. Seu rosto, que se tornara gordo e reluzente em conseqüência da idade e da boa alimentação, estava radiante de satisfação beata quando Kurt entrou de mau humor, jogando-se numa cadeira.

– Meu filho – disse Lucas, erguendo a cabeça –, os pergaminhos que me destes para eu ler contêm coisas muito graves, escutai.

E passou à leitura do que dizia respeito a mim e aos tesouros.

– Ah! – exclamou Kurt, com as faces ruborizadas –, não podemos abandonar assim tais tesouros. Está claro que eles me pertencem, tendo em vista que meu pai era um Mauffen. Revelarei, confidencialmente, tudo ao duque, e nós dividiremos o tesouro, pois sozinho não poderia entrar no velho solar sem ofender os beneditinos. Mas, provavelmente, eles consentirão em vendê-lo ao duque, pois ele lhes é totalmente inútil. Na ocasião, também contarei ao duque que meu pai era chefe da sociedade secreta, pois felizmente restam-me alguns pergaminhos que não levei à abadia e que o atual prior não mos pôde roubar. Lucas, colocai em ordem os pergaminhos e preparai um discurso bem claro, explicando tudo ao duque, e partiremos.

Uma raiva insensata quase paralisou meu perispírito: aquele filho ingrato queria desvendar o passado criminoso do seu pai, esquecendo, na sua rapacidade estúpida, que, se eu fosse um Mauffen, ele deixaria de ser um Rabenau. Queria revelar minha posição de chefe, macular minha memória, como se eu fosse um aventureiro; arrancar o nome gravado sobre meu túmulo e empregar o tesouro que iria encontrar no crime e na devassidão. O que eu podia fazer para que seus planos malograssem? Sentia-me impotente diante desse homem insolente, para o qual nada era sagrado, e que me afrontava, não sendo retido por nenhum sentimento filial. Um jato de minha vontade exasperada chamou meu guia e protetor, permitindo-lhe conhecer meu desejo de acabar com aquele indivíduo.

Ele se apresentou com aquela calma que pode exasperar um espírito imperfeito:

– Tu sabes – respondeu-me – que a vida de um ser, por mais culpado que ele seja, jamais está à disposição de um espírito. Lá onde se decreta a vida, também é decretada a morte, e é preciso que uma vida seja muito fracassada, muito inútil, para que os laços da carne sejam cortados prematuramente. Ninguém escapa à destruição do corpo material, e a pressa é atributo da imperfeição.

– Pois bem! – pensava eu na minha cólera –, leva-me ao tribunal onde se decretam os destinos e eu mesmo defenderei minha causa contra este ingrato.

A violência da minha vontade colocou-me perante os guias supremos, seres perfeitos, imparciais tanto para o bem como para o mal, e cujo poder fez com que me curvasse diante deles.

– O que pedes, espírito, e com que finalidade? – transmitiram-me seus pensamentos. – Bem sabes que a morte corporal é a porta inevitável da justiça. Pedes a destruição de um corpo, no qual a alma abusa de sua estada terrena, mas que direito tens de expressar semelhante desejo? Tremes de vergonha ao pensar que tua memória pode ser enxovalhada por um passado criminoso, enrubesces de humilhação à idéia de que te desmas-

A Abadia dos Beneditinos
341

carem diante dos homens que te julgavam melhor do que realmente eras, mas não tremeste ao cometer todos aqueles atos repreensíveis. Não sentes vergonha, espírito inteligente, de assim te escravizar a esse populacho que queres desprezar e contra o qual te levantas? Uma fatuidade miserável te faz espumar e pedir a morte do teu filho porque ele é escravo dos preconceitos e dos instintos grosseiros que ele crê poder satisfazer a preço de ouro. Teu pedido, espírito, não me comove, pois tua vida foi tal que não merece a estima da virtude. Lastimas o ouro que teu filho esbanjará, mas se não for ele, um outro o encontrará e o empregará mal, logo a necessidade da morte imediata de Kurt não se faz sentir.

Fiquei estupefato: era verdade, meu pedido não era justificado, mas concentrei-me para encontrar um motivo justo e, logo, minha alma encontrou o caminho a seguir.

– Na sua vida, Kurt nada realizou, nem pela virtude, nem pela caridade, nem pela sociedade, nem pela sua alma. É um egoísta frio, não ama e não é amado por ninguém. Não dá abrigo a nenhum pobre, seu ouro não enxuga nenhuma lágrima. Este ser inútil é um parasita que se alimenta do suor dos seus vassalos, e sua rapacidade e brutalidade tornam esse suor abundante. Pois bem! Em troca da vida inútil que peço para ser abreviada, proponho encarnar-me quando os guias ordenarem, levar a vida modesta de um peregrino e, se me permitirem encontrar os tesouros, transformarei o castelo de Mauffen em hospital para os doentes e enfermos, de quem eu mesmo cuidarei. Se, porventura, o ouro que eu tiver encontrado me fizer esquecer minha atual promessa, que os meus juízes me castiguem com a morte que ora estou pedindo para o ingrato.

Meu pensamento fluía puro, claro e firme como era minha resolução de realizar a tarefa escolhida. Uma claridade oscilante e dourada envolveu-me.

– Uma vida útil de caridade, de abnegação e de humildade é a única que pode resgatar uma vida inútil. Que o ouro que pedes para este fim fique, pois, intacto e que o homem nulo e ingrato sofra o fim prematuro do seu corpo terreno. A morte do teu filho Kurt te está concedida, espírito profundo, que fazes das próprias penas um objetivo determinado. Realiza, pois, corajosamente a tarefa de caridade em troca da vida que te concedemos.

Radiante com a concessão, a tal preço, da permissão desejada, desci para juntar-me aos meus companheiros.

– Agora – dizia para mim mesmo – este filho ingrato não mais escapará da minha justa cólera.

Estávamos no verão. Há várias semanas o sol fustigava, com seus raios abrasadores, a terra ressequida. Triste era o aspecto das árvores com suas folhagens sem vida, da relva amarela e murcha, das colheitas queimadas. A poeira rodopiava em pó branco, quase sufocando os viajantes que a necessidade enviava à estrada. A natureza inteira parecia esgotada e o ar sufocante estava carregado de eletricidade. Em todas as igrejas e capelas, o povo se reunia, elevando a Deus ardentes preces para que uma chuva benéfica viesse refrescar a terra e evitasse a destruição total da colheita e dos vinhedos. No entanto, naquele momento, o céu parecia estar surdo, pois nenhuma nuvem aparecia na abóbada azulada e o astro brilhante parecia desejar devorar a terra com seus raios de fogo.

Certo dia, Kurt levantou-se bem tarde e estava almoçando com a esposa e o padre Lucas que, ambos obesos, quase sucumbiam ao calor.

– Oh! – exclamou Lucas, enxugando o suor da testa –, é possível, senhor conde, que queirais empreender esta viagem hoje? Estou sufocando aqui, e montar a cavalo, caminhar por uma grande estrada onde a poeira nos cega e nos sufoca, isso ultrapassa as minhas forças.

Kurt, que nunca se incomodava com ninguém, não pareceu nem um pouco sensibilizado e respondeu, impassível:

– Decidi ver o duque hoje, pois é preciso resolver esse negócio. Assim, nós partiremos, padre Lucas.

– Mas por que esta insistência em querer viajar com este calor? – perguntou a condessa, imiscuindo-se na conversa e lançando ao marido um olhar desconfiado. – Que negócio tão grave podes ter com meu tio? Então, irei contigo! – acrescentou, em tom provocador.

Rubro de raiva, Kurt deu um murro na mesa, que fez saltar toda a louça, e gritou:

– Tu ficarás aqui, mulher estúpida! Devido a tuas cenas, serei forçado a te abandonar completamente, teu ciúme me é insuportável. Oh! Rosalinda – acrescentou com um suspiro –, enquanto estavas viva, nunca tive que agüentar cenas semelhantes! Oh! Como te amo! *Jamais* te esquecerei!

A senhora Úrsula respondeu:

– Tua ousadia te leva até a falar do teu amor por Rosalinda. Não foste tu que me disseste que sua palidez e seu ar lânguido te desgostavam? E agora me insultas fingindo sentir falta dela? Mas nada me impedirá de te acompanhar e ver quem irás enganar com tuas falsas juras de amor.

Kurt levantou-se blasfemando e, empurrando a mesa violentamente, saiu.

– Minha filha – disse o padre Lucas, cruzando beatamente as mãos sobre o ventre protuberante –, não vos deixeis levar por esta inspiração do demônio chamada ciúme. Acalmai-vos e ficai aqui. Eu vos dou a minha palavra de que vosso marido está viajando para tratar de um assunto importante. Além do mais, eu vou acompanhá-lo, o que é uma garantia suficiente contra vãos pensamentos mundanos.

Ele se levantou, deu-lhe sua bênção e saiu. A castelã, depois de ter beijado piedosamente a mão do santo homem, voltou a sentar-se, mais calma, e continuou o almoço interrompido pela discussão.

Neste ínterim, Kurt vestiu-se, pegou com satisfação os pergaminhos, escondendo-os sob o gibão. Ele não sabia que nunca mais iria tirá-los de lá. A seguir, prendeu a espada que um pajem lhe apresentava e desceu para o pátio, onde escudeiros seguravam seu cavalo e a mula do padre.

– Meu bom senhor – disse o velho guardião do castelo –, seria melhor que não viajásseis hoje. Vede! Nuvens negras se acumulam no horizonte e um vento ligeiro está soprando. Talvez tenhamos uma tempestade.

– Bah! – respondeu Kurt, montando. – Antes que a tempestade se desencadeie, estaremos em segurança no palácio ducal.

Ajudado por dois escudeiros, Lucas montou a mula e partiram.

– Oh! Que calor! – disse Lucas, sufocado. – Conde, não galopeis assim, pois levantais uma poeira que está me cegando e serei obrigado a largar as rédeas.

Kurt afrouxou o passo, pois não queria chegar sem seu confessor, que deveria ler e explicar os pergaminhos ao duque.

344          J. W. Rochester

– Maldito animal, que começa a almoçar com um tempo destes! – vociferou Lucas, cuja mula, igualmente extenuada pelo calor, parara perto de um arbusto de cardos e não queria avançar, apesar dos golpes e dos gritos do padre.

– Vamos logo com esta maldita besta, senão ela nos fará assar sob o sol – gritou Kurt, furioso e impaciente. Aproximando seu cavalo, fustigou o lombo da mula com um vigoroso golpe de chicote.

A mula, subitamente curada da sua teimosia, pinoteou e partiu a galope, derrubando o padre Lucas, que caiu na estrada com um grito lúgubre.

Ao ver seu confessor de barriga para baixo, com o rosto suado coberto por uma crosta de areia, Kurt chorou de rir. Dois escudeiros desmontaram, arrancaram o arbusto tentador, recolocaram o digno padre na montaria e o cortejo retomou seu caminho. Se eles pudessem ter visto o espetáculo invisível, os espíritos que se cruzavam em colunas cerradas, agitando a atmosfera, tirando do espaço as massas nebulosas e misturando-as rapidamente!...

Eu também estava presente e, por meio de mil fios elétricos, sugava toda a umidade do corpo de Kurt, preparando-o para o choque violento que deveria desencarná-lo. Bonifácio fazia a mesma coisa com o padre Lucas. Uma vaga inquietação tomou conta dos dois.

– Talvez eu estivesse realmente errado ao escolher um dia como este para ir ao castelo do duque... – disse Kurt. – Nunca senti tanto calor.

Ele não sabia a que atribuir sua inquietação, a vaga angústia que o oprimia, mas ele sentia algo estranho, sua testa ardia. Ergueu a cabeça: nuvens negras começavam a invadir o céu, um vento vivo se levantava, fazendo rodopiar colunas de areia.

– Rápido! – exclamou Kurt, esporeando o cavalo.

Mas a tempestade os alcançava com uma velocidade vertiginosa; a poeira se erguia, cegando homens e animais e impedindo-os de prosseguir. Escurecera, as árvores dobravam-se sob a força do vento, cujos uivos terminavam em estrondos longínquos.

– Apressemo-nos, não estamos longe do palácio! – disse o conde, mas os cavalos se empinavam, crinas eriçadas, farejando o perigo.

A Abadia dos Beneditinos

Todos os seres vivos procuravam um abrigo e os operários invisíveis obstruíam a atmosfera escurecida.

Coloquei-me diante de Kurt, retirando os fios que me ligavam a ele e ajustando aqueles pelos quais o raio deveria passar, ou seja, entre duas nuvens pesadas e sobrecarregadas de eletricidade. Subitamente, jorrou uma claridade ofuscante que pareceu incendiar o céu terreno e extraterreno e sacudiu as massas transparentes de operários do espaço que agitavam a atmosfera, com a velocidade do pensamento, para purificá-la. Vi tudo se iluminar como num incêndio e, tal como um cabelo se contrai ao contato da chama, os fios perispirituais queimaram, crepitando. O fogo do espaço atravessou o corpo, consumindo, com ele, os pergaminhos comprometedores e, num piscar de olhos, o perispírito, separado do seu asilo terreno, se viu livre – e eu o mantive acorrentado a mim.

O padre Lucas teve a mesma sorte e Bonifácio levou sua alma criminosa. Os escudeiros, petrificados, murmuraram uma Ave Maria ao verem seu senhor estendido, imóvel. Tentaram levantá-lo, pensando que estivesse apenas desmaiado, mas perceberam, então, que daquele orgulhoso e insolente cavaleiro não restava nada mais do que um cadáver coberto de roupas semicalcinadas. No mesmo instante, uma chuva torrencial abateu-se sobre a terra alterada e, durante essa pavorosa tempestade, cuja lembrança foi guardada por muito tempo na região, um raio também caiu sobre o castelo de Mauffen, desmoronando uma parte da velha torre e enterrando, sob seus escombros, os tesouros reservados à minha vida expiatória. Kurt, aturdido e ainda nada compreendendo da transformação que se produzira nele, voltou a si, recuando apavorado ao deparar comigo e com Bonifácio.

– Estás morto, ingrato. Deixaste na Terra aquele corpo em cujo abrigo supunhas-te inatingível. Coração vazio, que pagaste meu amor com traição e calúnia, agora não escaparás da minha justa cólera. Não quero me vingar, infringindo-te um suplício moral, ser indigno, mas vou me separar de ti por três séculos. Corto os laços que nos uniam e abandono-te à sanha dos inimigos que, devido aos teus crimes, fizeste. Parasita ingrato, que defendi e abriguei com meu amor, procura outro protetor ou colhe o que semeaste.

Lancei-me para trás, cortando os fios que me uniam ao mal-agradecido. Vi seu perispírito contorcer-se de desespero e terror à visão da nuvem negra de espíritos inimigos que queriam agarrá-lo para lhe infringir todos os tormentos que o espírito de Mauffen descreveu. Porém, minha presença os retinha e bloqueava seus fluidos estonteantes, enegrecidos pelas paixões desencadeadas.

"Pai!" Esta palavra passou como um sopro de angústia vindo do coração do ingrato, sempre covarde diante do sofrimento e da evidência do perigo. Meu perispírito recebeu um choque doloroso: aquele som vibrante na atmosfera me fizera, outrora, escravo daquele ingrato. Eu o deixara ainda amamentando e, quando voltei de uma longa viagem, um menino de três anos, loiro e belo qual um querubim, me estendera os bracinhos, pronunciando esse nome que me prendera a ele. Eu não tinha para amar ninguém além daquele portador do meu nome, a esperança da minha velhice. Sempre esta palavra – "pai" – por ele murmurada, na angústia ou no medo, me tornara fraco até a cegueira. Naquele momento em que eu queria entregá-lo indefeso aos seus inimigos, tal som abalou todas as fibras do meu ser e despertou todas as lembranças do passado. Como outrora, naquele momento eu era forte e ele, fraco; da mesma forma que durante sua infância eu protegera o mal-agradecido que meu coração paternal sustentara, também agora o espírito fraco, covarde e imperfeito não era nada sem o apoio da minha vontade de ferro que acalmava seus inimigos.

Mas, temendo minha própria fraqueza e resumindo com a rapidez do pensamento todas as injúrias e todas as ingratidões que eu suportara, juntei toda a minha energia e, sem escutar os lamentos desesperados do espírito, elevei-me no espaço, enquanto meus amigos cortavam o último laço que nos unia.

Como um véu negro e espesso, os espíritos inimigos abateram-se sobre o ingrato, atordoando-o com suas acusações, zombando de sua fraqueza. Depois, arrastaram-no pelo espaço, para que ele visse os sofrimentos que causara.

– Posso trabalhar no espaço? – murmurei ao meu guia. – Sofro demais sob a lava das minhas paixões ardentes e desenfreadas.

– Vai! – foi sua resposta.

A Abadia dos Beneditinos

Assim, lancei-me no infinito, deixando a atmosfera terrestre para mergulhar no turbilhão da rotação eterna, onde eu trabalhava incansavelmente, não tendo mais tempo para pensar em mim mesmo. Uma força estranha deteve-me subitamente, atraindo-me em sua direção. Um peso invadiu meu perispírito e a voz do meu guia murmurou:

– Todos estão mortos, vamos ao julgamento.

Avancei, penosamente emocionado pela aproximação do momento solene, cuja gravidade eu bem conhecia. No espaço acinzentado que me rodeava, inúmeras sombras acorriam de todos os lados, cada uma delas cercada do círculo luminoso, sinal da chama divina mais ou menos purificada. Ali deslizavam espíritos vestindo a aparência fluídica de um hábito, uma tonsura sobre as cabeças transparentes, o rosário nas mãos cruzadas. Meu perispírito tremia e se agitava: não era, pois, um cântico religioso que tocava meu ouvido espiritual? Sim, a atmosfera reproduzia sons vindos das vozes graves dos monges, embora eu não visse lábios fluídicos se entreabrirem. Dominei minha emoção e compreendi que eram as lembranças dos seus pensamentos que produziam aqueles sons, pois no mundo dos espíritos, qualquer vibração da atmosfera produz um som harmonioso. Vendo-se subitamente reunidos em coluna cerrada, caminhando como quando estavam vivos, os irmãos beneditinos fluídicos haviam se lembrado dos seus cânticos. À sua frente, flutuavam três sombras: Euleuhof, Benedictus e Sanctus. Silenciosamente, a massa nebulosa das inteligências aglomerou-se atrás de mim. Curvei a cabeça: sim, eu era o chefe daquela comunidade de sombras criminosas, o chefe dos Irmãos da Vingança. Naquele momento, surgiu uma sombra cuja presença causou-me sincera alegria, não a alegria de ver minha responsabilidade dividida, mas a de rever um velho amigo: era Antonio, o pivô das imensas intrigas que me haviam levado ao caminho do crime.

Do outro lado reunia-se, em silêncio, um segundo cortejo: lá flutuavam Mauffen, Rosalinda, Lœvenberg, Kurt, o anão e os demais. Conduzidos pelos guias luminosos que planavam acima delas, as inteligências culposas avançaram em direção ao círculo luminoso onde se decreta a lei de talião, sofrimento por sofrimento, e onde se proclama o resumo da justiça divina: "Não faças aos outros aquilo que não queres que te façam; a clemência de Deus te concede a possibilidade de reparar tuas faltas em uma nova vida".

## Epílogo

O sol poente dourava a copa das árvores e projetava sua claridade sobre a clareira de uma floresta e sobre um homem pálido e exausto, deitado sob um grande carvalho. Uma harpa, ao seu lado, indicava que se tratava de um bardo. Um garotinho, de cinco ou seis anos, dotado de uma beleza incomum, mas igualmente pálido e exausto, estava sentado perto dele. Uma tosse seca sacudiu o peito do enfermo e fez subir aos seus lábios uma espuma sanguinolenta.

– Meu filho querido – murmurou ele, acariciando com a mão enfraquecida a cabeça cacheada do menino –, serei obrigado a abandonar-te na miséria e passando fome!... Deus todopoderoso, tende piedade do órfão!

Ele caiu sobre a relva, arquejando surdamente, e depois se imobilizou. O menino, assustado, gritou e chorou ao lado do cadáver.

De repente, passos soaram, os ramos afastaram-se, estalando, e de um atalho da floresta surgiu um ancião de barba branca, com vestes de peregrino. Vendo o menino choroso, aproximou-se e, depois de tudo saber, ajoelhou-se e orou pelo repouso da alma do morto. Em seguida, com a faca, abriu uma cova e lá colocou o corpo, cobrindo-o de terra e folhas. Isso feito, deu a mão ao menino e levou-o, consolando-o na medida do possível.

Aquele garoto tornou-se o fiel companheiro do peregrino que, sozinho na vida, dedicava-se a cuidar dos pobres e doentes e a enterrar os mortos, sendo que ambos mendigavam para ajudar os outros. O menino cresceu e permaneceu ligado ao peregrino, que perdera a visão. Aprendeu a tocar harpa – única herança do seu pai – e, com talento inato, tirava do instrumento os mais enternecedores sons. O jovem de olhos sonhadores conduzia o velho cego, e aquela dupla comovente inspirava

A Abadia dos Beneditinos     349

compaixão em todos os lugares por onde passava.

Mais de uma bela mulher interessou-se pelo jovem menestrel de rosto perfeito, mas nenhuma tentação conseguiu separá-lo do seu velho amigo. O ouro que ele ganhava era distribuído generosamente aos enfermos e aos pobres, e os dois continuavam o seu caminho, semeando a caridade e as boas ações.

Passaram-se anos e, um dia, os dois fiéis companheiros pararam ao pé de uma montanha, em cujo cume erguia-se, altivamente, uma antiga abadia cercada de muros ameados. A alguma distância, coroando a outra rocha, via-se um convento não menos soberbo.

– Oh, pai! – exclamou o jovem bardo –, por que perdeste a visão? Se tu soubesses que admirável paisagem se descortina à minha frente!

Ele parou, ajudou o velho a sentar, e contemplou a velha abadia com um sentimento de alegria e de tristeza, para o qual não encontrava explicação. Subitamente, caiu de joelhos e, apoiando a cabeça contra uma pedra à beira da estrada, chorou, chorou por recordações das quais não podia se dar conta.

– Meu filho! Meu filho! – murmurou o ancião, aflito e tateando ao seu redor –, o que está acontecendo, filho querido?

Aquela voz trouxe-o de volta à realidade e, levantando-se, o jovem bardo enxugou as lágrimas, lançou um último olhar para a abadia, pegou a mão do cego e levou-o.

Alguns dias mais tarde, mortos de cansaço, os dois pobres viajantes procuravam, em vão, um abrigo para passar a noite.

– Estás cansado, pai, e a aldeia mais próxima ainda está distante – disse o rapaz, examinando com ternura inquieta o rosto pálido do ancião.

Examinando os arredores, percebeu, sobre um rochedo, um velho castelo em ruínas, cujas muralhas devastadas e as paredes desmoronadas indicavam que, provavelmente, ele fora destruído durante um cerco.

– Reúne tuas forças, pai querido, pois não longe daqui encontra-se um solar semidestruído, mas lá encontraremos algum teto sólido que nos abrigará esta noite.

Abrindo, com dificuldade, caminho entre os espinheiros, o mato e os blocos de pedra, nossos dois viajantes subiram a colina e se dirigiram a uma velha torre, em cujo interior havia lugar e abrigo. Depois de se alimentarem com as modestas provisões que traziam nas bolsas, o velho deitou-se no chão, fazendo de uma pedra seu travesseiro e, de mãos cruzadas sobre o peito, adormeceu calmamente.

O rapaz permaneceu sentado, mergulhado em seus pensamentos. A lua surgiu, iluminando as ruínas e desenhando sombras fantásticas sobre os muros rachados. Suspirando, o bardo levantou-se e, sem pensar no perigo, galgou uma estreita janela gótica onde, segurando-se em uma barra de ferro, contemplou a paisagem prateada pela lua, que se descortinava aos seus pés. Novamente, foi tomado por uma angústia inexplicável, e lágrimas silenciosas rolaram sobre suas faces.

– Oh! – murmurou. – Se eu pudesse aqui fundar um hospital e cuidar dos doentes, a fim de que meu velho pai não mais precisasse andar sem descanso à procura de enfermos e infelizes! Como tudo isto aqui é bonito! Mas certamente os altivos cavaleiros não abrigaram os pobres no seu soberbo solar.

Ele foi pegar sua harpa e, sentando-se no peitoril da janela, olhou para a lua, que iluminava seu rosto pálido. Seus dedos erraram pelas cordas do instrumento, extraindo sons breves e tristes como sua alma, que outrora fora a do altivo Lotário de Rabenau. Subitamente, ele estremeceu: uma massa esbranquiçada, que oscilava atrás das grades, atravessou-as, quase roçando nele. Aquela sombra nebulosa descia da torre e, pairando acima de um monte de escombros, condensou-se na forma branca e transparente de uma mulher. Uma voz, semelhante a um sopro, murmurou distintamente ao seu ouvido:

– Remove os escombros, ergue a grande pedra e encontrarás a escada que te conduzirá ao tesouro.

A aparição oscilou, embaciou-se e fundiu-se na atmosfera.

– Terei sonhado? – murmurou o rapaz, saltando de onde se encontrava. – Pouco importa, eu o procurarei.

Acendeu uma tocha, colocou-a entre duas pedras e, a seguir, se pôs a remover, com ardor febril, o monte de escombros. Inicialmente, só encontrou pedras e poeira; mas sem se deixar vencer pelo cansaço que molhava sua fronte de suor, ele continuou. De repente, bateu com o pé numa grande argola de ferro. Pegou-a, puxou-a, sempre afastando os destroços que ainda a obstruíam e, com uma exclamação de satisfação e de

A Abadia dos Beneditinos

angústia, viu abrir-se um alçapão que descobriu uma estreita, porém maciça, escada. Segurando a tocha, desceu sem pensar e logo se encontrou diante de uma porta revestida de ferro. Enterrou a ponta da faca na fechadura corroída pela ferrugem e a porta se abriu: a luz da tocha fez brilhar, com mil reflexos, o tesouro dos condes de Mauffen.

Algum tempo depois, o jovem bardo encontrava-se diante do prior dos Beneditinos, negociando o preço do velho solar, em cujas instalações ele queria fundar um hospital. As ruínas, inúteis ao convento, foram cedidas de bom grado ao desconhecido que, como pagamento, colocou sobre a mesa várias bolsas repletas de ouro.

– Meu filho – disse o abade –, como conseguiste esta quantia considerável para um pobre menestrel?

– Meu velho pai e eu fomos economizando, pouco a pouco, para realizar este projeto, que é o sonho da sua vida. Esse velho solar desocupado e isolado foi o mais adequado que encontramos. Disseram-nos que ele pertencia à abadia e por isso vim até vós, venerável padre, para comprá-lo.

– Louvável é a obra de caridade que desejais realizar, meu filho – disse o prior, entregando as bolsas de ouro ao irmão tesoureiro e, ao jovem bardo, um pergaminho que o tornava proprietário do solar.

Logo os operários invadiram as ruínas: reconstruíram as muralhas e repararam os cômodos habitáveis do castelo, transformando-os em um grande hospital. Não lhe faltaram doentes, mas o jovem fundador andava triste e pensativo, sobretudo depois que seu velho amigo fechara os olhos para nunca mais reabri-los. A imensa fortuna que ele possuía lhe tirava o repouso e uma luta íntima refletia-se nos seus traços. Sua única distração era visitar os arredores, a várias léguas de distância.

Certo dia, quando passeava a cavalo, acompanhado de um velho soldado que ele sustentava, divisou, à beira da estrada, uma grande jaula de ferro que encerrava, acorrentado, um jovem que tinha aproximadamente sua idade, e cujo belo rosto expressava angústia e sofrimento. Percebendo o jovem bardo, o infeliz lançou-se sobre as grades, gritando: "Pai! Pai!".

– Ah! – exclamou o rapaz, empalidecendo. – Quem é este homem?

Seu coração batia violentamente e seu olhar se fixava com piedade e desgosto no rosto do desafortunado.

– Meu bom senhor – disse o velho guerreiro –, é um infeliz possuído pelo diabo que lhe roubou o juízo. Antes, ele era escultor e foi chamado para restaurar os lambris de um rico castelo que pertenceu, no século passado, a uma ilustre família, a dos condes de Rabenau. Enquanto ele trabalhava, desencadeou-se uma tempestade e um raio destruiu um dos painéis do quarto onde se encontrava. O infeliz começou a saltar para todos os lados, depois apoderou-se do nome de um dos ilustres condes de Rabenau, querendo tomar conta do castelo. Como ele estava furioso, foi agarrado e trancado nesta jaula, onde os passantes lhe dão o que comer. Por vezes, ele dá nomes estranhos aos que passam; como neste momento, em que ele vos chamou de pai.

O jovem absorveu-se em seus pensamentos. Sentimentos de ódio satisfeito e de compaixão profunda combatiam em seu íntimo. Esporeou o cavalo e fugiu. Mas a partir de então, não teve mais tranqüilidade, perseguido pela lembrança da jaula com seu prisioneiro. Às vezes, ele pensava em libertá-lo secretamente, mas a seguir, uma dureza feroz o invadia. Por que diabos aquele bronco pensava ser um ilustre conde?

Uma noite em que o céu estava coberto de nuvens negras, o ar pesado e sufocante, dois homens montados numa carroça carregada de sacos, que pareciam ser de farinha, deixaram, em silêncio, o hospital. Eram o jovem bardo e o velho guerreiro que fugiam, levando consigo uma parte dos tesouros. A tentação de viver e de aproveitar a vida tinha sido muito grande, e o rapaz a ela sucumbira.

Tiveram que passar pela jaula onde o pobre louco gemia penosamente. O rapaz parou a carroça e, descendo dela, murmurou com voz opressa:

– Pelo menos, eu te libertarei.

Sob o esforço de seus braços vigorosos, as grades foram cedendo uma a uma, e logo o louco estava livre.

– Toma esta bolsa cheia de ouro e parte para onde quiseres – disse o bardo, enxugando o suor que lhe escorria pelo rosto.

Mas o infeliz, acorrentado durante oito anos, quase paralítico, não podia compreender o valor do ouro. A bolsa caiu no chão e ele, arrastando-se em direção ao seu libertador, abraçou-lhe os

A Abadia dos Beneditinos

joelhos, sempre repetindo:

– Pai! Pai!

A princípio, o bardo repeliu-o, mas, subitamente invadido pela piedade, começou a chorar e inclinou-se para o louco:

– Vem, pois, comigo, infeliz. Outrora eu também fui deixado à mercê dos passantes e Deus não me abandonou.

Ergueu o corpo franzino do louco, colocou-o na carroça e apressou os cavalos.

Horas mais tarde, eles chegaram às margens de um grande lago, do lado oposto ao rochedo, sobre o qual se erguia a sombria abadia dos Beneditinos. Uma barca os esperava. Depois de nela embarcarem os sacos e o louco, os dois homens pegaram os remos. A barca deslizou silenciosamente sobre as águas agitadas pelo vento, pois estava se formando uma tempestade. Surdos estrondos de trovão soavam ao longe e, à claridade dos relâmpagos, eles perceberam a escura silhueta do castelo de Lotharsee. O louco, muito agitado, tapou os ouvidos e encolheu-se, escondendo a cabeça nos joelhos do jovem bardo e repetindo:

– Pai! Pai! Da outra vez também foi assim.

De repente um terrível raio fendeu as nuvens, a barca recebeu um choque violento e o velho guerreiro gritou, apavorado:

– Santa Maria! O senhor está morto!

O corpo do jovem bardo desmoronou sobre a borda da barca, que soçobrou, sepultando nas ondas os sacos de ouro e os passageiros. O velho guerreiro, bom nadador, agarrou o louco e atingiu a margem, onde mãos caridosas de alguns monges, atraídos pelos gritos, os receberam. O louco voltou à jaula. Era evidente que estava possuído pelo diabo, pois o velho guerreiro jurou que, se ele não estivesse lá, não teria acontecido aquela desgraça.

Quando os raios do sol nascente iluminaram a superfície lisa do lago, foi encontrado, perto do muro do convento, um corpo preso nos caniços. As ondas prateadas embalavam, sussurrando, uma bela cabeça cacheada, implorando aos homens um túmulo para o jovem bardo, fundador do hospital.

Rochester

Episódio da Vida de Tibério é uma obra inaugural na literatura rochesteriana; a primeira de uma série que expõe ao leitor a intimidade de ilustres personalidades históricas, retratando-as como elas realmente foram em sua época, sem quaisquer interferências por parte daqueles que escreveram a História, sob a forte impressão do momento.

Aqui, é o verdadeiroTibério que se propõe a dar testemunho de seu fascínio por Lélia, uma princesa germânica por quem ele nutriu um amor doentio, em mais de uma encarnação. Submetido ao "poder" de Rochester, um profundo conhecedor do comportamento humano, o imperador romano confessa toda a crueldade e obstinação de seu caráter; mas não o faz sozinho; revela-se sob a mira daqueles que o acompanharam naquela encarnação; e o mais interessante: dão os seus testemunhos pessoais sobre as confissões de Tibério.

É com maestria que Rochester expõe os vívios e virtudes dos personagens desta obra! Certamente o leitor ficará ansioso por conhecer melhor a trajetória de vidas pregressas e as inúmeras responsabilidades que dela resultam.

Episódio da Vida de Tibério
J. W. ROCHESTER
Formato 14 x 21 cm • 196 p.

**Herculanum** é mais um dos clássicos da literatura rochesteriana, tão apreciada por um enorme público — espiritualista ou não. Com seu estilo peculiar, Rochester escolhe como palco o glorioso Império Romano, à época de sua encarnação como Caius Lucilius, no primeiro século da era cristã, descrevendo com maestria o cenário e os costumes dos habitantes da antiga cidade de Herculanum que, juntamente com Pompéia, é destruída pelo Vesúvio no ano de 79 d.C. Numa narrativa envolvente, relata os laços de simpatia e animosidade que o ligam a familiares, amigos e companheiros de antigas jornadas, os quais, durante várias existências, caminham juntos em busca do progresso espiritual. E a grande surpresa: teremos o prazer de conhecer a trajetória espiritual de Allan Kardec — presente nesta obra através do venerável Pai João — e seu encontro com o amado mestre Jesus.

Ter acesso a esta brilhante obra histórica, é, além de viajar no tempo acompanhando Rochester em sua caminhada, desfrutar de valiosas lições sobre a verdadeira importância do amor e do perdão.

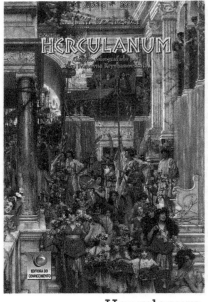

**Herculanum**
J. W. ROCHESTER
Formato 14 x 21 cm • 352 p.

A atualidade ressalta aos nossos olhos tudo o que o passado construiu. O homem é instrumento divino de transformação, usufruindo e sofrendo os resultados de suas manobras. Cada ato, pensado ou não, é um movimentador de forças que podem abalar as estruturas de nações inteiras.

Nesta obra, Rochester revela o teor oculto da carta de alforria ansiada pelos líderes do povo hebreu, em que a cláusula principal não era a liberdade com dignidade, mas a liberdade à custa de sacrifícios incalculáveis para todos, sob a sombra da vaidade e da ambição dos seus mentores.

Aqui, acompanhamos o processo doloroso, não do nascimento de uma nação de eleitos, mas de um ato cirúrgico, frio e calculado, para extrair um povo do meio de outro.

Através das páginas de *O Faraó Mernephtah*, é possível perceber uma nova visão de um acontecimento que foi apresentado pela educação religiosa como um fato acabado, reforçando a importância de repensar sempre e analisar mais atentamente velhos conceitos.

Belíssima narrativa; enorme aprendizado!

O Faraó Mernephtah
J. W. ROCHESTER
Formato 14 x 21 cm • 320 p.

Sete anos de fartura, seguidos por sete anos de fome que assolou o antigo Egito. O que há por trás dessa história? Que segredo guarda o mítico personagem que, de escravo hebreu, chega ao poder com as prerrogativas de vizir do Alto e Baixo Egito, impondo sua vontade sobre vivos e mortos? Cobiça, orgulho e sede poder, amor, ciúme e ódio fazem parte de uma trama onde a manipulação das forças ocultas ditam o rumo de excitantes fatos ocorridos no fim de um período de 500 anos de subjugação do povo egípcio pelos cruéis conquistadores hicsos — semitas que influenciaram a cultura egícia, mudaram seu estilo de vida e apossaram-se de suas divindades, proclamando-se faraós.

Em *O Chanceler de Ferro do Antigo Egito*, romance que se passa durante a XVII dinastia egípcia, entre 1640 e 1540 a.C., Rochester despe a história do peso excessivo da religiosidade, fazendo de José, filho do patriarca bíblico Jacó, a figura do médium celestial que manipula poderosas forças ocultas. Fantástica descrição dos ambientes, bem como da conjuntura histórica da época, fazem com que o leitor se transporte no tempo e se veja trilhando as areias do Nilo, sob sol escaldante, em busca das instigantes cenas planejadas por esse autor espiritual para enriquecer a existência dos mortais com belas lições de amor.

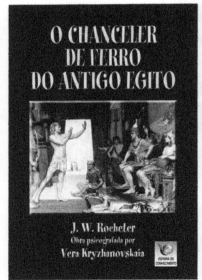

**O Chanceler de Ferro do Antigo Egito**
J. W. ROCHESTER
Formato 14 x 21 cm • 352 p.

Ivan Fiodorovitch não estava acostumado a sofrer. Em sua vida de prazer e egoísmo, nunca passara por uma luta moral interna. Mas, subitamente, recebeu um golpe do destino que abalou todo o seu ser e mudou completamente os seus sentimentos. Olhava agora para si mesmo com pavor e censura. Era um pai depravado!

Quem teria traçado aquele plano diabólico que se desencadeava em sua vida com conseqüências tão sinistras? Como suportaria enfrentar o terrível drama familiar causado por sua própria invigilância moral?

Sem fazer derramar uma só gota de sangue, ou se reportar a rituais satânicos, Rochester revela nesta obra até que ponto a maldade humana é capaz de chegar para executar as tramas de uma sórdida vingança.

*Ksenia — O Calvário de uma Mulher* pode chocar pela delicadeza do tema abordado, mas é obra cujo conteúdo vai levar o leitor a uma ampla reflexão sobre os valores morais.

**Ksenia**
O calvário de uma mulher
J. W. ROCHESTER
Formato 14 x 21 cm • 224 p.

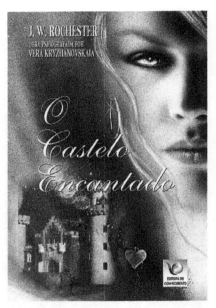

O Castelo Encantado
J. W. ROCHESTER
Formato 14 x 21 cm • 288 p.

O Castelo Encantado é um romance simplesmente fascinante. O drama se passa na França do século XIX, em meio à frívola e depravada nobreza da época e segue um estilo de suspense gótico. Nele, podemos comprovar as inevitáveis leis cármicas, reunindo novamente nas ruínas do antigo castelo da família Bordele os mesmos protagonistas de uma misteriosa e terrífica trama ocorrida em encarnações anteriores.

Um enredo picante e de conteúdo doutrinário, com surpreendentes fatos sobrenaturais, envolve os personagens Berange, Alice, Mushka e Renoir, em queda e ascensão, de vida em vida, resgatando débitos em busca do conhecimento, do aperfeiçoamento e do crescimento moral.

Rochester faz o leitor se emocionar ao conduzi-lo às ruínas do castelo "encantado" e reviver o drama e a paixão dos envolventes personagens desta belíssima obra que todos devem conhecer.

---

A ABADIA DOS BENEDITINOS
foi confeccionado em impressão digital, em janeiro de 2024
**Conhecimento Editorial Ltda**
(19) 3451-5440 — conhecimento@edconhecimento.com.br
Impresso em Luxcream 70g, StoraEnso